JN067753

あぶない刑事インタビューズ「核心」

高鳥都

立東舎

はじめに

高鳥都

2024年、『あぶない刑事』がまたもや復活を果たした。これで何度目の映画化だろうか。本書は最新作『帰ってきたあぶない刑事』の公開に合わせて、38年前の1986年にスタートしたテレビシリーズ第1作を中心に、関係者の証言をまとめたインタビュー集である。

日本テレビとセントラル・アーツが放った『あぶない刑事』は、横浜港警察署のタカとユージ、鷹山敏樹と大下勇次の活躍を描いた刑事ドラマであり、舘ひろし、柴田恭兵が初共演にして見事なコンビネーションを叩きつけた。一言で表すなら〝おしゃれ〟——クールでスタイリッシュな世界観、スーツにサングラスというファッショナブルな出で立ち、アドリブを交えた軽妙洒脱なセリフの応酬、ハードボイルドな展開に痛快なアクション、そして洋楽を意識したサウンドトラックなど、それまでの刑事ドラマの概念を一新——空前のバブル景気と軌を一にして始まり、トレンディなフォルムを押し広げていく。

80年代なかばという〝刑事ドラマ冬の時代〟ながら視聴率はどんどん上昇し、2クール・全26話の放映予定が1年間の全51話に延長、映画版やテレビシリーズの続編『もっとあぶない刑事』（全25話）が矢継ぎ早に送り出された。舘ひろし、柴田恭兵だけでなく少年課の刑事・真山薫役の浅野温子や新人・町田透役の仲村トオルも回を重ねるごとにコミカルさを増し、中条静夫の近藤課長と木の実ナナの松村課長、捜査課と少年課の両上司が引き締める。当時の刑事ドラマとしては異例の広々とした警察署のセットが組まれ——オープニングの主観ショットが象徴するように——多くのレギュラーキャストがわちゃわちゃと署内を行き交った。そんな〝ノリ〟こそが、『あぶない刑事』唯一無二の魅力である。

スタッフの筆頭に名がある「企画」は、岡田晋吉と黒澤満の両名。岡田は刑事ドラマの金字塔『太陽にほえろ！』を手がけた日本テレビの名物プロデューサーであり、黒澤はセントラル・アーツの代表だ。1980年設立の同社は東映セントラルフィルムの流れを汲む東映系のプロダクションであり、松田優作のアクションものを手始めに『ビー・バップ・ハイスクール』や『あぶない刑事』で自由な活劇精神を開花させていく。撮影所を持たない小さな組織だが、それゆえの機動性をもって映画の荒野を切り拓いたセントラル・アーツは、才能あるフリーランスのスタッフとともに多作を誇った。

第1話「暴走」の丸山昇一をはじめ、セントラル作品で活躍した脚本家が『あぶない刑事』に結集。刑事ドラマの名手である柏原寛司と大川俊道が映画版を担うことになる。メイン監督の長谷部安春、村川透はともに日活出身のアクション派であり、かつて日活の撮影所長を務めた黒澤からの信任も厚い存在であった。さらに脚本家、監督、スタッフまで若手を抜擢し、セントラルらしいイキのいいエピソードを連発。にっかつ撮影所（当時）が制作の拠点となった。

さて、本書は「出演」「始動」「展開」「指揮」「技術」「旋律」「復活」の全七章で構成されている。まず第一章の「出演」には舘ひろしと柴田恭兵をはじめテレビシリーズから最新作まですべてに出演した6名のキャストが勢ぞろい。続いて「始動」はプロデューサー陣が企画の成り立ちを明かし、「展開」では脚本家が創作秘話を披露する。「指揮」は各話の監督と現場を支えた演出部・製作部、「技術」はテクニカルな手腕を発揮した職人たち、「旋律」は音楽関係者がそれぞれ集まり、そしてラストの第七章「復活」では平成・令和の世によみがえった映画版のキーマンに話をうかがった。

当初の予定を大幅に上回る50名——それぞれの立場からそれぞれの視点で語られる、怒涛の証言をお楽しみください。歴代のシリーズ一覧は巻末444ページからのリストをご参照あれ。なお『あぶない刑事』の略称には『あぶ刑事』『あぶデカ』の二種類があるが、本書ではより軽さが伝わる『あぶデカ』を採用させていただく。それではハマのデカをめぐる、もうひとつのドラマをどうぞ。一気にいきましょうよ、一気に！

CONTENTS

第三章
「展開」

第四章
「指揮」

CONTENTS

表記について

映画会社の「日活」は1978年から1996年まで「にっかつ」と社名変更をしており、その間については「にっかつ」を使用する。

「製作」と「制作」について、現在は出資サイドを「製作」、現場サイドを「制作」とする例が多いが、本書のスタッフについては「製作担当者」「製作主任」「製作進行」という当時のクレジットを使用する。

「カメラ」「キャメラ」、「カメラマン」「キャメラマン」に関してはインタビュイーの発言を優先して表記の統一は行わない。

『あぶない刑事』『もっとあぶない刑事』『太陽にほえろ！』ほか頻出するテレビシリーズの題名などは末尾の年号を省略する。

第一章

「出演」

舘ひろし、柴田恭兵の最強バディに浅野温子、仲村トオル、ベンガル、長谷部香苗――『あぶない刑事』の38年を駆け抜けた6人の俳優たちが港署の日々を振り返る。

撮影：佐藤絵里子（株式会社めくるめく）

鷹山敏樹 舘ひろし

ぼくがイメージしていたのは シリアスな刑事もの それが悲壮感を否定した 日本初の刑事ドラマになった

タカ＝鷹山敏樹を演じた舘ひろしは、ダンディーかつハードボイルドな魅力をたたえて『あぶない刑事』というシリーズの人気を牽引してきた。ロックバンド「クールス」出身、東映セントラルフィルムの映画で活躍したのち石原プロに所属していた舘が1986年の『あぶない刑事』を振り返る！

ぼくは『あぶない刑事』にとって土台だったんです

舘　やっぱり楽しかったですよね。たとえば港署のセットで撮影してても、笑っちゃいけないところで笑ってNGをいっぱい出してしまったりして（笑）。

――それは柴田恭兵さんのアドリブに対してでしょうか?

舘　そう。恭サマや、あとはベンさま（ベンガル）ね。みんなすごいアドリブをするんで、もうすぐ笑っちゃって、ずいぶんNGを出しました。そもそもぼくはセリフをしゃべるのも苦手なタイプなんで、もうNG大賞ですよ。みなさんに迷惑をかけました。

――すでに『西部警察』で刑事役を演じていましたが、『あぶない刑事』をオファーされたとき、どのようなお気持ちでしたか?

舘　ネガティブな気持ちはなかったんですけど、とにかく『あぶない刑事』というタイトルがよくないと思ってて、セントラル・アーツの黒澤満さんにも「これ、『危険な刑事』のほうがいいんじゃないですか」と言ったんです。そのころ〝あぶない〟って言葉が流行ってたんですけど、ぼくはもうちょっとシリアスな作品だと思ってて、だから『あぶない刑事』ってどうなんだろうと……。結果的にこのタイトルで正解でしたし、それまでの刑事ドラマの悲壮感を払拭したスタイルで文化的大事業のようなシリーズになりましたけどね。

――当初は鷹山を演じることに不安があったとスタッフの方々からうかがいました。なにかターニングポイントはありましたか?

舘　やっぱりね、恭サマのお芝居がすごくて、まったく見たことがないタイプのものだったんです。それがぼくのなかで消化しきれてなくて「大丈夫なのかな」と不安を抱えていたこともあったし、最初は「やりにくいなぁ」と思っていたことも事実です。でも結局それはね、ぼくの恭サマに対する〝嫉妬〟みたいなものだったんです。いま考えると、そんな気がします。恭サマの芝居に対する嫉妬心……そのことを自分のなかで認めたときから、「いや、この柴田恭兵という人の芝居がすごく楽しいんだ。これが『あぶない刑事』のスタイルを作っていくんだ」と思えたときから、やっぱり変わってきましたね。

――タカ＝鷹山敏樹という刑事を演じるうえで意識したことは？

舘　ぼくはわりと保守的なので普通の刑事ものをやっていくうえで、真面目な鷹山を演じたいと思ったんです。でも、周りがどんどん違う方向に行っちゃいましたから（笑）、それに引っぱられていく感じはありましたね。

――第1話「暴走」は比較的ハードボイルドな雰囲気で始まり、アドリブ満載のコミカルな軽さがどんどん『あぶない刑事』の持ち味になっていきました。メイン監督の長谷部安春監督は、どのような方でしたか？

舘　長谷部監督とは『皮ジャン反抗族』（78年）という映画でご一緒してるんで、ベーさんが撮るということはハードボイルドな刑事ものだろうと自分のなかで勝手な解釈をしてたんです。ところが柴田恭兵という俳優が作った『あぶない刑事』は、まったく新しいものだった。たぶん監督もふくめて、みんなが彼に乗っかったんだと思います。

長谷部監督は本当にハードボイルドがわかってらっしゃる、まさに映画の監督というタイプでしたね。いちばん思い出深いのは、いつも恭サマがアドリブをやって、すごく楽しくやっているんです。で、ぼくもたまにはアドリブをやりたくてやってみると、監督が「あ、舘さんは止めときましょう」って仰るんですね。まだ若かったもんですから、悩みましたよ。だって恭サマだけでなくみんなが、ベンさまも（浅野）温子《オンコ》も（仲村）トオルもいろいろ自由に……トオルでさえ自由にやっているのに（笑）。そういう状況で「なんでやらせてくれないんだ。俺の芝居が拙《つたな》いからかな。監督に嫌われたのかな」と、いろいろ考えていたわけですよ。

それから一発目の映画『あぶない刑事』（87年）のプレミア上映の日に舞台挨拶があったんです。で、ちょうど舞台に上がるというところで長谷部監督が、ぼくのほうをふっと向いて――ちょうどぼくしかいなかったんですけど――「このシャシンは舘さんで撮ってました」って仰ったんですね。そのとき「あ、そういうことか」と初めて気づきました。ぼくが軽い芝居をしてブレてしまうと、全体のストーリーやフォーマットが崩れてしまう。だからアドリブをやらせなかったのかと、そのときやっと監督の本心がわかったんです。

――舘さんは過去のインタビューで「自分は芝居が上手い俳優ではない」と何度も語っています。そして主役というのは存在感で見せるものだとして、石原プロの先輩である石原裕次郎さんや渡哲也さんを例に挙げていました。

舘　けっきょくね、ぼくは『あぶない刑事』にとって土台だったんです。土台がしっかりしてないと、上に立つ建造物も成立しない。やっぱり上の建造物をデザインして作ったのは柴田恭兵という人なんですね。だからぼくという土台をベーさんはちゃんと作りたかったんだと思う。1年間のテレビシリーズをやって、映画を撮ったときに初めて気がつきました。

「舘さん、これデイシーンでいいですか?」

――いい意味で『あぶない刑事』を壊していったのが柴田恭兵さんであり、そして村川透監督だと思います。舘さんも『薔薇の標的』(80年)で村川監督と組んでおり、衣裳についても意見を出して鷹山の原点のようなダンディーさを示しています。

舘　その前に『西部警察』で村川監督とはご一緒してまして、衣裳についても『薔薇の標的』からというわけではなく、『西部警察』のときから自分で勝手にやらせていただいてました。村川監督は本当にノリ一発というか、すごく軽妙な方です。で、できればすべてワンカットで撮りたい。ところが、いろんな人が長いセリフをしゃべって、最後のところでぼくがNGを出す(笑)。それでまた最初からやり直しということで、大変ご迷惑をおかけしたんですよ。先ほど申し上げたように、ぼくが土台で恭サマが上のデザインされた家だとしたら、おそらくベーさんも監督としての土台で、村川さんが上のデコレーションをお作りになったんではないかなという気がします。

――なるほど。

舘　あと印象的だったのは、早撮りの手銭(弘喜)監督ですよ。台本をいただくじゃないですか。そうすると必ずぼくのところに来て、ナイトシーンが3つか4つあるんですけど「舘さん、これデイシーンでいいですか?」って(笑)。だから「もちろんどうぞ」って返すんですが、ものすごく早い監督で、朝9時開始で昼の2時か3時には終わっちゃう。夜はお酒が飲みたいから（笑）。でも、作品の仕上がりはテンポがよくて、おもしろいんですよ。

――まさに早撮りのノリが画に現れている。

舘　ですから手銭さんの回のナイトシーンは、ほぼセットだけ。セットなら昼も夜も自在ですから。ぼくも石原プロの「よく遊び、よく遊べ」という教えを守って夜は忙しかったんで（笑）、台本も自分のセリフしか読んでなかった。ところが『あぶない刑事』というのは、鷹山のセリフだけで事件の流れや起承転結がわかるようになっていて、そういう意味でもぼくは土台なんですね。

――近藤課長役の中条静夫さんの思い出はありますか？

舘　ぼくらみたいな〝ろくでなし〟を温かく見守ってくれました（笑）。村川組だったかな、ある日ぼくが「デートがあるんで6時までにあげてくれ」ってスタッフに言ったことがあるんですよ。ところがトオルの取材があるということで、トオル押しでずっと撮ってて6時半になっちゃった。8時に約束してたから「おい、6時にあげろって言ったじゃん」「いや、ちょっとトオル押しで」って製作部と揉めて、ぼくは「だったら、ずっとトオルで押してろ！」と言って、そのまま帰っちゃったんです。ただのわがままですが、そのあと中条さんが「あ、舘さんがお帰りになったんで今日はここまでにしましょう」と仰ってくれたみたいで……すごく温かく見守っていただいておりました。

――セントラル・アーツの代表である黒澤満さんは、どのような方でしたか？

舘　満さんが東映セントラルフィルムに関わって、最初の映画が松田優作さんの『最も危険な遊戯』（78年）で、2作目がぼくの『皮ジャン反抗族』なんですね。それから『薔薇の標的』を経て『あぶない刑事』でもう一度ご一緒して……満さんも日活出身なんですよ。石原プロの小林（正彦）専務もそうだし、そういう意味でセントラルというのは日活の匂いがすごく強い。いちばん印象にあるのは『終わった人』（18年）という映画ですね。ぼくは台本を読んだとき――もう終わりそうな歳なんで（笑）――「これはやりたくない」って言ったんですが、満さんは「いや、おもしろいから絶対やったほうがいいよ」って、すごく薦めてくれたんです。そういう意味で『あぶない刑事』もそうなんですけど、黒澤満とい

うプロデューサーがぼくの俳優としての道を節目節目で決めていってくれた気がします。

スーツに関しては必ずシングルブレスト

――タカとユージといえばサングラスがトレードマーク、舘さんはロックバンド「クールス」の時代から着用していますが『あぶない刑事』のサングラスも舘さんの提案でしょうか？

舘　いや、なんとなくですよ。ぼくのサングラスはなるべく顔を隠したいということもあって、そのほうがいいかなって思ったら、恭サマも同じような考えで。どうしてもという決めごとじゃなくて、なんとなくそうしようって軽いノリで、それがずっと続いたということですね。顔を隠したいのは……なんとなく自信がなくて（笑）。

――スーツはTETE HOMME《テットオム》ですが、スーツを着る際のこだわりは？

舘　スーツに関しては必ずシングルブレストで、靴はラバーソールだったんですね。それは尾行する際に刑事の使命として靴音を立てないようにという。シングルのスーツは拳銃を抜きやすい。ダブルブレストだとなんかつっかえちゃうから、鷹山の場合はほとんどシングルだったと思います。

――スーツの形状へのこだわりは？

舘　その時代ごとのファッションですが、シルエットにはこだわります。『あぶない刑事』の初めのほうは肩幅が広いスーツでしたね。それはTETE HOMMEの加藤和孝という……ぼくは「ギンジ、ギンジ」って呼ぶんですけど、その加藤さんが、ぼくがデビューしたときからスーツを作ってくれて『西部警察』もそうなんです。彼が突然「ひろし、このくらいのほうがいいよ」って肩パッドを入れたスーツをプッシュしてくれて、最初は「え、こんなの着るの」って思いましたが（笑）、それが『あぶない刑事』のスタイルになっていきました。

――スーツの下には二挺拳銃、マグナムを使っています。

舘　その昔、『タイトロープ』（59～60年）というアメリカのテレビシリーズがあったんです。主役のマイク・コナーズが後ろから拳銃を出すのがかっこよくて、さらにもう一挺あったほうがいいなと思って、そうさせてもらいました。最初はマグナムで、後半のシリーズではガバメントに変わっていきましたね。あの胸に手を当てて銃を撃つスタイルも自分で考えたんですが、体を反らしているのはそれだけ相手の弾が当たらないようにという合理的な理由なんです。

――ハーレーに乗りながらショットガンを撃つシーンが映画版のお約束です。もともとバイクチーム「クールス」のリーダーを務めていた舘さんですが、運転のコツはありますか？

舘　まったくないです（笑）。バイクはね、乗ればいいんです。よく「両手放しで銃を撃つのが大変でしょう」って言われますが、まぁね、バイクに乗れるやつは両手って放せるんですよ。バイクは放っておいてもまっすぐ行きますから。最初の映画版のとき、バイクからトラックに乗るシーンがあって、バイクを蹴っ飛ばすじゃないですか。でも、ずーっとしばらく走ってるんですね。ほっといても、バイクって直進性があるので。

――『あぶない刑事』といえば音楽も印象的ですが、オープニングのテーマソングは舘さんの作曲です。

舘　最後の「冷たい太陽」もそうですね。オープニングは黒澤さんから「なんか派手な音楽がほしいんだけど」って相談されて、そのころ『ビバリーヒルズ・コップ』（84年）が流行ってたので、あんな感じの軽快な曲にしたいなと思ったんです。

――エンディングテーマの「冷たい太陽」は一転して、ムーディーで重めの雰囲気です。

舘　オープニングよりも先に「冷たい太陽」を作ったんですが、もともとぼくがイメージしていた『あぶない刑事』はもっとシリアスな刑事もので、ハードボイルドタッチで哀しみを背負っているような悲壮感がある……そういうドラマだと思っていたので、そのイメージで「冷たい太陽」も書いたんですが、蓋を開けてみたら悲壮感ゼロ（笑）。むしろ悲壮感を否定した日本初の刑事ドラマになっちゃって、主題歌とはかけ離れてしまった。ぼくのなかのイメージとしては〝イタリアのハードボイルド〟みたいな感じにしようと考えていて、たとえばアラン・ドロンの『太陽がいっぱい』（60年）。あれはイタリアとフランスの合作だけど、ああいう曲がいいかなと思ったんです。

ただただ嫉妬していたんでしょうね、柴田恭兵という人に

——『あぶない刑事』でとくに印象に残っている回やシーンはありますか？

舘　いちばん覚えているのは第1話のとき、犯人が恭サマの胸ぐらを掴むんですね。そうしたら、その手に突然ガシャッと手錠をかける。それがね、いまだに強烈に残っています。そんな芝居をする人いなかったから。軽いセリフを言いながらクールに手錠をかける……これは本当に衝撃的でした。まぁ、ただただ嫉妬していたんでしょうね、柴田恭兵という人に。「えっ」という驚きが最初からありました。それからバディとしてずっと組むことができて、本当にしあわせですよ。

——8年ぶりの最新作『帰ってきた あぶない刑事』（24年）ですが、ひさしぶりのシリーズ復帰はいかがでしたか？

舘　これまでの映画は必ず過去の『あぶない刑事』に関係していた監督が撮っていますが、今回の原廣利監督はまったく……まぁ、原隆仁監督の息子さんなので無関係ということはないんですけども、これまでの作品とはぜんぜん違う撮り方でした。最初は俳優さんもみんな戸惑ってて、とくに温子なんか「なんで何回も同じことをやるの」ってくらい、アングルを変えてテイクを重ねていました。最近はそういう撮り方の監督もたくさんいらっしゃいますが、そういう意味で新しい『あぶない刑事』ができたんじゃないかなと思っています。

——最後の質問です。「ダンディー鷹山」という異名がありますが、舘さんにとってダンディーとはどのような意味ですか？

舘　これはねぇ……恭サマが突然アドリブで言ったんだよね（笑）。ダンディー鷹山、俺はセクシー大下って。そこからそんなことになっちゃったんで、だから別に自分がダンディーというような意識はないんですけど……。でも、ダンディーというのは、やっぱり生き様だと思うので、そういうふうに見えていればうれしいかなとは思います。主役というのは第一に〝どう見えるか〟ということが大切ですから。

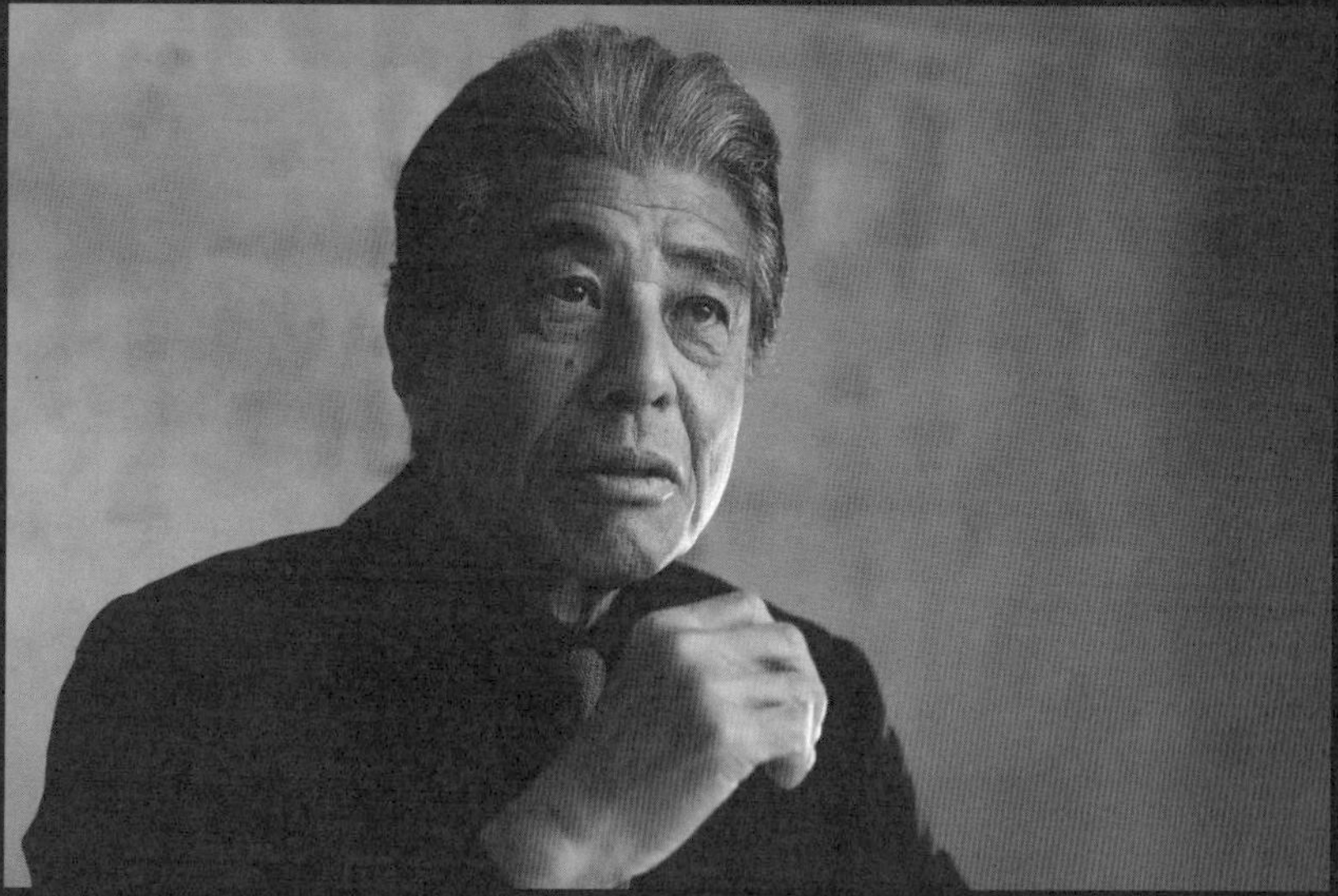

舘ひろし［たち・ひろし］

1950年愛知県生まれ。千葉工業大学卒業後、ロックバンド「クールス」のボーカルとしてデビューし、76年に『暴力教室』で映画初出演。『皮ジャン反抗族』『薔薇の標的』など東映セントラルフィルムの映画に主演し、『西部警察』のレギュラーをきっかけに石原プロに所属。『あぶない刑事』『代表取締役刑事』『パパとムスメの7日間』などに主演し、音楽活動も継続。2021年には舘プロを設立し、同社の俳優として活動を続けている。映画『終わった人』でモントリオール世界映画祭の最優秀男優賞を受賞。

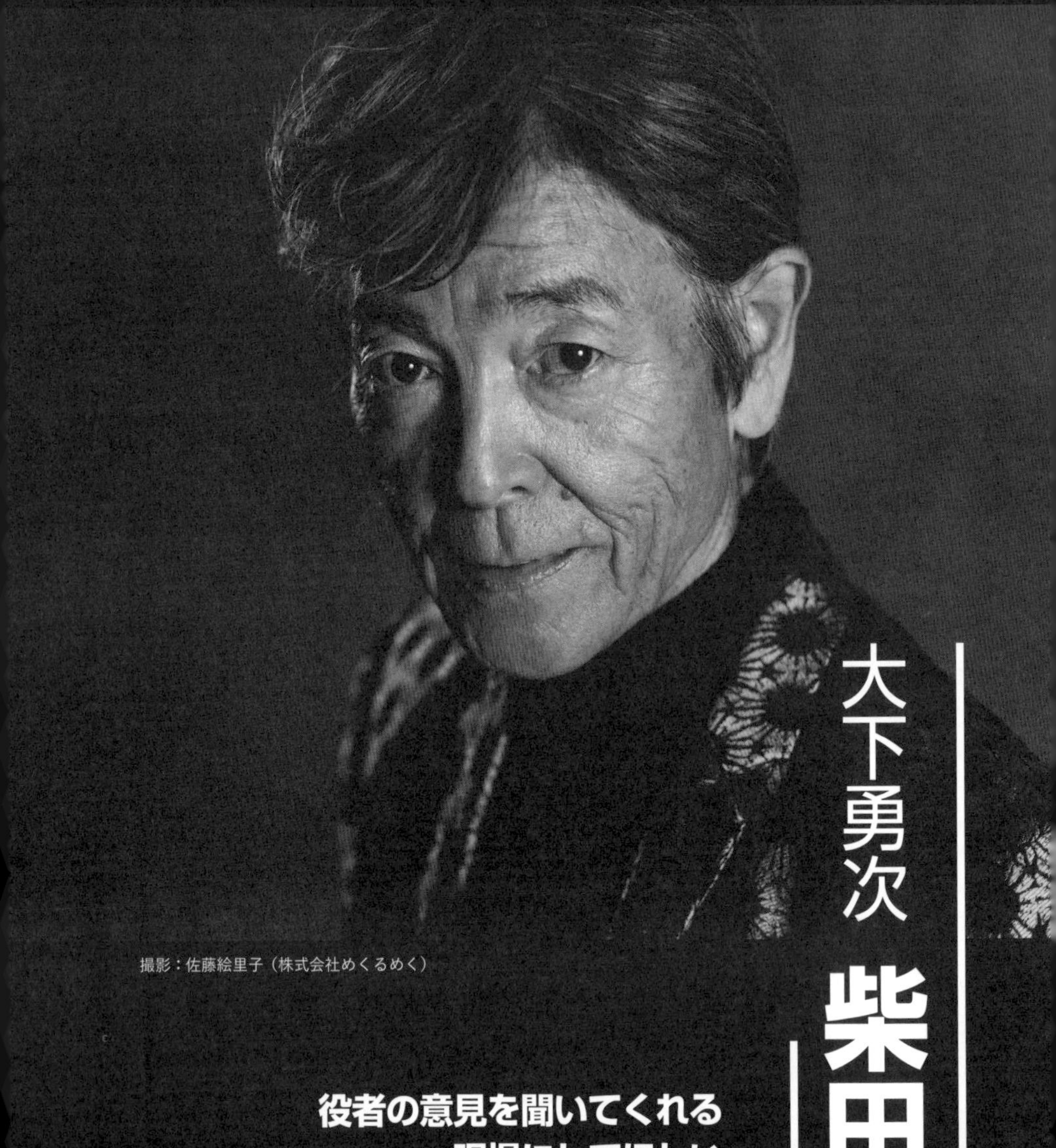

撮影：佐藤絵里子（株式会社めくるめく）

大下勇次 柴田恭兵

役者の意見を聞いてくれる現場にしてほしいそういうお願いを最初にしました

ユージ＝大下勇次を演じた柴田恭兵は、『あぶない刑事』のモットーである軽妙なアドリブを連発し、それまでの刑事ドラマにない明るくおしゃれな世界観を拡張してきた。東京キッドブラザース出身、ジャンルを問わず自由に弾け続けていた柴田にとって1986年の『あぶない刑事』とは――。

ときどき舘さんもドジなことをやってほしい

柴田　じつは最初ね、お断りしてたんです（笑）。でも、もうだいぶ話が進んでいたのでプロデューサーの黒澤満さんと監督のベーさん（長谷部安春）とお会いして「わかりました。ただし、おもしろいことをたくさんやりたいので、衣裳やアクションも新しい感覚にしてほしい」という話をさせてもらいました。舘（ひろし）さんがいつもクールで、ぼくがその周りをくるくる回っている設定をずっと続けると飽きられてしまうと思ったので、たまには舘さんがおちゃめな感じを出す……そういうホンを書いてほしいと提案したんです。

あとは現場で、いろいろやりたい。みんなのアドリブだったり、役者の意見を聞いてくれる現場にしてほしいというお願いをしました。舘さんやベンガルさんは同世代だし、あっちゃん（浅野温子）や（仲村）トオルくんも世代が近かったので、みんながアドリブをして、もう目立ったもの勝ちにしようと（笑）。そうやって現場でどんどん膨らませていきましたね。「これ、編集のとき作業してる人たちが絶対ウケるだろうな」という感覚を意識しながらやってて……もちろんカットされた部分もありますけど（笑）。

――やはり『あぶない刑事』の魅力は、アドリブをふくめた自由さにあると思います。その仕掛人こそ柴田さんですが、東京キッドブラザースから始まった俳優のキャリアとして演劇の経験が役立った部分はありますか？

柴田　キッドブラザースでは、そんなお調子者の役はあまりなかったので（笑）。だいたい舞台ではアドリブを言っちゃいけないということがありました。ただし悲壮感のないドラマにしたくて、「楽しかったね、かっこよかったね、なにも残らなかったね」ということを意識しました。

――いい意味でなにも残らないのが『あぶない刑事』のよさだと。

柴田　でもみんな一生懸命で、そのシーン、シーンで全力を出し切りました。それは監督さん、カメラマンさん、照明さん、衣裳さんたちも同じで、どんどんどんどんエスカレートしていった。プライベートで4人が、ぼくと舘さんとトオルくんとあっちゃんで「撮影が終わったから、ちょっと飲みにいきましょうか」とか、そういうことは一切ないんです。その距離感も大事だったと思います。現場ではお互いにリスペクトしているけど、プライベートな距離感はちゃんと保ちながらやってきた。まぁ舘さんと年に何回かゴルフをするくらい。それもシリーズとして長くやってこられた理由かもしれないですね。

——タカとユージのコンビネーション、舘ひろしさんとの関係性が変わったことや、もしくはターニングポイントとなった出来事はありましたか?

柴田　舘さんが拉致されて、シャブ漬けにされて悶えるエピソードがあったんですけど（第33話「生還」）、そのお芝居を見たときに舘さんの本気さというのか、鷹山の本気さをすごく感じました。あの床の厚みのような芝居を見て、「あぁ、すてきだな」と思いましたし、そのギャップで舘さんに絶対エプロンを着けてもらいたいなと確信しました（笑）。座長のポジションに舘さんがいてくれることが、ぼくとってはすごくメンタル的に楽で……どんなに弾けても太い幹として舘さんがドンといてくれて、逆に助けていただいたので。

——最初のころは多少ギクシャクした部分もあったそうですが。

柴田　覚えてますよ（笑）。本当に始まったころで、ぼくがアドリブ的なことをやって、舘さんは自分のお芝居と噛み合わない感じがしたんでしょうね。ちょっと待ってくれ、上手くいかないということでバスに戻られた。で、プロデューサーの満さんとぼくとで舘さんの話を聞いて……そのとき舘さんが正直に「なんか、かっこ悪い感じがする」って言ってくれたんです。一緒にいて、かっこ悪い感じがすると。「ぼくは石原プロだから〝役者は1行〟という世界でセリフに自信がない。足も柴田くんのほうが速いし、アドリブもふくめてコンビとしてやっていく自信がない」ということを正直に舘さんが言ったときに「すごく素直な人だな、すてきだな」って思いました。

それから「一緒に走るシーンは二手に分かれましょう。長いセリフや説明ゼリフはぼくがしゃべります。舘さんがアドリブを受けなくてもぜんぜん構わない。ただし、ときどき舘さんもドジなことをやってほしい」と、そんな話をしました。

満さんもその場にいたから、そこからホンも単なるハードボイルドではなく、いろいろな遊びの部分を入れてもらった気がしますね。「やっていく自信がない」という話を舘さんが素直に言ってくれたことで、あ、ぼくは絶対この人と一緒に楽しいものができると思ったし、作りたいなと思いました。

――先ほどから何度かお名前が出ましたが、セントラル・アーツの代表である黒澤満さんの思い出はありますか？

柴田　劇団から独立して自分の事務所を作ったときも満さんに相談をして、こういう場合はどういう対処をすればいいのかということをすごく丁寧に教えていただきました。プライベートではゴルフを……始めたばっかりのとき舘さんや中条（静夫）さん、満さんと一緒にやったんですが、何十年やっててもこんなに下手なんだって（笑）。でも満さんが「これがゴルフだ」って教えてくれて、楽しかったですね。お世話になりました。

かっこいい走りをしようとか、そういう気持ちはなかったです

――第1話「暴走」の監督は日活出身の長谷部安春監督、柴田さんとは『大追跡』（78年）のころからお仕事をされています。

柴田　『大追跡』のとき、藤竜也さんを中心にテストでアドリブをずっとやったんですよ。そうしたら本番直前に監督が「まさかあれ、やるつもりじゃねえだろうな」って（笑）。ベーさんに言われて、みんなシーンとなっちゃった。でも、それでもぼくはめげずにアドリブを少しずつ入れていったら監督もなんとなく折れて……その布石があったので、ベーさんと『あぶない刑事』をやったとき「アドリブでギャグをやらせてほしい」と言ったら、「わかった。でもカットするときはカットするからな」って（笑）。ベーさんは基本的にハードボイルド風なものを基盤としていて、同じ日活でも村川（透）さんは現場のノリ重視。まぁ8割方はおもしろいほうに傾いてる感覚です。

――村川透監督による『大都会ＰＡＲＴⅡ』第15話「炎の土曜日」（77年）は柴田さんのドラマデビュー作であり、そこからのお付き合いです。

柴田　親戚のおじさんみたいなもんですね。舞台をやってたとき、ぼくの姉の友達が村川さんとお知り合いで、その縁から舞台を見にきてくれたんです。サラリーマンを辞めて、キッドブラザースに入って、どうやったら役者になれるか模索していた時期でした。新宿に「シアター365」という小さな劇場を作って、月曜日だけ休みで1年間ずっと舞台をやる。本当に毎日全部出し切らないと生き残れない状況で、ようやく役者っぽくなれてきた。滂沱の涙を流して、怒りをぶつけて……で、必ず終演後にお客さんを送り出すんです。

それくらい全身全霊でやってたときに村川さんが来て「ちょっとテレビに出ないか」と。そのときは気乗りしなくて「いや、テレビはフレームがあるし、カットされるし、そんなの上手くできないと思う」ってお断りしたんです。そうしたら村川さんが「いや、恭兵が動いたら、お前を必ず追う……（石原）裕次郎さんがいても、渡（哲也）さんがいても、お前が動いたらお前を撮る。俺は〝長回しの村川〟だぞ」って。それを聞いて、なんかできそうな気がしたんですね。それで劇団に相談したら「ほかの役者さんと出会うことも大事だから、行ってみたらどうだ」と言われて、初めてテレビの現場に行ったんです。

初日は秋葉原の近くのヘルメット屋さん。朝一番のまだ人通りも少ないところで発声練習をして、三々五々スタッフがやってくると全員に握手をしました。「俺、やりますから！」「命懸けでやりますから！」って。みんなびっくりしたと思うんですけど、でも映像の世界でも絶対がんばろうって。それから撮影が始まって、ぼくが動くと「カット、カット！そこで芝居してもダメだ。機材が映っちゃうから」ってカメラマンが……俺を撮ってくれるって村川さん言っていたのに（笑）。でも、そのカメラマンもすごく優しくて、いま撮ってるサイズはこれくらいとか、すぐ教えてくれました。「あ、そうか。舞台と一緒で上手と下手があって、その範囲で芝居をするのか」と理解しましたね。

これは何度も言っている話ですけど、裕次郎さんとのシーンがあって自分なりに「こうしよう、ああしよう。よし！」と待ち構えて、裕次郎さんがセットに入ってきました。裕次郎さんが入ると、スタジオの雰囲気が変わるんですよ。みんなうれしくて、スタッフがフワッ～となる。で、裕次郎さんが村川さんに「監督、このシーンいらねえんじゃないの」。

そうしたら村川さんも「は、いらないですか。そうですね！」って（笑）。で、撤収しようとしたから「ちょっと待って、監督。話が違うじゃない。全部撮るって言ったじゃないか！」って詰め寄ったら、裕次郎さんもその様子を見てて「柴田くん、このシーンを勉強してきたのか」「もちろんです！」「じゃあ、戻すか」となって、それで撮影が始まった。放映を見たら、ちょっとタイトになってましたが、それでも裕次郎さんと共演できたというのは大きかったですね。

――「炎の土曜日」では取調室での松田優作さんとの共演シーンで、シナリオにないアドリブに戸惑ったという逸話もあります。そのときの経験が生かされた部分もありますか？

柴田 そうですね。びっくりしたけど、映像の現場もおもしろいなと思いました。村川さんからは「台本どおりではなく、恭兵が思うような言い方でいいし、言いやすいセリフでいい。その役柄を膨らませていいし、なんでもいいんだ」と教わりました。やっぱり村川さんとの出会いは大きかったですね。それからガードレールがあるとピョンと飛び越えたり、村川さんはそういうのが好きなんです。意味もなく「そこ、ちょっとピョンとやれ！」って。

――ちょうどガードレールを飛び越す話が出ましたけど、『あぶない刑事』のユージといえば走るシーンでフラッと手を上げているのも特徴的です。

柴田 お調子者なんですよ（笑）。

――走るシーンで心がけていることはありますか？

柴田 いや、かっこいい走りをしようとか、そういう気持ちはなかったです。ただ速く走りたい。ずっと草野球をやっていましたから、とりあえず速く走りたい。ただし、そういうシーンで犯人に追いつくわけにいかないから「もっと遅く走れ！」って言われましたね。でも追いつかずに速く見せるというのは無理だし、距離を離してもらったりしました。やっぱり嘘ではなく、一生懸命走りたい。アクションでもまだ経験が浅いころは、どうしても気持ちが入ると（相手に）当たっちゃう。でも本当に当たったように見せることも大切で、だんだんそういうリアリティを出す方法がわかってきた。『あぶない刑事』では〝カシラ〟（高瀬将嗣／技斗）が現場でいろんな手を考えてくれましたね。

1曲くらい舘さんとのデュエットがあってもよかったかな

――『あぶない刑事』でとくに印象に残っている回やシーンはありますか？

柴田　ぼくが撃たれちゃって倉庫みたいなところに監禁される回（第14話「死闘」）、あれは覚えてますね。初めてユージの本気さみたいなものが出せた回だったのかもしれません。でも全部楽しかったです。レギュラーやゲストの方々といろんなことがやれて。なにより役者を大事にしてくれる現場でしたから。

――「RUNNING SHOT」など挿入歌も担当しています。

柴田　作曲の吉松隆は天才ですよ。ぼくが自慢できるのは、吉松さんをキッドブラザースのころから知っているということ。最初の「RUNNING SHOT」は適当にぼくが言葉を羅列して「こういうキーワードを入れてほしい」と、そこから歌詞にしてもらったんです。歌についてはレコーディングより、それぞれのシーンに合わせて、どうやってはめ込んでくれるかというところに興味がありました。もともと舞台でコーラス、デュエット、ソロといろいろやってたんです……だから『あぶデカ』でも1曲くらい舘さんとのデュエットとか、そういうのがあってもよかったかなって思いますね（笑）。

――近藤課長役の中条静夫さんの思い出はありますか？

柴田　ぼくたちがどんなに飛び跳ねても、中条さんが扇の要でいてくださったからバランスをちゃんと保っていけた。ただ堅いだけではなくすごくチャーミングで、テストのときからアドリブもちゃんと受けてくれて「恭兵ちゃん、おもしろいねえ」って（笑）。だから亡くなられたときはショックでしたね。京都にいて知らせを聞いたときは本当に、本当にショックでした。

――ほかに『あぶない刑事』のエピソードはありますか？

柴田　打ち上げがあると、最後は新宿のカラオケに行ってたんですよ。で、ぼくとベンガルさんは舞台をやってて、お互いトオルくんのことを気に入ってるから……まぁ説教ではないんですけど、「トオルね、お前もぜひ舞台をやるべきだ。

舞台をやると役者として勉強になる」と、すごい熱量でトオルに向かって一緒に話したことがありますね。

――前作『さらば あぶない刑事』（16年）のとき、これが最後ということで撮影現場で会見が行われました。その場で柴田さんが「大ヒットしたら再来年もやりますよ」と仰ってプロデューサーの方々が大慌てだったそうですが、しかし柴田さんの予言どおり『帰ってきた あぶない刑事』（24年）としてタカとユージが帰ってきました。ひさしぶりの復活はいかがでしたか？

柴田　歳を取るとね、1週間が3日くらいなんですよ。月・水・金くらいで、火・木・土・日がない（笑）。それくらいあっという間に時間が経っていました。今回、プロデューサーの近藤（正岳）さんからオファーをいただいたとき、娘が出てくるというのを聞いて、「あ、これまであまり描かれなかったタカとユージの内面的な部分が出せるとおもしろいかもしれないな」と思いました。ただ、あまりそっち側に寄って重くなるのも『あぶデカ』ではなくなってしまう。そのバランスが難しかったんですが、そういうプロットで何回かホンの打ち合わせをさせてもらいました。娘役の土屋太鳳さんがとてもすてきだったし、太鳳さんで本当によかったなと思いましたね。

――新しい『あぶデカ』になりましたか？

柴田　新しいというか、年相応の『あぶデカ』になったんじゃないかなと思います（笑）。

――タカとユージの異名といえば、ダンディー鷹山にセクシー大下。柴田さんによるネーミングですが、大下のセクシーというのはなんでしょうか。なぜセクシーなのでしょうか？

柴田　それもアドリブで、まぁダンディーに匹敵するのはセクシーしかないかなという（笑）。ダンディーは歳を取ってもずっとダンディーでいられるし、セクシーも人によってはそうかもしれない。40代、50代のころは『あぶデカ』の映画の話をいただく度に「もっとあと、70歳を過ぎてからやりましょうよ」と言ってたんですよ。まぁ舘さんはほっといてもダンディーでいけるだろうし、ぼくも野球やってますから走ったりするのはまだ大丈夫。そんなに速くなくったっていいんですよ。年相応でいいし、ようやく自分の望んでいたような年相応の作品ができたと思います。

柴田恭兵 [しばた・きょうへい]

1951年静岡県生まれ。日本大学卒業後、会社員を経て75年に東京キッドブラザースに入団し、『十月は黄昏の国』でデビュー。78年に『大追跡』でテレビドラマの初レギュラーを務め、『赤い嵐』や『俺たちは天使だ！』で注目を集める。86年に始まる『あぶない刑事』が大人気シリーズとなり、その後も『はみだし刑事情熱系』『ハゲタカ』ほかで活躍。映画は『チ・ン・ピ・ラ』『べっぴんの町』などに主演し、『集団左遷』で日本アカデミー賞主演男優賞受賞、『道』『半落ち』で日本アカデミー賞助演男優賞受賞。

真山薫

浅野温子

長谷部さんがわたしに望むものは
真っ当で凛とした
キャラクターだったと思う

港署少年課の真山薫を演じた浅野温子は、回を重ねるごとに、そしてシリーズを重ねるごとに存在感を増していき、『あぶない刑事』を代表する女性キャラクターの地位を築き上げた。長谷部安春監督との出会いから始まる「カオル」の変遷に港署の舞台裏、舘ひろしや柴田恭兵との共演を語る！

カオルって男と金を求めてるキャラクターだから

浅野　まず『あぶない刑事』で思い出すのは、化粧が長くて、は……監督に怒られたこと（笑）。

――「は」という言葉が出ましたけど。

浅野　長谷部安春さんですね（笑）。お名前を出していいのかなと一瞬思ったんだけど、「長いんだよ！」って怒られました。だってさぁ、開始が9時で、こっちもその時間に合わせて準備してるのに、スタッフが8時半に集まったからもう始めたいってことで「遅えんだよ！」って、理不尽でしょう。ムカついて「だったらいいよ、もうやんねえよ！」って喧嘩した（笑）。最初のシリーズの真ん中くらいだったかなぁ。

――長谷部安春監督とは角川映画の『化石の荒野』（82年）で組んでおり、セントラル・アーツが現場を担当していました。86年に始まった『あぶない刑事』も長谷部監督がメインを務めています。

浅野　もともとハードボイルドなドラマを作るつもりだったわけじゃないですか。真山薫という役についても、やっぱりオーソドックスでカチッとした女刑事さんを長谷部さんやプロデューサーは望んでらしたんだと思う。ただ、そんなの聞いてないし、わたしは（笑）。

当時の刑事ものって主役に寄り添うような女刑事が主流だったのね。とにかく心配して、相手を思いやる……そんなキャラクターが多かったので「いや、みんながみんなそうじゃないよなぁ」と思ってたの。しかもタカとユージなんて、カオルが心配してもねぇ（笑）。絶対さ、一緒に働く人はイヤだよね。だって振り回されちゃうわけじゃない、あのふたりに。だから、なんか自由にしてたら案の定怒られた（笑）。「ちゃんとした芝居しろ！」って。

――長谷部監督はどのような方でしたか？

浅野　美学がありましたね。〝男と女の美学〟みたいなものが、ものすごくはっきりしていた監督でした。『女囚さそり』の梶芽衣子さんのような、男も女も非常に凛としたタイプが好きですよね。わたしが『高校大パニック』（78年）をやったとき、「梶芽衣子二世」って話題になったんですよ、にっかつの撮影所で。で、長谷部さんがわたしに望むものは、真っ当で凛としたキャラクターだったと思う。それを裏切っちゃったんですよね（笑）。もう、どんどんどんどん……親の心子知らずみたいにやっちまったもんだから、やっぱりイヤだったろうと思います。

――第1話「暴走」から始まって、カオルというキャラクターもどんどん暴走していきますが、長谷部組、村川透組など監督によっても違いましたか？

浅野　ん〜、監督ごとに色が違うというのは、あんまり感じなかったですね。ただ、長谷部さん以外の監督は「もうほっとこう」みたいな感じでした。それも「好きにやっていいよ」という放任主義ではなくて、見て見ないふり？　どっちかっていうと。

――もはや危険物みたいな……。

浅野　そう。危険物だから、あんまり触らんとこみたいな（笑）。そんな感じでしたよ、本当に。

――港署のシーンにはレギュラーの刑事がたくさん出演していますが、そのなかで存在感を出そうという意識もありましたか？

浅野　いや、別に……セットのときはナナちゃん（木の実ナナ）と一緒だったし、あそこはナナちゃんとあたしの天下だったから。別になんかしなくてもね、「あたしたちは女」「その女を武器に」みたいな感じ。それだけで目立つから、ぜんぜん平気でした。

――では、カオルのキャラクターは、どうしてあんなに濃くなっていったのでしょうか？

浅野　あのね、違うの。劇場版からですよね、本当に濃くなったのは。

――2作目の『またまたあぶない刑事』（88年）で、警官隊に顔を踏んづけられたりして……。

浅野　そうそう、靴の痕ね。あのシーンは「あたしの屍《しかばね》を越えていけ」という意味合いで、ちゃんとやりきりたかったんですよ。それならああいうことよねって、強く思って（笑）。そうしたら一倉（治雄）監督もＯＫしてくれたんです。

――『もっともあぶない刑事』（89年）では、花魁《おいらん》姿で港署にやってきます。

浅野　カオルって男と金を求めてるキャラクターだから、「ちゃんとこれで捕まえよう！」という前向きなファッションとして花魁もやったつもりなんですよ。自分のなかで「これだ！」という気構えでやってるうちに、もうどんどんやり尽くしちゃって、最後はコスプレに向かっちゃうわけだけど。わたしの思いつきで、衣裳さんやメイクさんには苦労をかけたと思います。

――最新作の『帰ってきた あぶない刑事』（24年）で、あらためてカオルを演じていかがでしたか？

浅野　ひさしぶり感はないですけど、前作がニュージーランドで終わってたので、やっぱり今回は自分の出処進退がね、どうなってんのかっていう（笑）。羊と結婚した……そこから考えなきゃいけなかったので、気持ちを落ち着けるのにすごく時間がかかりました。台本を読んだら、これは婚活かと。その流れを自分のなかで咀嚼するのが難しかった。自分の行く末もふくめて、いったいカオルがどうなるのか……ちょっと考えましたね。

あ〜、男たちね。いたねぇ、そういうのも（笑）

――先ほどお名前が出ましたが、少年課の松村課長役の木の実ナナさんとの共演はいかがでしたか？

浅野　もうね、わたしは甘えっぱなし。ナナちゃんがいてくれて、すごい楽だった。本当に甘えっぱなしで、ナナちゃんが全部受けてくれるんですよ。しっかりフォローしてくれるから、やりたい放題できました。

――毎回カオルのアップで終わるのが、テレビシリーズの定番です。

浅野　あれは理由があるんですよ。わたしはストーリーの真ん中にほとんど出ない回が続いてて……それでも「いちおうカオルも出てるよ」ということで、そういう終わり方が定着したんです。たいした意図があってのことではなかったと思います。

――カオルのアップでドラマが締めくくられ、タカとユージが走るエンドロールというパターン化の気持ちよさがあります。

浅野　あれもね、大変だったんですよ。毎回2本まとめて撮らないといけないから、メイクや衣裳を変えるでしょう。もう監督が……そう、村川さんよ。待つわけないでしょ、あの人。で、わたしが「待つ？　待たない？」って直に聞いたことがあるの。そうしたらイヤそうな顔して「待つ……」って（笑）。

——村川透監督は、せっかちで早撮りだったそうですが。

浅野　いや、すっげえ迷惑ですよ、村川さん。現場に来るのも一番乗りだから……だって、わたしはちゃんと時間に合わせて準備して作ってるのよ。それなのに早く来て、なんか嫌味ったらしく掃除したりなんかしてさぁ。なんかさぁ……「もうちょっと考えなよ、いい大人なんだから」と思うんだけど（笑）。

——そういえば、男たちの話をすっかり聞き忘れていました。

浅野　あ〜、男たちね。いたねぇ、そういうのも（笑）。

——舘ひろしさん、そして柴田恭兵さん。

浅野　ふたりとも、あんまり署にいないんだけどね。舘さんって刑事課でもそこまでしゃべらないからなぁ。恭兵ちゃんがペラペラってしゃべって、一緒に飛び出すパターンだったじゃないですか。で、外で好き勝手やる。最初のころのシリーズは、わたしはそこまで絡んでないんですよ、おふたりと。だから刑事課でもナカさん（ベンガル）やパパさん（山西道広）と絡むことが多かった。そこにタカとユージがやってくる。あれは別の世界の人たちで、だから近藤課長（中条静夫）が怒って、わたしたちが拍手喝采みたいなね。

恭兵ちゃんは前から知ってるから違うんだけど、舘さんとはあんまり共演シーンも多くなかった。そういう意味では、ユージのほうが絡んでますよね。一緒に潜入捜査をやったりして。恭兵ちゃんはやっぱり瞬発力があるから、即興で返してくれるし、すごくやりやすかったです。どんなシーンでも「俺がこう言ったら、お前はこう返して」みたいにパパッと決めてくれて、楽でした。そういう話し合いがすごく早かったから。

——港署のセットは、にっかつ撮影所。浅野さんにとってデビュー時から馴染みの撮影所ですが、なにか思い出はありますか？

浅野　にっかつ、多かったですね。でも、どんどんどんどん敷地が小っちゃくなって、それはねぇ……やっぱり悲しいよ。ステージや白いレストランがなくなったりして、その様子をずっと見てきてるわけだから。本当に悲しかった。セットの撮影はパパさんやナカさん、それから秋山（武史）さん、みんなどうやって画に入るかに一生懸命で「もう（仲村）トオルは入らないよな」とか言いながら（笑）、ガチャガチャやってたのをすごい覚えてますね。わたしは女を武器に、ほっといても映してもらえてましたけど。ごめんね。

そのときそのときの瞬発力が鍛えられました

――印象に残っているスタッフはいますか？

浅野　いろんな方々がいましたが、照明の井上パパ……井上幸男さんは8年前の映画（『さらばあぶない刑事』）の前に亡くなっちゃったんですよ。メインの技師さんで初めて亡くなられたのが井上パパで、それはすごいショックだった。そのあと仙元（誠三）さんも亡くなられましたが、やっぱり井上パパはテレビのシリーズからずっとやってたから印象深いですね。

――監督や撮影は作品ごとに替わりますが、照明技師はずっと一緒でした。

浅野　井上パパは村川さんといつも喧嘩ばっかりしてね。もう、本当に驚くくらい喧嘩してて……とにかく照明を待たないんですよ、村川さん。で、あるとき井上パパのところの若い衆が殴り込みにきた（笑）。怖かったぁ。本当に怖い顔してたもん。いきなり村川さんが本番いこうとして、照明の助手さんが「待ぁ～て～！」とか言って。まぁ怒るのも無理ないからね。

――セントラル・アーツの代表、黒澤満さんの思い出はありますか？

浅野　『さらば』のニュージーランドロケで、初めて満さんや脚本家の柏原（寛司）さんたちと食事したんですよ。そうしたら満さんが「温子さん、ぼくはうれしい。30年目で初めて食事をしてくれた」と仰って、「えぇ～？　言ってくれれば別に断らないよ。言ってこなかっただけじゃん！」って答えたんだけど（笑）。それはものすごく覚えていますね。

——ほかに『あぶない刑事』の思い出はありますか？

浅野　もう言い尽くしてる感があるよね（笑）。なにがあるかなぁ……。あっ、テレビのシリーズってものすごい〝片撮り〟でやってるじゃないですか。一方向からのアングルをどんどんまとめて撮っていく。監督たちがすごいスピードで撮って、普通はセットでも夕方に終わる予定が、もう2時に終わるみたいな（笑）。そうやってサーッと撮ってたので、そのときの瞬発力が鍛えられました。

きっと、わたしはもう無理だと思うんですよね、その瞬発力は。長谷部さんや村川さんだけでなく、ほかの監督も自分の美学にこだわる人たちばっかりだったんです。東宝の西村潔さんも、やっぱりクセがあるでしょう。そういう監督がどんどん1カメで片撮りするわけで、まだ若かったからできたんだと思いますね。いまは無理、もう死んでも無理！（笑）なんだろう、ああいう片撮りで追い詰められて撮っていると「これはこういうものなんだ！」という、もう洗脳ですね。当時はワンカットずつ細かく撮っていくフィルムの現場とお芝居を通しでやるマルチ撮りのスタジオドラマがあって、自分のなかでしっかり分けられてました。違うといえば違うんだけど……どっちがやりやすい、やりにくいということではなかったです。

——「そば」と「うどん」みたいなものでしょうか？

浅野　そんな感じ。だからもう知らないうちに洗脳されているんですね。『あぶデカ』の現場は洗脳ですよ、本当に！

浅野温子 ［あさの・あつこ］

1961年東京都生まれ。15歳のときオーディションに合格し、映画『エデンの海』でデビュー。81年に『スローなブギにしてくれ』で映画初主演を務め、『汚れた英雄』『陽暉楼』などを経て『あぶない刑事』の各シリーズで真山薫を演じる。80年代後半からは『抱きしめたい！』『101回目のプロポーズ』ほかトレンディドラマで活躍し、『沙粧妙子－最後の事件－』『コーチ』など数多くのドラマに出演。近年は日本の古典や各地の民話伝説を題材にした一人舞台劇「読みがたり」にも力を入れている。

仲村トオル

町田透

伝統というと大げさですが、やっぱりセントラル・アーツの作品であることを実感します

トオル＝町田透、港署捜査課の新人刑事を演じた仲村トオルは映画『ビー・バップ・ハイスクール』の主人公・中間徹としてデビューしたばかりの若手であり、セントラル・アーツの所属俳優であった。『あぶない刑事』の狂騒の日々、そして恩師である黒澤満プロデューサーの思い出を振り返る——。

「お前、衣裳合わせがどういうものかわかってんのか」

仲村　あのころを思い出そうとすると、エピソードが雪崩のように押し寄せてきますが、すぐ思い出すのは、よくないことばかり（笑）。納得がいかなくて2回目の衣裳合わせをお願いしたら、新人俳優育成指導の時間になってしまったとか、撮影開始時刻に遅刻してしまったとか、調布のにっかつ撮影所までクルマで行ったら、「多摩川の河原に停めて」と守衛さんに言われたとか……。

――最初に用意されたスーツのデザインが気に入らなかったそうですね。

仲村　気に入らなかったというより、ちょっとサイズが小さかったんです。しかも、いろいろな服を試してみるような衣裳合わせではなく、「はい、これで」という感じで……ぼくは当時知るよしもなかったんですが、そのスーツは渡哲也さんが『西部警察』で着ていらっしゃったものだったらしいんです。そういうスタッフ側の思い入れがある衣裳だったのに、ぼくは自分の意見も言えず、サイズも合わなかったのに、あっけなく決まったことが不満で。それで「もう一度」とお願いしたんです。それがリスキーなことだとも感じずに（笑）。

ちょっと前までド素人の大学生が『ビー・バップ・ハイスクール』（85年）でこの世界に入って、本当になにも知らなかったんで、躊躇なく言ってしまったんですね。で、2回目の衣裳合わせがあったにはあったのですが、長谷部（安春）監督は現れず、チーフ助監督の一倉治雄さんとカメラの松村文雄さんと製作担当の服部紹男さんに〝魔の三角地帯〟状態で囲まれて、「お前、衣裳合わせがどういうものかわかってんのか」から始まって、延々と説教されました。自前のスタジアムジャンパーを持っていって「こういう服を着たいです」となんとか提案しましたが、とにかく大先輩方に説教されて終わった感じで……。

――最終的に衣裳はどうなったのでしょうか？

仲村　今日の取材のために予習しようと思って、1話と2話を見てきたんですが、おそらく渡さんのスーツだと思います。

少しキツめに見えましたから。

——1986年に始まった『あぶない刑事』は『ビー・パップ・ハイスクール』と同じセントラル・アーツの作品であり、仲村さんは当時同社の所属俳優でした。ふたたび「トオル」という役を演じていますが、センラルの代表である黒澤満プロデューサーからのアドバイスなどはありましたか？

仲村　多くの方が黒澤さんに対して、ぼくと似たような印象を持っていると思うんですが、細かいことは仰らず、「まぁ、やってみろ。がんばれよ」と送り出すタイプでした。『あぶない刑事』が始まるときも、黒澤さんからなにか言われたような記憶はないです。まずキャスティングの飯塚滋さんから電話がかかってきて「お前、バイクの免許持ってる？」と聞かれて……。「いいえ、クルマの免許しか持ってないので原付なら」と答えたら「今度は白バイ警官の役だからデカいのに乗れる免許取りに行ってくれ」って言われて。でも、そのあと台本をもらったら、「あれ、白バイ警官じゃないのか」と、そんな感じでした。

——『ビー・バップ』と『あぶデカ』の現場の違いはありましたか？

仲村　ぼくが体感した最大の違いは、やっぱり撮影のスピードです。テレビの連続ドラマは、ざっくり言うと1週間に1本、約50分のものを作るというペース。それをまるで知らなかった。『ビー・バップ』の那須博之監督はめちゃくちゃ時間のかかる人だったので、テレビの現場はとにかく早いな、と。第1話を撮られた長谷部さんも早いと思いましたし、続く手銭（弘喜）さん、そして村川（透）さんの現場になると、まったくついていけない感じでした。

——手銭弘喜監督は、いちばん早撮りだったそうですね。

仲村　たとえば港署のセットでカメラの方向が決まると、シーンどころか話もまたいで、その方向から撮れるカットをどんどん撮っていく。撮影時間が短縮できるからですが。ぼくがわけもわからず呆然と立ち尽くしていると、衣裳の波多野（芳一）さんが「シーン変わりだよ」って、それまでしていたネクタイをほどいて、別のネクタイを結んでくれる。演技プランがどうとか考える余裕なんてなかったし、実際ついていけていたのかも定かでは……（笑）。

いま思えば本当にあんな自由な現場はなかったですよ

――舘ひろしさん、柴田恭兵さんとの共演はいかがでしたか？

仲村　自分がテレビで見ていた人たちと一緒に出られる、しかも刑事ものといえば『太陽にほえろ！』だ、それをやってる日本テレビだ、すごい！と。最初は日曜9時からの放送で、時間帯こそ違えど、『西部警察』の舘ひろしさん、『俺たちは天使だ！』の柴田恭兵さんとの共演なんて、とワクワクしました。

舘さんは……最初はちょっと怖かったです。親しみを感じるような接し方ができるようになるまで、時間がかかりました。ご本人も仰っていましたが、恭兵さんがアドリブで繰り出すコミカルさと同じようなアプローチを舘さんもされてると感じた時期があって……でもそれはご自身の持ち味というか、役者として目指す方向が違うと思われたのか、「あ、舘さん、やめた」と感じた瞬間があって、そのとき舘さんの新たなかっこよさが見えて、印象が変化しました。

――対する柴田さんはアドリブ満載です。

仲村　昨日、1・2話を見返して、恭兵さんの大下勇次は最初から完成されていたんだと思いました。舘さんと恭兵さんは、かっこよさのベクトルが異なると思いますが、恭兵さんはとにかく身体能力がすごいな、と……。最初の地方ロケに行った松山で（第10話「激突」）、恭兵さんとぼくがロープウェイのゴンドラから飛び降りて、山の斜面を駆け下りて犯人を追いかけるシーンを撮ったとき、途中にものすごく大きな穴があって、恭兵さんが軽々とジャンプして飛び越えて走っていったので、ぼくも身体能力には自信があったので続いて飛び越えようとしたら、見事に穴にハマって……。アドリブで繰り出すアイデアといい、身体能力の高さといい、キレのよさがかっこいいと思いました。

――かつてのインタビューで語っていましたが、「役者もどんどん提案していこう」という柴田さんのスタイルに仲村さんも感化されていったそうですね。

仲村　完全にそうです。台本にない恭兵さんの一言がすごくおもしろくて、それに対応するベンガルさんのリアクションを見て「あぁ、なんか楽しそうだな」と。第1話を見返していて、この38年間でいちばんキャラ変更しちゃったのは、ベンガルさん演じる〝ナカさん〟だと思いましたね。取調室で犯人に「吐け〜」って言ってるだけの無口なキャラだったのが、あんなことに（笑）。

――町田透という役も新人類の刑事からどんどんコミカルさが増していきますが、デビューしたばかりの若手俳優としてアドリブの難しさはありましたか？

仲村　戸惑った記憶は、あまりないんです。キャッチボールやバスケのパスを見て、そこに自分も混じったら楽しそう、というような気持ちが強かったかな。実際に放送された内容もおもしろかったし、初めてのテレビドラマが『あぶデカ』で、1年間現場が続いたので、相当そこで刷り込まれたというか……いま思えば本当にあんなに自由な現場はなかった。その後いろんな現場で「あ、これやったらダメなんですね？」という洗礼を受けた感じです（笑）。

――近藤課長役の中条静夫さんはいかがでしたか？

仲村　中条さんと初めてお会いしたときに「君、いくつだ？」って質問されたんです。「20歳です」と答えたら、「20歳って何年生まれ？」と。「昭和40年です」とぼくが言うと、中条さんは「昨日じゃねえか」と仰った（笑）。中条さんは落ち着きや重みがあるのに、軽やかさもある。だから恭兵さんやベンガルさん、浅野（温子）さんのアドリブに対して、動じないけど、ちゃんと受け止めて返す……まさに〝要〟でした。課長の席に中条さんが座っていたおかげで、その周りでぼくらがキャッチボールで遊べた。最後はどんな球でも受けてくれるし、ゲームセットにもしてくれる……そんな存在で。その当時の中条さんの年齢に自分が近づいていることに本当にびっくりします。

もう赤ちゃんみたいな扱いだったよなって思いました

――第2話「救出」は『ビー・バップ』の那須真知子さんによる脚本で、トオルが拉致監禁されてしまうエピソードです。

仲村　同時に2話ずつ撮っていくので、撮影の順番では3本目で、手銭組だったんです。先ほどもお話ししたように、撮影スピードが早すぎて現場の記憶がほぼなくて……。強いて言うなら、解体中の建物から飛び降りるカットで、技斗の高瀬（将嗣）さんに「重機の爪が隣の窓にガーンって刺さるから、その瞬間に飛び降りて」「そのタイミングより早くても遅くてもダメ」と言われて、「はい」と従って……。高瀬さんは『ビー・バップ』も担当されていた方で、いま考えると「役者にやらせることか？」って思いますけど（笑）。

――体を張ってましたね。

仲村　出発点がそんなだったので、その後もアクションは、なるべく自分でやりたい気質になりました。そういえば昨日まで完全に忘れてたんですが、第1話の途中で出てくる暴走族のリーダーの役名が「ヒロシ」なんですよ。

――なんと『ビー・バップ』の相棒と同じ名前！

仲村　もう赤ちゃんみたいな扱いだったよなって思いました。「ハイハイ、あなたのいちばん言いやすい役名ですよ。ヒロシでしょ～」と台本を渡された感じで、たしかにそれくらい俳優としては赤子に近い状態だったと思いますし、そうやって大切に思ってもらってたんだなという親心も感じました。

――とくに印象に残っている監督はいますか？

仲村　みなさんそれぞれ印象的です。それこそ最初の長谷部さんは、ぼくに対して常に怒っている印象でしたね（笑）。「このクソガキ、2回目の衣裳合わせやれって、俺を呼び出しやがった」って、ずーっと思ってるような。それでまた間が悪いことに、ある日ぼくが遅刻したんです。にっかつ撮影所でアパートの一室みたいなセット撮影の日で、長谷部さんに第一声、「芝居は我慢してやるけど、遅刻は我慢できねえな！」って言われました。アパートを捜索するシーンで、ぼくが四つん這いになって、その背中に鷹山先輩が乗って天井裏を探るカットだったんですが、なかなかOKが出ない。もう重いし痛いし、「これ絶対に監督まだ怒ってるよなぁ～」って思いました（笑）。

松山ロケの夜、みんなで飲み食いしたときの長谷部さんの話もよく覚えています。「画面のなかでクルマが真ん中に停まろうが端に停まろうが、観客にとっては重要なことじゃないかもしれない。だけどプロがここに停まると言って、本番で別のところに停まったら俺は怒っちゃうんだよなぁ」と語っているのを脇で聞いていて、なるほどプロってそういうものかと思いました。「そうあらねばならんな、俺も」みたいなことを感じて、勝手に長谷部さんとの精神的な距離が縮まった気がしましたね。

――村川透監督や西村潔監督はいかがでしたか？

仲村　村川さんは、わりと具体的に「舘のこういうところを見ておけ」「恭兵のこういうところを見ておけ」って言ってくれました。でも、やっぱりせっかちな方で……。当時は劇用車も基本的に役者が運転してたんですね。それこそちゃんとした位置に停まれなくてＮＧが出て、ぼくが運転してスタート位置に戻るんですけど、操作に慣れてない劇用車だったのでゆっくりバックしてたら、「あぁ、もう俺がやる！」って、ぼくを降ろして、村川さんがハンドルを握ってスタート位置に戻っていく。ぼくは自分の劇用車を猛ダッシュで追いかけてスタート位置まで戻る……そんなことをやってました（笑）。

もう言っても大丈夫だと思いますけど、西村さんは初期の４人の監督のなかで唯一紳士的な方でした（笑）。いやいや、長谷部さんや村川さんや手銭さんも紳士的な時間帯はあったと思うんですけど、現場の印象として怒鳴らないのは西村さんだけ。撮影の合間にご自身の趣味だったスキューバダイビングの話をしてくださったんですが、「本当に人生観が変わるよ」と仰ったので、数年後にぼくもダイビングのライセンスを取りました。

――チーフ助監督を務めてきた一倉治雄監督が一本立ちして、第19話「潜入」でデビュー。奇しくもトオルのメイン回であり、その後も仲村さんとは東映Ｖシネマの『狙撃』四部作（89〜93年）などで組んでいます。

仲村　一倉さんは助監督時代から本当に優秀で有能なチーフでした。それこそぼくが遅刻した日も「９時開始というのは、君が準備を開始する時間じゃない。全員が撮影を開始する時間なんだよ」と、すごく冷静に言われて……そういうきちんとした、というか理路整然と話されるタイプ。なので一倉さんが監督になったとき、一倉さんは大丈夫だろうという感じだったんですが、成田（裕介）さんは大丈夫かなって思ったんです。

――成田裕介監督も第20話「奪還」でデビューします。

仲村　成田さんは『ビー・バップ』の2作目のチーフ助監督だったんです。そのときよく話もしたし、朝までアフレコやって「明るくなっちゃったなぁ、疲れたなぁ」みたいな感じでダビングルームがあった建物の階段に座ってるときに「お前はここ（那須組）から始まったから、どこに行っても大丈夫だよ」って言ってくれたんです。その言葉は、その後のぼくの心の支えになりました。そのときの繊細で優しい人だという印象があって、さっき「大丈夫かな」って言いましたけど、そんな出来事があったからです。成田さんの監督回は「テレビの16ミリのフィルムもいいんだけど、やっぱり俺は35ミリの映画が撮りたい！」という声が聞こえてきそうな映像だと感じました。

――「奪還」はテレビシリーズで唯一、ベテランの仙元誠三さんが撮影を担当しています。

仲村　あぁ、そうか！　成田さんの回って引き画が多いんですね。昔のテレビって今よりもぜんぜん小さなブラウン管だから、そこで引きを撮るというのは挑戦だったと思います。

――半年間の放映予定だった『あぶない刑事』ですが、高視聴率から1年に延長されて全51話となり、映画版やテレビシリーズの続編へと続きます。

仲村　初めて出た映画が『ビー・バップ』で、初めて出たテレビの連続ドラマが『あぶデカ』というのは、できすぎだろうと我ながら思います。できすぎというか運がいい。当時はその運のよさに気づいていませんでしたし、なんでも上手くいって自分もうれしいという状態で、でもどこかで「ずっとこんな状態が続くわけがない」という〝怯え〟があったと思います。いつかここから落とされる、もしくは自分で足を踏み外す日がくるかもしれない。そんな意識が常に片隅にあった気がします。実際に『新宿純愛物語』（87年）では興行的な挫折を味わいましたし、その後もいろんな焦りがありました。

黒澤さんはガキの判断を尊重してくれて……

――セントラル・アーツの所属俳優として活動を続けてきた仲村さんですが、1994年の3月に退社します。その理由はなんだったのでしょうか?

仲村　それこそ東映の大ベテランの方々にいつか聞いてみたいと思っているんですけど、なんとなく……いや、あからさまに黒澤さんの作るものがなかなか東映の劇場でかからない時代が訪れていました。Vシネマが成功して、その路線が続いたことが始まりだったのか、それ以外の事情だったのか、東映本社と東映ビデオの間にある派閥みたいなものを若造なりに感じていました。黒澤さんがプロデュースしたVシネマはもちろんレンタルビデオ店向けに作っていましたが、それなりのセールスをあげていて、たとえば『狙撃』も成功したら劇場用映画を目指すステップだと思っていました。4作続きましたが、結局その方向には進まなかった。

　自分の歩いている道の幅がだんだん狭くなり、その両側の壁が高くなっていくような感覚でした。当時、黒澤さんに言ったことがあります。同世代の俳優はいろいろな局のトレンディドラマに出たり、映画に出たり、あるいは舞台をやったり、音楽をやったり……どれかで失敗しても別のところで逆転できるかもしれないけど、ぼくはそうではない。セントラル・アーツにしか居場所がなくて「ここでコケると、次に立ち上がるまでに時間がかかる」という泣き言をぶつけました。閉塞感や危機感をかなり持っていたんです。

――かつてのインタビューでセントラル・アーツを「実家」と語っていますが、そこを出る決心をした。2010年公開の『行きずりの街』まで、しばらくセントラルでの主演作はなく、外で勝負していきます。

仲村　「すみません、家出します」と、長旅に出た放蕩息子に、ふたたび敷居を跨《また》がせてくださったのは、黒澤さんの懐の深さがあったからだと思います。

――2018年に亡くなられましたが、恩師である黒澤満さんとの思い出や記憶に残っている言葉はありますか?

仲村　まず思い出すのは2つ。これはどこかで話したことがありますが、中条さんが亡くなられたとき、ぼくは深夜まで撮影があって翌日も早朝から仕事だったんです。告別式に行けないので、遅くなっても今日の撮影が終わったらお通夜に行って手を合わせたいと連絡をしたら……厳しい声音で「ダメだよ！」と言われました。「お前が行くって言ったら、ずっとロウソクの火を点けて待ってなきゃいけない人がいる。その人のことを考えろ」と。このときの声音が、その後もふくめて、黒澤さんとの30数年のなかでいちばん厳しい声音でした。長谷部さんの「プロとは」という話に近いですが、「ちゃんと寝て明日の撮影をしっかりやれ」みたいなことを言われたのをよく覚えています。

――なるほど。

仲村　もう1つは『狙撃』の3本目なんですが、相当な時間をかけてプロデューサーの伊藤亮爾さんや脚本の岡芳郎さんとお話をしたつもりだったのに、決定稿がぼくの思っていたものとは違っていて、「この台本では現場に行きません」と言いました。そのあとも「これが俺がやりたかった話だ！」というものを書いて渡したり、いろいろありましたが……最終的に黒澤さんが「じゃあ、延期する」と言ってくれたときに…………あっ、ヤバい。この話をすると泣きそうだ……。

それでも、ぼくを責めるようなことは一言も言わなかったですね、黒澤さんは。本当に尊重してくれました。ガキの判断を尊重してくれて……いま思うと多くのスタッフの人たちの仕事を奪ってしまったのに、なにも言わなかった。この2つですね、強烈に覚えているのは。（上を向いて）ダメだ……まさか『あぶデカ』のインタビューで泣きそうになるなんて思わなかった……。

――とにかく現場を回してスタッフに仕事を与えるという使命感を持って、黒澤さんは数多くの作品を手がけてきました。そして最新作の『帰ってきた あぶない刑事』（24年）とともにセントラル・アーツの作品が帰ってきた。ひさしぶりのセントラルの現場はいかがでしたか？

仲村　製作発表のとき、舘さんと恭兵さんが「今回は『あぶない刑事』が始まったときにはまだ生まれていないような若いスタッフが多くて、ほとんどのスタッフがこれまでのシリーズを経験していないんです」みたいな発言をされましたが、そのときに、初めて「あれっ、そうだったか」って思ったんですね。そんな意識ぜんぜんなかった。舘さんと恭兵さんがいれば『あぶない刑事』の現場になる、そしてスタッフも『あぶない刑事』のスタッフになるということで、やっぱりそういうところが、この作品の持つ力なんだと感じました。

もちろん今回の原廣利監督は原隆仁監督の息子さんなので、父親の仕事という意識で『あぶデカ』を見ていた時期もあったんじゃないかと思いますし、ぼくの思い込みかもしれないけど、完成した作品を見たとき、恭兵さんのアクションになると高瀬さんの存在を感じるし、舘さんがバイクに乗っていると仙元さんがどこかにいたんじゃないかという感じがする……伝統という言葉は、このシリーズの作風とはちょっと違う重い響きがありますが、やっぱりセントラル・アーツの作品であることを実感します。今回の撮影部のスタッフたちが仙元さんの助手についたことはないと思うけど、仙元さんの残したものを受け継ぐだろうし、それこそ今作のアクションは高瀬道場の瀬木（一将）さんや森（聖二）さんが陣頭指揮をとっているし、そうやって少しずつ繋がっていくというか、この先も受け継がれていく気はしますね。

仲村トオル ［なかむら・とおる］

1965年東京都生まれ。専修大学在学中の85年に映画『ビー・バップ・ハイスクール』の公募オーディションに合格し、主演デビュー。翌86年には『あぶない刑事』で連続ドラマに初出演し、それぞれシリーズ化が果たされる。セントラル・アーツでの主な出演映画に『新宿純愛物語』『ラブ・ストーリーを君に』『行きずりの街』など、ドラマには『勝手にしやがれヘイ！ブラザー』『俺たちルーキーコップ』などがある。韓国映画『ロスト・メモリーズ』、中仏合作映画『パープル・バタフライ』ほか海外作品にも参加。

ベンガル

常に〝巻く〟現場だったから そのリズムが よかったんじゃないですか

「落としのナカさん」こと田中文男を演じたベンガルは、タカやユージとは異なる〝あぶない〟キャラクターとして港署捜査課で異彩を放ち、アドリブを連発した。希代の扇子マニアにして派手なベストを着こなす……『あぶデカ』の遊び心を象徴するナカさんという役どころをベンガルが語ってゆく。

中条さんがアドリブのギャグをやったことがあって

ベンガル　初回のころは、すごくシーンとした現場でしたね。これが続くのか〜と思って、かなり緊張したのを覚えています。監督もバイオレンスの帝王みたいな長谷部（安春）さんだったから、ちょっと休まる時間がない。「よーい、スタート」って本番の声も「よぉ〜い、ウェイッ！」（笑）、若いゲストの俳優にも「ウオッ、それでいいんか〜」とかね。監督自身も怖かったし、みんなセリフどおりキチッとやってました。そんな状況で少しずつ（柴田）恭兵さんがアドリブやるようになって、そのあとが手銭（弘喜）さんや村川（透）さんで、やっぱり監督によって雰囲気が違うから、だんだんと崩れて柔らかくなっていった感じですね。

――「落としのナカさん」のキャラクターも変わっていきました。

ベンガル　最初のころのセリフは「吐け〜」ばっかりで出番も港署だけだったんですが、あるとき外に出たんですよ。それから遊ぶようになった気がしますね。恭兵さんのせいにするわけじゃないけど、なにかのシーンで恭兵さんがアドリブやって、長谷部さんがOKしたんですが……だいたい長谷部さんってカットかけたあと、「おい、いまのなんだ？」って聞いてくる。で、恭兵さんが「こうやって、こうなって、ここの部分がおかしいんです」と説明して、ようやく納得してもらうんです。そういう流れがだんだん許されてきて、恭兵さんがアドリブを仕掛けて、ぼくが返したりするようになっていって……。

――どんどんノリがよくなっていった。

ベンガル　舘（ひろし）さんだけは、やらなかったです。舘さんは「俺は台本どおりにしかやらないよ」ってタイプだから。でも、ああいうアドリブを本番で突然やるのはルール違反で、恭兵さんも「ここでこうします」と事前に伝えてくれました。ちょっとしたセリフなんかは別ですけどね。やっぱり最初は恭兵さんとあっちゃん（浅野温子）……あっちゃんの暴走は、もう怖かったもん。テンションがすごすぎて、「ここまでやるか、女優だろう」って（笑）。

——たしかに。

ベンガル　だから現場の空気も変わりましたね。でも締めるとこは締めて、そこは中条（静夫）さんの存在が大きかったです。ぼくらからすると目上の大先輩ですが、み〜んな中条さんのことが好きだったから、いい雰囲気でしたよ。

——近藤課長役の中条静夫さんは、どのような方でしたか？

ベンガル　本当に柔らかい方です。いつもニコニコして、課長のデスクに座って、すごく明るい人でした。それから中条さんがアドリブのギャグをやったことがあって、あれはびっくりしましたね。港署が襲われる話で、課長が犯人のところに行くことになって防弾チョッキを着るんだけど、それをわざと後ろ前にして……。

——あっ、「決断」というエピソードですね。

ベンガル　その防弾チョッキを着直しながら「因果な商売だな」みたいなセリフを言う。あれはうれしかったです。ぼくは中条さんが住んでらっしゃった縁もあって、そのあと八王子に家を建てたんですよ。セントラル・アーツの黒澤満さんも八王子ですよね。満さんは現場が好きで、必ず現場に来られる。舘さんが主演の『終わった人』（18年）のときも、もう杖をついてましたが、東北の現場までいらっしゃって……あぁすごい人だなと思いました。もうあまり歩けるような状態ではなかったと思うんですが。

——劇団東京乾電池に長らく所属しているベンガルさんですが、撮影現場でのアドリブについて演劇の経験が役に立った部分はありますか？

ベンガル　そうですね。舞台って、とにかく止めちゃダメじゃないですか。たとえば相手がセリフを忘れたりすると当然アドリブが出るし、そういう意味では「なにが起きても大丈夫」みたいなところはありました。でも恭兵さんのアドリブに対して返し方ひとつで台無しにしちゃうこともあるから、そういう意味では緊張しました。スタッフさんも「次はどんなことを見せてくれるのか」みたいな雰囲気だし、ぼくの場合は2つ用意しとくんです。

——舘ひろしさん、柴田恭兵さんとの共演はいかがでしたか？

ベンガル　舘さんは、まず周囲への気遣いですね。さすがは石原プロで、あの明るさが現場にすごく影響してくれました。絶対に遅刻しないし、台本以上のセリフも絶対に言わない。3行以上のセリフは言わないんだけど、NGがいちばん多いのも舘さん。本人も「仕方ないじゃん。俺できないからさぁ」と言ってました。でもね、それがかっこいいんですよ。主役としてのオーラがありますよね、やっぱり。

恭兵さんはすご〜く暗く考える人ですね。舘さんとは真逆で、おふたりは本当に明と暗。現場では寡黙で、本番になるとはっちゃけて爆発させる。あっちゃんも同じタイプ。恭兵さんは、ぼくと同い年で誕生日も1日違いなんです。運動神経がよくて、拳銃を持つ姿もサマになるでしょ。村川組だったんですけど、ぼくの銃の撃ち方がなってないということで、もう監督が怒っちゃって「恭兵ちゃん、ちょっとベンちゃんに教えてあげて!」って、ポールスターってバーでの銃撃戦のときに持ち方のコツを教えてもらいました。

――ほかに『あぶない刑事』の思い出はありますか?

ベンガル　村川組だと、まだ本番撮ってないのに移動しちゃうという……せっかちだから(笑)。あの人ね、ちゃんと芝居とか見てないんじゃないかと思うときがあるんですよ。たぶん次の段取りを考えてて、パッとすぐどっか行っちゃうから。助監督が「監督、まだ本番撮ってません!」ってことが、何度かありましたね。それから手銭さんこそ本当にまったくギャグを理解しなくて、長谷部さん以上に「これはこういうことで」という説明が必要でした。

――そうだったんですね。

ベンガル　たぶん映画のギャグとか見たことないんじゃないかな(笑)。手銭さんは「ここナイトシーンの必要ないだろう」って全部デイ、デイ、デイ、デイって昼間にしちゃう。早く終わらせて飲みたいから。横浜ロケなんかいっつも昼からビール飲んでました。チーフ助監督だった成田(裕介)さんはイケイケのタイプで、とにかく「やってやろうじゃないか」という感じの監督でしたね。

トオルがいちばん成長したんじゃないですかね

――ナカさんのトレードマークといえば、小道具の扇子《せんす》です。

ベンガル　みんな個性が立っていて、すごい強烈だったんですよね、主役クラスの人たちが。ほいで、なんか印象づけるものがないかなと思って、長谷部監督か、村川監督だったかな……「ちょっと扇子を持ってみてもいいですか」って自分から提案したのがきっかけです。

――第28話「決断」でうちわを手にしており、第31話「不覚」から扇子が登場していました。扇子の利点はありますか？

ベンガル　とりあえず人が芝居してるときでも、ちょっとこう頼ってられるというか……昔の映画で芝居できない役者さんがハンカチを持ちたがったのと同じですね。それからスタッフさんがノッてくれて、いろんな扇子を用意してくれました。「これどうですか、これどうですか」ってどんどんエスカレートして、温風が出たりして、もう戻れなくなっちゃった。

――刑事たちが課長に事件を報告しているとき、セリフのないナカさんが胸元のポケットから何種類もの扇子を出し入れしているシーンもありました。

ベンガル　あぁ、それはダメですね（笑）。人の芝居の邪魔をしちゃいけない。若気の至りみたいなもんで、いま考えると反省してますよ。やっぱりドラマのなかのアドリブって、ぼくは基本的にはよくないと思いますから。でも、そういうことが許される番組だったんですね。隠れて捜査をするとき、みんなでメイクや衣裳に凝ったこともあったし、アドリブでも画面の向こうの視聴者ではなく現場のみんなを笑わせたいというのがありました。とにかくスタッフがクッと笑いをこらえてる……それがたまらない気持ちだったんでしょう。

――セーラー服にも造詣の深いナカさんですが、『もっとあぶない刑事』の序盤からは派手なベストを着るようになります。

ベンガル　あれは衣裳の斉藤（昌美）の提案ですね。事前に監督のＯＫは取ってるだろうから、そういうノリのドラマになってたんです。チームワークがすばらしかったから。

――ナカさんといえば、パパさんとのコンビ。吉井刑事役の山西道広さんはどのような方でしたか？

ベンガル　山西さんは『探偵物語』で刑事役をやってて、けっこう怒鳴るシーンとかあるし、怖い人だと思ってたんですよ。でも現場ではいちばん物静かな人でした。すごく柔和だったんでコンビとしてもやりやすかったです。

――ほかに港署のメンバーで印象に残っている方はいますか？

ベンガル　こんなこと言うと失礼かもしれないけど、（仲村）トオルがいちばん成長したんじゃないですかね。「トロい動物っぽくやって」って言ったらそのとおりにやるし、今回の映画だって相変わらずトロそうだけど、ほかの作品ではしっかり大人の役をやってるから、その切り替えは見事ですよ。とっさのアドリブでも受けてくれるし、みんなでトオルをイジるのが楽しかった。

――衣笠拳次さん演じる谷村刑事に「行くぞ、筋肉」とナカさんが言うシーンが第45話「謹慎」にありまして、あれは絶対ベンガルさんのアドリブではないかと思うのですが覚えていますか？

ベンガル　そんなこと言ってた？（笑）　まぁ、あいつは体を鍛えてたし、普段から見せたがりで「筋肉、筋肉」って呼んでたからね。ヘンなやつでしたよ。２本目の映画（『またまたあぶない刑事』）のとき、衣笠が運転するクルマで死にそうになったからなぁ。普段運転しないのに現場でやることになって「何年も運転してない」って言えばいいのに、できますって。しかもいきなり本番で……思いっきりアクセル踏み込んじゃって、岸壁を飛び越えた。

――えーっ！

ベンガル　さすがに海には落ちなかったけど、柵を飛び越えたから「ドン！」って衝撃がすごくて……足も打ったし、あいつ顔が真っ青になってたもん。クルマといえば、にっかつの撮影所で最初にびっくりしたのが舘さんのクルマ。あれが1・8台分あるから、俺のを停めらんなかったことが何度かあって（笑）。「こんな派手なやつ、どこのクルマだよ」と思ったらサイドに〝石原プロモーション〟って書いてある。あっ、いけね、いけねってね。

――スタッフで思い出に残っている方はいますか？

ベンガル　衣裳の波多野（芳一）さんですね。けっこう昔気質で、こんな言い方するとアレだけど、衣裳部さんにしてはすごく偉そうというか（笑）、威厳のある方でした。たぶん映画の黄金時代からやられている方だと思うんですが、役者にもどんどん口出ししてくる。「若いやつが生意気言うんじゃねえぞ、こっちの考えた衣装着てりゃいいんだよ」というタイプの職人さんでしたが、けっこう仲良くさせてもらいました。

それとスタッフについては、舘さんがめちゃめちゃ気を遣ってましたね。たとえば18歳くらいの小道具の坊やでも、ちゃんと名前を覚えたりして……石原プロの人はみんなそうですよ。打ち上げの乾杯でも、その坊やが来るのを待ったりするし、おそらく（石原）裕次郎さんや渡（哲也）さんから「スタッフさんを大事にしろ」という教育を受け継いだんでしょうね。舘さんは恭兵さんのことも尊敬するし、恭兵さんだってそうだし、そんな現場の雰囲気がヒットの一因じゃないですか。おかげで自分にとってもステップになりましたし。

「おじさん、どいてよ！　トオルが見えないよ！」

――『あぶない刑事』の人気を実感したことはありますか？

ベンガル　やっぱり横浜ロケですね。いやもう土日はロケが進まない。人がものすごい集まっちゃって、俺なんかよく女の子に「おじさん、どいてよ！　トオルが見えないよ！」って言われて、俺だって出てんだよ、ここにいなきゃいけないんだよって（笑）。恭兵さんの身代わりでバスから出て、サーッと走って取り巻きのファンをそっちに逃がして、その隙に恭兵さんがバスの窓から降りたこともありました。

やっぱりロケは大騒ぎで、人よけが大変だったなぁ。エキストラが足りないとき「俺やるよ」って村川監督が出たことがあって、本番中に通行人やったんだけど、そこで一般の人とぶつかって、「なんだ、この野郎！」（笑）。あの人ほんと喧嘩好きだし、いつもニコニコしているのにキレるんですよ。

――村川監督や手銭監督は、とくに早撮りだったそうですね。

ベンガル　現場が早いとリズムができるし、常に〝巻く〟現場だったから、それがよかったんじゃないですか。押してばっかりだと、やっぱり空気も悪くなるし。だから俺は初めての組の衣裳合わせのときスタッフに聞くんですよ、「この監督さんは押す人？　巻く人？　どっち」って。やっぱりドラマでも流れとリズムがあるから仕上がりにも影響しますし、当時はフィルムでモニターのプレビューもなかったから、そもそも早いは早いですよ。無駄がない。

最近はハリウッド方式であちこちから撮って、いざ仕上がるとぜんぜん使われてないケースもありますが、演じるほうとしては一発がいいですね。だいたい監督も「一発目がいい」って言いますし。たとえば若い女優さんでも、ダメ出しでよくなるケースは、ほとんど見たことがない。どんどん悪くなる。ぼくの知ってる唯一の例外が大林宣彦監督。あの人は若い女優さんにダメ出しするのがめっちゃくちゃ上手なんですよ。「この役は君のために書かれているんだ」って歯の浮くようなことを言いながら本番やってＯＫ出して、「すばらしいね。あ、ちょっと時間があるから、ご褒美でもう1回やってみよう」（笑）。で、次のテイクを使うんですよ。あれはね、すごい。こんなやり方もあるのか～と、見事な詐欺師だと思いました。

――最新作『帰ってきた　あぶない刑事』（24年）でもナカさんは健在、ヒゲを生やして帰ってきました。ひさびさのシリーズ復帰はいかがでしたか？

ベンガル　ぼくはワンシーンで舘さんとしか関わってないんで、ぜんぜん自分ではやった気しないというのが実感ですね。しかし、よくここまでシリーズが続いたというか、引っぱられるとは思わなかったなぁ。主役のおふたりの魅力でしょうね。また次を作るとしたら、今度は養老院かな（笑）。タカとユージが入居した養老院で事件が起きて、それを解決する。みんな杖をついてトオルに介護されながら……そんな『あぶデカ』が見てみたいですね。

ベンガル

1951年東京都生まれ。本名・柳原晴郎。オンシアター自由劇場を経て76年に劇団東京乾電池の創立に参加。『花絵巻　江戸のずっこけ』を皮切りに数多くの舞台に出演する。『ひらけ！ポンキッキ』や『笑ってる場合ですよ！』でテレビに進出して『あぶない刑事』で人気を博し、映画やドラマでも活躍。『北京的西瓜』に主演するなど、大林宣彦監督作品の常連となった。芸名の由来は上野・不忍池で行われた状況劇場の舞台『ベンガルの虎』に感銘を受けたことによるものである。

山路瞳　長谷部香苗

瞳ちゃんの席は捜査課と少年課の間にあったので両方とも見渡せてラッキーなポジションでした

「瞳ちゃん、お茶」でお馴染み山路瞳役の長谷部香苗は、『あぶない刑事』のメイン監督である長谷部安春の愛娘であり、港署のアイドル的な存在となった。近藤課長を演じた中条静夫との息もぴったり、歴代シリーズすべてに出演し、最新作にも帰ってきた長谷部が明かす瞳ちゃんin港署フォーエヴァー！

ナナさんが入ってくると現場の空気が変わるんです

長谷部　たくさん思い出はあるんですが、まずはオープニングのタイトルバックですね。1・2話の本編と一緒に撮ったんですが、セット内がとても暑くて……。にっかつ撮影所のセットで、ワンカットで撮るというのが最初の狙いだったんです。最終的にはカットを割って、アップが入るんですけど、1分くらいある複雑な長回しで、リハーサルをして何度も何度も撮りました。レギュラーで出演したからこそ経験できたことで、すごく貴重な思い出ですね。

――港署の刑事たちを手持ちカメラで次々と映していくオープニング、あの撮影はどのくらいかかったのでしょうか？

長谷部　半日かかったと思います。父（長谷部安春）が監督だったんですが、なによりカメラマンの松村（文雄）さんが大変ですよね。父がこうやってストップウォッチを持って、カメラと一緒に動きながら10秒、15秒って……「よし、すれ違ったー！」「はい、浅野（温子）くん。次は（仲村）トオル」と言いながら、最後の中条（静夫）さんに寄るところは、父がグーッと松村さんの背中を押して撮っていたのを覚えています。

――なるほど。あのオープニングはセリフを使わずに音楽だけなので、本番でも声を出しながら撮影していたのですね。

長谷部　広々したセットで、瞳ちゃんの席は捜査課と少年課の間にあったので、両方とも見渡せてラッキーなポジションでした。自分が映っていないときも、席にいることが多かったです。中条さんと（木の実）ナナさん、課長同士のやり取りも毎回すてきでした。

――近藤課長役の中条静夫さんの思い出はありますか？

長谷部　中条さんが「瞳ちゃん、お茶」と言ってくださらなければ、あの役は定着しなかったわけで本当に感謝ですし、お芝居の段取りを確認してくれたり、新人のわたしにまで気を遣ってくださいました。「お昼なに食べた？」ってよく声をかけてくれて……セットの日は食券が配られて、みなさん「松喜」という撮影所の食堂でお昼を食べるんです。それから、年をまたいで撮影したことがあって、そのとき「また来年もよろしくお願いします」とご挨拶をしたら「初夢で会いましょう」と。中条さんのおちゃめなところを垣間見れて、グッときました。

――少年課の松村課長を演じた木の実ナナさんはいかがでしたか？

長谷部　ナナさんが入ってくると現場の空気が変わるんです。さっそうと入ってこられて、「おはよー！　おはよー！」って松村課長そのものでした。温子さんとのコンビネーションも抜群で、温子さんがどう飛び込んでも全部受け止めちゃう。タカとユージだけではなく、カオルも唯一無二の存在ですよね。どんどんお忙しくなって、温子さんも後半はスケジュールが大変そうでした。

――ちょうど先ほどベンガルさんにインタビューをしていたのですが、「香苗ちゃんに知られたらマズいな～」と言いながら長谷部監督が『あぶない刑事』の現場でいかに怖かったかを教えてくださいました。

長谷部　コワモテなので、現場がピリピリすることもあったと思います。父のイメージする『あぶない刑事』がハードボイルド寄りとは聞いていましたが、監督がローテーションで交代していく連続ドラマのよさというか、わたしも変わっていく様子を目の当たりにして、ベンガルさんや（柴田）恭兵さんがアドリブを入れてくる度合いも監督によって違うんです。父も後半になるとウェルカムで笑ってました。やっぱり監督ごとのカラーがあって、村川（透）監督は「どんどんやんなさい」と仰っていました。

父のいる現場で、無言のプレッシャーを感じていました

――長谷部さん演じる山路瞳ですが、初期の企画書や第1話「暴走」の決定稿には別の女優さんの名前が入っていました。じつは瞳ちゃんの役は……。

長谷部　そうなんです。代役で声がかかりました。

――もともとは交通課の伊吹文子を演じる予定でした。

長谷部　監物（房子）さんと一緒に並んでいる役で、ミニパトに乗る設定で、衣裳合わせまでやったんですよ。それがクランクインの2週間ほど前に状況が変わって、「いまから探すより、長谷部さんの娘さんでいいんじゃないか」という黒澤満さんの計らいでした。ラッキーでしたが、初日は「わたしでいいんだろうか」という自信のなさが先に出てしまって、じつは今もそれを引きずってます。父のいる現場で、無言のプレッシャーを感じていました。

――「仰天」という港署が占拠されるエピソードでは、柴田恭兵さん演じるユージが「瞳ちゃんの親父さんって恐ろしいから〜」というセリフを披露します。

長谷部　わたしが人質にされる話ですよね。大好きな一倉（治雄）監督の回ですし、いつもと違う瞳ちゃんを出せるかなって思いました。台本を読んでも明らかに出番が多いし、ライターの柏原（寛司）さんがそれぞれのキャラクターに愛を持って書いてくださっていて、うれしかったです。

――あの親父さんネタは柴田さんのアドリブですか？

長谷部　アドリブです（笑）。わたし、そのシーンを撮ったとき現場にいなかったんですよ、人質なので。やっぱり相当ウケたみたいです。あとから恭兵さんがそういうアドリブを言ったという話を聞いて「ほんとに!?　すごいなぁ」と思って、オンエアを見たらそのセリフの次に温子さんが「あ、知ってるの？」って（笑）。機転がすごいですよね。さらに恭兵さんが父のモノマネまでして……もちろん知ってる人は笑うし、知らなくてもおもしろいし、単なる内輪ネタじゃないのがすばらしいと思いました。

――長谷部安春監督はどのような父親でしたか？

長谷部　姉弟が3人いるんですが、それぞれにかわいがってくれました。ちょっとユニークな風貌だったんで、運動会に来てても目立ってましたね。母はまったく映画業界と関係ない人なので大変だったと思いますが、最後の最後まで現役で監督をやれていたので「うん、いい人生だったね」と思います。もちろん気難しい面もあって、まだ携帯電話がない時代に友達と長電話をしていたら仕事の連絡を待っていた父から怒られたこともあります。家にいるときは電話も取るので、わたしの友達から「香苗さん、いますか?」って言われて「はい……ちょっとお待ぢぐだざい」って、ロボットがしゃべってんのかと思ったって言われたことがあります（笑）。それから「香苗ちゃ～ん、電話だよ」って、家ではちゃん付けでした。

――あのダミ声で、香苗ちゃ～ん！

長谷部　家のなかだけですが（笑）。現場でもセット撮影の日は、一緒に帰っていました。わたしが運転して。自分の出番が終わって着替えてセットに戻ると、もう捜査課じゃなくて奥の取調室で撮影をしてました。映さない部分はライトも落として、一角だけにポツーンと当たってるんですよ。広いセットで、その光景は印象的でした。照明の井上（幸男）さんは父と親しくて、いろんな話をしてくれましたね。「こないだ監督のカラオケ初めて聞いちゃったよ～」「なに歌ってました?」「渡（哲也）さんの『くちなしの花』」「ほんとですか!?」みたいな（笑）。

ユージにときめいた瞳ちゃん

――舘ひろしさん、柴田恭兵さんとの共演はいかがでしたか?

長谷部　タカとユージは対照的で、それが当時の舘さん、恭兵さんと重なりますね。舘さんは石原プロの大きなバスで撮影所に来ていて、恭兵さんは縦目のベンツの2シーター。セットに入るときも、舘さんは「おはよう!」というスターらしさで、恭兵さんは「おはよ」って静かに入ってくる。回を重ねるうちに、ある日おふたりが仲良さそうにしていて「そういうの見たことないな。お芝居の話かな?」と思ったら、熱心にゴルフの話をしていました。舘さんや中条さんの影響で、恭兵さんもゴルフを始めたんですよね。

――現場で飛び交うアドリブはいかがでしたか?

長谷部　恭兵さんがアドバイスしてくれることもあって、ふら～っと瞳ちゃんの席まで来てアイデアをいただきました。

上から『あぶない刑事』、『もっとあぶない刑事』

アドリブができたのは、もう本当に恭兵さんのおかげですね。一倉監督が撮られた劇場版の2作目（『またまたあぶない刑事』）では、課長とのかけ合いも楽しんでやれました。とくに身振り手振りで通訳するシーンが気に入っています。

——交通課の河野良美を演じた監物房子さんの思い出はありますか？

長谷部　もうずーっと一緒でした。朝いちばん早く入るのが監物さんとわたしで、髪だけメイクさんに作ってもらって、そのあと移動して、自分たちでメイクをしてたんです。現場での位置は離れてるけど、お昼ごはんも一緒。会うのが1週間に1回なので、「こないだこうだったんだ、ああだったんだ」ってお互いに支度しながら話すのが楽しみでした。

——『あぶない刑事』でとくに印象に残っている回やシーンはありますか？

長谷部　一倉監督がデビューされた「潜入」という話ですね。助監督からの一本立ちをスタッフのみなさんが温かい目で応援しているのがすごく伝わる現場でした。一倉監督は助監督として父を支えてくださって、『化石の荒野』（82年）という映画のときからお会いしてましたから。「潜入」はトオルさんもかっこいいし、一倉監督は〝かっこいい『あぶデカ』を撮る監督〟だなと思っていました。

——88年スタートの続編『もっとあぶない刑事』では、瞳ちゃんの髪型が変わってバブリーな雰囲気になります。

長谷部　もうね、登美丘ダンス部みたいな、平野ノラちゃんみたいな（笑）。当時流行ってたワンレングスで、前髪が落ちないよう留めてたんですけれど、いま見ると「うわ〜」って感じですよね。あれは自分のアイデアです。そのあと髪を短くして、前回の『さらばあぶない刑事』（16年）もショートだったんですけど、今回の『帰ってきたあぶない刑事』（24年）との間で、しばらくぶりに髪を伸ばしていたんです。なんとなく次の作品撮るかな〜って動きが見えたときに「大ヒットの願掛けを兼ねて、切らないでおこう」と思って、なので今回は初期の瞳ちゃんのイメージに原点回帰しました。

——そういえば『あぶない刑事』の序盤では、瞳ちゃんがユージに想いを寄せている描写がありました。

長谷部　若干あって、すっかり消えてしまいましたよね。わたしの未熟さが原因だと思うんですけど、たぶんライターの方々も立ち上げでいろんな試行錯誤をされて、そのなかでおもしろい要素が残っていったんだと思います。大人の男性にどうドキドキすればいいのか……そのあたりを上手に作れなかったのかもしれません。もし今後そういうエピソードがあれば、ちょっとがんばってみたいと思いますけど……って、いりませんよね。

――いえいえ、需要はあると思います。『まだまだあぶない刑事』（05年）のときも、タカとユージが港署に戻ってきたシーンで涙ぐんでいる瞳ちゃんのカットが印象的でした。

長谷部　わかっていただけてうれしいです！　あのときは遠くのブースにいたので、多少オーバーにやらないと伝わらないかなと思ったんです。今回の映画でもタカに再会する気持ちとユージに再会する気持ちは違うのではないかと思って、撮影に臨みました。ほのかにですが、エキスを残しつつ。わたしの存在は「あぁ、そういえば瞳ちゃんっていたなぁ」って、そう思ってもらえるのが本望で、今回の映画でもいちばん意識したのは近藤課長のことを感じてほしいということです。

――『帰ってきた あぶない刑事』も仲村トオルさん演じる町田課長と瞳ちゃんは相変わらず港署勤務で、どこかバディのような組み合わせです。

長谷部　やっぱりトオルさんの器の大きさだと思うんですけれども、現場に入ったときも「ひさしぶりー！」という感じではなく「おっ」と、先週撮ったような雰囲気で受け入れてくださるんですね。トオルさんとわたし、年齢が一緒なんですよ。だから〝港署の同期〟って言ってくれて、役職としては町田が近藤課長を引き継いで、わたしも「ちょっと煙たいな」と思われるくらいの瞳ちゃんでいようかなって……先ほど言った「近藤課長を感じさせたい」というのは、そういう意味合いなんです。お目付役みたいに（笑）。

――なるほど。

長谷部　中条さんと黒澤さんは同じお寺のお墓に入られていて、お墓参りでおふたりに今回の『帰ってきた』の台本もお見せしたんですよ。父のところにも報告しましたが、また公開されたらお参りに行きたいなと思っています。

――近年、長谷部さんは『あぶない刑事』関連のイベントに出たり、司会をされたりと〝語り部〟のような役割を果たしていますが、そのきっかけは？

長谷部　『さらば』の舞台挨拶のとき、宣伝部の方から声をかけていただいて、それが大きなきっかけでしたね。ファンの方々の熱量を目の当たりにして、そして『さらば』を試写会で見たときに、エンドロールが始まった瞬間、ワーッって涙が出ちゃったんですよ。初めて『あぶデカ』で泣いちゃって。それから、自分にもなにかできることがあるんじゃないかと思って、お伝えできることは発信しようと心がけているんです。

――ありがとうございました。最後に、なにかとっておきのエピソードがありましたら教えてください。

長谷部　あのタカとユージが走るテレビシリーズのエンディングなんですが、じつはおふたりが〝とあるなにか〟を言いながら走っていて……セリフは録ってないんですけど、試写のとき、父はその〝とあるなにか〟がわかってしまうんじゃないかと思って、ヒヤヒヤしたそうです（笑）。オープニングもエンディングも父がこだわった部分なので、みなさんの記憶に残っていてうれしいですね。苦労したぶん、しっかり世の中に残るものになったということが娘として、誇らしいです。

長谷部香苗 [はせべ・かなえ]

1965年東京都生まれ。玉川学園女子短期大学在学中の85年に『少女に何が起ったか』でドラマデビュー。『私鉄沿線97分署』や『特捜最前線』のゲスト出演を経て、『あぶない刑事』の山路瞳役としてレギュラー入りを果たす。その後も『静かなるドン』や『はみだし刑事情熱系』、「おとり捜査官・北見志穂」シリーズなど数多くのドラマや映画に出演。2019年から2022年にかけて『長谷部香苗のCinema Bar Radio』の司会を務め、『あぶない刑事』関連のイベントにも積極的に参加している。

COLUMN

『あぶない刑事』38年の軌跡とセントラル・アーツ

2年半にわたる初期シリーズの狂騒

1986年10月5日の第1話「暴走」から始まった『あぶない刑事』は、まさしく暴走気味に自由なノリを広げて、日曜21時の人気番組となった。2クール・全26話の放映予定が1年間の全51話に延長されたことは「はじめに」で記したとおりだが、87年9月27日の最終回「悪夢」をもって大団円。しかし、日本テレビとセントラル・アーツは、その勢いをさらに加速させていく。

最終回から2ヶ月半後、12月12日には早くも映画『あぶない刑事』が東映の配給によって全国公開。脚本は柏原寛司と大川俊道の共作、監督は長谷部安春——よりスケール感をアップさせたノリノリの活劇は興行収入26億円、配給収入15億円という大ヒットを記録する（香港映画『七福星』との二本立て）。この数字は1988年度における邦画配収の4位という予想以上の成績であった。

半年あまり経った88年の7月2日には第2作『またまたあぶない刑事』が公開。国家機密法案をめぐるテロ計画という映画ならではの設定が用意され、テレビシリーズで監督デビューした一倉治雄による初の劇場用映画となった。

続いてテレビシリーズの続編『もっとあぶない刑事』が10月7日からスタート。日曜21時から金曜20時に時間帯が変更され、『太陽にほえろ!』の枠へと移動された。第6話「波乱」は歴代最高視聴率の26・4%を記録し、平均視聴率も20%を突破と好調が続いてゆく。翌89年の3月31日、第25話「一気」で最終回を迎えるが、そのまま4月22日には映画版の第3作『もっともあぶない刑事』が公開。タカとユージが警察組織に抗うドラマが柏原寛司によって執筆され、村川透が勢いあるアクションを披露した。

初の一本立てとなった『もっとも』だが、興行収入は前作、前々作を下回る12億円にとどまり、これらをもって2年半にわたる『あぶない刑事』のムーブメントはいったん終了。しかし再放送がコンスタントに続けられ、レンタルビデオも稼働、その人気は引き継がれていった。

また、テレビシリーズの放映中から小比類巻かほるや鈴木雅之、鈴木聖美らＥＰＩＣソニーのアーティストを集めたボーカル付きサウンドトラックがヒットを記録し、舘ひろしの「冷たい太陽」「翼を拡げて」、柴田恭兵の「RUNNING SHOT」も同様——映画においても音楽面の盛り上がりは欠かせぬ要素となった。

90年代以降も断続的に映画が公開に

1996年9月、映画『あぶない刑事リターンズ』でシリーズ復活。7年ぶりに帰ってきた『あぶデカ』はＶＦＸを多用し、ミサイルが飛び交う大がかりなスケールとなり、村川透が相変わらずのハイテンションを持続させた。

続いて98年には、ドラマと映画を連動させた『あぶない刑事フォーエヴァー』二部作を発表。『ＴＶスペシャル'98』を一倉治雄、『THE MOVIE』を成田裕介が監督し、後者は巨大タンカーを舞台にアクションが展開された。ドラマ版の視聴率は25・7%を記録したが、映画版の興行収入は8億8000万円と『リターンズ』をやや下回り、ふたたび『あぶない刑事』は沈黙を余儀なくされる。ラストでタカとユージは爆発に巻き込まれ、そのままに……。

　7年後の2005年10月、『まだまだあぶない刑事』が公開されてテレビシリーズから助監督を務めてきたセントラル・アーツたたき上げの鳥井邦男が監督に抜擢される。韓国ロケから始まって若手刑事のコンビと新たな要素を盛り込み、タカとユージが幽霊というオチが物議を醸した。

　2016年1月には『さらば あぶない刑事』として復活し、何事もなかったかのようにタカとユージの定年が描かれる。監督に村川透、撮影に仙元誠三と大ベテランのコンビが復活し、原点回帰のコンパクトな世界観が伴われた。11年と、もっともブランクを置いてのシリーズ再開ながら興収は16億1000万円と前作の倍を記録、『あぶデカ』人気を見せつけて、有終の美を飾った――かのように思われたが、まだまだ終わらない。

　かくして2024年5月に『帰ってきた あぶない刑事』が公開。当初のタイトルが「あぶない探偵」であったように、ヨコハマで探偵業を営むタカとユージのもとにふたたび事件が舞い込む。それまでのシリーズとは異なり、監督の原廣利を筆頭に新たな世代のスタッフが集結し、挑戦が行われた。2018年の黒澤満没後、いったんは活動を停止していたセントラル・アーツも復活を果たし、さて第8弾となる待望の新作はどのような結果を残すのだろうか。

走り抜けたスタッフたちの記録

　セントラル・アーツについては、ずばり『セントラル・アーツ読本』（山本俊輔＋佐藤洋笑＋映画秘宝編集部・編）という大著が2017年に洋泉社より刊行されている。黒澤満をはじめ21人の関係者がインタビューに登場、各種コラムでは東映セントラルフィルムの『最も危険な遊戯』から始まる映画、ドラマ、Vシネマの軌跡が解説されており、プロデューサーの伊地智啓や撮影の仙元誠三といった『あぶない刑事』のキーマンも生前の証言を残している。

　さらに伊地智には『映画の荒野を走れ プロデューサー始末半世紀』（インスクリプト）、仙元には『キャメラを抱いて走れ！ 撮影監督仙元誠三』（国書刊行会）という聞き書き本があり、それらもセントラル・アーツをめぐる第一級の資料となっている。みずからの書籍を出すことは頑なに固辞し、裏方に徹してきた黒澤だが、晩年は取材に応じる機会も多く、『映画の荒野を走れ』には盟友の伊地智との対談が掲載されている。

　さかのぼると、1989年のブーム真っ最中に刊行された『メモリーあぶない刑事』（日本テレビ）は18人のキャストと46人のスタッフのコメントを収録。すでに亡くなられた方も多く、貴重な証言となっている。また本書に登場する一倉治雄、柳島克己の両氏については筆者が『セントラル・アーツ読本』で行った取材と今回の再取材を合わせたものであることを付記しておきたい。

『あぶない刑事』第1話「暴走」決定稿

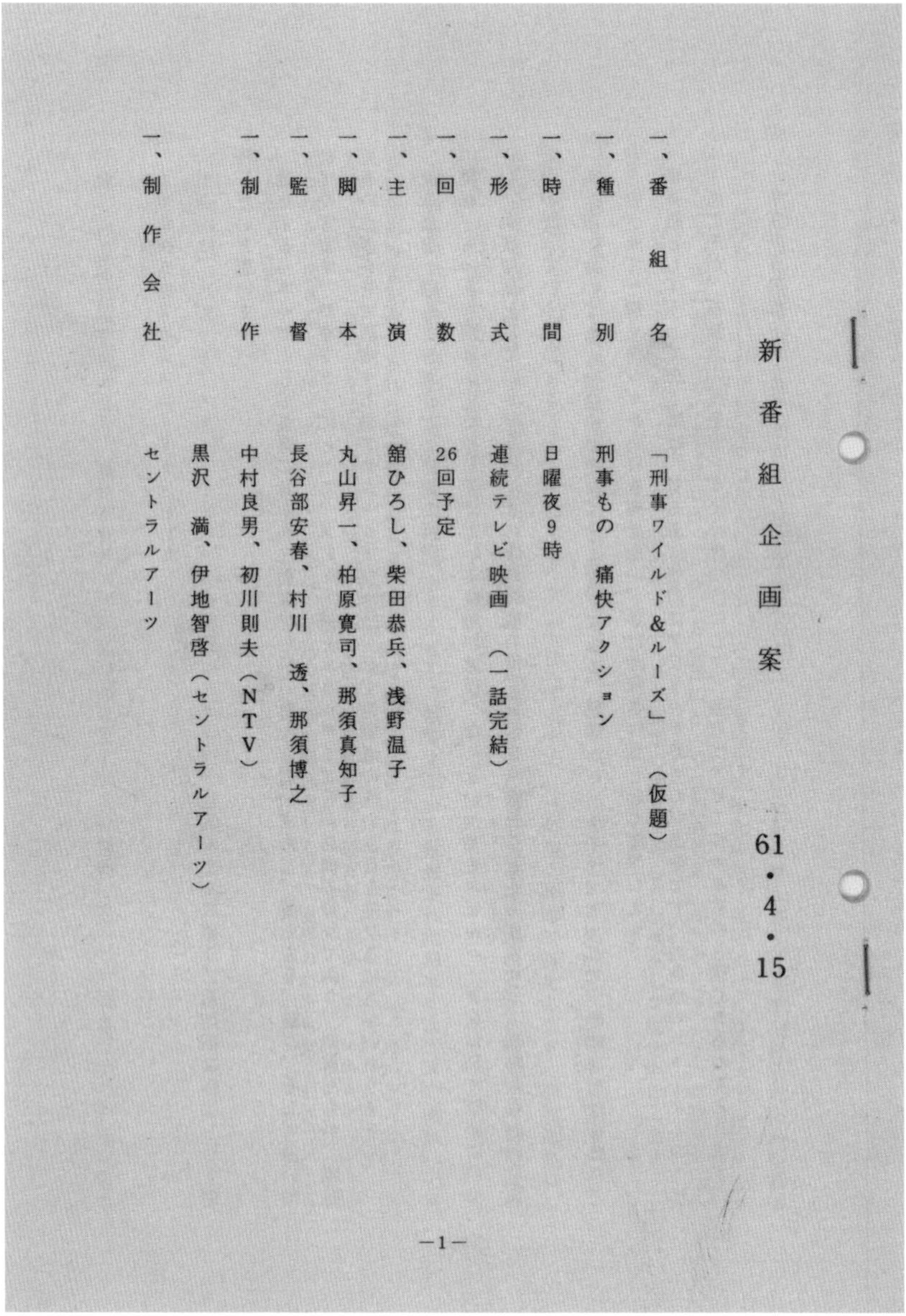
新番組企画案　61・4・15

一、番組名　「刑事ワイルド&ルーズ」（仮題）
一、種別　刑事もの　痛快アクション
一、時間　日曜夜9時
一、形式　連続テレビ映画（一話完結）
一、回数　26回予定
一、主演　舘ひろし、柴田恭兵、浅野温子
一、脚本　丸山昇一、柏原寛司、那須真知子
一、監督　長谷部安春、村川　透、那須博之
一、制作　中村良男、初川則夫（NTV）
黒沢　満、伊地智啓（セントラルアーツ）
一、制作会社　セントラルアーツ

—1—

『あぶない刑事』開始の半年前に作成された企画書。当初の仮題は「刑事ワイルド＆ルーズ」

第二章 「始動」

いかにして『あぶない刑事』というドラマは生まれたのか。日本テレビとセントラル・アーツのプロデューサー陣が、その裏側を明かす。すべてはここから始まった！

企画

岡田晋吉

同世代のトップを張る俳優さんは個性が強いですから喧嘩がいちばん怖かったですね

『あぶない刑事』におけるスタッフの筆頭は「企画」の岡田晋吉である。刑事ドラマの金字塔『太陽にほえろ!』を生み出した日本テレビの名物プロデューサーは、いかにして新たな刑事ものに挑んだのか。舘ひろしと柴田恭兵というコンビ結成の裏側を振り返り、忖度なしで意外な本音を明かす――。

この番組が当たったのはね、やっぱりタイトルですよ

岡田　『あぶない刑事』は大変だったんです。まずスタートするとき、主役のふたりを組み合わせるのがね。そもそもコンビの刑事ものというのは定番で、ぼくは竜雷太と夏木陽介の『東京バイパス司令』(68～70年)をやって、(松田)優作と(中村)雅俊の『俺たちの勲章』(75年)もそうです。しかし同じコンビものでも、この前に日曜9時の枠でやった『誇りの報酬』(85～86年)は振るわなかった。ぼくではなく同じ部署の中村良男というプロデューサーが担当してましたが、これは堅い。堅くて真面目な男です。その分こっちが悪ふざけの番組になってしまった(笑)。

いっぽうで『太陽にほえろ!』をやってましたから、ああいう集団劇にするわけにもいかない。石原裕次郎さんから「舘(ひろし)で1本作ってよ」と頼まれていたんで、じゃあ相方をどうするかというときに、やっぱり同等の力がないと具合が悪いから(柴田)恭兵になったんです。彼は『大都会PARTⅡ』(77～78年)のとき村川透監督が連れてきた

んですが、それから『大追跡』『姿三四郎』『俺たちは天使だ！』などに出てくれて、おもしろい存在でしたよ。だから舘と恭兵を組ませることになったんだけど、向こうは石原プロの息がかかってるし（笑）、「俺はやだ」って言われたんです。

——柴田恭兵さんに断られてしまった……。

岡田 頑強だったんですよ。そうね、5〜6時間かけて「絶対お前に損はさせないから、騙されたと思って出てくれ」って言いましたから。それでもイヤだって大騒ぎになって、黒澤（満）さんにも説得してもらったんです。この番組が当たったのはね、やっぱりタイトルですよ。一色伸幸が〝あぶない〟という言葉を持ってきてくれた。ぼくの場合、いつも番組が始まる前にシナリオライターを集めて議論をするんです。そこに一色くんがいて結局1本も書いてくれなかったんだけど（笑）、あの人の功績は大きいと思いますよ。「いま〝あぶない〟って言葉が流行ってる」と言い出して、そこから『あぶない刑事』になったんです。従来の〝危険〟〝危なっかしい〟という意味合いと〝かっこいい〟と、その両方を持っていた。これは絶妙でした。

——ほかに企画段階で思い出すことはありますか？

岡田 タイトルをね、ふたり同等に扱う約束をしたんです。だけど、やっぱり同等は難しい。同時に出すわけにもいかない。それで散々考えて、あえて恭兵から始めて次から次に刑事が出るオープニングにしようということになりました。

——あっ、なるほど。

岡田 それぞれ同世代のトップを張る俳優さんは個性が強いですから、喧嘩がいちばん怖かったですね。舘のほうがちょっと年上なので、「喧嘩したらお前の責任だよ」って（笑）。同じことを『俺たちの勲章』のとき優作にも言いましたが、優作と雅俊は文学座の先輩後輩ですから。そうしたら舘がゴルフに誘ったんです。それで恭兵もゴルフを好きになっちゃって、あのコンビが出来上がりました。最初のころはセットでもなんとなくギクシャクしてましたけど、まぁ彼もどうやったら上手くいくか考えてくれたんでしょうね。

「お前、あんなバカなもん作っちゃダメだよ」

――岡田さんのプロデュースによる『太陽にほえろ!』は1972年にスタートし、青春ドラマの延長にある集団刑事ドラマとして王道の存在となりました。いっぽうの『あぶない刑事』は刑事らしからぬ異色のコンビものです。

岡田　第1話は長谷部安春監督で、書いてくれたのが、優作の映画を書いていた丸山（昇一）さん。これがすごくよかった。ぼくはホンを読んで「あ、これはイケる」と思ったんですけど、監督はおもしろさを認めながら「どういう目的でこれを撮ればいいのか」と聞いてきた。「ふたりの刑事がとにかくバカをやるんですよ」「そうか。じゃあ、そうしよう」、そこから始まったんです。1話の監督を長谷部さんにするか、村川さんにするかという議論があった気もするんですが、ぼくは長谷部さんでよかったと思います。

――長谷部安春監督のよさは、どういうところでしょうか?

岡田　やっぱり〝嘘を本当に見せてくれる〟ということですね。この企画は主役をかっこよくしなきゃダメなんだと、そこに徹してくれました。ぼくは第1話が大好きなんです。だから「こういうふうに作ってください」ってセントラル・アーツにも言ったんだけど、どんどん違う方向になっちゃった（笑）。

――第1話「暴走」は、その後のシリーズに比べて硬質なタッチです。

岡田　ぼくは1話から13話、1クール目まではやりました。だけど、とても忙しくて、あとは初川（則夫）に任せたんです。最初のころはラッシュを見て、ずいぶんバカな部分を切りましたよ。長谷部監督にも「ここまでが限度です。これ以上はやらないでください」って言ったんです。タバコなんかも注意しました。『太陽』のショーケン（萩原健一）もそうでしたが、ポイ捨てすると途端に投書がきましたから。そういうことは細かく注意しましたね。13話までは「とにかく抑えろ、抑えろ。バカをやりすぎるな」と言ってました（笑）。

――むしろ2クール目以降、どんどんバカをやってアドリブも加速していきます。

岡田　もう現場に任せて、なにも言いませんでした。ただし『太陽』で培った考えかもしれませんが、やっぱり限度を持ってないとダメだと思うんです。ライターとも議論をしましたし、せめて刑事部屋だけはもうちょっとリアリティを保ってほしかった。おふざけが過ぎるからね。ドラマに困ると、とにかくバカやってごまかす（笑）。

――しかし、そのバカバカしさが人気を博しました。

岡田　村川さんや寛《カン》ちゃん（柏原寛司）なんてその最たるものでさぁ……読売の映画記者から電話がかかってきて「お前、あんなバカなもん作っちゃダメだよ」って怒られたことがありますよ。のちに映画評論家になった河原畑寧という男で、読売系の同期なんです。そいつに説教されて「ぼくはクビになったから」ってケタケタ笑って答えたけど、アメリカ映画を勉強しろって言われましたね。

岡田茂さんのところに怒鳴りこもうかと思ったもん（笑）

岡田　やはり〝テレビというのは美しくなければダメ〟っていう考えが、ぼくの基本にはありますね。『俺たちの勲章』のときもストーリーとまったく関係なくワンショット、恋人役のモデル（鹿間マリ）を連れてきて優作と一緒に立たせたんです。港や公園みたいな絵になる場所にね。優作はノッてくれたけど、ほかの人たちは「なんでこんなの入れなきゃならないんだ」って言ってましたよ。でも、テレビってそういうものだと思うんです。『あぶデカ』もかっこよさがベースにあるから、彼らの衣裳なんかもピシッとしてるでしょう。

――タカとユージのビジュアルも、それぞれこだわりを感じます。

岡田　その後ぼくは中京テレビに飛ばされたんですが、そのときも舘は名古屋まで来てくれましたよ。彼は実家が名古屋だし、ラグビー部の出身なんでゴツい連中をいっぱい知ってるんですよ。「なにか困ったことがあったら、この人に相談してください」って紹介してくれて（笑）。でも彼だけですよ、ぼくのところに来てくれたのは。実家に戻ると必ず会社に寄ってくれて、ごはんを食ったりゴルフしたりして慰めてくれたんです。いい男でしょう。

——『あぶない刑事』の人気沸騰によって劇場版が作られ、これまた大ヒットを記録します。当時の刑事ドラマが映画化されるのは異例だと思うのですが。

岡田　その前に『太陽にほえろ！』も映画にしたかったし、東宝さんからも頼まれてたんですが、スケジュールがないんですよ。年がら年中やってるから。『あぶデカ』のときは、プロデューサーの伊地智（啓）さんっていたでしょう。彼は最初、東宝でやるつもりだったんですよ。こう言っちゃうと申し訳ないけど、東映より東宝のほうが当たる可能性も高いし（笑）。ところが、あの若いの……仲村トオルがセントラル・アーツの所属だったでしょう。だから「東宝でやるなら仲村トオルは出さない」って東映が言ってきた。それで仕方ないから東映に渡したの。

——セントラル・アーツの黒澤満さんは、どのようなプロデューサーでしたか？

岡田　やっぱり優秀ですよね。しかも頭を低くしてこられるから、本当に誠実なプロデューサーだと思います。東宝で映画の話が進んでいたときは東映から圧力をかけられたみたいで、板挟みで苦労されたと思います。ぼくはそこまで映画化には興味がなかったですけど。儲かればいいなとは思いましたが、それまで何本か映画に関わって全部赤字でしたから（笑）。でも『あぶデカ』の1本目でその赤字を帳消しにした。だから映画というのは、やっぱり大きな賭けだなと思いました。

——1本目の映画『あぶない刑事』（87年）の興行収入は26億円。その後、まずは三部作が作られ、何度も復活を果たします。

岡田　しかしテレビのプロデューサーというのは哀れなもんでね、どれだけヒットしようと権利は一切もらえないんですよ。ぼくが中京テレビに移ったあと、また『あぶデカ』の映画が復活したとき、なんとか委員会……そうそう、製作委員会から「お前はもう関係ないから」って名前ごと外されたんです。お金なんかいらないけど、苦労して企画したものなんだから、せめて名前くらい出してくれてもいいのにと思って……。

——たしかに『あぶない刑事リターンズ』（96年）からは岡田さんのクレジットが見当たりませんね。

岡田　東映も日本テレビもそうですが、そういったところへの敬意が足りない。テレビが当たったからこそ、映画も当たったんですよ。日本テレビの幹部なんか最初から自分の手柄みたいな態度だし、東映の会長の岡田茂さんのところに怒鳴りこもうかと思ったもん（笑）。まぁ大人げないし、舘の実績になればそれに越したことはないから黙ってましたけど。『太陽』に比べるとお遊びが多いけど、『あぶデカ』も立派なシリーズとして続きました。もし恭兵に会うことがあったら言っといてくださいよ。「出て、ちゃんと得したでしょ？」って（笑）。絶対に得するから騙されろって言ったの。でも、なかなか騙されてくれなくて苦労しました。あの組み合わせが実現できて、よかったですよ。

岡田晋吉［おかだ・ひろきち］

1935年神奈川県生まれ。慶應義塾大学卒業後、57年に日本テレビに入社。海外ドラマの吹替版制作を経て、63年よりプロデューサーとなり『青春とはなんだ』から始まる青春シリーズや『太陽にほえろ！』『俺たちの旅』『大都会　闘いの日々』『あぶない刑事』ほか日本テレビを代表するドラマを数多く担当。取締役営業局長、中京テレビの副社長を経て、川喜多記念映画文化財団の理事を務める。著書に『太陽にほえろ！伝説』ほか。

黒澤満

やっぱり映画の一ジャンルとして活劇を大切にしたい気持ちは強くあります

セントラル・アーツの代表として日本のアクション映画をリードしてきた黒澤満は、『あぶない刑事』においても遊戯性あふれる活劇という方向を指し示した。2018年に惜しくも亡くなられた黒澤氏だが、『さらば　あぶない刑事』の公開時に行われたインタビューを再構成し、本書に欠かせぬメモリーとして残したい。

「別のコンビでやりたい」と提案したんです

黒澤　日本テレビに岡田晋吉さんという制作のトップの方がおられまして、「こういうふたりの役者さんで刑事ものをやってくれないか」というお話をいただいたんです。すでに『探偵物語』（79～80年）からのお付き合いがありまして。ただ、その役者さんの組み合わせでやってもあんまり新鮮なものにはならないんじゃないかなと思ったものですから、「別のコンビでやりたい」と提案したんです。それを岡田さんも了承してくださって、舘ひろしと柴田恭兵になりました。

――おふたりとも、もともとセントラル・アーツの作品に出演しています。

黒澤　舘さんは『皮ジャン反抗族』（78年）と『薔薇の標的』（80年）。もうクールスは抜けたあとでしたが、あのころの時代を象徴しているような存在感でしたよ。恭兵ちゃんは『最も危険な遊戯』（78年）が最初かな。その前から舞台（東京キッドブラザース）の話を聞いていて、だから興味はありました。

――柴田恭兵さんはドラマの初出演も村川透監督がきっかけでした。セントラル・アーツで大きい役といえば、『プロハンター』（81年）でしょうか。

黒澤　ええ。そのころ2時間ものの主役も1本やったかな。火曜サスペンス劇場の『ハムレットは行方不明』（81年）、これも村川さんですよ。音楽やってた舘さんと舞台やってた恭兵ちゃん……旧来の映画スターとは違う魅力を生かしてくれましたよね。ふたりともモダンなセンスが身についていました。

――モダンといえば、『あぶない刑事』の舞台は横浜です。

黒澤　ぼくは日活にいましたから、アクションのロケーションといえば昔から横浜が多かったんです。調布の撮影所から近いですし、『あぶない刑事』もそこにセットを建てましたもんで、なるたけわかりやすい場所がいいんじゃねえかって。村川さんなんて横浜のロケ地をよく知っていました。まぁ日活でも東映のやくざ映画、あの手のものをやりたいと思ったことだってあるんです。お客さんもよく入ってましたし、いまにも潰れそうな日活としてはやってみたい（笑）。でも、できないわけです。ああいうふうに上手には。だったら日活らしいアクションをやってみようか、裕ちゃん（石原裕次郎）以来のモダンでやってみようかと話した結果、横浜が多くなっていったんですけど。

――『あぶない刑事』の監督も日活出身者が中心です。第1話の長谷部安春監督をはじめ村川透監督、そして手銭弘喜監督。

黒澤　手銭はね、学生のころ、ぼくの友達の友達だったんです。そんな関係もあって一緒に飲んだりしてて、そうしたら日活に入って。まぁとにかく早い監督ですよ。台本にも忠実で、ぼくらにとっては非常に助かった存在です。長谷部さんも早い。もたもたしませんね。テレビの場合はスピーディーにおもしろく撮るということが第一ですから。西村潔は立川高校の同級生で、東宝の監督からフリーになってよく仕事をしましたが、ジャズを愛するモダンな男でした。

――2016年公開の『さらば あぶない刑事』において、まさか黒澤満・村川透・仙元誠三という『最も危険な遊戯』のトリオによる新作を見ることができるなんて思いもしませんでした。じつに38年の時を経ています。

黒澤　自分でもびっくりしましたよ。これがラストならば、やはり最初からやってる監督とキャメラマンで作りたいと思っていたんです。『白い指の戯れ』（72年）とかね、村川さんが日活で撮った3本の映画を非常に評価していて……だから、ぼくが日活を辞めて東映のほうに拾われてきて映画を作ることになったとき、「村川とやってみたい」という気持ちがありました。それで（松田）優作で『最も危険な遊戯』を始めるにあたって、スタッフをどうするんだということになりますよね。ちょうど仙元ちゃんは村川さんと石原プロで『大都会ＰＡＲＴⅡ』（77〜78年）を撮っていて、そっちが終わるころだったんです。

若手を積極的に起用したいなとは思っていました

――『あぶない刑事』の中盤からは助監督を次々と昇格させています。一倉治雄監督、成田裕介監督、すでに石原プロで一本立ちしていた原隆仁監督。のちに北野武監督作品の撮影を手がける柳島克己さんも技師デビューしています。

黒澤　若手を積極的に起用したいなとは思っていました。先のことを考えると、いい監督や技師に育ってほしい。下からだんだん上がっていく〝撮影所スタイル〟みたいなね、そういうものをセントラルでもやっていたんです。だから、いつか監督に……という思いは当然ありますよね。

――にっかつ撮影所をベースにしていましたが、映画版4作目の『あぶない刑事リターンズ』（96年）から東映東京撮影所に移った理由は？

黒澤　ステージからなにから東映を使いたかったんですよ、映画に関しては。でも、あのころ東映もたくさん作ってたじゃないですか。だから空いてない。じゃあしょうがないとにっかつを使ったんです。じつは。

――アドリブがどんどん加速していき、その軽妙さが人気となった『あぶない刑事』ですが、初期は比較的かっちりしたハードボイルドでした。

黒澤　そういうことで動き出したんですけど……でも、その前に『探偵物語』をやったとき、優作がユーモラスな部分を入れて成功していたでしょう。だから、そんな要素が入ってもいいかと思っていました。日本テレビの山口剛さんというプロデューサーが非常に理解があって、『探偵物語』はずいぶん自由にやらせてもらった記憶があります。『あぶない刑事』のライターも寛《カン》ちゃん（柏原寛司）だったり、丸山昇一だったり、那須真知子さんだったり、みなさんがんばってくれましたが、そこも『探偵物語』を引きずっているかな。

――山口プロデューサーは、映画や小説にとても詳しいそうですが。

黒澤 『キネマ旬報』に評を書いたりしてますよね。山口さんとは火サスもけっこうやりました。海外の小説をよく……日本の作家はすぐ押さえられちゃうじゃないですか、ほかの会社に（映像化の）権利を。だったら外国ものをやったほうが堅いんじゃねえかと思って。そんなに値段も高くないんですよ。エラリー・クイーンの原作を崔洋一が撮った『孤独な狩人』（82年）なんてのは憶えてますね、密室劇のやつ。フランスの小説もやったなぁ。

――黒澤さんも海外のミステリーをよく読まれていましたし、やはりそちらに思い入れが？

黒澤 いや、松本清張さんの原作なんかも、権利さえ取れればそりゃやりたかったですけどね（笑）。

――『あぶない刑事』に話を戻しますと、浅野温子さんはどういうきっかけで出演したのでしょうか？

黒澤 いちばん最初の出会いは、角川映画の『化石の荒野』（82年）でした。『あぶない刑事』に関しては、プロデューサーの伊地智啓さんがね、けっこう浅野さんを推したんですよ。伊地智さんも日活時代からの仲間ですが、脚本の担当としてライターのみなさんと一緒にいいホンを作ってくれました。

――仲村トオルさんは『ビー・バップ・ハイスクール』（85年）でデビューしたばかりの新人です。当時はセントラル・アーツに所属していました。

黒澤 『ビー・バップ』やったあと、ちょっと心配だったんで、「お前、これからどうする？」って聞いたら「いや、役者やりたい」と。それで日テレさんにトオルを推薦したら、まだ誰も知らないんですよ、テレビの人は。でも強引にお願いしてやらせてもらいました。舘さんと恭兵ちゃんの掛け合い、それにトオルと浅野さんがうまく絡んでいきましたね。それから30年、ひとりも欠けてない。中条（静夫）さんは亡くなられてしまいましたけど……そうだ、ぼくの家と近所だったんです、中条さん。お墓も一緒のお寺なんです。先に入ってしまいましたが、ぼくもいつかそこに行きますから……。

——近藤課長役の中条静夫さんが亡くなられて20年あまり、あらためて『あぶない刑事』の歴史を感じます。『さらば　あぶない刑事』のエンドロールも感動的でした。

黒澤　こんなに長く続くとは、ぜんぜん思わなかったですよ。ありがたい話です。助かりますよね。仕事がないと会社として存続しませんから。スタッフもそれで生きていけるわけじゃないですか。彼らのことを思っても、常に作品があるということは大切だと思います。しかもアクションというジャンルでね。プロデューサーとしては、アクション映画が減っている状況というのはおもしろくない。やっぱり映画の一ジャンルとして活劇を大切にしたい気持ちは強くあります。今回の撮影現場を見ていても、楽しくて〝さらば〟という気分がだんだん薄れましたね。

初出：『映画秘宝』２０１６年2月号

黒澤満 [くろさわ・みつる]

1933年東京都生まれ。早稲田大学卒業後、55年に日活に入社し、73年から撮影所長を務める。77年に退社したのち東映芸能ビデオに所属。『最も危険な遊戯』から始まる松田優作の遊戯シリーズや『探偵物語』などをプロデュースし、80年にセントラル・アーツを設立。『ビー・バップ・ハイスクール』や『あぶない刑事』などのアクションものや角川映画、東映Vシネマなど幅広いジャンルを手がけた。2018年死去。享年85。

プロデューサー

初川則夫

黒のスーツとロングコート……その姿を見た瞬間「あ、これは当たるわ!」って思いました

日本テレビのプロデューサーとして『あぶない刑事』を手がけた初川則夫は、本作のもとになった企画書「刑事ワイルド&ルーズ」を立ち上げ、セントラル・アーツとの協業を実現させた。まったく新しいコンセプトの刑事ドラマ、バディものの歴史を変えたキーマンが語り尽くす〝あぶデカ祭り〟の狂想曲!?

『ダーティペア』から受けた影響

初川　岡田（晋吉）さんとわたしとでは立場が違いますから、当時の記憶が違う部分もあるかと思いますので、そこはご容赦ください。まず放送クレジットの「企画」というのは要するに偉い人という意味、責任者ですね。「バディの刑事ものをやろう」という案は、『あぶない刑事』がスタートする1年以上前から、岡田さんとわたしとの間でコンセンサスができていました。

岡田さんから「どこと作りたい?」って聞かれて、セントラル・アーツと答えました。監督やライター、あるいはプロデューサーがお持ちの時代感覚がすばらしかったですし、『探偵物語』（79〜80年）や『プロハンター』（81年）といったドラマが好きでしたから。そういう方々とお仕事ができたらすごく楽しいんじゃないかなと思ってスタートしたのが始まりですね。

――『あぶない刑事』は初川さんにとって初のドラマプロデュース作です。

初川　わたしはそれまでアニメを担当してまして、『キャッツ・アイ』（83〜85年）や『ダーティペア』（85年）のプロデューサーでした。とくに『ダーティペア』は女の子ふたりが主役で、その影響もあって「バディものの新しいかたちってなんだろう」と模索しましたね。『ダーティペア』と『あぶない刑事』でコンセプトは大きく変えてない。性別や時代の違いはありますけど。

セントラル・アーツの黒澤（満）さんが仰っていた「刑事ものがだんだん弱くなってきた時期」という発言はそのとおりで、『あぶデカ』は日曜夜9時枠でしたが、前番組が『誇りの報酬』（85〜86年）という高級なバディものでした。中村雅俊さんと根津甚八さんで、日本テレビが得意とするキャスティングとジャンルです。

わたしはそこで中村良男さんについて、アシスタントプロデューサーとして、〝テレビ映画における局プロの作法〟を教わりました。オールラッシュ一発で競合スポンサーの看板を見つけるとか、差別用語が入ってないかとか、大きくはワンストライクでアウトになる箇所のチェックですね。スポンサーのコードも当時のほうがうるさいスポンサーさんが多かった。

――『誇りの報酬』で局プロの作法を教わり、一本立ちされた。

初川　そうして新番組として、のちに『あぶない刑事』となる企画を提案させていただきました。まずは明るくしたかったですね、それまでの刑事ドラマのようなウェッティなものではなく。番組を始めるに当たって社内の組織改変で芸能部というのができて、わたしも異動になり、そこから半年間は『誇りの報酬』のAPをやりながら企画とキャスティングを進めていたんです。

――当初の仮タイトルは「刑事ワイルド&ルーズ」でした。

初川　正確にいうと会議に出した企画書のタイトルですね。わたしが書きましたが、これは4月の段階で日テレの幹部が集まる最終企画会議に提出したものです。このときは中村さんの名前も載ってて、本来は企画書ってチーフプロデューサーが書くんですけど、わたしの場合は野放しでしたから（笑）。「刑事ワイルド&ルーズ」というのは、とりあえずの間に合わせです。気分がわかるように入れておく、カタカナで煙に巻く、みたいな。あのころ日本でオンエアしていたアメリカのバディものが『女刑事キャグニー&レイシー』や『白バイ野郎ジョン&パンチ』でしたから。

企画のコンセプトとしては、ワイルドな刑事とルーズな刑事のコンビもの。キャラクターの私生活を描かない。恋をするのはいいんだけど、そこから先には進まない。そういう狙いでしたね。わたしは当時30歳そこそこですが、そのくらいの人間が「新しいものを作ろう」と本音の企画書を書いても絶対に通らない。上に向けて翻訳しないといけないから（笑）。で、翻訳して、どこかで見たことのある作品になってしまうのは絶対に避けたいと思いました。

――タカとユージ、鷹山敏樹と大下勇次という主人公のコンビ名はどなたの発案でしょうか？

初川　これはわたしです。企画書の段階で決めました。鷹山も大下も特別な由来はないんですけど、こだわったのはイニシャルが〝T・T〟だとかっこいいかなということで鷹山敏樹。高山ではなく鷹山という名字も、かっこよく見えるから。大下はそこまで考えなかったですね。カオルという名前は、ある先輩のお嬢さんから。「これを使え」という指令です（笑）。

近藤課長は企画書では「進藤」だったんですが、スポンサー筋の偉い人で同じ名字の方がいたので変更しました。町田透も当初は白バイ警官で、若手コンビがオートバイに乗る設定でしたが、そんな余分な尺はなく刑事に絞りました。企画書は、わたしが書いたものと、そのあと丸山昇一さんがお書きになったものがあって、丸山さんが「人物についてもう少し掘り下げないとホンが書けない」ということで、それぞれのキャラクターの設定を作られたんです。

もっと長く音楽を流していいんじゃないか

――「新しいものを作ろう」と思った『あぶない刑事』ですが、どのような部分に新機軸を入れようと思いましたか？

初川　まずは〝音楽〟です。それまでの劇伴はインストで短いものをいくつも録って、うまく繋ぎ合わせて使い回す……そういうやり方でしたが、シーンでもっと長く音楽を流していいんじゃないか、そのためには歌があったほうがいいんじゃないかと提案しました。

それも日本の歌だとうるさいしセリフの邪魔になるし、英語の歌にしたい……そのあたりは『マイアミ・バイス』の影響もありますね。まだ日本で放映される前でしたが、宣伝用のトレーラーを見たりして、びっくりしたのはやっぱり音楽のベタ付けで銃撃戦をやっちゃうような刺激ですよ。ちょうど『トップガン』（86年）もこの時期で、空中戦をやりながらロックをガンガン流す（笑）。

メインの音楽は洋楽の女性ボーカルのイメージで、なかでも小比類巻かほるは別格でしたね。鈴木姉弟が入ってくれたのも助かりました。聖美さんは雅之さんが歌っているのを見て「こんなんだったら、わたしだって歌える」って（笑）、彼女にとって初の本格レコーディングだったと思います。日本テレビ音楽の浦田（東公）さんがすごくがんばってくれて、かたや音楽監督は大御所の鈴木清司さん。鈴木さんとは『キャッツ・アイ』からのお付き合いで、だから音楽については鈴木さんと浦田さんに丸投げでしたね。

サントラ盤は日本テレビ音楽さんが非常においしい商売をされたようで……まぁ商売ですから、関わり合ったみなさんがどんどんお金儲けをしてほしいんですよ。しあわせになる人が増えたほうがいい。ときどきテレビの世界でもいるんですけど、「名作ができて名誉は俺のもの。だけど金はガタガタ、モラルもガタガタ」……そういうことが平気でまかり通るのを見てきましたから。

——なるほど。

初川　で、次のキーワードは〝おしゃれ〟です。どうやったらおしゃれな番組になるか。それを体現したのが舘ひろし、柴田恭兵のおふたりですね。ロケ地を横浜に決めた理由のひとつは異国情緒、もうひとつは港……倉庫街があって、坂がある。やっぱり坂があると画がきれいですから。地方ロケでも長崎や函館は坂があって、ぜんぜん違ってきます。それと現場のみなさんに納得していただくためには、調布の撮影所から近いところ……第三京浜で行きやすいという理由もありますね。黒澤さんは日活の撮影所長でしたし、たぶん大泉の東映撮影所で「舞台は横浜です」って言ったら反乱が起きますよ（笑）。

——『あぶない刑事』というタイトルの由来を教えてください。

初川　タイトル会議を開いて、ブレストをやったんじゃなかったかな。でも決まらなくて、とあるライターさん……一色伸幸さんですけど、彼が会議終わりでみんなバッグに資料を詰めてるときに「そういえばさ、最近〝あぶない〟って言葉が流行ってんだよね」ってポロっと言ったんです。それを聞いた岡田さんか黒澤さんだったか、たぶん岡田さんだったと思いますが「じゃあ『あぶない刑事』でいかない?」って、それが由来です。

わたしは一瞬どうしようかと思いましたけど（笑）。こっちはおしゃれな刑事ものを目指していたのに、そこに〝あぶない〟というのは……鮮烈ですが、いろいろ理屈を考えなきゃいけない。最初は舘さんも「このタイトル、なんとかならないの」って難色を示されてました。おもにホン作りを担当されたプロデューサーの伊地智（啓）さんは「〝あぶない〟というのは主人公ふたりの正義感だ。この正義感があぶないんだ」と仰っていて、そこからドラマを作るという理屈をつけてくれましたが（笑）。わたしとしては爽快で愉快な、そういう心地よさを組み立てようと思いました。

——「暴走」「救出」「挑発」「逆転」など、サブタイトルは必ず漢字二文字です。

初川　これは伊地智さんの発案ですね。シンプルでよかったと思います。対外的には、なるべく多くの役者の名前を新聞のラテ欄に掲載したかったので都合がよかった。だから「ベンガル」って最後に入るでしょう（笑）。

——脚本は丸山昇一さん、那須真知子さんから始まりセントラル・アーツの映画やドラマでお馴染みのメンバーです。初川さんから指定した方はいますか?

初川　柏原寛司さんと大川俊道さんですね。『キャッツ・アイ』の脚本に大川さんと柏原さんが入っていて、『ダーティペア』も大川さん。アニメのディテクティブ（捜査もの）をやるときも、やっぱり彼らはすばらしい戦力であり、王道である『太陽にほえろ!』と違って、のびのび書いていただけたと思います。

那須さんについては、わたしがヒリヒリしていたんです

（笑）。なかなかホンが上がってこなくて……というのは映画の人たちって〝遅れたって、いいものができればいい〟という価値観があるじゃないですか。でもテレビというのは、放送日からの逆算です。そこがちょっと違ったんですよ。そういう意味では大川さんがいちばん大変でしたけど……ただし、大川さんの書かれた最終回の「悪夢」、あの幽霊の話がいちばん印象に残りましたね。

2クール延長と同時に映画化が決定

――舘ひろしさん、柴田恭兵さんのダブル主演が決まり、いよいよ『あぶない刑事』が始動します。

初川　キャスティングも紆余曲折ありましたが、舘さん、柴田さんがセントラルからの提案という単純な話でもないんです。ただ「舘だったらすぐ話ができるよ」みたいな言い方は、黒澤さんがされていました。岡田さんにしても石原プロとはツーカーですからね。わたしはメインのキャスティングだけでなく周囲のみなさんにも愛情を注いでいきたいなと思いました。たとえば山西道広さんやベンガルさん、海一生さん……がんばってる脇の役者さんたちをレギュラーで迎え入れたんです。

こんな言い方は失礼ですけど、未知数だったのは仲村トオルさんです。トオルさんに関しては八重洲興業ビル……昔のセントラル・アーツの狭い事務所で打ち合わせしてるときに黒澤さんから「トオルって新人がいるからちょっと見てみない？」って、いきなりチケットを渡されて、その帰り道たしか丸の内東映で『ビー・バップ・ハイスクール』（85年）を見たんですよ。荒削りだけど魅力がありましたね。

『あぶデカ』で求めていたのも新人のポジションだったし、こういう枠は下手すると強力な事務所の餌食になりかねない。平気で自分のところの推しの若いのを入れてくるじゃないですか。よく考えたら、セントラル・アーツがそれをやったことになるんだけど（笑）。でも、仲村さんで大成功でした。黒澤さんが偉いのか、那須ご夫妻（那須博之・那須真知子）が偉いのか……仲村トオルを売り出して、かたちにしてくれて助かったなぁと思っています。

――そして1986年10月5日に第1話「暴走」が始まります。

初川　10月からオンエアを始めて、視聴率が20％に達したのは11月半ばなんですよ。当時日テレはビデオリサーチではなくニールセンの数字で判断していて、ニールセンで20％取ったのが、たしか6話目の「誘惑」なんです。われわれは太陽石油のタイアップで愛媛県の松山ロケをやっていたんですが、先ほど申し上げた「刑事ものの人気がなくなってきた」というのは、スポンサー状況にも影響していました。このときは本社工場のある松山でのロケを条件に太陽石油から30秒のCMを提供して

もらっていたんです。
そこで撮ってるときにこの数字が出てきて、現場のみなさんにお伝えしたら、まぁどんちゃん騒ぎになりました（笑）。すでに松山では人避けするのが大変で、松山城をお借りしてロケをやってるときもトオルくんを離れたところに連れていって、「ここでサインしてやって」と女の子をそっちに誘導して（笑）。もう大人気でしたから。
当初は2クール予定だったのが、このあたりから潮目が変わって「もう半年いけないか」という話が出たんですね。もう全26話で3月までと最終決定していますから、1月には決めないと間に合わない。しかも当然ですが、次の番組が準備されてたんです。そちらも大物を仕込んでいたので、そのあたりを調整して無事そこで初めて延長になりました。それと同時に1本目の映画化も決めて、表向きは「役者のみなさんへのご褒美」という言い方をするわけですが、2クール分を増やしたときのエキスパンション（継ぎ手）です。

——アドリブ満載の軽いノリが人気を博していきます。

初川　脚本家でいうと、柏原さんや大川さんはセリフを斜めに受けて斜めに返す……字で読むとキザなんだけど、これを舘さんや柴田さんが言葉にすると映像的にハマっちゃう。おふたりとも自分自身が監督として画を撮っていきますし、ほかのライターさんと持ち味が違うのはそういうところもありますね。

あと浅野温子さんについては、ストーリーのなかでもっとキャラクターを考えてあげなきゃいけないんだけど、なかなかそこまで手が回らない。ご本人からご提案いただいて、アドリブだとかファッションだとか、どんどん進化していきました。ベンガルさんの小道具にしろ、自分のキャラクターを広げて、どんどん大きくしていかれたのは、やっぱりすごいなと思います。1時間ものの刑事ドラマで脇役のキャラクターまで脚本家が書き込むのは無理ですから、そのあたりは出演者が引っぱってくれましたよね。

謝るのは、わたしの役目ですよ

──『あぶない刑事』で苦労した思い出はありますか?

初川　岡田さんには毎週毎週、叱られてましたね(笑)。準備稿をお届けすると、真面目な方だから「こういうセリフの言い方をしてはいけない。ここまででカギカッコを閉じて、あとはカットしろ」って、そういうことを仰るわけです。いくらご意見として承っても、わたしがシナリオ打ちでそれを言う勇気はないなって(笑)。

いちばん注意されたのがタバコのシーン。まずシナリオをチェックして、その次がオンエア後……だってラッシュなんて忙しくて毎回見るはずもない。だからオンエアで見て「タバコを吸わせるなとは言わないから、せめて灰皿のあるところで吸え」って(笑)。仰るとおりなんですが、でも当時は駅のホームでも吸えたし、みんな指で弾いてた時代ですよ。

──そんなにタバコが問題視されていたんですね。

初川　いま振り返ってみると、バンバンバンバン……鉄砲を撃とうが、クルマをひっくり返そうが爆発させようが、なんでもOK。携帯電話がない時代だから、ご都合が効いたというのもあるし、どんな無茶でも通った時代でした。

ドラマ班の大きな会議で「お前は新人なのにがんばってるね」と制作局長に言われたんですが、先輩の山口剛さんがセントラル・アーツと一緒に番組を当てたことの真似をしただけですと答えました。正面から新しいことをやろうとしても失敗する……成功と失敗の差なんて、どうやって上を騙すかなんですよ。ある意味では岡田さんも騙しながらやってきました(笑)。

──ほかに立ち上げ当初の思い出はありますか?

初川　番組スタートのときだったかな。日テレが豊島園かどこかで番宣イベントを組んで、生中継の特番をやったんです。そのときに舘さんが「仕切りが悪い、俺は帰る」って、舘仕様のバスの中で大騒ぎしたことがありました。わたしと広報の染井(将吾)くんが人質になって……。

その後も、わたしがクルマに呼び込まれたら、お説教ですからね(笑)。最初のうちはホンへの注文もいろいろありました。

シナリオっていったん決めたら全員のものですが、それは舘さんだけではなくて、いろんな方面から要求が出ましたね。

――現場は監督やスタッフに任せる部分が大きいと思いますが、先ほどの話に出たように〝局プロの作法〟としてはラッシュの試写が重要でしょうか？

初川　どこまで突っ込んでいいかという限度の問題があります。現場は現場で遊んでるわけでも手を抜いているわけでもない。上がってきたものが結果で、それを真摯に受け止めなきゃいけない。よっぽど本気でダメだったらNGを出すけど、そうじゃなかったら飲み込んであげないと。

それから褒めるところを見つける。わたしの場合、経験値がないので編集の技師さんに対して「あのシーンの繋ぎはすごくいい」というふうに褒め言葉があり、そのうえで問題箇所の確認をお願いしたりしました。あとは撮影所に行くとスタッフルームで製作の進行さんとバカ話をしたりね。現場の雰囲気を知らずに下手なことを言っちゃうと、本当に困ったことになりますから。

――セリフでも企業や商品などの固有名詞がバンバン出てきます。

初川　だって、出ないとつまらないじゃない（笑）。『わたしをスキーに連れてって』（87年）もこのころじゃないですか。時代がもうブランドだとか商品メーカーとか、そういうものに敏感だったんですよ。

――ほかに注意した部分はありますか？

初川　ロケチームって、けっこう強気の方が多いじゃないですか（笑）。なにか起きると苦情は局にやってくる。それがイヤなら先に詰めておいたほうがいい。『あぶデカ』の日本テレビ側のスタッフって、わたしと染井くんだけなんです。最初のころ、とあるトラブルが起きたときも、わたしはすぐ現場に飛んじゃって、留守番は染井くんにやってもらいました。

なにかが起きて謝るのは、わたしの役目ですよ。「いや、局プロはいいですよ」なんて言われてもタイミングを逃しちゃったら目も当てられない。その件は翌日のスポーツ紙にも出たし、テレ朝がガンガンやってましたけど（笑）、でも完全に隠蔽したら絶対によくない。謝罪はタイミングと誠意ですから、ちゃんと世間様に謝ることが大切だと思いました。

〝あぶデカ祭り〟みたいな状況になりましたね

初川　それから『あぶデカ』は、新しい才能を抜擢していきましたよね。ライターだと岡芳郎さん、監督だと一倉治雄さんや成田裕介さん。それはセントラル・アーツの功績ですが、新しい才能を吸収しないと時代に負けちゃうんじゃないかという気持ちはありました。しかし新人監督をデビューさせるのもリスクですし、思いっきり本音を言うと「じゃあ俺は責任を取れるのか」という問題もあるんです。
助監督を監督に上げるって遊びじゃないわけで、本人からしたら、そこでダメって言われたら行く場所がなくなっちゃう。それこそチーフ助監督のほうが生活は安定する……『あぶない刑事』の場合は、みなさん成功しましたが、ほかの番組ではちょっと難しいケースもありました。

――たしかに若手を育てた功績は大きいです。1年にわたる『あぶない刑事』の終了後も『あきれた刑事』（87～88年）など、初川さんとセントラル・アーツの協業が続きます。

初川　黒澤満という方は〝ひとり撮影所〟と呼ばれていましたが、『あぶデカ』の延長が決まったとき、ある部署の助手さんが契約に来てるわけですよ。で、黒澤さんに「娘が私立に行きたいっつってんだけど、大丈夫かな」という話をしてて、黒澤さんは黒澤さんで「大丈夫だよ。ここに初川がいるからなんとかなる」（笑）。そのくらいスタッフとの濃い人間関係がある……そこまで聞かされたら「これもあれも」ってなりますよね、お願いする側としては。黒澤さん、絶対わざと聞かせてくれたと思いますが（笑）。

――1987年の12月に『あぶない刑事』の映画版が公開されて大ヒットを記録したのち、88年には『またまたあぶない刑事』の公開とテレビシリーズの続編『もっとあぶない刑事』の放映、そして89年には『もっともあぶない刑事』の公開と、矢継ぎ早に映画とテレビの展開が続きます。

初川　『もっと』を決めたときも『またまた』と『もっとも』が全部パッケージだったんですよ。どちらかといえば映画ありきで、岡田さんと黒澤さんの阿吽《あうん》の呼吸があって「だったらテレビシリーズと同時に映画も撮りましょうよ」という話でセットになったんです。

――テレビシリーズの放映時間が日曜9時から金曜8時に変更されます。

初川　いちばんの大事件でした。もはや局の看板の問題ですが、「お前らがフラグシップなんだぞ」という引導を渡されちゃったわけです。金曜8時枠は『太陽にほえろ！』が終わったあとの『ジャングル』『NEWジャングル』が不調で、ひとつもいいことがなかったんです。それでしびれを切らして、だったら『あぶデカ』を持っていくということですよね。
しかし間も空くし、俳優やスタッフの拘束の問題もあって、岡田さんと黒澤さんとの間で映画をやることになった。先に3本目の映画のスケジュールを決めて、そうすると手前が空いちゃうので「じゃあ2本目をここで撮っちゃいましょう」という提案があったんじゃないかな。そういうことも数日の間に決まっちゃうんです。だって儲かるから（笑）。この期間は本当に〝あぶデカ祭り〟みたいな状況になりましたね。

ずっと同じシェイプで最上級のかっこよさ

──『あぶない刑事』はフィルム撮影のフィルム仕上げでしたが、『もっと』ではビデオ仕上げに変更されます。当時のテレビ映画の大きな流れですが、明るくクリアなビデオ仕上げの画面が視聴者に求められたのでしょうか?

初川　そこまで深い理由はないと思います。どちらにせよ最初のシリーズからオンエアはフィルムをテレシネしたものでした。明るい暗いというのはそこまで意味がある話ではなくて、むしろその後の運用の問題で、たとえば番販でローカル局に回すときにV（ビデオ）のほうが便利だったんです。

──なるほど。

初川　やっぱりフィルムは切れますから。16ミリで納品されると、受け取ったあと検尺して、最終的な細かいチェックをスタインベックでやって、それからテレシネに持っていく……そうすると、やっぱり切れやすいんですよ。再放送のフィルムの場合、とくに。

──1話ごとの制作費はどのくらいだったのでしょうか?

初川　1本2000万くらいで、当時の相場ですね。局って放送枠に予算がくっついてるところがあるので。最初のシリーズの後半26本は少し値上げして、『もっと』のときも上げてますね。あとは将来的なことを考えて、日テレの再放送権の期間を短くしたんです。3年3回を2年3回にしたのかな。そうしておくと製作著作はセントラル・アーツですから、日テレの権利が切れたあと自分たちで売れるわけです。『あぶない刑事』の場合、あちらに100%の権利がありますから。だからソフトや再放送の収益は大きいと思いますよ。

──昭和末期から平成初頭にかけての派手な祭りでしたが、その後『あぶない刑事』をテレビシリーズとして復活させようという企画はありましたか?

初川　『もっと』のあとですか?　それはないですね。それぞれ売れっ子になってしまって、もうキャストのスケジュールが取れない。当たるとなにがつらいって、役者のスケジュールがどんどんつらくなる。柴田さんは大丈夫だったけど、舘さんは石原プロのドラマもあるじゃないですか。『ゴリラ』でしたっけ?

──たしかに『ゴリラ　警視庁捜査第8班』（89〜90年）の撮影と重なって『もっと』の後半は舘さんの出番が少なくなります。

初川　浅野さんも『抱きしめたい!』（88年）のあたりじゃなかったかな。だから綱渡りのようなスケジュールというか、ホンまで綱渡りになっちゃいましたね。

──そして『あぶない刑事』は38年も続くシリーズとなっていきます。あらためて振り返っていかがでしたか?

初川　やっぱりキャストのみなさんが、がんばってくださいましたよね。最初のうちは、わがままもすごかったけど（笑）。

映画に関してもそれなりにインターバルを取りつつ、ほどよいタイミングで出てきて、いろんな世代に引き継がれる。今後も続くかもしれない生命力の強さ、それに与してくださっているキャスト・スタッフのみなさんの努力、この賜物ですね。

わたしが舘さんと柴田さんに初めてお目にかかったのは、ポスターの撮影だったんです。横浜の大さん橋で、おふたりは黒のスーツとロングコート……その姿を見た瞬間「あ、これは当たるわ!」って思いました。すでにサングラスをかけていましたし、本当に変わってないんですよ。だから『あぶデカ』のかっこよさというのはブレてない。ずっと同じシェイプで最上級のかっこよさ、それが38年ものシリーズとして続いている理由でしょうね。

初川則夫 [はつかわ・のりお]

1955年東京都生まれ。78年に日本テレビ入社。編成局のアニメ班に所属して『キャッツ・アイ』や『ダーティペア』をプロデュースしたのち、86年に芸能局で『あぶない刑事』を手がけ、『もっとあぶない刑事』や映画版も担当する。そのほか『あきれた刑事』『勝手にしやがれヘイ!ブラザー』『華麗なる追跡』『刑事貴族』『アメリカ横断ウルトラクイズ』などを担当。退社後は日本テレビ人材センター、イカロスの代表取締役を務めた。

広報担当

染井将吾

セントラル・アーツさんの場合、すごく理解があって積極的に取材に協力していただきました

『あぶない刑事』『もっとあぶない刑事』の広報担当として人気シリーズのムーブメントを担った染井将吾は、ポスターやスポットCMの制作や押し寄せる取材のアテンドなど日々あらゆる〝宣伝〟に従事していた。日本テレビのスタッフとして局と現場を往復し、舘ひろしと柴田恭兵に付き添った、あのころ——。

サングラスやファッションの問い合わせ

染井　テレビ局の広報というのは番組の立ち上がりのときにポスターやスポットCMを作ったり、記者会見を行ったり、見どころをまとめた資料を用意して雑誌や新聞に取り上げてもらったり、まずは新番組を知ってもらうためのあらゆる宣伝の担当ですね。スタートしてからは出演者の取材をしてもらったり、あるいは自分たちでクルーを使って番組の裏側を紹介したり、視聴率を上げるために番組の魅力を伝えていきます。

『あぶない刑事』のような人気番組ですと、どんどん取材の依頼が入りますので、その調整やセッティングが大変でした。事務所や現場サイドと折衝をして「ここならOK」と時間配分を決めていきます。場所の個性もありますね。横浜ロケだとアクションシーンを取材してもらったり、地方ロケの行く先々でも地元のメディアが来ますから、その対応に忙しかったです。

——『あぶない刑事』の存在がムーブメントになっていきました。

染井　それこそ〝あぶない〟というキーワードが、いろんなテレビ番組で使われるようになりましたよね。サングラスやファッションの問い合わせも多かったし、メンズティノラスなんて『あぶデカ』で一躍有名になったんじゃないですか。刑事ものだけど、非常にトレンディな要素が多くて、そこに若者が飛びついた。テレビ情報誌だけでなく、アイドル雑誌やクルマ

雑誌など日々いろんな媒体から取材のオファーがありました。

――広報担当というポジションは、現場のスタッフとはまた異なる立ち位置です。

染井　ドラマの現場って緊張してますし、わりと広報に理解がなくて……邪魔者扱いされることもあるんですよ。取材のクルーがいると気が散るとかね。そうすると番組の宣伝もなかなか上手くいきません。セントラル・アーツさんの場合、そういう部分にすごく理解があって、やりやすかった。スタッフのノリも若かったし、とくにプロデューサーの服部（紹男）さんが優しく接してくれて、積極的に取材に協力していただきました。

――舘ひろしさん、柴田恭兵さんはいかがでしたか？

染井　わたし自身も20代のぺーぺーでしたから、舘さん、柴田さんという大スターと接するのは緊張しました。出だしは怖かったですよ、やっぱり。どっちが主役なんだと張り合ってる部分がありましたし、取材でも写真の数でも一方に偏らないようバランスには気をつけました。

それぞれがトップスターの〝両雄〟なので、最初のころは一緒に並ばないとか、なかなか難しい場面もありました。やっぱりスターさんはわがままな部分もありますから、取材でも「今日はやだ」「聞いてない」とかね。でも舘さん、柴田さんともに番組の人気が上がるとともに宣伝にも協力していただくようになって……ご本人を前に一対一で説明しなければいけない場面が多いので、だんだん信頼関係が出来上がっていきました。

だから、どんどんやりやすくなりましたね。『あぶデカ』の場合は誰か特定のキャストだけでなく、タカとユージを中心にしたチームワークの人気なので、浅野（温子）さんもふくめてみなさんの人気が上がっていった。いろんな切り口が作れますし、分散して取材ができる利点もありました。

――なるほど。

染井　その後も『あぶデカ』が映画で復活すると、わたしが担当した番組に舘さん、柴田さんが宣伝で出てくれましたが、やっぱり当時あの番組の一角にいたスタッフとしてよくしていただきました。そういう再会が何度もあったんです。

「染井さん、『あぶデカ』やってましたよね」

――プロデューサーの初川則夫さんと広報担当の染井さん、日本テレビのスタッフは基本的におふたりのコンビでした。

染井　わたしは初川さんしか頼る人がいなかったし、温厚なプロデューサーでしたね。宣伝に関しても当然協力的だし。わたしが『あぶない刑事』をやったあと、ずーっと言われてるのがクレジットなんですよ。エンディングで名前が出るじゃないですか。あのタイミングが絶妙で、やたらと目立つ。染井という名前も珍しいので「染井さん、『あぶデカ』やってましたよね」

と、とにかくいろんな人に聞かれました。よく再放送やってるから、あれは初川さんに感謝ですよ。

――とくに印象に残っているスタッフはいますか？

染井　スチールの三村（和仁）さんは映画の宣伝カメラマンとしてしっかりした方で、テレビの写真って1枚に収めなきゃいけないんですよ。たくさん撮りますが新聞や雑誌に使われるのは基本的に1枚で、各回の魅力をそこに詰め込まなければならない。主役とゲストを同じフレームに入れ込んで、たった1枚の写真でどう表現するか……構図なども勉強になりましたね。

職人気質だけど明るいタイプで、現場に取材陣を集めたときも、みんなカメラマンはバラバラなので仕切り役として三村さんにまとめてもらいました。タレントさんとも上手くコミュニケーションがとれる方でしたね。そのあたりは広報ではなくカメラマンが主体になりますから、照明さんにサービスのライトを当ててもらいながら、いい雰囲気を作ってくれました。

――その後、染井さんは『ザ・ワイド』など情報番組のプロデューサーとして活躍します。

染井　広報って番組の裏を見ていくので、テレビの作り方を覚えるんですよ。記者会見や資料作成、広告のデザインに取材のアテンドと仕事の範囲も広いので、そういう意味ではプロデューサーと似たような部分があって、情報番組を担当するようになってからも広報の経験が役に立ちましたね。

いちばん大きかったのは、大物のタレントさんへの接し方です。テレビ番組ってタレントさんと、どう付き合っていくかが大切なので、宣伝マンとして一対一で関わって信頼関係を得た経験は貴重でした。大物相手の折衝にも役立ちましたし。

――ほかに『あぶない刑事』の思い出はありますか？

染井　終わってずいぶん経ってからですが、舘さんにゴルフ練習場でばったり会って、スイングのレッスンをしていただいたことがあります。しごかれました（笑）。いきなり後ろから声をかけられて、びっくりしましたね。仕事上のことで、柴田さんがご自宅まで招いてくださったこともあります。番組で深くお付き合いをすると、そういう後日談ができるんですね。その後も自分の担当番組に出ていただきましたし、わたしのなかで強い思い出のあるおふたりです。

染井将吾［そめい・しょうご］

1958年奈良県生まれ。京都大学卒業後、83年に日本テレビに入社。報道局を経て広報担当として『あぶない刑事』『勝手にしやがれヘイ！ブラザー』などのドラマに参加。その後はプロデューサーとして情報番組やバラエティ番組を手がけ、『ザ・ワイド』『TVおじゃマンボウ』『スッキリ』『ラジかるッ』などを担当。イベント事業に携わり、退社後は不動産会社の本部長を務めている。

第三章

「展開」

毎週ヨコハマを舞台に繰り広げられる事件。丸山昇一をはじめ8人の脚本家が執筆の舞台裏を回想する。果たしてどのような意図でシナリオが書かれ、映像化されたのか——。

脚本

丸山昇一

俺たちは映画をやってきた人間だし
毒味を入れないとおもしろくないと思ったんです

セントラル・アーツを代表する脚本家・丸山昇一は、『あぶない刑事』第1話「暴走」を託され、タカとユージによる新たな世界観を作り上げた。松田優作主演の『探偵物語』でデビューし、ハードボイルドからヒューマンドラマまで数々の作品を手がけた男が大いに明かす『あぶデカ』誕生の軌跡！

いままで誰もやったことがないようなものを

丸山 『探偵物語』（79～80年）を作ったとき、ぼくのデビュー作「聖女が街にやって来た」が第1話になっていますけど、本当は1話の予定ではなく、いろんなめぐり合わせでそうなったんです。その次の『探偵同盟』（81年）は最初から1話を担当しました。黒澤満さん率いる東映セントラルフィルム、のちのセントラル・アーツが作ったテレビシリーズというのは、ほとんどテレビの経験がない連中だから、まるっきり映画の感覚でプログラムピクチャーとしてやってましたね。

ぼくもシナリオライターを目指していた時期から「B級をやりたい、とくにB級の青春ものをやりたい」という気持ちが強くて、アクションなんか考えたこともなかった。『探偵物語』も最初はハードボイルドが局側の狙いだったんですけど、（松田）優作氏が「そんなの20何本やっても最後はみんな呆れちゃって見ないですよ」と言って、もうちょっとアチャラカを入れた路線に急きょ変更になって、ぼくもハートウォーミングなシチュエーションコメディだったから書けた部分はありました。前後して映画のデビュー作が『処刑遊戯』（79年）、これはハードボイルドなアクションものでしたが、なんとか見様見真似でやって、ようやく脚本家としてスタートしたんです。

——なるほど。

丸山　それから1986年だったと思うんだけど、黒澤さんに呼ばれて「舘ひろしと柴田恭兵でテレビシリーズをやるから、人物や設定を作ってくれ」という話をいただいた。で、本当に生意気なこと言いますけど、当時ぼくは角川映画に起用してもらったりして、売れっ子ライターだったんですね。だから自分が刑事ものをやるんだったら、いままで誰もやったことがないようなものじゃないと意味がないと思った。そういう意気込みでいたら、日本テレビ側のプロデューサーが〝岡田大先生〟ですよ。岡田晋吉さん。かの有名な『太陽にほえろ！』がぼくは大嫌いでね（笑）。なぜ嫌いかっていうと、昔と変わらないことをやってるじゃん。（石原）裕次郎さんを筆頭に中堅から若手まで、けっきょく正義をやっているわけ。

——たしかに『太陽にほえろ！』と『あぶない刑事』は同じ日本テレビの刑事ドラマでもぜんぜんテイストが違いますね。

丸山　俺たちは映画をやってきた人間だし、毒味を入れないとおもしろくないと思ったんです。娯楽作品はね、テレビでも映画でも健康的な勧善懲悪じゃあ弾けない。〝不良性感度〟ですよ。それから局で打ち合わせをしているうちに岡田さんが「いやいや、刑事が不良だなんてとんでもない」と。で、黒澤さんが「いや、そうじゃないとセントラルはやれないです」って言っちゃった。「余計なこと言うなぁ。書いたときにそうなってればいいのに。営業が下手だなぁ」って思ったんだけど（笑）、そういう人だから仕方ない。

で、ことごとく岡田さんが「これはダメ、それもダメ。冗談ばかり言わせず、ちゃんと警察官を描いてください」って。ぼくはいくつかプロットを書いて……本来は書かないんですよ。いきなり脚本を書いちゃうんですけど、今回は逐一チェックが入るわけ。もう局のトップと合わないから、黒澤さんに「ぼくは降りましょうか」って言ったの。でも引き止められた。岡田さんと火花が散るようなやり取りをしていて、そのときは黙っているんだけど本当は応援してくれていて、伊地智（啓）さんなんか、ぼくが1人ずつキャラクターの履歴書を書いて、そういうのも読んでるからさ。

ジェネレーションギャップを描きたかった

丸山　ようやく次の段階だったか、岡田さんが「これは撮ってみないとわからないね」と折れてくれて、俳優サイドも恭兵さんは「うん、いけるだろう」となった。舘さんはね、いい意味で石原プロモーションでやってきてる人だから真面目で、「ちょっと違うんじゃないか」という感じだったらしいです。で、なんとか主役ふたりからOKのサインが出て、監督は長谷部（安春）さんということになった。ところが、ぼくは長谷部さんと『化石の荒野』（82年）で組んでたんですが、これがまったく合わない（笑）。

――どういう部分が合わなかったのでしょうか？

丸山　キャラクターの描き方ですね。ぼくは人物がぶつかったときに、どっちかがスッと外しちゃうようなのが好きで、長谷部さんはガチガチだから真正面からぶつける。それで『化石の荒野』は揉めたんですよ。二度とやるかと思って、できた作品も気に食わなかった。でも黒澤さんはそういう経緯を知りながら「監督はべーさんでいく」と。『あぶない刑事』ってオープニングが刑事の見た目の映像でしょう。あれはシナリオの第1稿からあるんですよ。あんなこと普通はしないし、書くべきじゃないんですけど、前にバチバチした件があったので、わざわざぼくが指定したんです。

――オープニングの指定は見当たりませんでしたが、たしかに台本を確認すると鷹山が港署にやってくるシーンに「キャメラの見た目――移動していく」というト書きがありました。あれをヒントにオープニングの主観ショットも生まれたのでしょうか。

丸山　受付から中へと分け入っていって、少年課と捜査課が一緒にある。普通はあり得ない。そんなことは調べて知ってるんだけど、なんとなくリアルに見えないと、ふざけてるときでも単なるコントになりますから、そこがいちばん難しい。1話目にしても、なにもテロリストの話じゃなくていいわけですよね。だけど、どこか非常にリアルなものがある。

――第1話「暴走」ですが、まさに遅れてきたテロリストとして市井に潜んで日常生活を送りながら革命を目指していた活動家が冒頭で逮捕されます。そんな孤独な中年と彼を利用して暴走する少年の交流が皮肉な展開でした。

丸山　ジェネレーションギャップを描きたかったんです。というのは、『あぶない刑事』という番組そのものがジェネレーションギャップが基準にあると思ったんですよ。こういう破天荒な刑事を描いちゃうと、警察署のあり方も『太陽にほえろ！』とは真逆。もう七曲も八曲もない〝へそ曲署〟ですよ（笑）。王道に逆らって軽めにして、しかも人間を描かない。鷹山と大下というキャラクターだけきっちり漫画みたいに作って、でも人間性は一切描かない。

――キャラクターを作って、ドラマを動かす。

丸山　そこに非常に腐心しました。たとえばカオルちゃんや松村課長もふくめて、全員が非常にファッションに凝ってる。横浜が舞台ということもあって、おしゃれな世界観。でも恭兵さんのユージは地方から出てきて、絵に描いたような不良だったんだけど、いろいろあって刑事になったというバックボーンがある。引きずってるものを用意したんです。（仲村）トオルくんの役もやっぱり不良で、あれは都会派の不良。新人類とのジェネレーションギャップで、だから中条（静夫）さん演じる近藤課長が「わからん」と嘆く。警察の機能性がガタガタでもチームとしてやっていけるかという狙いです。

「こんな女性の警察官がいるわけない」

――もともと企画段階でのタイトルは「刑事ワイルド&ルーズ」でしたが、そのあたりは記憶にありますか？

丸山　そういう噂は聞きましたけど、その企画書は読んでないんです。最初、主役のキャストも違ったみたいですね。ぼくのところにきた段階では、もう舘と恭兵でいくということで、タイトルも不良の刑事だから『あぶない刑事』になった。ぼくはアメリカの刑事ドラマも見てないから参考にしなかった。アメリカン・ニューシネマで育ってますから、そこがベースですね。やっぱりレイモンド・チャンドラーのフィリップ・マーロウ……刑事ものというよりディテクティブもの、すなわち探偵ものでいくと。エリオット・グールドの『ロング・グッドバイ』（73年）ですよ。それは優作氏も意識していて『ヨコハマBJブルース』（81年）でやったんですけど、あの感じを恭兵さんと舘さんで半分ずつ、キャラクターを分け合ったんです。

——伊地智啓プロデューサーが『セントラル・アーツ読本』のインタビューで語っていましたが、普通のバディものはAとBで個性を出す。ところが『あぶない刑事』の場合はAとA'にして、タカとユージをそこまで書き分けない。大きな幹として同じ方向性のキャラクターを設定したそうですが。

丸山　そうそう。で、長谷部さんからは「丸山くんね、テレビのシリーズものはレギュラーをちゃんと描かないといけない。どうせゲストというのは大したギャラを払ってないから、お客さんはレギュラーが描き込んであればそれでOKなんだ。頭に入れておいて」と言われましたね。ゲストとの化学反応を楽しむのもテレビシリーズの楽しいところなんですが。

——たしかに犯人の動機や過去を描くのではなく、主人公のキャラクターで押していく話が主流です。

丸山　だからまず鷹山と大下をきちんと描く。脇の人たちもそれぞれにキャラクターを作る。それが第1話の役目だったかな。本当に大きな役割を果たしたのはやっぱり柏原（寛司）さんですよ。ぼくはニューシネマでスタートしたけど、やっぱりお茶の間でウケるのは軽いものなんだ。ぼくよりも軽いし、笑いがある。犯罪を摘発していくときもアナーキーになって、笑っちゃうくらいシチュエーションがぶっ飛んでるけどシビア。柏原さんのホンを中心に『あぶデカ』の視聴率が上がって、お客さんもたくさんついてきた。

ぼくはアタマを作りましたが、レールに乗せて愛される作品になったのは柏原さんの功績ですよ。ニューシネマもいいけど、もっと大事なことはハリウッド映画にある捜査ものの常道、それこそ『マイアミ・バイス』みたいな路線を広げていった。テイストもね、やっぱり柏原さんと村川（透）さんが跳ねさせた。それから長谷部さんの監督術を現場で横目に見ていた一倉（治雄）さんとか若手の演出陣も飛躍的な成長を遂げたわけじゃない。その相乗作用が40年近いシリーズになってるわけです。はっきり言うと「正気かい？」って思うけどね（笑）。何度も何度も帰ってきて。

——鷹山敏樹と大下勇次、タカとユージというコンビ名の由来は？

丸山　あれに関しては、どうだったろう。ぼくは名前に凝るほうなんで、タカとユージは自分だと思うけど、鷹山と大下は企画書の段階で名前がついていたのかな。大事なのは音のリズムですね。カオルやトオルもそうで、まずトオルくんを町田透にするというのがあった。カオルの設定もね、最初は岡田さんにものすごく睨まれてね（笑）。「こんな女性の警察官がいるわけない」「いるかいないかじゃなくて、作っていかないと」って、それこそジェネレーションギャップで議論になりました。

——捜査課と少年課が隣同士にある港署ですが、第1話から未成年の犯人が少年法を逆手に取った事件を描いています。

丸山　少年課が同じフロアにあって、やっぱり同時に進めていかないといけないからね。なんとか少年を犯罪に絡ませられないかっていうことで、話を転がしていくうちに「あぁ、時効の問題があるな」と気づきました。最初から時効ありきではなく、少年課のレギュラーをたくさん出演させなきゃいけない。だから捜査課と合同で犯罪を捜査する展開にしたんですね。意外とリアルなところだと少年法の時効もそうだけど、所轄だけでなく県警の刑事さんが出てくる。そういうことはちゃんと押さえてやらないと。それから娯楽アクションに大事なのは〝おしゃれ〟、タカとユージが出会う場所をサウナにして……バディものって、どうやってふたりを会わせるかが要じゃない。あれは要するに裸の付き合いということで、バカだねぇ、俺も（笑）。

——それぞれ別のシーンを描いて、インパクトのある融合でした。

丸山　ああいうのは〝張り手〟っていうんだけど、お客さんにバチンと食らわせるの。ぼく自身はサウナなんか行かないんだけど、優作氏がよく行ってたんですよ。打ち合わせの途中で「ちょっとサウナに」なんてこともあって、外で待ってました。

——長谷部安春監督との再タッグはいかがでしたか？

丸山　ほぼ脚本どおりに撮っているから、出来上がりを見てびっくりしました。それでまたＴＢＳの『俺たちルーキーコップ』（92年）でベーさんとやることになって、今度はまったく上手くいかなかったという（笑）。でも『あぶデカ』はよかったですよ。第1話のとき、ベーさんのほうから「マルさん」って、言葉なしにニッと笑いましたからね。そんな笑うような人じゃないんだけど、オープニングを刑事の主観にするという丸山昇一のセンスは疑わなかったんでしょう。これだけに関しては、いいコンビだったと思う。ちょっとおしゃれで軽くて、キャラクターがみんな生き生きしてて。

――ライトな世界観ですが、活動家の挫折や「軽薄なお前らとは人間の重さが違うんだ」という当時の世相そのものを批判するようなセリフに丸山さんらしさを感じます。

丸山　それこそジェネレーションギャップですよね。だから犯人に同情もしない。加害者はもちろん、被害者だって正直いうとロクなもんじゃない。

――犯人に狙われる女の子も共感を得にくいキャラクターです。

丸山　「そういうふうに描くもんじゃない」って、いろんな人に怒られたけどね。視聴者に不安感を持たせるから。最初のころも「あんな刑事はいません。ちゃんと仕事をやってます」ってセントラルに苦情が届いたみたい。だから『太陽にほえろ！』の刑事さんたちが正しいんですよ。

いつか『グロリア』をやりたいと思っていて

――第9話「迎撃」は木の実ナナさん演じる少年課の松村課長をメインにした少年との逃亡劇、映画『グロリア』（80年）を元ネタにしています。

丸山　ぼくは第1話で終わりだと思ってたら、ナナさんのマネージャーさんがセントラル作品を好きで出演の条件として「1本はナナさん主演で丸山昇一が書く」という約束を黒澤さんがしていたみたい。それでナナさんが引き受けてくれたという。実際にマネージャーの方からお電話いただきましたから。そのとき黒澤さんの事情を察して（笑）、「すみません、いま準備中です」って。ぜんぜん知らなかったけど、黒澤さんってそういうことを普通にやってのける人だったし、ぼくもそのために高いギャラをいただいてるわけで（笑）。

――「迎撃」はどういうところから？

丸山　いつか『グロリア』をやりたいと思っていて、ナナさんも好きだったようなんですよ。キャスティングでナナさんの名前を聞いた時点で『グロリア』を参考に「あのイメージだからね」とライターの方々にも伝えようと思っていました。それから歌が流れるじゃないですか。あれ、なんだったかな。

――「アザミ嬢のララバイ」ですね。中島みゆきさんの。

丸山　脚本では別の歌だったんですよ。どんな曲だったかは覚えてないけど、中島みゆきに変えたのは監督の西村潔さんじゃなかったかな。ああいうテイストが、要するにセントラル・アーツで作るってことなんですよ。あれは俺、好きだけどね。まぁ2本しかやってないんだけど（笑）。

――西村潔監督の思い出はやりますか？

丸山　とくにないけど、『探偵同盟』に「小学生痴漢ブルース」という話があって、そのときも「あぁ、合うな」って感じでしたね。ちなみに西村さんと黒澤さんって高校の同窓生じゃなかったかな、立川高校の。

――『あぶない刑事』を2本しか書いていない理由は？

丸山　次の仕事やれやれってことで、もう入ってたから。それが『ラブ・ストーリーを君に』（88年）、黒澤さんの大好きな日活の青春路線をセントラルでやったんです。あとね、『あぶデカ』って最初の企画から6ヶ月かかったんですよ。だから2～3ヶ月で第1話ができていれば、もう1～2本は書けたと思う。でも柏原さんや那須（真知子）さん、大川（俊道）さんたちが書いてくるホンがすごくおもしろかったし、もう俺はいいかなって。

――なるほど。

丸山　これは余談ですが、セントラル・アーツに深作欣二さんが来られて、黒澤さんに「丸山昇一を貸してくれ」ってことがあった。新しい刑事ものの映画を作りたいということで、ぼくの書いた『女がいちばん似合う職業』（90年）を気に入ってくれたそうなんです。緊張感とB級の遊びがあるものがやりたいと言われて、そのとき深作さんが言いましたよ。

「『あぶない刑事』ってあっただろう。あれは絶対許さない！」って（笑）。ぼくが第1話をやっているのは知ってたと思うんだけど、そのことは言わないで……深作さんにしてみたら官憲というのは永遠の敵だから、ソフィスティケートされたおしゃれな刑事なんて、許せないんだろうね。こっちは黙っていたけど（笑）。

――いかにも深作欣二監督らしい逸話ですね。

丸山　それとは別に優作氏が……これは黒澤さんから聞いた話なんだけど、最後に入院してるときにお見舞いに行ったら『あぶない刑事』を見ていて、「恭兵、いいな」って言ったそうです。あの人は自分以外が出てる作品は褒めたりしないんだけど、そんな話を黒澤さんからうかがいました。もちろん舘さんもすばらしいんですが、恭兵さんは監督と話し合って、自分からアイデアを出してましたからね。

セントラル・アーツは「夢のプロダクション」

――ほかに『あぶない刑事』の思い出はありますか？

丸山　これは高鳥さんがB級の世界に大変興味がおありになるからですけど、関係なしの話でちょっといいですか。88年に公開された映画版の2作目（『またまたあぶない刑事』）、あれの併映が『・ふ・た・り・ぼ・っ・ち・』だったんですよ。どっちもセントラルの作品で、先ほどお話ししたようにぼくの志向は〝B級の添え物映画〟なんですね。発想は角川映画でもなんでもB級で、二本立ての添え物感覚。ずっとB級のコメディっぽい青春映画がやりたかった。で、2作目の併映作をどうするかとなって、電話がきたとき『あぶデカ』のオファーだと思ったんですよ。そうしたら松竹でやる予定だった『・ふ・た・り・ぼ・っ・ち・』が期限切れになって、黒澤さんと伊地智さんがなんとかしたいということで、榎戸（耕史）に撮らせるからちょっと直してほしいと。あれはたった1日の恋愛もので、ぼくのオリジナル企画であり、まさにB級の念願が叶った仕事だった。それが劇場にかかって、嫁さんと一緒に見にいったんですよ。たくさんのお客さんがいて『あぶデカ』の2作目もよくできていたし、本当にいい二本立てだったというのが忘れられない思い出ですね。

――最後にあらためてセントラル・アーツへの想いを教えてください。

丸山　黒澤さんのモットーというのは、テレビシリーズも映画であり、プログラムピクチャーの番線という扱いなんです。とにかくたくさん作品を作って、スタッフを一本立ちさせた。ひとつの撮影所だよね。デスクは3つか4つしかないんだけど（笑）、東映も〝第三の撮影所〟として扱っていた。かつて撮影所のことを「夢工場」って言いましたけど、セントラル・アーツは「夢のプロダクション」で、黒澤さんを中心に多くのスタッフが出入りして、それを大西（容古）さんというデスクの女性がさばいていた。あとはキャスティングの飯塚（滋）さんが常駐して、激闘の日々だったでしょうね。ホップが遊戯シリーズと角川映画、ステップが『ビー・バップ・ハイスクール』で、ジャンプが『あぶない刑事』、本当に虹の架け橋を渡れるくらいになった。それが長く続いて、まだ虹は消えていないという。すごいことだと思いますよ。

丸山昇一［まるやま・しょういち］

1948年宮崎県生まれ。日本大学芸術学部卒業後、会社員やコピーライターを経て79年にドラマ『探偵物語』で脚本家デビュー。同年に映画『処刑遊戯』を手がける。『野獣死すべし』『ヨコハマBJブルース』『ア・ホーマンス』と松田優作とのコンビ作を執筆し、『翔んだカップル』『汚れた英雄』『女がいちばん似合う職業』『いつかギラギラする日』『マークスの山』『行きずりの街』『一度も撃ってません』など数多くの映画を執筆。

脚本

那須真知子

「途中から『ビー・バップ』になってないか?」とか
みんなに怒られながら書いた覚えがあります

日活ロマンポルノでデビューし、セントラル・アーツの作品で活躍した那須真知子は、夫である那須博之監督とのコンビで『ビー・バップ・ハイスクール』を手がけ、新人の仲村トオルをスターに押し上げる。『あぶない刑事』では第2話「救出」を執筆、ふたたびトオルをフィーチャーした理由とは!?

とにかく〝トオルくんスター作戦〟みたいな感じで

那須　『あぶない刑事』が始まって1本やってすぐ、別の仕事で京都に行っちゃったんです。たしか丸山昇　さんも別な映画があって、最初のほうだけですよね。だから立ち上げのメンバーが消えてしまった（笑）。

――なかなか珍しいパターンですね。

那須　最初は日本テレビの企画会議に参加しました。ライターは丸山さんと柏原（寛司）さんとわたし、あとは一色仲幸くん。でも、一色くんはしゃべるだけしゃべって、1本も書かなかったんじゃないかな。セントラル・アーツのテレビ番組というのは『探偵物語』（79〜80年）から始まって、『あぶデカ』と同じで『探偵物語』も1話目が丸山さん、2話目がわたしなんです。あのときは丸山さんがハチャメチャな話を書いて、わたしはオーソドックスなハードボイルドもの。お互いに「う〜ん、こういうのもアリなんだな」と（笑）。それが『あぶデカ』のときは反対で、丸山さんに「今度はお前がハチャメチャをやったな」と言われました。それぞれ逆のことをしたのが案外バランスよかったのかなって思います。

——那須さんの執筆回である第2話「救出」は、仲村トオルさん演じる町田透が事件に巻き込まれて拉致監禁されてしまうエピソードです。

那須 『あぶデカ』といえば、やっぱりトオルくんのことですよね。『ビー・バップ・ハイスクール』（85年）がヒットして、『あぶデカ』が決まって、トオルくんにとってテレビのデビュー作なんです。これは埋もれちゃいけないと思いました。浮くか沈むかの大事なチャンスで、トオルくんにはテレビでも通用する役者になってほしい。主役のおふたりのスター性が強いから、下手したらセリフが4個か5個でチョロチョロする要員として終わっちゃう可能性があると思って、わたしが勝手にがんばった（笑）。

でも夫（那須博之）もそう言っていたので、とにかく〝トオルくんスター作戦〟みたいな感じで、手を挙げて「やります！」と。トオルくんが目立つようなハチャメチャな話を書いたというのがいちばんの思い出ですね。舘（ひろし）さんと（柴田）恭兵さんには申し訳ないなとチラッと思いましたが、基本的にトオルくんの母親みたいなものですから、家族の義務を果たしました。日テレのプロデューサーからは「トオルの映画を作ってんじゃねえ」って怒られましたけど。まぁ実際そうだよなと思いながら（笑）。

——たしかに2話目で新人刑事がメインというのも異例です。トオルくんは当時どんな青年でしたか？

那須 『ビー・バップ』の1本目は、ほんと普通の学生でしたね。でもシリーズが進むともうスターという感じで、やっぱり周りの人が作るんじゃないかな。みんなが周りに集まって「トオルさん！」って感じで。本物の不良だから、本気でやったらトオルくん勝てないと思うけど、みんなが「トオルさんを守る！」ってなったのは、彼自身がスター性を身につけていくのと同時にリーダーシップがあって、みんなを引っぱっていくぞって雰囲気になったんでしょうね。

日活無責任組みたいな連中がワーッと来た

――「救出」のコミカルな味わいは、その後の『あぶない刑事』の下地になった気がしますが、執筆時の思い出はありますか？

那須　急いでササッと仕上げた気がしますけど、「途中から『ビー・バップ』になってないか？」とかみんなに怒られながら書いたような覚えがあります（笑）。何度も裏切るチンピラなんて、たしかに『ビー・バップ』のノリですよね。わたし、日テレの岡田（晋吉）さんとはあんまり相性がよくなくて、『太陽にほえろ！』のプロデューサーだから、丸山さんやわたしが企画会議に行ったときも「なんだ、こいつらは」みたいな感じでしょう。『太陽にほえろ！』って人情っぽいじゃないですか。それが日活無国籍映画というか日活無責任組みたいな連中がワーッと来たんだから（笑）。

――日活無責任組！

那須　で、若いから遠慮もしないじゃない。局のプロデューサーの意見に「そうは思わない！」とか平気で言うわけで、本当に生意気だったと思うし、岡田さんと議論になったことを覚えています。ノリがぜんぜん違いました。

――しかし最終的な脚本も軌道修正されたわけではなく……。

那須　そのまんまハチャメチャさが生き残ったのは、プロデューサー陣の調整力かもしれないですね。そういえば『あぶデカ』のとき、大川（俊道）くんに言われたことがあります。「那須さんの脚本を参考にしようと思って読んでみたらト書きがいい加減だ。こんなホンでもいいんだと思って、俺はなんでも書けるようになった」って（笑）。

――日活無責任組の誉《ほま》れじゃないですか！

那須　ト書きが無責任だったんですね。でもいい先輩でしょう、無責任でもいいんだってことを示して（笑）。いい加減って言われたときは、自分でもそう思っていたから笑っちゃいましたけど。

――「救出」を担当したのは日活出身の手銭弘喜監督です。

那須　おとなしい監督さんだったと思いますね。別になにも言われず……あの、監督さんはいいんですけど、とにかくセントラルはプロデューサーが厳しくて。『探偵物語』の伊藤亮爾さんなんて何回泣かされたかってくらい厳しい方で、ある意味では若手を育てたのかな。もう「伊藤を殺す！」って、家で暴れたこともありますから（笑）。『あぶデカ』の伊地智（啓）さんはそれほどでもないけど、なんか九州男児だから迫力があって怖いんですよ。気圧《けお》される感じでした。

――当時「救出」はご覧になりましたか。

那須　見たと思います……じゃなくて見ましたね。トオルくんがどうなってるか心配だから見ました。感想？　トオルくんが目立ってるから、それでＯＫ。それから浅野温子さんがすごかったですね。やっぱり女優さんが自分で自分のキャラクターを作っちゃって、そこに全体をノセていくというのは力ですよ。たぶん脚本家は誰も浅野さんのことはそこまで考えてなかったはず。それなのに本人があそこまで広げたというのは大したもんだなと思います。

――日活ロマンポルノで脚本家デビューした那須さんですが、夫の那須博之監督も当時は日活の助監督でした。

那須　シナリオ・センターで博之さんと出会って結婚して、仲人が撮影所長だった黒澤満さんなんですよ。博之さんが大学４年のときで「日活に受かった！」「あぁ、よかったねえ」「じゃあ結婚しようか！」と。そのあとすぐコンクールに応募した『横須賀男狩り　少女・悦楽』（77年）でデビューしました。

――『大都会ＰＡＲＴⅢ』第47話「脅迫者を消せ」（79年）でテレビに進出し、石原プロやセントラル・アーツで活躍します。

那須　佐治乾さんという大先輩が「あなたと合いそうだから」と、日本テレビの山口剛さんを紹介してくれたんです。わたしは山口さんと清水欣也さんが日本テレビの二大プロデューサーだと思っていて、おふたりを現場から外したのが日テレの凋落かなと思うくらい（笑）。でも、わたしは事件ものが苦手なんですよ。『西部警察』も何本かやってるんですけど、事件ものが上手いのは柏原さん。彼の右に出る者はいない。当時は人間ドラマというか、人間関係を解いていくほうに興味があって、事件の転がりとかは……まぁ『あぶない刑事』ではそれをやってるんで、そういう技術も身につけたのかな。

それから『あぶない刑事』がヒットしたのは生活感のなさでしょうね。刑事の私生活だったり、犯人の境遇だったり、「そんなもんいらないだろう」という感じで、どっちかっていうとキャラクターで……でも恭兵さんと舘さんのキャラクターがどう違うかって、顔が違うくらいで（笑）。やっぱり生活感のなさがウケたんでしょうね。あれで舘さんがバツイチで子供を育ててるような背景があったら、こんなに続きませんよ。急に人情ものになって、暗〜い顔して出てきたら。

——『あぶない刑事』のあと東映京都に行かれて、残念ながら実現しなかったそうですが、どのような企画だったのでしょうか?

那須　たしか「ニュースキャスター」という企画で、女性のキャスターを主役にした映画だったんですけど、いろいろと事情があって流れてしまったんです。そのあとは東映の仕事が続いて、セントラル・アーツとは縁が遠くなりましたが、自由にやらせてもらいましたね。自由にやりすぎちゃったのかもしれない（笑）。

那須真知子［なす・まちこ］

1952年福島県生まれ。青山学院大学卒業後、77年に『横須賀男狩り　少女・悦楽』で脚本家デビュー。にっかつロマンポルノを数多く手がけ、79年には『大都会PARTⅢ』でテレビドラマに進出。85年に夫の那須博之監督とのコンビで発表した『ビー・バップ・ハイスクール』が大ヒットを記録し、全6作のシリーズ化を果たす。その後の映画に『別れぬ理由』『新極道の妻たち』『寒椿』『霧の子午線』『北の零年』など。

第2話「救出」、仲村トオル演じる町田透が人質となってしまうエピソード

脚本

柏原寛司

俺の場合は映像が先行で頭のなかに画ができないとホンにならない

『あぶない刑事』において10本のシナリオを手がけた柏原寛司は、日本のアクションドラマを牽引してきた存在であり、その後も映画版の大半を執筆。まさに『あぶない刑事』を代表する脚本家が各話のエピソードから横浜への思い入れまで一気呵成に振り返る。予定を変更しての2段組でたっぷりお届けします！

アメリカ映画と西部劇が好きだからスター主義なんだよ

柏原　まずね、舘ひろしと柴田恭兵のコンビがかっこいいんで「これはおもしろいものができるな」と思いました。俺は昔からアメリカ映画と西部劇が好きだからスター主義なんだよ。映画は役者が魅力的じゃないとつまらない。だからホンを書くときにも、いかに主役のキャラクターがおもしろくなるかということを考えて話を作っていく。しかもセントラル・アーツだし、横浜だし、よろこんでやりましたよ。

昔からバディを書くのは好きで、要はピーター・ハイアムズの『破壊！』（74年）がベース。あの感覚を引っぱってるから、『太陽にほえろ！』でもけっこうバディものを書いてるんだよね。で、『太陽』ではバカな話がほしいときだけ俺に声がかかるわけ（笑）。だから本線じゃないの。大川（俊道）はいちおう本線なんだよね。小川英さんの弟子だから青春ものを書く。

俺の場合は本線じゃなくて……石原プロとセントラル、つまり日テレの山口剛さんの番組でアメリカ映画をやってたんですよ。だから岡田（晋吉）さんからすれば、「あいつに本線を書かせるのはヤバい」と（笑）。ヘンなアクションものがほしいときだけ呼ばれるわけ。あと『西部警察PART-Ⅱ』（82〜83年）で「追撃」という話を書いてて、舘選手と三浦友和選手のバディで、踏み込むときにコイントスをやったりして、あれが

『あぶデカ』の原型っぽいね、俺的には。

――すでに日本テレビやセントラル・アーツの作品を数多く手がけていますが、『あぶない刑事』のオファーはどなたからでしたか？

柏原　伊地智（啓）さんか、あるいは黒澤（満）さんかな。当時の手帳を見たら1986年の1月30日にセントラルに来てるんだよね。2月のアタマにも来てる。そのへんから『あぶデカ』の話をしてるんだと思う。ホン作りが始まってからは渋谷、伊地智さんのキティ・フィルムでよく打ち合わせをしてた。

――日本テレビでの企画会議には参加しましたか？

柏原　それは行ってない気がする。大川から聞いてるかもしれないけど『誇りの報酬』（85～86年）のとき、いちばん初めに俺が呼ばれなくて「なんで寛《カン》ちゃんを呼んでないか、わかるね？」って言われたって（笑）。それと一緒で日テレ仕切りだと、俺は要注意危険人物だから。『あぶデカ』で最初に覚えているのは「弾は1話につき1発か2発かにしろ」って伊地智さんに言われて「いや、10発ぐらい撃たせてください」って、内容より先に弾の交渉から始めた。撃つなって言われてもさ、だんだんなし崩し的にめちゃくちゃ撃つようになったんだけど（笑）。

――第3話「挑発」から執筆していますが、これは長谷部安春監督による〝2話持ち〟で第1話「暴走」と同時に撮影されたので実質的な第2話に当たります。

柏原　俺、圧倒的に2話が多いんだよ。『大追跡』『俺たちは天使だ！』『プロハンター』『俺たちルーキーコップ』なんか、全部そう。圧倒的に2話が多くて、2話ってさ……まぁ1話ってだいたい監督と揉めるんだよ。とくに長谷部さんなんか1話だとすごく構えてくるから、ライターと衝突するわけ。それで俺が2話を書いて漁夫の利を得る（笑）。スッと入ってね。『探偵物語』（79～80年）の「失踪者の影」も本来2話だったのがオンエアは6話。『探偵物語』についてはセントラルが関わる前から山口剛さんと進めていて、90分版のシナリオも書いた。これは映像化されてませんけど。なので登場人物の名前も工藤、服部、松本をはじめ90％は俺がつけたんですよ。

――「挑発」は冒頭がモーテルから出てくる男女という、港町らしい猥雑なシチュエーションから始まります。

柏原　これも『破壊！』のね、エリオット・グールドとロバート・ブレイクの刑事が風紀係で、要は売春系を取り締まる。あの匂いを出したかったんですよ。俺の書くもんは全部アメリカ映画のパクリだからね（笑）。アメリカ映画ができなきゃやらない……だから『太陽』でもすぐ舞台を横浜にして。友達も多かったし、俺の遊び場だったんですよ、横浜は。「挑発」はあんまり覚えてないんだけど、でも長谷部さんがしっかりハードボイルドに撮ってくれたね。あの人は必ず「柏原、このホンはどこが〝あぶない〟んだ？」って聞くわけ。だから「ここですよ」って自分なりのポイントを説明してました。

「誘惑」「誤算」「不覚」あたりが気に入ってるね

柏原　とくに好きなのは6話目の「誘惑」。もうなくなっちゃったノーザンライトってバーが舞台で、これも長谷部さん。なぜって伊地智さんがね、俺と村川（透）さんを組ませないようにしてたから。要は「あいつらを組ませるとどんなバカなことをやるかわからない」と、そのへんを警戒して（笑）。だから長谷部さんや弟子の一倉ちゃん（一倉治雄）が多かった。

――「誘惑」の気に入っているところは？

柏原　最後の銃のくだり、恭兵と風祭ゆきがダンスを踊って、銃で……という、あのシーンが好きなんです。ああいうポイントがある話は覚えてるもんだよね。ニトログリセリンの話は「誤算」かな。これも気に入ってる。あとは原ちゃん（原隆仁）が撮った「不覚」は山田辰夫さんがゲストで、すごくおもしろかった。テレビシリーズに関してはね、そんなにハズレがなくて大体みんな好きですよ。一倉氏が撮った作品はあの人のダンディズムというか、かっこよさが非常によく出ているし。

――まずは第16話「誤算」からうかがいます。

柏原　横浜にやたら遊びにいってるから、伊勢佐木町のモールもよくわかってたんだ。だから「あの上にニトロを置くとどうなるか」と。冒頭は『笑っていいとも！』の年齢当てクイズが流行ったころなんで、そこから入って（笑）。気に入っている回というのは、要はレギュラーの人たちが上手いこと動いてるところがおもしろいの。『あぶデカ』の場合はゲストよりもそっちですね。

――浅野温子さんやベンガルさんなど、回を重ねるごとにレギュラーの出演者が存在感を増していきます。

柏原　当たるテレビドラマのセオリーというのは、みんな変わっていくんですよ。『傷だらけの天使』（74～75年）にしても最初はあんな感じじゃなかった。コンビがノッてきて、だんだんキャラクターがおもしろくなっていく。『大都会ＰＡＲＴⅡ』（77～78年）にしたって、（松田）優作がああいうふうにアドリブを仕掛けて、書くほうも優作に乗って書いちゃうわけですよ。『あぶデカ』もまったく同じで、岡田さんが仰ってるように前半の13話くらいまではハードボイルドの香りが残ってるけど、だんだんコメディ要素が増えてきた。それはやっぱり役者さん同士のコミュニケーションができてきて、現場でいろいろ遊べるからね。日曜の9時なんて、明日は会社に行かなきゃいけないからみんな家にいる時間ですよ。そこでまず男が食いついて、さらに女も食いついてきて視聴率も上がっていった。かっこいい世界に魅了された。

強い決意を持っている犯罪者じゃないとダメ

第6話「誘惑」、ノーザンライトを舞台に苦い結末が待ち受ける

――第31話「不覚」は山田辰夫さん演じるチンピラが「男になっちゃる!」と突っ走っていくストーリーです。

柏原　俺はジョン・フォードが好きなので、「不覚」は『リバティ・バランスを射った男』（62年）をやったわけ。チンピラが相手を撃ったと思ったら、じつは鷹山が撃っていた……あのオチが上手くハマりましたね。原ちゃんは「生還」というホンを自分で書いて、鷹山がシャブ中になるというアイデアを伊地智さんがすごく買ってた。そこに俺が手を入れて、キャラクターとかを揃えるのはこっちの仕事だけど、基本は監督のやりたい世界ですよ。原ちゃんのデビュー作（『西部警察PART-Ⅲ』第68話「真夜中のゲーム」）も俺のホンで、お互いチャンドラーが好きだから舘選手で『ロング・グッドバイ』をやったんだ。

――長谷部監督もハードボイルド小説やアメリカ映画が好きで、柏原さんも同じ志向です。そういう部分でも相性はよかったですか。

柏原　長谷部さんは完璧にアメリカ映画の人。で、アメリカ映画ってちゃんと理屈が通ってなきゃダメなんだよ。そうじゃないホンは撮らない。だから『あぶデカ』でも大川のホンを断ったりしてる。俺は長谷部さんとも村川さんとも相性いいです。澤田（幸弘）さんや小澤（啓一）さんもそうだけど、このころの監督って絶対ね、ホンよりかおもしろくしてくれる安心感がありました。

――『あぶない刑事』は基本的に犯人のドラマを描きません。

柏原　俺が書いてるホンはずっとそう（笑）。それもアメリカ映画的で、いわゆる完全犯罪者というか〝意思を持ってやってる犯人〟じゃないとイヤなんですよ。だから「間違えて殺しちゃった」とか「泣きながら殺しちゃった」とか、そういうのは嫌い。もう絶対やってやるんだという犯人で、そうじゃないと対決できないんだよね、刑事が。やっぱり犯人が弱々しくて同情の余地がありすぎると、殴ったり蹴ったりできないじゃない（笑）。撃ち殺すなんて、もってのほか。だから強い決意を持っている犯罪者じゃないとダメ。狂ってないよ。正常なんだよ。犯人には犯人なりの理屈があり、それをまっとうする。

――一倉治雄監督のデビュー作となった第19話「潜入」はスケジュールの問題から舘さんの出番が少なく、仲村トオルさんをメインにしたエピソードです。

柏原　そういう事情を汲んで書くのも仕事だからね。最後の倉庫のところで、恭兵が立ってるところに犯人のクルマが突っ込んで、懐手で拳銃を出すんだよね。あれがめちゃくちゃかっこよくて、一倉氏のセンスを感じたね。「潜入」ってホン自体はよくある話だから、ああいう演出を加えた一倉氏は大したもんだなと思いました。あんまりホンの直しもなく、スムーズだったんじゃないかな。

――プロデューサーや監督との打ち合わせで大きく直しが出た回はありますか？

柏原　テレビはあんまり揉めてないね。やりたいワンアイデアがしっかりしていれば、みんな文句も言わない。やりたいものがないホンだと、いろいろ直しが出るんだよね。しっかり話のヘソがあればいいんですよ。

――第26話「予感」ではユージに賞金がかけられて標的になります。まさに西部劇を思わせる設定ですが。

柏原　そうだね。あと、よく『あぶデカ』は『マイアミ・バイス』の日本版って言われてるんだけど、じつは俺は1回も見てなくて『マイアミ・バイス』のあとの『俺がハマーだ！』のほうが好きだったの。で、そっちにハマーが狙われる話があるんだよ。それがおもしろくてさ、影響されましたね。

フィルムだからこそフィクションの世界が映し出される

――第41話「仰天」は港署が乗っ取られる密室劇です。

柏原　これはテレビの刑事ものの定番、87分署シリーズの『殺意の楔』だね。必ず一度はエド・マクベインをやるという。

――のちの柏原さんの監督作『ガンブレス　死ぬにはもってこいの夜』（98年）も一夜限りの密室劇でした。

柏原　本当はね、密室劇はあまり好きじゃないんですよ。俺はジョン・フォード派だし、黒澤明みたいな東宝派なので。松竹はさ、みんな室内の撮り方が上手いわけ。その代わりロケーションがダメ。東宝はロケーションはすごくいいけど、室内がダメなんだよ。俺は基本的にロケーションが好きだけど、まぁ「仰天」もこういう話をやっとくかというね。『ガンブレス』の場合はリアルタイムの話をやろうと思った。だから『死ぬにはまだ早い』(69年)って西村潔さんのデビュー作、あれを参考にしました。

もともと監督になりたくて、東宝の撮影所でバイトしてたんだもん。国語の成績は2だし、字を書くのも好きじゃないし、ライターになる気なんかさらさらなかったんだけど、日活の助監督の試験を受け損なって……。俺の場合は映像が先行で、頭のなかに画ができないとホンにならない。「誘惑」のダンスとか「誤算」のニトロとか全部そうですよ。シナリオライターでも字から入る人と画から入る人、両方いますね。

――密室劇の場合、セットが中心で俳優のスケジュールや予算面で好都合な部分があります。たとえばプロデューサーから相談されるケースもあるのでしょうか?

柏原　このときはね、こっちの提案だったと思うけど、でもまぁよろこぶんだよね、みんな。楽だから(笑)。たしか俺のほかにもう1本あるよね。

――峯尾基三さんの「決断」も密室劇でした。刑事ドラマはロケ主体ですが、とくに『あぶない刑事』はシーン数が多いような印象があります。

柏原　この手の作品って世界観が勝負なんで、やっぱり横浜の風景が大事。そのためにはフィルムがいい。VTRだと生で映っちゃうから、どうしても嘘くさい話になるわけ。フィルムだからこそフィクションの世界が映し出される。そういう意味ではロケーションも大事なんですよ。ほんと『あぶデカ』は自分のホームグラウンドみたいなもんで、こっちのテリトリーだから苦労がない。で、たまに『太陽』を書くと苦労する。敵が多いから(笑)。

――『あぶない刑事』は合計10話と最多登板ですが、1話につきどのくらい時間をかけて執筆していたのでしょうか?

柏原　だいたい1週間くらい。当時は4つくらい番組を並行してやってたから日々打ち合わせをやって、書くのは1本ずつ集中して。けっこう『あぶデカ』は「書かせてくれ。紹介してくれ」ってライターが多くてさ。でも難しいんだ、あんまりいろんな人を紹介してもアレなんで……俺が推薦したのは日暮裕一くらいかな。あとは刑事ものをやってるライターでもちょっと合わないなという人は紹介できなかった。

――続編の『もっとあぶない刑事』は第1話「多難」から柏原さんの脚本ですが、意外にも3話分しか担当していません。

柏原　ほかの仕事があったのと、だんだん飽きてきたんだよね。ある程度の道すじをつけたら若いやつを入れるんですよ、こういうシリーズって。

――第6話「波乱」はハードなアクション回で、成田裕介監督とのコンビ作です。

柏原　あれはおもしろいよね。よくある兄弟の犯罪者の話なんだけど、成田氏の演出の手柄ですよ。成田氏も画から入るタイプで、あのホテルの銃撃戦なんて光がパーッと入ってきて……あれは『ブラックサンデー』（77年）なのかな、まぁ見事ですよ。それから同じ成田氏の「結婚」もおもしろかった。鷹山のラブコメみたいな話で、やっぱり女性がらみは舘選手の本領発揮だし、函館のロケーションも画になるし。

――そういえば松山ロケの「激突」、長崎ロケの「不覚」、そして函館ロケの「結婚」と地方が舞台のエピソードの多くを柏原さんが任されています。

柏原　タイアップ先との約束で入れなきゃいけない要素があるから、やっぱり新人じゃ難しい。テクニック上の問題が出てくるので。「激突」でロケをした松山の太陽石油は番組のスポンサーだし、のちのち映画にも協力してくれました。

テレビと違って映画なら〝毒〟を盛ることができる

――映画版は第1弾の『あぶない刑事』（87年）から柏原さんと大川俊道さんによる共作が大半です。まずオファーのきっかけは？

柏原　伊地智さんが「映画やるぞ！」って、もともとこっちは映画好きでやってたから、俺と大川はやっぱり気負ったわけ。その分いちばん最初の映画はちょっとホンで失敗してるところがある。まず長谷部さんが敵だからね。テレビシリーズだとぜんぜん文句を言わないんだけど、映画とかテレビでも1話目だと人が変わるから（笑）。脚本家の永原秀一さんが俺の兄貴分でさ、「お前、絶対に長谷部に負けるなよ！」って（笑）。

まぁ適当に書いてるから執筆の苦労はないんだけど、なんせ長谷部さんは寝ない人だから。東銀座の熱海荘ってホテルに籠もってるとき、石原裕次郎さんのお葬式にぶつかった。そっちに行けなくてテレビで見たのを鮮明に覚えてますね。それから1本目の映画は長谷部さんが『ストリート・オブ・ファイヤー』（84年）をやりたいって言って、バイクのシーンや恭兵がバラをくわえてダンスを踊るシーン、あのへんは長谷部さんの意向ですね。

――続いて『またまたあぶない刑事』（88年）、一倉治雄監督です。

柏原　もう前の映画が当たったから、みんなのノリも違ってて肩に力が入らなくなってきた。それだけおもしろくできたんじゃないかな。ラストの貨物列車のくだりは監督や助監督がアクションシーンの場所を決めてきて、それに合わせて直したものです。

――そして昭和三部作の締めくくりが村川透監督の『もっともあぶない刑事』（89年）、これは柏原さんの単独執筆です。

柏原　いちばん映画版で好きな作品だね、やっぱり。あれは刑事が犯人を逃す……時効を成立させるという話で、前からやりたかったんです。テレビの刑事ものって時効寸前に犯人を逮捕する話が必ずあるわけ。前から見ててさ、「あれ、逃がしちゃえ」と。『警視K』（80年）のときやろうとしたんだよ。勝（新太郎）さんの主演・監督だし、これならできるだろうと思ったら日テレが「寛ちゃん、勘弁して」って（笑）。だから映画でやったんだ。テレビと違って映画なら〝毒〟を盛ることができる。そういう毒盛りが映画のおもしろさだよね。『またまた』でも当時タイムリーだったスパイ防止法の問題を入れたりして、こういうのはテレビだと無理だから。

――『もっとも』の後半には、タカとユージがパトカー軍団に追われる派手なカーアクションがあります。

柏原　ああいうのは村川さん、さすがだよね。音楽の使い方もふくめて独特のリズムがあって、手を抜くとこは抜くんだけど、その抜いてるとこがリズムになってて、押すとこはちゃんと押す。緩急が上手いんだよね。「あぁ、死ぬかと思った」というオチは、本当はそのまま死んだことにしようかとも思ったんだけど（笑）、やっぱり『あぶデカ』で死ぬのはちょっと……という話になって、ああなった。まあ全体的に上手くいってるよね。ゲストの柄本（明）さんもよかったし、これで終わりだと思って書いたら終わらなかったけど（笑）。

『まだまだ』は最後の幽霊オチも物議だよなぁ

――『あぶない刑事リターンズ』（96年）で7年ぶりにシリーズが復活します。

柏原　『大都会PARTⅢ』（78〜79年）に「頭取集団誘拐」という浅井達也さんの書かれた回があって、前半の事件はそれが元ネタ。そのままアメリカのB級映画になりそうなすばらしいアイデアで、いつかやりたいと思っていたので浅井さんに了承を得ました。あれは名作ですよ。

――「頭取集団誘拐」は、もうタイトルの時点で最高でした。そしてミサイルが飛んだりと『リターンズ』から映画のスケールが大きくなります。

柏原　ヘンなことをやろうという気はあった。終わったつもりが帰ってきて、せっかくなら変わったことをやったほうがいいんじゃないかと。あとは当時の東映はCGのノウハウがあんまりなかったから、そういう要素をアクションに入れたいなと思ってたの。ミサイルは日テレの奥田（誠治）さんのアイデアで、次はタンカー。あのへんもCGをふくめた特撮をどのくらいできるか試したところはある。でも、そんなに上手くいかなかったし、じゃあハードボイルドに戻そうかってなった。

――巨大タンカーが舞台となる『あぶない刑事フォーエヴァー THE MOVIE』（98年）のラストではタカとユージが爆発に巻き込ま

れ、サングラスが沈んでいきます。

柏原　あそこは成田氏じゃないかなぁ。こっちも殺したつもりでいたんだけど、最後にサングラスだけというのは、なんとなく明るい希望を感じさせたのかな。それから映画の場合、ポイントはカオル。カオルがなにかをする部分を作らないと話が収まらない。だから本線の事件は鷹山、大下だけど、そこにカオルとトオルもいる。4人それぞれの動きが大事ですよ。

――またも7年ぶりの復活となった『まだまだあぶない刑事』（05年）**には若手刑事のコンビが登場し、どんでん返しが用意されます。**

柏原　『リターンズ』もそうなんだけど、やっぱり局側からすれば今までのレギュラーだけじゃ保たないという考えがあって、だから誰か入れようって話になった。でも、けっきょく『さらば』で戻したようにさ、やっぱり歳を取っててもレギュラーだけのほうがいいんだよね。今度の新作もそうだけど、やっぱり鷹山と大下がしっかりやってるほうがさ。あの時期はちょっと試行錯誤だったね。新しいコンビを部下にしておくだけじゃつまらないから、ミステリーの要素を加えたけど上手くいってない。『あぶデカ』というのはハードボイルドとアクションだからミステリーって相性が悪いんだよ。

『まだまだ』のときは予算的にもタイトになってきて、クライマックスは横浜の街が停電して、真っ暗のなか覆面パトカーで突っ切っていく。信号も全部止まっていて……それをCGでできるだろうって言ったんだけど、予算がないから無理って言われて（笑）。最後の幽霊オチも物議だよなぁ。はっきり言って俺と大川は、あのオチを書く気はなかった。当時の状況としても、あまり生き死にの話をやるのはどうかと思ったし、非常に中途半端な感じになってしまったから。

――なるほど。

柏原　テレビシリーズのほうがまとまりはいいんだよね。映画だと余計なリクエストがいろいろ出てくるんで、その分どうしても損してる。舘選手も恭兵選手も映画になるとやっぱり本気でくるからさ。もっと気楽に映画を撮ってしまえば、おもしろくなった気もするんですけどね。

『さらば』では『黄色いリボン』をやりたかった

――『さらば　あぶない刑事』（16年）**は原点回帰の横浜を舞台にした作品です。柏原さんの単独執筆で、村川監督とのコンビです。**

柏原　『もっとも』の次に好きなのが『さらば』ですよ。最初のタイトルは「あぶない刑事　ロング・グッドバイ」……今度こそ最後だからハードボイルドで終わろうというね。これは〝退職〟という大テーマがあるし、ジョン・フォードの『黄色いリボン』（49年）をやりたかった。プロデューサーのコンちゃん（近藤正岳）とシナハンに行ったりして、いろいろ調べてやるのがおもしろかったね。そして、それまでの映画版に比べて『さらば』は横浜という場所を大事にして書いた。

――2024年公開の最新作『帰ってきた あぶない刑事』は大川さんと岡芳郎さんの共作で、柏原さんの名前が見当たりません。

柏原　最初は一緒に動いてたんだけどね。まぁ、いろいろあって……俺が抜けた理由は小説（『あぶない刑事1990』）を書くということになってて、これは中条（静夫）さんの近藤課長が退職する話なんですよ。あとは俺が横浜で遊びまくってたころに実際あった店とか、そういうのをちゃんと全部書いて、当時の横浜、横須賀の雰囲気を出したつもりです。もう書き終わったから、ちゃんと出版されるはずですよ。

――楽しみにしています。

柏原　もともとね、探偵ものと違って警察とか刑事ものって好きなジャンルじゃなかったのよ。でもテレビでアメリカ映画をやれるんならいいかと、いろいろ書いてきたの。組織や階級がどうこうみたいなリアリズムも興味がない。今回の新作でもスタッフに細かいことを聞かれて「アメリカ映画を作ってるんだから、そんなことはどうでもいいんだ」って答えましたよ。『あぶない刑事』が復活して、今度また『踊る大捜査線』もやるんでしょう。もうびっくりしたよ。まぁ客の嗜好というのは振り子だから、ヘンに媚びる必要はまったくない。俺はそう信じて自分のやりたいものをやってきましたね。

柏原寛司［かしわばら・ひろし］

1949年東京都生まれ。日本大学芸術学部在学中の73年に『クレクレタコラ』の脚本を手がけ、翌年に『傷だらけの天使』で本格デビュー。『俺たちの勲章』『大都会』『大追跡』『探偵物語』『西部警察』『あぶない刑事』『豆腐屋直次郎の裏の顔』などのドラマを担当し、97年に『猫の息子』で監督デビューを果たす。『ゴジラVSスペースゴジラ』をはじめ特撮映画や『ルパン三世』『名探偵コナン』などアニメの脚本も多数。

脚本

大川俊道

『あぶない刑事』がいちばんよかったのは洋画の世界観をそのままやれたこと

『太陽にほえろ！』でデビューした刑事ドラマの新鋭・大川俊道は第4話「逆転」から『あぶない刑事』に参加し、「奪還」「疑惑」などハードな活劇を叩きつけたのち掟破りの最終回「悪夢」を執筆。柏原寛司とのコンビで映画版も手がけた『あぶデカ』のメインライターが、誰よりも愛したシリーズを語る！

〝共犯関係〟という言葉にしびれました

大川　『あぶない刑事』の脚本って基本的にどの回も好きなんですよ。いちばん楽しく仕事できたから。もう失礼な物言いだけど、ほかの人に書いてほしくない、全部自分に書かしてくれというくらい愛着があったし、「1本でも多く書きたい」とプロデューサーの伊地智（啓）さんに言ったこともあります。俺がいちばん『あぶない刑事』のことが好きなんだというのは伝わっていたと思いますね。映画でスケールが大きくなると強い敵が出てきて、鷹山と大下が危機に陥るようなフォーマットが決まっちゃう。でもテレビシリーズだと、強敵が出なくてもおもしろい話ができるし、いろんな角度から描けるんです。

――まずは第4話「逆転」を執筆しています。

大川　まだ鷹山も大下も台本どおりのセリフをしゃべってましたね（笑）。オファーは伊地智さんからで、渋谷にあったキティ・フィルムに行ったんですけど、『誇りの報酬』（85〜86年）をやってた日本テレビの中村良男さんから推薦があったそうです。伊地智さんからは好対照なコンビではなく「AとA'だ」と言われたのと「70年代の刑事はアウトローだけど、今回は組織内アウトローのコンビだ」と。

あとは私生活を描かず、刑事部屋をホームドラマみたいにする。それもアメリカ映画っぽいなと思ったし、ぼくはそのとき

「彼女の赤いトランク」って仮題のプロットを用意してて、それが「逆転」になったんですが、主役が舘ひろしさんと柴田恭兵さんって聞いた途端に興奮して、クレジット的にどっちが上なのか余計な心配までしたくらい（笑）。前のめりになってたと思います。

――「逆転」の思い出はありますか？

大川　最初のシーンでパトカーをエンストさせたんですよね。それまで岡田晋吉さんの岡田イズムのもとで『太陽にほえろ！』を書いてきたし、『誇りの報酬』でも岡田さんが最終的に参加されて決定稿になることがあったんです。だから日テレのドラマで岡田さんの言うことはもう絶対。打ち合わせに行ったら、案の定「パトカーがエンストするなんてあり得ない」から始まって、岡田さんの修正指示を「はい、はい」ってメモしてたんですよ。

　で、打ち合わせが終わったあと、伊地智さんが呆れ顔で「俺はお前と共犯関係になるつもりで、このあぶないホンを支持したんだ。それが岡田さんにちょっと言われたぐらいでヘロヘロと態度を変えて」……その〝共犯関係〟という言葉にしびれました。『太陽にほえろ！』は小川英という師匠のもとで4年間、40本ぐらい脚本を書いた学校だったんですけど、初めて街場に出て、伝説のプロデューサー・伊地智啓との共犯で悪の道に足を踏み入れてしまったという（笑）。

　最初のエンストは『太陽にほえろ！』における禁じ手ですが、よせばいいのに決定稿ではクライマックスでまたエンストさせて、伊地智さんから「お前、2回もエンストさせろとは言ってないぞ！」って呆れられたんだけど、だんだん岡田さんはなにも言わなくなって。そのあと村川（透）さんが入ってくると、もうセントラル・アーツにお任せの状態でしたね。ぼくは第1話の「暴走」を見たとき、舘さんがノーヘルでバイクを走らせてるのを見て「これは本気だ！」と感動したんです。私有地という設定だったかもしれないし、セントラルのほうはそれほど考えてなかったのかもしれないけど（笑）。

――「逆転」を担当したのは手銭弘喜監督です。

大川　手銭さんとはお会いしたことがないんですよ。とにかく〝早撮りの手銭〟で、たぶん監督と打ち合わせしてる状況じゃないときが出番なんですかね。2本やってますけど、両方なかった。河合美智子さんの衣裳は、もう少しなんとかならなかったのかなと思いましたね。まぁ田舎から出てきたって設定だから、わざとどんくさくしてんのかなって（笑）。

　「逆転」はね、黒澤満さんに褒められたんですよ。初めてお会いして「おぉ、あれおもしろかったぞ」って肩を叩かれて、ぼくはセントラルの作品に黒澤さんがゲストでチラッと出たときに「黒澤満だ！」ってわかるくらいのファンだったから、「もうセントラルは君に任せる」くらいの気持ちで（笑）、あぁ松田優作の映画も俺が書くんだなと思って、浮かれてましたね。ただの妄想でしたが。

「ものすごいライティングやってますよ!」

――『あぶない刑事』では合計8話の脚本を執筆していますが、とくに思い出深い回はありますか?

大川 やっぱり「奪還」ですかね。いちばん評判もよかったと思いますし、大下が鷹山を置き去りにせざるを得ないシチュエーションと、成田(裕介)さんの監督デビュー作で、この回だけ仙元(誠三)さんがカメラを回してるんです。オンエアで完成品を見たら、夜のシーンで赤レンガ倉庫がライティングされてるわけですよ。まずそれにびっくりして……台本は昼間って書いてたから。

なぜかって、ああいう取り引きは夜がいいわけだけど、予算もかかるし刑事ドラマの場合「これ昼にしてもらえませんかね?」って当たり前のように言われてきたんで、それを見越して昼にしたら、なんと夜だし、目一杯ライティングしてるし……思わず柏原(寛司)さんに電話しちゃいましたね。「ものすごいライティングやってますよ!」って。監督も現場も本気だし、成田さんがクランクインの前に「まずは仙元との勝負だな」と言ったのは覚えてますね。

――さすがの気合いですね。

大川 もともと成田さんとは面識があったんですよ。これは本当に雑談ですけど『太陽にほえろ!』を書いてるときにアダルトビデオの仕事があって、当時は映画の下請け会社がけっこう作ってたんです。古典をネタにしてくださいという注文だったので『ロミオとジュリエット』ならぬ『トミオとユリエ』というホンを書いて(笑)。そのときのスタッフにヤンキーみたいな、革のジャケットを着た怖~いあんちゃんがいたんですよ。それが助監督の成田さん。

そのあと「奪還」の打ち合わせをしたときに「お前、どっかで会ったことねえか?」って言われて……ぼくは台本も紛失しちゃったんですが、成田さんは大切に持ってて、ときどき「出すぞ」と脅されるんですよ。アダルトの仕事は、環七沿いに住んでたから〝大和陸橋〟というペンネームを使ってましたね。

――第20話「奪還」は成田裕介監督のデビュー作ですが、その前の第19話「潜入」を手がけた一倉治雄監督も同じく新人でした。

大川 たぶん伊地智さんのなかで「柏原、大川に書かせてるこのセットを一倉、成田にやらせよう」という考えだったんでしょうね。お互いライバル心をメラメラと燃やして、成田さんは河口湖まで行って銃撃戦を撮った。気合いが入りすぎてね、鷹山が暴力団員たちのいる店に行くシーン、舘さんの足元から撮って、手袋を締めて……すげえ長回しで、オンエアよりもっ

赤レンガ倉庫に大規模なライティングを敢行した第20話「奪還」

と長かったらしくて（笑）、「お前、映画じゃねえんだぞ」って伊地智さんに怒られたそうです。

港署のシーンでもカメラがドカンと引いてあるんですね。ああいうのは非常に映画的だなと思ったし、「奪還」に関しては自分のイメージと違うシーンになっていてもすごいと感じました。ラストの関東《カントン》村の銃撃戦も鷹山が嬉々としてマシンガンを撃ってて「いいなぁ、コレ！」みたいな（笑）。あれ明らかに殺してるし、いま見るとやりすぎですよね。いや、もちろん脚本で「銀星会のチンピラを撃ち殺す」なんて書いてないです。

――第36話「疑惑」は港署の制服警官の巡査ふたりが犯人で、刑事になるという野望のために悪人を撃ち殺していく異色のエピソードでした。

大川　製作部の服部（紹男）さんが、ぼくの目の前で伊地智さんに「これ、ヤバくありませんか？」って（笑）。「鷹山が警察の不祥事を隠蔽しちゃうんですよね」「わかってる。だから、やるんだ」……もう伊地智さんに一生ついていくしかないなと思いました。とにかく過激な〝あぶない〟テーマを持っていたのは事実ですが、あれはサム・ペキンパーの『戦争のはらわた』（77年）なんです。

ぼくの勝手な解釈ですが、お前がこの銃撃戦で生き残れるかどうか……要は犯人たちを制圧するだけの力があって、お前なりの信念があるんだったら認めてやるという鷹山なりの信念がある。舘さんに「これはジェームズ・コバーンなんですよ」って言ったのは覚えてますね。「疑惑」のとき初めて舘さんと恭兵さんにお会いして、向こうから歩いてきた途端に握手でした。

ぼくはキャロルのファンで、クールスが最初に出てきたときも衝撃を受けたんですよ。いきなり知らない革ジャンにサングラスの連中が出てきて、本当に怖くて（笑）。舘さんはエルモア・レナードを読んでて、当時の流行りでレナードの評価がすごく高かったのに「『グリッツ』はあまりおもしろくなかった」と言ってて、この人は流されずに自分の意思で物事を評価するんだなと思いました。

そのときはタバコ吸っててね、「あまりおもしろくなかった」って言った瞬間、ピンってタバコを弾くと、灰皿にスポッ。本当にさ、参っちゃいましたよ。帰るときも「大川くん」って呼び止められて「あのホン、本当によかったよ」って、まさに映画のなかの出来事みたいな心地でした。

――柴田恭兵さんはいかがでしたか？

大川　恭兵さんはね、わりと自分のスタイルを守る人なんですが、そのあとすぐ草野球仲間になって「大川、お前がどうたらこうたら……」ってストレートなことも言われて、今日まで褒められたことは一度もないです（笑）。最終回の「悪夢」のときも「お前のホンのおかげで現場で揉めたんだからな」って言われましたね。

ある日、午後から現場に入った恭兵さんの機嫌が悪いときがあって。よくよく聞いてみると「朝の試合で負けた」という話で、お前がエラーしたせいらしいじゃないかって伊地智さんに言われて（笑）、だから「大川、お前は草野球禁止」って言われましたよ。恭兵さんは掛け持ちでいくつのチームに所属してて、永原秀一さんや峯尾基三さん……『西部警察』のライターが集まってるジョーズというチームがあって、それの二軍のクライマックスでもピッチャーやってましたね。

固有名詞を大量に書ける楽しさ

――「疑惑」の話に戻りますが、犯人の巡査が銃撃戦の途中で殉職し、結果的に警察官の不祥事を隠蔽するかたちになりますが、鷹山が仕向けたわけではなく、敵側に隙を狙われて……という演出になっています。脚本の狙いとしては、どちらだったんでしょうか？

大川　昨日ね、「疑惑」を見返したんですよ。ぼくが想像するに鷹山はあそこで刑事の修羅場を味わわせて、お前が思ってるような甘いもんじゃないという恐怖を教えて、自首をさせるつもりだったんじゃないかなと思うんですよ。鷹山が犯人を追うとき、彼を残していったことを一瞬振り向くカットが入ってる。だから鷹山が仕向けて処刑したというのは……もしかしたら、よそではそう言ったことがあるかもしれないですけど（笑）、それはないですね。撃たれたあとも声をかけてるし、本当に処刑するつもりだったら、もっと高いところから見下ろすような感じで冷酷だったと思うんですよ。彼のほうから志願してあの現場に踏み込んでるわけですし。

――「疑惑」を担当したのは西村潔監督です。

大川　夏子って女が出てきて、準備稿ではスナックの名前もカプリアイランドだったんです。ぼくは西村さんが撮った「殺し屋」という『大追跡』（78年）のエピソードが大好きで、風吹ジュンさん演じる〝カプリアイランドの夏子〟のオマージュなんですよ。それで監督に「だからこの名前にしたんです」って言ったらぜんぜん覚えてなかった（笑）。そんなもんですけどね。「殺し屋」は金子成人さんの脚本ですが、今回の『帰ってきたあぶない刑事』（24年）でもヒロインに夏子という名前を使って、もう完全にファン心理ですね。

『あぶない刑事』の楽しいところは、『太陽にほえろ!』と違って固有名詞を大量に書けるんですよ。ディズニーランドとかリーバイス501とかバットマンのTシャツとか、ひどかったと反省しているのが「お前、彼女とオフコースのコンサート行ったろ」みたいなセリフ（笑）。オフコースのこと、ほとんど知らなかったから小馬鹿にしちゃったんだけど、そういうのを誰も止めないし、書いていい。

――第42話「恐怖」は静かなる復讐者・豹藤が登場するエピソードで、その後の映画版にも同じ名字の強敵を採用しています。

大川　苦労して作り上げたオリジナルだから、気に入ってますね。まずヒョウドウという音の響きがよくて、しかも兵藤より豹藤のほうが字面のインパクトがありますよね。最終回の「悪夢」に出てくる白いコートの男のイメージも「恐怖」の団時朗さんの不気味な感じなんですよ。逃げるときヨロヨロよろけてるように見えて、たぶんガンで余命わずかという芝居だと思いますが、それが妙に記憶に残っていたんです。

「恐怖」については〝もしも捕まえようとしたやつが死んじゃったら〟という発想で、そこからの逆算です。けっきょく事件の黒幕を捕まえられないオチなんですが、ラストは脚本のほうが過激でカタルシスがあるような終わり方だったと思います。日テレの初川則夫さんが珍しく、「これは力作ですね」ってホンに対して感想をくれたんですよ。鷹山と少女のシーンで、こういう小さい子に対しても英国紳士のように接するんだなというところで……。

――そう言われてみると、大川さんの脚本には少女が出てくるエピソードが多いですね。「逆転」や「奪還」もそうでした。

大川　若かったですから。要するに大人の女の人がよくわからない（笑）。

――さかのぼりまして、第11話「奇襲」にはゴリラのぬいぐるみを着た襲撃犯が登場します。

大川　この話で重要なのは犯行動機ですね。最初の事件のとき流れ弾が当たった被害者の関係者が復讐をする。その後も何度か使った手なんですが、そういう意外性を初めてやってみて、リアルでおもしろいなと思いました。なにかアメリカの刑事ドラマを元ネタにした気がしますが、『あぶない刑事』がいちばんよかったのは、洋画の世界観をそのままやれたことですよ。

『太陽にほえろ！』を書いていたときも、どうしても吹替調の翻訳みたいなセリフになることがあってコンプレックスだったんですが、まぁ先輩でも柏原さんは「アメリカ映画のように書く」と最初から言っちゃってるわけだし（笑）、そういうのもアリかと。私生活もふくめて柏原さんには脚本家として影響を受けてますね。締切前にグアムに遊びにいっちゃったり、そんなことが何度かありました。

――第15話「説得」は浅野温子さん演じるカオルと少年を主軸にしたエピソードで、永瀬正敏さんがゲストです。

大川　永瀬さんと「逆転」の河合美智子さんは、伊地智さんがプロデュースした『ションベン・ライダー』（83年）のコンビですよね。あのときはキティ・フィルムに台本を取りにいったら、永瀬さんがいて台本を読んでいました。毎週のサブタイトルは伊地智さんが考えるんですが、この「説得」だけはちょっと話と合ってないかな〜と思いましたね（笑）。

――「説得」は長谷部安春監督との初コンビ作です。

大川　ぼくは毎回、テンポ重視でセリフが次のシーンに直結していたりする、あまり演出の膨らませどころがないホンばかり書いてて、でもこのテンポじゃないと無理だと思ってたんです。長谷部さんと初めての仕事だったんで、そこを危惧してたんですけど「大丈夫だ」って言ってもらえて、でも終わったあと「騙された」って（笑）。このあたりから長谷部さんとあんまり……ぼくは長谷部さんの作品のファンだったんですが、もう『あぶデカ』の映画の1本目でとどめを刺されて……人格まで否定されるほど怒られましたね。

――長谷部監督の「騙された」とは、どういう意味ですか？

大川　要するに、尺が足りない。パッと読んだり、枚数的には足りてるように見えるけど、実際に撮ると前のシーンのセリフを受けるかたちで次のセリフがあったりするから実景を挟んだりできないんです。だから初めて会うプロデューサーなんかには「言っておきますが、わたしのホンはスカスカですから、そのまま撮ったら足りませんよ」って自己紹介しています（笑）。

「悪夢」は刑事の光と影を描いたもの

――最終回の第51話「悪夢」はタカとユージが追っていた犯人がこの世に実在しない幽霊のような存在で、『メモリーあぶない刑事』という本で大川さんは「市民の潜在意識の中に警官嫌いの感情が深

く根づいていて、その潜在意識がライフル魔の姿を借りて襲ってくる」と解説しています。幽霊ではなく、危険な市民感情に囲まれている状況という。

大川　クリント・イーストウッドの『ペイルライダー』（85年）の影響もあるんですが、なんかみんな視聴率がよくて浮かれててね。刑事がヒーローということにも自分のなかで疑問が出てきた。本来、市民というものは警察を嫌っていて、ある日それが爆発して、白いコートを着た男となって襲ってくる……芸能人でも絶大な人気者が不祥事を起こすと途端にアンチが現れて、すごく叩かれたりするじゃないですか。

やっぱり警察もそういう市民感情のなかで、ギリギリのところで成立してる。「悪夢」は刑事の光と影を描いたもので、だからカオルのエピソードがすごくわかりやすい。自殺しようとした少女にそんな気がなくて、けっきょく無駄骨になるけれども、いや、そうじゃなくて救いのドラマがある。どこかで報われる。その二本柱になってるんですよ。ただ、あまりに幽霊のインパクトが強すぎて、そっちに引っぱられた印象はあります。マジに若気の至りだと思うんですよね。とんがったプロットを伊地智さんが「これを最終回にする」と言って、共犯関係が進んでしまった。こんな番外編みたいな話が……。

──先ほど「お前のホンのおかげで現場で揉めた」という柴田恭兵さんの発言がありましたが、どこで揉めたのでしょうか？

大川　監督の原隆仁さんは「そんなことなかったよ」って言ってたんで忘れてると思うんだけど、伊地智さんが試写を見て、白いコートの男が海に消えるショットを単独で撮ってるのを「あれはダメだ」と言ってたのは覚えてますね。伊地智さんのなかでは〝あれは刑事の肩越しに描かないと〟ということで、要するに彼らから見た主観での幽霊という。

──単独で撮ると、実在するものになってしまう。

大川　そういうことだと思います。ぼくは最近知ったんですが、この最終回って長谷部さんが撮る予定だったのが「こんな話は撮れない」と降りちゃったんですよね。だから原さんになった。そのあと「一気」のときに、これは直接長谷部さんから「俺は幽霊とか神様とかっつうのは嫌いなんだ！」って言われましたから。「悪夢」のラストショットは、ふたりの発砲シーンでかっこよく終わらせたかった。なにか気配を感じて振り向いて撃つ……ストーリーの脈絡はともかく、あれで終われてよかったと思います。全体に原さんがよく演出してくれました。

──『もっとあぶない刑事』では最終回の第25話「一気」しか執筆していません。『メモリーあぶない刑事』でも神様のパートが全部カットされてしまったことで「非常に不本意な脚本」と不満を書いていましたが、まずお聞きしたいのが、なぜ『もっと』は最終回だけの参加なのでしょうか？

大川　伊地智さんが電話をくれて「お前の打席、最後に空けておくから絶対書けよ」って。いや、このへんが伊地智さんのすごいところで、普通なら「あいつ、さぼってやがる」で切り捨てちゃうのに……たぶんね、このころはまだ映画監督になりたくて、自分の企画を各所にプレゼンしてたんだと思います。

それと放映が8時台に変わり、わかりやすくコミカルな路線になって、『ルパン三世』と同じで『あぶない刑事』もそうなってしまったことへの不満と抵抗でしょうね。まぁ生意気なライターだったし、タイムスリップして戻れるんだったら、本当に叱ってやりたいですけど（笑）。

——タカが神の声を聞いてしまう展開だったそうですが。

大川　舘さんのスケジュールの都合で出番が少なくて、そこにインパクトをつけたかった。要するに〝自分たちは犯人を逮捕したりしてるけれども、どこかで操られてるんじゃないか〟という、見えざる神の存在がある……いま考えても無謀っちゃ無謀だし、長谷部さんが「やめろ」と言ったのが正解だったのかもしれないんですけど、幽霊の次は神様って勝手に自分でハードルを上げちゃったんですね。「幽霊も神様も嫌いだ」って長谷部さんに怒られて、これは抵抗しても無理だなと思って決定稿で削りました。

あと、舘さんのスケジュールがどんどんタイトになってきて、大幅に直したんですよ。当時は不満でしたが、去年ひさしぶりに見直してみたらテンポはいいし、それまでの『あぶない刑事』の要素をちりばめて終わってるんで、意外とおもしろかった。大下が犯人を連れて帰ろうとするのもアメリカン・ニューシネマみたいで、そのシーンのラストも哀愁があるし。

——たしかに、むなしい終わり方でした。

大川　ぼくは『あぶない刑事』という作品が出てきて、これから先もっといい状況になると信じてたんです。『クライムハンター　怒りの銃弾』（89年）からVシネマの監督なんかもやらせてもらいましたが、いま思うとあの時代がいちばんよかったかも……。やっぱり成田さんや原さんのような若手の監督は刺激になりましたよね。原さんは村川さんに近いノリで映像的な遊びが上手いなと思いましたし、一倉さんは理詰めのタイプですけど、やっぱり真摯に向き合っていた。ベテランの監督については自分が憧れて作品を見ていただけに、ちょっと失望したところもあって……手慣れてる分「なんかやってやろう」という若い監督に比べると温度差がありましたね。

なんとしてもやりたいという気持ちがありました

——1987年公開の『あぶない刑事』から始まる映画版は柏原寛司さんとの共同脚本というスタイルが続いていますが、3作目の『もっともあぶない刑事』（89年）は柏原さんの単独です。

大川　あのときは『クライムハンター2　裏切りの銃弾』（89

年）の仕上げをやったんですよ。ぼくはやる気満々だったんですけど、柏原さんが電話で「お前、忙しいだろ？　俺ひとりで書いとくからよ」って（笑）。『クライムハンター』の1本目を撮ったとき、ギャラが脚本と監督で合わせて１５０万。準備もふくめて1年間ずっとそれに費やして、それで結婚もしちゃったから「これから先、生活できるのかな」と不安だったけど、『あぶない刑事』の印税が入って助かりました。だから生活のためにも参加したかったんですけど……『さらばあぶない刑事』（16年）では必要とされてなかったみたいで、人生のドン底でしたね（笑）。

――まず1作目は、どんな執筆スタイルだったのでしょうか？

大川　これはぼくが初稿を書いて、柏原さんが直すというかたちでした。ところが柏原さんはね、自分は平気で遅れるくせに、人の取り立てには厳しいんですよ（笑）。検討稿ができて打ち合わせをしたら長谷部さんが「これじゃ撮れない」、もうイチからやり直すかたちで10日ほどホテルに籠もって……ストーリーの骨格は一緒なんですが、長谷部さんも映画ファンなんで当時流行っていた『リーサル・ウェポン』（87年）や『ストリート・オブ・ファイヤー』（84年）、それからエリオット・グールドの『破壊！』（74年）なんかを例に意見を出してくる。

本当にもう寝てるのを見たことない。ぼくが起きたら、いつもあの形相で台本を睨んでて……ひさしぶりの映画ということで、すごい張り切ってましたね。草野球のとき永原さんから「お前、ちゃんと長谷部と戦わねえとダメだぞ」ってハッパかけられたのを覚えてます（笑）。たぶん軽はずみに「だって、そのほうがかっこいいじゃないですか」とか言ってたから、いまどきの若者っぽくて、ずいぶん長谷部さんからは怒られました。

――『またまたあぶない刑事』（88年）以降の執筆スタイルは？

大川　前半後半で分担して、ぼくが前半を書いて後半が柏原さんというケースが多かった。それが正しいと思ってたんだけど、柏原さんが途中から「俺、先に書くから。3日であげるよ」って、あがるわけがないしさ（笑）。『あぶない刑事フォーエヴァー』（98年）はテレビスペシャルがぼくで、映画は柏原さん。クレジットはされてますけど、映画のほうは一行も書いてない。映画製作委員会の時代になるとホンづくりも面倒くさい状況がありますが、『あぶない刑事』については伊地智さんがストッパーになってくれて、ぜんぶ伊地智さんとのやり取りだから助かりました。プロデューサーが5人も6人もいて、毎回メンバーが代わったりして、なにそれってケースもありますからね。

――『まだまだあぶない刑事』（05年）はいかがでしたか？

大川　あのときは伊地智さんが鹿児島のほうに戻られていて、『さらば』になるとまた機運が上がってきたんだけど、当時はそこまでじゃないから難しかったですね。作品としても犯人の後味が悪いんですよ。ラストの幽霊オチも、ぼくは関わってないんだけど「絶対これ俺のせいにされるな」と思ってさ（笑）。あれは伊地智さんのこだわりですよ。監督の鳥井（邦男）さんも大変だったと思う。

――最新作の『帰ってきた あぶない刑事』（24年）は大川さんと岡芳郎さんの共同脚本です

大川 『さらば』に参加できなかったから、今回はなんとしてもやりたいという気持ちがありました。ぼくと柏原さんで分業して、ここを話すと長くなっちゃうんですが、まぁいろいろあって柏原さんは小説のほうに専念することになり、岡さんが入ったんです。舘さん、恭兵さんともにそれぞれの意見があるし、おふたりとも「このホンじゃ出られない」という局面があって、もう今回は黒澤さんも伊地智さんもいないわけだし、けっこうキツいキャッチボールが続きましたね。

でも、あの鷹山と大下のコンビあってこそですよ。最初のテレビシリーズの延長が決まって、3クール目のときかな……伊地智さんが「キャストを変えてでも続ける」と言って、別の候補の名前が出たこともありました。聞いた瞬間「違う！」と思ったし、これではコンビが成立しませんよと伝えました。スタートしたときもクールスと東京キッドブラザースじゃ噛み合わない部分があるよなぁと思いましたが、やっぱり舘ひろしと柴田恭兵という異なる個性のおふたりだからこそ続いたシリーズではありますよね。

大川俊道［おおかわ・としみち］

1957年茨城県生まれ。明治大学在学中から映画研究会で自主映画に携わる。81年に『太陽にほえろ！』で脚本家デビューを果たし、『誇りの報酬』『あぶない刑事』『ジャングル』『あいつがトラブル』などに参加。『あぶない刑事』の映画版も柏原寛司とともに共同脚本を多く手がける。89年に東映Vシネマ第1弾の『クライムハンター　怒りの銃弾』で監督デビューし、アクションものを送り出す。『キャッツ・アイ』をはじめアニメも多数。

脚本

田部俊行

普通ならボツになりそうなアイデアでも『あぶデカ』は跳ねれば跳ねるほどOKでしたね

第5話「襲撃」をはじめ8本のシナリオを発表した田部俊行は、手錠に繋がれた3人の逃亡劇「独断」や鷹山が銀星会の組長を狙う「狙撃」などコミカルからハードまで『あぶない刑事』の若手ライターとして個性を発揮した。その後、Vシネや昼メロを数多く手がけた田部が挑戦の日々を振り返る。

刑事が組長を狙うという〝掟破り〟をやりたかった

田部　73歳になったので、昔のことは覚えてないことも多いんですけど、『シナリオ』という雑誌のコンクールがあって、30歳になるまでにそれに引っかからなかったらもうあきらめようと思ったら、30歳ギリギリで佳作入選しまして。それがきっかけで『俺はおまわり君』（81年）という日本テレビのドラマでデビューして、そのプロデューサーが中村良男さん。角ばったメガネをかけた、ソフトな方でしたね。中村さんとは『誇りの報酬』（85〜86年）でもご一緒しまして、その流れで『あぶない刑事』ですね。最初のコンテストで審査員だったのが岡田正代さん。あの岡田晋吉さんの奥様で、おそらく正代さんの推薦がデビューにつながったのだと思います。

――『あぶない刑事』でまず思い出すことはありますか？

田部　とにかく番組が始まる前のタイトルロールですね。オープニングの曲と映像がかっこよくて、あとは丸山昇一さんにすごく憧れがあったので、丸山さんと同じ番組に参加できることがうれしかった。いちばん大きかったのはセントラル・アーツの黒澤（満）さんとの出会いですね。そのあと、Vシネマを中心にたくさんの作品をやらせてもらいました。

——いちばん最初の執筆作が第5話「襲撃」、銀星会とシャブをめぐる話です。

田部　これは記憶にないなぁ。渋谷の喫茶店で長谷部（安春）さんと初めて打ち合わせしたときに、「いや〜、ガッカリしたよ」ってまず言われた（笑）。そういうことだけ覚えてますね。そのあと銀座の本屋で長谷部さんをお見かけしたんですが、気安くしゃべりかけるわけにもいかず、少しずつ離れていって逃げちゃいました。

——とくに『あぶない刑事』で印象的な回はありますか？

田部　いちばん好きなのは手銭（弘喜）さんが監督された「独断」ですね。コメディ色の強い話で、あんずという女の子が出てきて、最後にレモンって改名するんですよ。それで最後に舘（ひろし）さんが「梅干しで〜す！」ってセリフを言う（笑）。ああいうオチって監督が自分の思うように変えちゃうことが多いんですが、手銭さんはホンどおりやってくれてうれしかったですね。あの舘さんのラストは忘れられません。よくぞ撮ってくれたと思いました。

——「独断」はタカとユージと無実の青年の3人が手錠で繋がったまま逃亡する展開です。追われる容疑者の冤罪を証明するという、刑事ドラマでありながら警察組織に歯向かう二転三転の展開が見事でした。

田部　『手錠のままの脱獄』（58年）という映画があって、2人だと当たり前なので3人にしたんですけど、普通ならボツになりそうなアイデアでも『あぶデカ』の場合は跳ねれば跳ねるほどOKでしたね。大川（俊道）さんや岡（芳郎）さんに負けないように「俺もやるぞ！」って感じでどんどんプロットを出して、切磋琢磨してました。

——プロデューサーに提出するプロットはどのくらいの長さですか？

田部　ペライチでは収まらないですね。やっぱり4〜5枚はいきます。セリフは入らないですけど、けっこう細かく流れも書いて。A4で1枚600字くらいかな。もう当時はワープロだったので、2000〜3000字のものを出したんじゃないかと思います。シナリオ作りは伊地智（啓）さんが担当してて、シナハンで四国の松山に行ったとき、まぁ地方だから飲んだり騒いだりするじゃないですか。で、ハメを外しすぎちゃって（笑）。次の日の朝、「昨夜はすみませんでした」って伊地智さんに謝ったら「いや、いいんだよ。丸山なんかもっとすごいよ」って言われました。松山は俳句が街のあちこちにあるので、その俳句を使ったシナリオを書いた気がします。

――宍戸錠さんがゲストの「追跡」ですね。男たちを翻弄する令嬢にいじめられっ子が復讐する「魔性」は、のちのストーカーを先取りしたような題材でした。「クレオパトラの夢」という宝石が出てきます。

田部　ぼくはジャズが好きで、バド・パウエルの「クレオパトラの夢」という曲があるんですよね。それが元ネタです。

――第35話「錯覚」は近眼の女の子が事件を目撃し、引っ越し先の隣に犯人の兄弟がいて……というコミカルな話です。獅子プロでピンク映画の監督をやっていた佐野日出夫さんと田部さんの共作ですが、もともと田部さんは獅子プロの作品を何本も手がけているので、その流れでしょうか。

田部　いや、知らないんですよ。会った記憶もない。この佐野さんという方が最初に書いたホンがあって、それを直したんでしょうね。獅子プロでは梅沢薫監督の作品を書きましたが、やっぱり自由でした。からみさえあれば、なんでもOKみたいな。『獣色官能夫人』（83年）というのが今でも好きな作品で、獣色だから犬が出てくるヌーヴェルヴァーグ風のフィルムノワール……最後は猟銃で相手を殺して、死体を庭に埋める話でした。『ファンタジック・ロマン　黒髪くずし』（84年）というのもあって、これは平安時代の姫君が現代にタイムスリップする話なんです。ちょっと変わった女性が「映画を作りたい」とお金を集めてきて始まったんですが、最初のタイトルはトリュフォーをもじって「突然星降るごとく」、シモちゃん（下村芳樹）という監督のデビュー作でしたね。

――『あぶない刑事』に話を戻しますと、最終回前の第50話「狙撃」はタカが銀星会の組長を狙撃しようとしてユージに止められるというハードボイルドなエピソードです。

田部　あれは褒められた覚えがあります。原（隆仁）さんが監督ですよね。そのあとVシネもやりましたが、カチッカチッとした人でサラリーマンになったら優秀だろうなと思いました。最初はホンの出来がよくなくて、いろいろ言われて落ち込んで……それから手を入れて、すごく評価されました。刑事が組長を狙うという〝掟破り〟をやりたかったんでしょうね。どうしても刑事ものってパターン化しますから、逆を突いてやろうと思いました。

――そういえばデビュー直後の1981年には『太陽にほえろ！』の「過去」というエピソードを執筆しています。

田部　あの番組は小川英さんって有名なライターがいるじゃないですか。あの方が全部引き取って、手を入れちゃうんですよ。それで「また次のネタを考えろ」。要するにアイデア係で、脚本工場の一員として歯車になるようなものですから、なじめなかったですね。にっかつロマンポルノも1本だけで、ようやくのチャンスだったんですが、2本目の中原俊さんとやったやつが上手くいかなくて「おもしろいけど、やめとこうか」となって、あれはトラウマでした。それからピンク映画を書いて、自由だけどギャラは安くて、とても食べてはいけなくて……。

黒澤さんは懐が広くて、細かいことは言わないプロデューサー

――田部さんが執筆した「謹慎」と「狙撃」は、それぞれ22・9％という『あぶない刑事』の最高視聴率を記録しています。

田部　あぁ、そうなんですか。

――当時は視聴率で一喜一憂ということも……。

田部　いや、すごくありましたね。視聴率はチェックしてましたね。東海テレビの昼メロも視聴率がすごくて、『新・愛の嵐』（02年）をやったときは最後に主人公を死なせたんです。そうしたら「なんで殺したの！」って、知らないおばさんの声で留守電ですよ。どこで電話番号を調べたんだっていう（笑）。昼メロは中島丈博さんのサブでたくさんやりましたけど、ぼくはデビュー前に丈博さんの弟子をやってたんですよ。ある監督のところにチェーンを持って殴り込んだという武闘派の話を聞いていたんですが、目下の人間にはとてもソフトな方でしたね。シナリオの書き方ではなく、魚の食べ方とかライターとしての姿勢……そういうものを間近で学びました。

──『あぶない刑事』で田部さんが執筆した回も女性のしたたかさや裏の顔を描いたエピソードが目立ちます。

田部　ドロドロした人間ドラマを書く人なので、丈博さんの影響はあったかもしれないですね。でも、そのまま真似すると失敗しちゃうし、そこまで意識はしてません。いちばん大変だったのも東海テレビの昼メロで、アイデアが出ないと会議室で昼から次の日の朝まで……そんな日々でした。鶴啓二郎さんというプロデューサーが厳しくって。

──『あぶない刑事』がブームになったあと、『週刊少年サンデー』で『セブンティーンコップ』という漫画の原作を担当しています。17歳の少年が刑事になって銃をぶっ放すハチャメチャなものでした。

田部　ありましたね。なかなかアイデアが出なくて、長い連載にはなりませんでした。ぼくも初めての世界だったので、漫画家さんとコミュニケーションができなかったし、編集者さんが間に立った感じで、うん……。そういえば『あぶデカ』をやってるころに、女房と結婚したんですよ。ようやく仕事がいっぱい入ってきたので気軽に申し込めました。

──その後、セントラル・アーツで刑事ドラマや東映Vシネマを数多く手がけています。

田部　やっぱり黒澤さんとの出会いが大きかったですね。黒澤さんは懐が広くて、細かいことは言わないプロデューサーです。ぼくはわりと人見知りだから、用もないのに事務所に行ったりできないタイプなんですよ。で、昼メロの仕事をやり始めると顔が出せなくなるじゃないですか。そうすると黒澤さんが「お前、なにやって食ってんの?」って心配してくれて……いま考えると、しょっちゅう顔出しとけばよかったんですが(笑)。一度だけセントラルにいたら、黒澤さんから「いま準備してる映画のライターがいなくなっちゃったんで、ちょっとやってみるか」と、そんな話をいただいたこともありました。

──その映画のタイトルは?

田部　女の人が主役のエイズの話……『私を抱いてそしてキスして』(92年)ですね。終わったあとに「ご苦労さん」ということで、黒澤さんの家に招待していただきました。あの映画はライターが3人いて、高橋洋さんと麻生かさねさんと分担したんですが、高橋さんがホラー風の話にしたいって言い出したのを覚えてますね。麻生さんは打ち上げのときセントラルの近くの店で飲んでて、なんかキャピキャピしてるもんで黒澤さんが「そういう話し方をしてると、この世界で生きていけないぞ」って注意してました（笑）。

――ほかに『あぶない刑事』の思い出はありますか？

田部　テレビから映画になって、そっちもやりたい気持ちがありましたね。だけど、ぼくには回ってこない。それは悔しかったし、実際に映画を見ても大仕掛けだけど、やっぱりテレビのほうがおもしろいと思いました。で、よせばいいのに打ち合わせで伊地智さんにポロッと言っちゃったんですよ。

――おっと！

田部　ぼくの嫉妬かもしれないけど本音で、そうしたら「お前なぁ、『あぶデカ』をずっとやってきたやつがそういうことを言うもんじゃない！」ってすごく怒られちゃった（笑）。伊地智さんのアシスタントの女の人にも「田部さん、よくあんなこと言うわよね」なんて注意されちゃって、そうか、こういうこと言っちゃダメなんだなって勉強になりました。そういう意味でも『あぶデカ』は駆け出しのライターとして、いろんなことを学んだ場でしたね。

田部俊行 ［たべ・としゆき］

1950年東京都生まれ。早稲田大学卒業後、公務員や映写技師を経て、81年に『俺はおまわり君』で脚本家デビュー。『誇りの報酬』『あぶない刑事』などを執筆し、95年の『風のロンド』以降は昼帯ドラマを数多く手がける。映画は『女事務員　色情生活』『獣色官能夫人』『JINGI　仁義』『オサムシの朝』『半落ち』など。『裏切りの明日』『暴走儀式』『復讐は俺がやる』『今日から俺は!!』ほか東映Vシネマも多数。

脚本

峯尾基三

完成度の高いホンというよりも役者さんたちが躍ってくれるものを目指しました

殺人予告ビデオによる連続射殺事件というハードタッチの第7話「標的」から合流した峯尾基三は『太陽にほえろ！』『大都会』『西部警察』など数多くの刑事ドラマを送り出した匠であり、『あぶない刑事』においてもその手腕を発揮した。みずからを〝職人〃と語る脚本家が情熱的に明かす、執筆のディテール！

こういう変化球ってやつは難しかったね

峯尾　『あぶデカ』に関してはサブのライターだったからね、あんまりエピソードも持ってないんだ。だから、ちょっと悪いかなぁと思ってて……。

——いえいえ、よろしくおねがいします。しかし話数としては柏原寛司さん、大川俊道さん、田部俊行さんに次ぐ6本を手がけています。まずは『あぶない刑事』に参加したきっかけを教えてください。

峯尾　話があったのは伊地智（啓）さんからだと思います。もうセントラル・アーツの仕事もしてたし、お互いに気心も知れてるから〝その手のチーム〃という感じだね。

——まず『あぶない刑事』で思い出すことはありますか？

峯尾　あんまり向いてないんだよ（笑）。ずっと直球で勝負してたわけじゃない？　刑事ものでストレートばっかり投げていたから、こういう変化球ってやつは難しかったね。作品を見てもらえればわかるんだけど、まぁ硬いんだ。作風っていうか芸風だよね。極端なことを言えば『西部警察』なんかで、生きるか死ぬかのハードボイルドをバーッとやってきたわけ。『あぶない刑事』の場合は状況が切迫してても、ちょっとおしゃれなことを言うとかさ、ジョークを持ってきたり、そういう手法をあえて採りました。ほかの刑事ものとは違う〝ひねり〟をまぶした記憶はありますね。自分のなかに答えはあったけど、生理のほうが勝っちゃって、そこへ落とし込むのに苦戦したんじゃないかな。

——1989年に刊行された『メモリーあぶない刑事』という本のなかで峯尾さんは「これは一種のシチュエーションコメディなのだ、そう思って書いてましたから」と答えています。最初に手がけた第7話「標的」も刑事たちによるコミカルな会議シーンから始まっていました。

峯尾　王道のアクションをどうするかというのが、自分にとって作品に関わるときの大きな動機なんですよ。こういうシチュエーションコメディというのも追い詰められれば追い詰められるほど、切羽詰まれば切羽詰まるほど、そこでこそのジョークがほしいわけ。こうした味付けは、アメリカのテレビシリーズやアクション映画の影響ですよね。

——「標的」は殺人予告ビデオが港署に届けられて婦警がどんどん射殺されていくハードな展開でした。

峯尾　もう、そのものじゃんね。連続殺人なんて目新しくないけど、ビデオの時代だったから、それを取り入れたんです。

——「標的」「不信」「死闘」など『あぶない刑事』では村川透監督とのコンビが多いです。

峯尾　（リストを見て）えー、ほとんど村川さんじゃん。どうしてもローテーション的に偏るんだよね、監督とは。ホンは伊地智さんと進めて、あの人も懐が深いからトラブルや対立もなく、気持ちよく仕事をさせてもらえるタイプでした。村川さんに関してはもう「ここは監督がなんとかしてくれるだろう」みたいな（笑）、おもしろくしてくれるという甘えがあった気がします。準備稿ができて、そのあと監督を入れて最終的な詰めをやって決定稿にするんですが、とにかくセントラルでも石原プロでも日活ニューアクションの監督が多かったし、もう意見は全部聞いてたよ（笑）。世代も上だし、憧れの人たちだし。手銭（弘喜）さんはプロ中のプロだから、ホンはお任せで打ち合わせもなかった気がするけど。

——14話「死闘」は柴田恭兵さん演じるユージが撃たれ、重傷を負いながら監禁されるハードな話です。これは『西部警察PART-Ⅲ』（83〜84年）で峯尾さんが担当した「灼熱の拳銃」というエピソードがベースになっています。

峯尾　「灼熱の拳銃」は俺が1人で書いてた？

——いえ、西脇英夫さんとの共同ですね。アクションに造詣の深い映画評論家で、「東史朗」名義で劇画原作も手がけていました。

峯尾　あぁ、発想は西脇さんで、助っ人として途中から引き継いだ話だ。あんまりそういうことってないから、それで覚えてるんですよ。で、この「死闘」はタイトルにあるようにやっぱり直球で、それを『あぶない刑事』にはめ込むという作業を職業ライターとしてやったわけだよね。けっきょく素材になるストーリーは定型のものがあって、キャラクターやシリーズによって視点を変えて書く。そうすると非常に力がつくんだね。登場人物のキャラクターに合わせて照らしていくと、そのシリーズが浮かび上がるわけ。たとえば人質劇なんかでも、ここまで違うのかというほど別なものになる。そういう作り方をしないと、なかなかこなせない部分もありました。

——職業ライターとして、ある程度の本数も求められる。峯尾さんといえば、時限爆弾を使ったタイムリミットものも得意です。

峯尾　よくご存じで（笑）。とにかく各シリーズで必ず爆弾事件をやってるんですよ。そういう試みのおもしろさもあるんだけど、やっぱり無限にストーリーって出てこないんだよね。個別のオリジナリティを持たせられれば、俺はそれでいいという主張を持っていて、むしろそのほうが自分のなかで消化できる部分がありました。

トラブルとかリスクがないと人間の本性は描けない

——第17話「不信」は浅野温子さん演じるカオルがメインで、殺しを目撃した少年との逃亡劇です。

峯尾　それまでとちょっと違う。やっぱり間口を広くしておかないとね。俺の芸風として女性ものって少ないんです。まぁ、とにかく男の世界だったからなぁ（笑）。でも、カオルというキャラクターは書いてておもしろかった。『あぶない

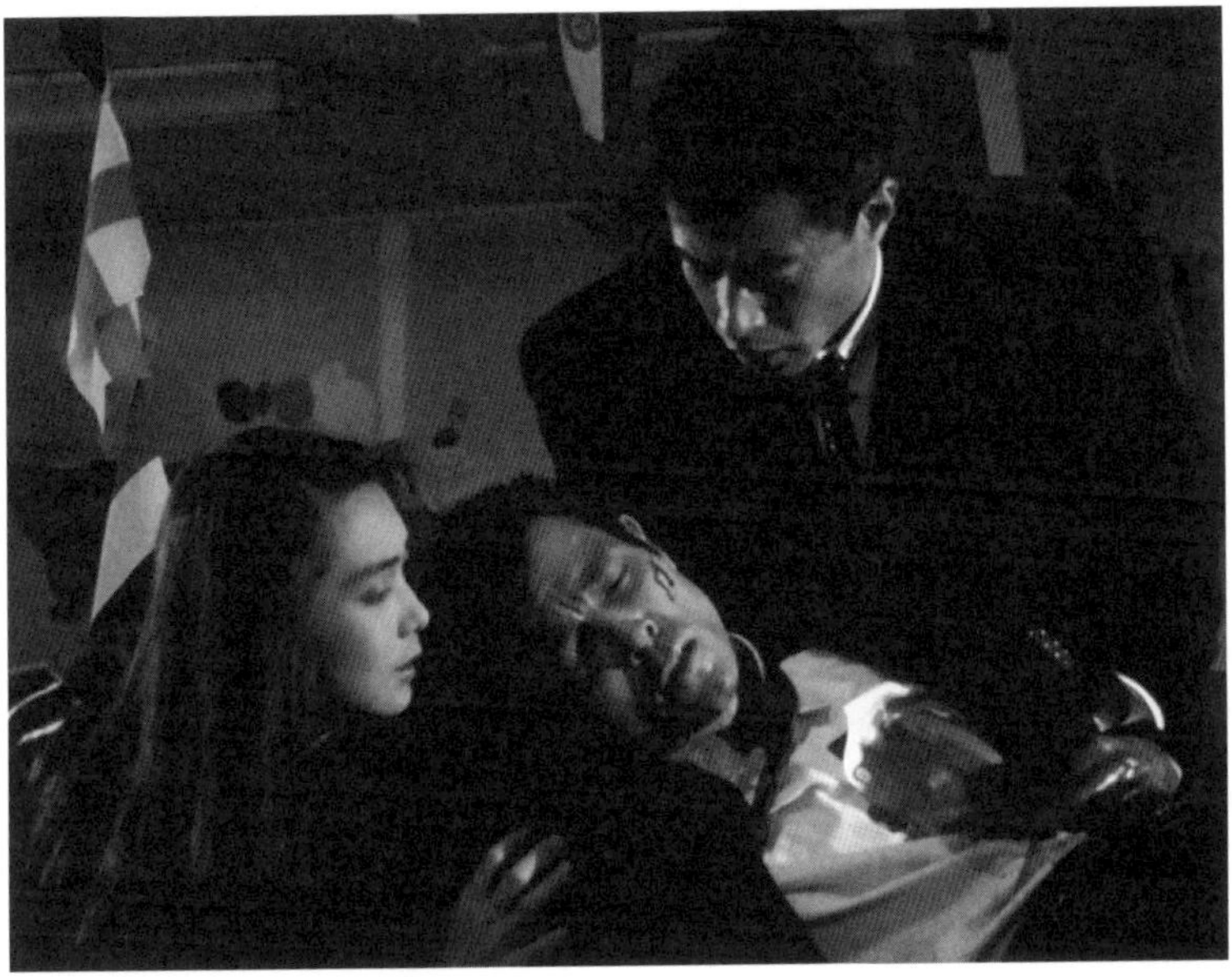

ユージの危機を描いた第14話「死闘」

刑事』でいちばん心がけたのはさ、完成度の高いホンというよりも刺激的なもの、くすぐる部分があるもの。そのシチュエーションのなかで役者さんたちが躍ってくれるようなものを目指しました。

――まさに「書き手と演じ手のくすぐりっこ」ですね。現場のノリや勢いでシナリオにないものが生まれてくることを歓迎していた?

峯尾　歓迎してましたね。それがセールスポイントですから。まぁ、でも要するに企画だと思うよ。アレンジする好奇心も歓迎だし、ホンに忠実というのも歓迎だし。いちばん大きいのは演じる人たちのチームワークじゃないかな。

――同じ日本テレビの刑事ドラマでも『太陽にほえろ!』は基本的にシナリオどおりなのでしょうか?

峯尾　そうだね。『太陽にほえろ!』というのはテーマ主義みたいなところがあるから、そこからズレると作品全体がダメになってしまう。たとえば友情なら友情ってテーマで1本、そういう作り方。その事件のなかにテーマがあるという考えでやってました。それも企画の持っている真髄だと思うよ。物書きとして両方とも許容しちゃうというのは軟弱なライターだけど、それも職人志向だから許容しちゃうけどね。

――『西部警察』はいかがでしたか？

峯尾　あれはもろ直球、ストレートよ。まずは熱と勢い……どんだけ腕を振って、速い球を投げるか。そうすると、それが伝わるわけよ。で、ギリギリの瀬戸際のなかで刑事たちが躍るわけじゃない。毎回小さなサイズで戦争映画を書いてるようなもんだから、熱量がないとスカスカになっちゃうんだよね。「なんだ、このくだらねえホンは」って言ってくる人もいたけど、書く側にとって消耗度はキツいんだ。犯人も凶悪な魅力がないと、要は銃弾を浴びせられないわけ。やっぱり人間が生きるか死ぬかというドラマを書くっていうのは、書き手もエネルギーや体力を使ってるんですよ。知力はあんまり使ってないけどさ（笑）。

――『あぶない刑事』に話を戻しますと、第28話「決断」は港署が占拠されてしまうエピソード。エド・マクベインによる87分署シリーズの『殺意の楔』もそうですが、刑事ものの定番である警察署ジャックです。

峯尾　もう十八番だから（笑）、密室劇は多いんだよ。なぜ多いかっていうと、とにかく密室劇でおもしろいのは良識ある人が命乞いして逃げちゃったり、いちばんダメだったやつに正義感があったり、極限状況のなかで人間の根っこがえぐり出されるわけ。そうやって人間性を暴いちゃおうって、人間を大雑把に捉えていたところはあるね。劇的な展開をワンシーンの限定空間でやれるというのが、物書きの心をずいぶんくすぐってくれるんです。

――「決断」は中条静夫さん演じる近藤課長と犯人の間に因縁があって、脇を固めるレギュラー陣に光を当てています。

峯尾　中間管理職の悲哀とかさ、そういうのが好きなんだな。だからデカ部屋のデスクに座ってるだけじゃなくて、事件の渦に放り込んでやりたいんだよね。なにかトラブルとかリスクがないと人間の本性は描けないんですよ。

――第39話「迷走」は銀行強盗の模擬訓練をしていたら本物の事件に巻き込まれてしまう、まさに迷走の展開です。『もっとあぶない刑事』の「閉口」も同じく模擬訓練から事件を転がしていました。

峯尾　そういうドラマ展開も好きだったねえ。刑事もので事件が起きるのは当たり前だから、飽きちゃってるわけ。だか

ら立ち上がりは、ひと工夫したかった。模擬訓練って、ちょっとリアリティが出ちゃうじゃないですか、実際にあるから。射撃訓練の練習場とか道場とか、そういうシチュエーションでリアルにしたいという思いはありました。

――そういえば「決断」では近藤課長が「検挙率」「検挙率」と、やたら犯罪検挙率のことを語っていました。

峯尾　そういうのは新聞に出るわけですよ。ちょっと切り抜いて取っておいて、それを使う。テレビの数字と同じで、検挙率がいかに生命線かというね。警察社会の内部のことをいただいて、なるべくリアルにしようという意図があって、昇任試験なんかもよく調べて使った記憶があるもん。

――『もっとあぶない刑事』の「異変」がそうですね。「魅惑」には還流紙幣という珍しいキーワードが出てきました。当時は内外タイムスとアサヒ芸能のチェックを欠かさなかったそうですが。

峯尾　みんな内外なんかめったに読んでないから（笑）。毎日、夕刊紙や週刊誌は喫茶店に行ってチェックしてましたよ。多少はアンテナを張ってたんだね。使えるところはほとんどないんだけど、受信のアタマにしていれば入ってくるものなんですよね。最初からネタ探しで「なんかないかな～」と思ってるわけじゃなくて、ぼんやり読んでるだけでも、受信機みたいなのが隅っこにあるから、それがカチッとショートすると「あ！」ってなる。

――数多くの刑事ドラマを手がけていますが、ネタ元として本職の刑事との交流はありましたか？

峯尾　それはなかったなぁ。どうしても必要なのはお医者さんだよね。医療ものも多いので、ブレーンになってくれる人がいました。たとえば右胸心といって、心臓が右にある人が左に弾が命中して助かっちゃったとか、それは自分の判断で書ける世界じゃないから。

――「減俸」はタカが記憶喪失になってしまうお話です。舘ひろしさんのスケジュールの関係だと思うのですが、記憶喪失になってしまい、要は出番が少ない。そういう制約はプロデューサー側から前提として提示されるのでしょうか？

峯尾　ほとんど毎回あるんじゃないかな。スケジュールの問題で、次は誰をメインにしようとかね。だから出番が少なければ少ないほど、逆にインパクトを与えて立たせなきゃならない。その枷を最大限有効にできるような設定を考えます。

視聴者に「なんだ、今日はぜんぜん出ないじゃないか」って思わせないように、どこかでキラッとさせて出番の少なさを帳消しにする。最後だけ花を持たせるようなご都合主義だけはやりたくなかったですね。

――「減俸」には偽警官が出てきて、覚醒剤を奪ってしまう。そのひねり方も峯尾さんらしいです。

峯尾　最初の直球から、だいぶ練れてきたね（笑）。

――『もっとあぶない刑事』は作品全体のコミカルさが前作以上です。ハードボイルドな王道を書き続けてきましたが、意外と峯尾さんはコメディも嫌いじゃない気がするのですが。

峯尾　おっ、ちょっと見抜かれた感じだね。じつは下町人情喜劇が得意なのよ（笑）。ちょっと背伸びしてアクション路線を歩んできたけど、どこか下世話な下町育ちだしさ。やっぱり喜劇というのが、それこそ自分の芸風だと思ってたんだよね。ハードボイルドなアクションも大好きだけど、育ちや成長していく過程ではさ、かなり人情路線だったんだ。

――ご出身はどちらでしたっけ？

峯尾　川崎。子供のころの記憶だと、祭りになると、もんもん入れた大人たちが闊歩していた。川崎大師と駅のちょうど真ん中あたりで、職人さんたちの多い街の小売商の息子でした。

いまや〝あぶないライター〟なわけ！

――デビュー作は日活の映画『八月の濡れた砂』（71年）、永原秀一さんに師事して『太陽にほえろ！』などを共同で執筆しています。もともと峯尾さんは日本大学芸術学部で全共闘の闘士だったそうですね。

峯尾　そんな立派なもんじゃない。大学トップの不正によって、使途不明金が15億円……それで声を上げて、全共闘とつながってロックアウトになったりして、とにかく個別の民主化から始まったことが、燎原の火のように広がったわけ。そのあと映画の現場に入っちゃったから、卒業はしてない。永原さんとはシナリオ研究所の講師として出会ったんだけど、東宝の『狙撃』（68年）を見てて、東映の任侠路線とは違ったアナーキーさに感銘したんですよ。たぶん『八月の濡れた砂』も永原さん経由だったと思います。大塚和さんというプロデューサーがいらして、井の頭線のご自宅に監督の藤田敏八さんと一緒に籠もって、ワンシーンずつ相談しながら書いていきました。それで準備稿ができて、大和屋（竺）さんが手を入れた。いわゆる〝毒盛り〟っていうやつで、いろんな味をまぶす。その作業に俺は加わってないんだけど、そういうかたちでの3人の共作なんです。

――師匠の永原秀一さんから教わったことは？

峯尾　なにかを教わるというより、とにかく一緒にやろうというスタイルでしたね。シナリオの清書もやったことないし、向こうも弟子とは思ってないし。まず俺がプロットやストーリーを作って、打ち合わせをして、それに則って初稿を書くわけ。そうしたら永原さんに渡して、向こうが手を入れたものが決定稿になる。職業ライターを目指してましたから、自分の書いた初稿がそのまま使われたとき、独立してやっていこうと思ってました。

――永原さんはどのような方でしたか？

峯尾　無頼ですよ。石原プロが『大都会』から『西部警察』に、日テレからテレ朝に移ったとき、勝負するための体制として専従のライター集団を作った。それが「ブローバック・プロ」で、メンバーは永原秀一、柏原寛司、新井光、浅井達也、大野武雄というみなさん。代表は永原さんか、奥さんだったかな。仲間と一緒に草野球もやってましたね。恭兵さんともチームメートだったけど、もう別格ですよ。永原さんが亡くなられたあと、みんなで追悼本を作ったんですが、石原プロの小林正彦さんがお金を出してくださいましたね。

――あっ、何年か前に古本屋でたまたま見つけて買いました。こんな本があったんだと感銘を受けましたね。

峯尾　そうなんだ。うちの女房が編集とＤＴＰをやってて、蔵原惟繕さんの追悼集も作ったんですよ。そっちのほうは知らない？　よかったら差し上げますよ。

――えっ、ありがとうございます。あ、ひとつ聞き忘れたことがあるのですが、峯尾さんは担当本数も多いので早書きかと思いきや『メモリーあぶない刑事』によると、とにかく遅筆だったそうですね。

峯尾　遅いんじゃなくて、締め切りがこないと点火しない（笑）。いや、それでよく生き延びてきたと思うよ。でも点火するとね、スピードは暴走族だよ。ぼくは構成第一主義なんですよ。だから構成ができると、もうできたって思っちゃう。そこからまた地獄が始まるんだけど、構成ができるまでは闇の中で格闘している感じで、その先は明かりが見える。当時はギリギリになると印刷屋さんに行って書いてましたね。

——印刷屋さんで!

峯尾　そういう部屋があってライターが何人も詰めてたし、書いたところから写植をやっていく。まだ手書きの時代で、そのころは2Bの鉛筆で書いてたね。いまや2Bがチェーンソーに替わっちゃった。もう〝あぶないライター〟なわけ! 女房と八ヶ岳暮らしで、山を切り拓いて森づくり……20キロ以上やせたし、ずいぶん健康的な生活になりました。ぼくは数年前に筆を折っちゃったけど、『あぶない刑事』が続いているのには本当に脱帽ですよ。INGで現在進行形っていうのはさぁ、すごいことじゃん!

峯尾基三［みねお・もとぞう］

1947年神奈川県生まれ。日本大学芸術学部中退後、永原秀一に師事し、71年に映画『八月の濡れた砂』で脚本家デビュー。『太陽にほえろ!』をはじめ『大都会』『大追跡』『西部警察』『特捜最前線』『私鉄沿線97分署』『あぶない刑事』『ジャングル』『刑事貴族』など数多くの刑事ドラマを手がける。火曜サスペンス劇場や金曜エンタテイメントなど2時間ドラマも単発、シリーズものを問わず多数。

脚本

岡芳郎

打ち合わせと自宅で執筆の繰り返しだから人気シリーズを書いているという感覚はなかったですね

第18話「興奮」で脚本家デビューを果たした岡芳郎は、サバイバルゲームに興じる若者の狂気を活写し、「迷路」「脱線」を執筆。『もっとあぶない刑事』では似て非なるタカとユージの違いを描いた「不惑」など4本を送り出す。『帰ってきた あぶない刑事』にも参加した岡が明かす各エピソードの舞台裏！

新しい犯人を描きたいという意識はありました

岡　ぼくと、いとう斗士八さんは『あぶない刑事』がデビュー作なんです。もともとは映画の監督になりたくて、中学生のころから地元の映画館に通ってました。とくにおもしろいと思ったのはマイケル・リッチーの『がんばれ！ベアーズ』（76年）、それからクリント・イーストウッドの『ガントレット』（77年）ですね。ぜんぜん違うジャンルですけど（笑）。それで、監督になるならまずはシナリオをということで日芸（日本大学芸術学部）のシナリオコースに入りました。

――『あぶない刑事』でデビューしたきっかけは？

岡　卒業後はアルバイトをしながらフラフラしてて、日芸のシナリオを出てる人ってそういう人がいっぱいいたんですよ。で、大学の小笠原（隆夫）教授が見るに見かねて、まとめてセントラル・アーツに紹介してくれたんです。丸山昇一さんが日芸の先輩で、セントラルで大活躍されてて、そういうつながりもあって……6～7人かな、まとめてセントラル・

アーツの事務所にドッと押し寄せました。それが黒澤満さんとの出会いですね。たぶん『あぶデカ』が始まる半年くらい前で、2時間ドラマの原作を渡されてプロットを書いたりして、黒澤さんからお小遣いをいただいてました。それから新しい刑事ドラマが始まるということで、プロットを出して採用されたのが『あぶない刑事』です。ただ、刑事もの、あまり見たことがなくて……。

――デビュー作は第18話「興奮」。サバイバルゲーム好きの若者が犯人で、タカを翻弄するエピソードです。

岡　3〜4本出したプロットのなかの1本、「とりあえずこれを書いてみろよ」と黒澤さんに言われて、伊地智（啓）さんのところに送り出されました。1回直したシナリオを伊地智さんに渡して、どうせダメだろうなって思ってたんですけども、1週間くらい経っていきなり電話がかかってきて「あれやるから。準備稿を刷ったから」って。もうびっくりした覚えがありますね。そのとき「監督は村川（透）さんだよ」と言われて、ぼくは『白い指の戯れ』（72年）や遊戯シリーズの大ファンだったので、「本当に村川さんが俺のシナリオでやってくれるの？」って疑ってしまいました。

――プロットと決定稿の違いはありますか？

岡　話の流れは大きくは変わらないです。『ダーティハリー』（71年）ってあるじゃないですか。ぼくのなかで舘（ひろし）さんとイーストウッドがちょっと重なったんですね。だから、あんなわけのわからない犯人に街中駆けずり回される話ができないかというのがきっかけで、その基本線は一緒です。プロットから準備稿は問題なかったんですが、準備稿から決定稿はけっこう……にっかつの食堂で初めて村川さんとお会いして、ケチョンケチョンだったんですよ。3日で直してこいって話になって、あとで聞くと村川さんってシナリオにあんまりダメ出しする人じゃないらしくて、伊地智さんが「珍しいね、お前」って言っていました（笑）。落ち込みましたが、とにかく書かないと穴を開けちゃうし、直して、それがOKかどうか聞くこともなく撮影が始まった感じです。ストーリーは変えずに、セリフやト書きのタッチは全部アタマから直しましたね。

――冒頭がまさに戦争映画のような、80年代の日本とは思えないような描写でド肝を抜かれました。

岡　ああいうサバイバルゲームから始まるように書いたと思いますけれど、もっとリアルな描写で、あそこまでドッカンドッカンやってくださったのは村川さんの演出ですね。「なにやってんの？」ってびっくりしました。

――サイコパスっぽく高笑いする犯人で、いまでこそ定番ですが当時としては珍しい設定だったのではないでしょうか？

岡　そうですね、新しい犯人を描きたいという意識はありました。たぶん俺の書いた『あぶデカ』はほとんどそういう犯人だったと思います。たとえば柏原（寛司）さんや大川（俊道）さんが書かれている銀星会やシャブ、拳銃が出てくる話なんてさっぱりわからない世界だから（笑）。書けって言われても書けないし、書いたところでとてもかなわない。だから伊地智さんもそういうものをぼくには求めていなかったと思います。それこそ〝とっちゃん坊や〟の犯人は25歳で、ぼくとほぼと同い年。自分に近い感覚の人間が書きやすかったんでしょうね。

――「興奮」について、ほかに思い出はありますか？

岡　試写とかには呼ばれず、いきなりオンエアを見ました。で、自分のシナリオの未熟さというか、「なんと稚拙なホンを書いちゃったんだ……」とショック受けて、しばらく伊地智さんにも連絡しなかったんですよ。もう声もかからないだろうと思って。で、なにかのきっかけで会ったときに「お前、なにやってんだよ」……。日本テレビの初川（則夫）さんも気にかけてくれてたみたいで、だから「またプロットを持っていっていいですかね」って伊地智さんに聞いたら「いいに決まってるだろ」。そういう経緯で18話の次が32話で、ちょっと間があるんですよね。

――どのあたりが未熟だと思ったのでしょうか？

岡　なにもかもですね。自分の書いたものが映像化されたのを生まれて初めて見たわけで、セリフもダメだし、話も突拍子ないし……まぁ時間をおいて見てみると、意外とおもしろいぞってなるんですけど（笑）。でも、当時の心境としてはそうでしたね。それから刑事ドラマをやるんだったら、やっぱりちゃんと見なきゃいけないと思いました。あんまりテレビの刑事ドラマを見たことがなかったたし、そっちの反省が大きかったです。

――脚本の打ち合わせには、どなたが立ち会うのでしょうか？

岡　伊地智さん、初川さん、監督、ぼくの4人ですね。準備稿から決定稿に至る打ち合わせは毎回このメンバー。にっかつの食堂のときもありましたし、当時キティ・フィルムがあった渋谷のホテル（渋谷東急イン）の地下のレストランでもやってました。そこでおいしい肉料理なんかをごちそうになるのが楽しみで。初川さんは大きなところで違う部分だけ指摘してくれました。伊地智さんはもうちょっと細かいところに踏み込む。初川さんは打ち合わせでは基本ニコニコ笑って話を聞いていて、それ以前の問題についてはもう伊地智さんと話がまとまっていて、どうしてもライターに伝えなきゃいけないことがある場合だけ、話される感じでしたね。

「エド・マクベインは今後も生かせるから読んでおけ」

——続いて手がけた第32話「迷路」は二転三転の誘拐事件で、『あぶない刑事』には珍しい複雑でひねったストーリーです。

岡　これは正直よく覚えてないんです（笑）。とにかくいろんな事件を起こさなきゃいけないという強迫観念で書いたようなシナリオで、成田（裕介）さんも「わけわかんねえよ、これ」って言ってた気がしますね。偽装誘拐の話ですが『あぶデカ』は回想シーンを使わないので、そのぶんわかりにくい話になっていたと思います。

——「ゲームは終わりだ」というセリフがあり、「興奮」に続いて「迷路」もゲーム性の高いシナリオです。

岡　これは動機なき犯罪の話で、そういう事件は昔からあったんでしょうけど、ぼくらの世代から表に出てくるようになった部分を意識しました。自分が書けるとしたら結局そういう犯人像だから、そこを掘り下げて考えてみたんでしょうね。とにかくバカスカ事件を起こして、自分でもよくわかってないシナリオなんですが（笑）。

——第43話「脱線」はユージが撃たれるエピソード。スリのトメ吉との交流が描かれており、柴田恭兵さんと東京キッドブラザースの飯山弘章さんのコンビも絶妙でした。

岡　いわゆる刑事ドラマの王道で、大下とおもしろい相手を組ませてみるのが発端だったと思います。それまでの2本とは違うものをやってみようと。あとは仲村トオルさんを深く関わらせて、彼が動くかたちにできないかを意識しました。舘さんのスケジュールの問題もあったのかな。トメ吉、大下、町田という3人の話で考えました。それからハッカーの犯罪を扱って、そういう新しいネタを早めに取り入れようとは思いました。

――長谷部安春監督との打ち合わせはありましたか？

岡　どうだったかな。たぶん伊地智さん的には「シナリオが稚拙だからベテラン監督じゃないと」っていうのがあったんでしょうね。長谷部さんもそのへんを飲み込んだうえで、そんなに厳しいことは言われずに細かな直しだけで、決定稿になった気がします。とにかく『あぶない刑事』で3稿、4稿なんてことはまずなかったです。準備稿ができたら伊地智さん、初川さん、監督を交えた打ち合わせをして決定稿に。そういうサイクルじゃないと回らなかったんだと思いますし、ぼくの場合は現場でなんとかしてもらった部分が大きかったでしょうね。あとは柴田さん主導なのか、現場のアドリブで大下とトメ吉のやり取りをおもしろくしていただいた印象があります。

――「興奮」を書いたときの反省として、あまり刑事ドラマを見てなかったそうですが、その後の執筆で参考にした作品は？

岡　反省したのに刑事ドラマは、相変わらず見てなかったですね（笑）。ただ黒澤さんに……87分署シリーズでしたっけ。「エド・マクベインは今後も生かせるから読んでおけ」って言われて、全部買いました。もちろん本筋の話を持ってくると盗作になっちゃうから、脇を参考にして。

――当時の原稿は手書きですか？

岡　途中でワープロに換わりました。たぶん「迷路」か「脱線」あたりまでは手書きで渡してて、伊地智さんは手書きのほうが好きだと言ってました。字に迷いが出たりするし、消しゴムの跡があると「このシーン、弱いんだな」ってわかるとか（笑）。ちょっと自信ないときは細い字になるけど、ワープロだとそれがわかんねえんだよって仰ってましたね。

――『あぶない刑事』の人気を実感した出来事はありましたか？

岡　大学時代の連中からの反響はありましたけど、それくらいですね。プロデューサーのみなさんも視聴率で一喜一憂してなかったし、人気に浮かれることもなく、ただ淡々とシナリオを書いていました。撮影現場に行ったこともないですし、打ち合わせと自宅で執筆の繰り返しだから、そういう人気シリーズを書いているという感覚はなかったですね。それから『あぶない刑事』の打ち上げのときだったかな。「あんまり刑事ドラマを見たことないから、なにを書いていいんだかわからない」という話を不躾にも先輩の柏原さんに相談したんですよ（笑）。そうしたら柏原さんは大人物だから、ニコニコ笑いながら大川さんを誘って、喫茶店に連れていってくれたんです。そこで冗談混じりでいろいろな話をしてもらって、すごく気が楽になった覚えがありますね。

鷹山と大下にも違いがあるんじゃないか

――『もっとあぶない刑事』は第2話「攻防」から4本を担当しています。

岡　「また始めるから、プロット持ってこいよ」という話を伊地智さんからいただいたんですが、このころはぼくも急にやる気を出して、プロットをせっせと持っていって2話目を書かせてもらえた感じでした。「攻防」はハッキングや座標をめぐる謎解きの要素を入れて、あと覚えているのはラスタチが図書館じゃないですか。あれ、もともと廃屋か廃工場だったんですよ。で、長谷部さんが「ま〜た廃屋かよ」って（笑）。「ちょっとはお前、考えろよ」とダメ出しされて、直しのとき図書館にしたんです。すごく緊張感がある、おもしろい画になっていたと思います。

――なるほど。

岡　たぶんこのときかな、伊地智さんから「お前のシナリオは、いつまで経っても上手くならない。ほとんど90％くらいNGなんだけど、1ヶ所だけ他のライターが書かないようなセリフやシーンがあるから使ってやってんだよ」って。そんなことを言われた覚えがありますね。で、「それがどこかは言わないけどな」って、ニタッと笑っていました。

――とくに思い入れの深い回はありますか？

岡　「不惑」ですね。あれは3日くらいで、とってもスーッと書けたんですよ。『あぶない刑事』に関わってきたなかで、タカのああいう面を見てみたい、ユージのこういう面を見てみたいという部分がいくつかあって。それがスムーズにつながったのが「不惑」でした。

――コミカルさが加速していった『もっとあぶない刑事』という作品に対するカウンターパンチのような重い作品でした。人質の女性が不慮の死を遂げてしまい、タカとユージが復讐の対象になってしまうエピソードです。

岡　ぼくは、そういうひねくれたところがあるんだと思います。逆に真面目にやってみたい。シリアスにやってみたいということです。最後のタカとユージと犯人、3人の距離感……あそこは一倉（治雄）さんの演出が見事でした。

――「不惑」の犯人も孤独な若者です。

岡　銀行で通帳を渡したりするくらいの関係なのに、好きになっちゃった彼女のために復讐を始める。犯人像そのものは今まで書いてきたものと同じ流れだし、そういう犯人が自分のなかでしっくりきて、そいつに対してユージは多少の理解を示す。そういう感性を持っているキャラクターだと思っていましたし、柴田さんの演技力にも助けられました。こういうバディものって片方は軟派で、片方は硬派とかAとBにわかりやすく色分けをするじゃないですか。それを伊地智さんは「AとA'」にした。でも「不惑」に関しては、自分のなかで舘さんと柴田さん、鷹山と大下にも違いがあるんじゃないかという気持ちがあって、それも伊地智さんは決して否定しないし受け入れてくれました。一倉さんも「わかるよ、この話。すっと腑に落ちた」ということで、大きな直しもなかったと思います。

――第9話「乱脈」もコンセプトとしてつながっている気がします。

岡　あの話のカオルもいつになくシリアスじゃないですか。このへんになるとカオルはものすごいキャラクターになっていましたが、ただ浅野温子さんのそうじゃない顔も見てみたい。「乱脈」の場合、いつもの自由な芝居ができる余地のない状況にしてみようと思って、ああいう展開にしたんです。

――刑事の拳銃が奪われてしまう定番のエピソードですが、犯人が「少年A」というのも意識した部分でしょうか？

岡　最初のシリーズの第1話（「暴走」）で丸山さんが18歳の少年の話をやっていて、力は足りないだろうけどもう一度やってみたいという気持ちがずっとありました。あと「乱脈」については、カオルが自分のやったミスを取り戻そうとする〝刑事カオル〟をやってみたかった。カオルをフォローする鷹山と大下が見てみたい……だから犯人像は、なんでもいいと言うと語弊がありますけども、ちょっと変わったヘンなやつにしたいなと思いました。

――最終回前の第24話「急転」は、タカがほとんど出てこないエピソードです。

岡　あまり覚えてないんですよね。舘さんのスケジュールがないし、またトオルさんと柴田さんのコンビものにしたっていうのと、例によってサイコパスな犯人が出てくる。3人でジャンケンをして、勝った鷹山が出張でいなくなる。そういった部分の処理は覚えていますけど、それくらいかなぁ。

――ほかに思い出に残っている出来事はありますか？

岡　当時は携帯電話がない時代で、留守電に伊地智さんが打ち合わせの連絡をくれてたんですよ。で、たまたま出かけていて留守電が聞けなくて、長谷部組だったと思いますが、その打ち合わせをすっぽかした（笑）。で、長谷部さんと伊地智さんと初川さんの3人で打ち合わせをして、インが迫っていたので、けっきょく伊地智さんにホンを直してもらったことがありました。「バカだな、お前。俺が直しちゃったよ」って笑ってて、そんなに怒られずに済みましたけどね。

――どこに行ってたんですか？

岡　友達ん家《ち》ですね。ゲームやってました（笑）。

――おっと、もともとゲーム好きなのでしょうか？

岡　ファミコンの時代からけっこうやっていて、とくにロープレ（ロールプレイングゲーム）にハマってました。それで家を留守にすることが多くて、留守電を聞き逃してしまったという。

『帰ってきた あぶない刑事』脚本執筆の裏話

――最新作『帰ってきた あぶない刑事』（24年）で初の劇場版に参加しています。

岡　びっくりしました。偶然ですが「興奮」のときのチーフ（助監督）が、原廣利監督のお父さんなんですよね。原隆仁さんとはテレビシリーズでは一度もやったことないんですけども、すごいめぐり合わせだなと思いました。

――大川俊道さんとの共同脚本ですが、どういうプロセスだったのでしょうか？

岡　2年前の正月だったかな。プロデューサーの近藤（正岳）さんから電話がありまして、「まだお願いするかどうかわからないけど、ベンチで肩を温めとていて」みたいなことを言われて。もともと柏原さんと大川さんが共同で書かれた検討稿1があって、近藤さんもふくめて3人でだいぶ前から進められていたみたいなんですが、柏原さんは小説（『あぶない刑事1990』）の執筆もあるということで、ぼくがリリーフで入りました。練り直したプロットをもとに、検討稿2をぼくが書いて、そこから大川さんに入っていただいて、やっぱり舘さん、柴田さんもそれぞれ思い入れがあるし、両者の意見をふまえながらという直しの作業が主でしたね。ちょうどコロナ禍の真っ最中だったので、パソコンの画面越しに大川さんと打ち合わせたりして……。

――最終的に大川さんと岡さんの分担はどのようなかたちだったのでしょうか？

岡　ざっくり言うと、大川さんが鷹山で、ぼくが大下という分担ですね。当然シンクロする部分もあって、お互いに相談しながらでしたが。柴田さんからのキーワードとして〝家族〟ということに今回ちょっとこだわってみたい。要するに鷹山、町田、カオル、そして大下……この4人が疑似家族という解釈を柴田さんはされていて、さらに今回は娘かもしれない土屋太鳳ちゃんが出て、新たに大下、鷹山との3人の疑似家族ができるわけで、そういう部分を大切にしてほしいというオーダーがありました。

大川さんは『あぶない刑事』のメインライターであり、その世界観をあらためて教わりました。ぼくは王道から外れたものばかり書いていたほうなので。近藤プロデューサーは資質としてはライターや作家……そっち側の方なのかなとは思いましたが、うまく舵取りをしていただいて感謝してます。シナリオは難産でしたが最終的には納得してますし、あとはお客さんが満足いくものになっていればいいなと思います。

——ありがとうございました。あらためて『あぶない刑事』でのデビューを振り返って、いかがでしたか？

岡　黒澤さんと伊地智さん……おふたりの映画を学生時代から、いちファンとして見てたんですよ。遊戯シリーズであったり、澤井信一郎さんの映画であったり、伊地智さんだったら相米慎二さんの映画がものすごく好きでしたから。そんな日本を代表するプロデューサーとご一緒することができた。ぼくもそうですが、若いライターや監督を『あぶない刑事』でどんどん世に出した。ある種の訓練の場として「少しくらい下手なホンでもスタッフが優秀だから大丈夫だ」と、そうやって任せてもらえたのは本当にしあわせでしたね。

岡芳郎［おか・よしろう］

1962年兵庫県生まれ。日本大学芸術学部卒業後、87年に『あぶない刑事』で脚本家デビューし、『あきれた刑事』や『もっとあぶない刑事』に参加する。『刑事貴族』『はみだし刑事情熱系』『ハンチョウ』など数多くの刑事ドラマを手がけ、『狙撃』『BE-BOP HIGHSCHOOL』『平成残侠伝』の各シリーズほか東映Vシネマでも活躍。映画は『姐御』『25 NIJYU-GO』『帰ったきた あぶない刑事』などを執筆している。

脚本

いとう斗士八

まずはタカとユージを困らせたかった あのふたり、いつも軽いじゃないですか（笑）

『あぶない刑事』第48話「無謀」で本格デビュー、いとう斗士八はタカとユージのかっこよさが犯行動機というトリッキーな脚本を手がけ、『もっとあぶない刑事』でも若者によるゲーム性の高い犯罪劇「突破」を執筆。その後も数々の刑事ドラマで活躍を見せていく、いとうのデビュー秘話とは！

伊地智さんは厳しいけど、要所要所で優しいんですよ

いとう　もともと漫画家になりたかったんですよ。手塚治虫さんや永井豪さんに感化された世代なので漫画家を目指してましたが、絵が下手だということに気づいてあきらめました。で、同時に中学1年生のころにテレビでビリー・ワイルダーの『あなただけ今晩は』（63年）を見て、「あぁ、映画ってこんなにおもしろいんだ」と思って、どんどん映画にハマりました。それから日本大学芸術学部映画学科の脚本コースに入ったんです。

――すでに脚本家志望だったのでしょうか？

いとう　いえ、受験するときは監督になりたかったんです。でも監督になるならシナリオを書けなきゃダメだろうと思って脚本コースに行ったら、監督コースにもシナリオの授業があった（笑）。「なんだよ！」と思いましたが、やってみると監督より脚本のほうが向いてるなと実感しました。インドア派の人間なので。

――1984年にテレビアニメ『名探偵ホームズ』で脚本家デビューを果たします。

いとう　『名探偵ホームズ』は84年の放送ですが、シナリオを書いたのは大学2年のときで81年だったはずです。詳しい事情は知らないのですが、しばらくお蔵入りしていて、そのあと『あぶない刑事』が87年ですからかなり間があるんです。『ホームズ』のときは日芸の先輩の片渕須直さんと一緒に参加して、片渕さんはその後も何本かやったんですが、ぼくはデスクの人に「もっと勉強しといで」と言われて1本で終わり。大学を卒業するときも就職活動はせず、松竹シナリオ研究所に入ってプロを目指しました。そういうところに行かないと怠けるなと思ったので……その間は雑誌編集のアルバイトで食いつなぎましたね。情報誌の『ぴあ』や学研の子会社でエロ雑誌を作ったりして。

――『あぶない刑事』に参加したきっかけは?

いとう　25〜26歳のときに「こういう話があるけど興味ある?」と誘われて、プロットを出したんです。『ホームズ』のときと同じで、日芸の小笠原（隆夫）先生の紹介です。そのとき岡（芳郎）もいて、5〜6人かな。みんなでセントラル・アーツに行って黒澤さんとお会いして、企画書を見せられて「とりあえずプロット書いてこい」という話になって、「刑事ドラマを書いたことないんだったら、エド・マクベインを読め」と言われました。87分署シリーズですね。当時出ていた文庫本を全部買って、一気に読みました。

でも、そのときプロットが採用されたのは岡だけだったんですよ。で、岡がデビュー作の「興奮」を書き終わったあと黒澤さんと食事をしたら「お前の仲間たちは、本当にやる気があるのか。脚本家になりたいんだったら、あきらめずにどんどんプロットを持ってくるはずだ」みたいなことを言われて、俺のところに電話をくれたんです。それでプロットを3本作って、すぐ持っていきました。で、本命が採用されて、あの暗い話になりました（笑）。

――第48話「無謀」はタカとユージのかっこよさという、『あぶない刑事』のアイデンティティのような部分が犯人の動機になる。ドラマそのものへの批評的なストーリーでした。人気作の後半だからこそ成り立つ展開です。

いとう　まずはタカとユージを困らせたかった。あのふたり、いつも軽いじゃないですか（笑）。なにがあっても軽く受け流して、全部解決しちゃう。なので、とにかく彼らを苦しめようと思いました。

――そのような動機を犯人が語るシーンもありましたね。脚本の担当は伊地智啓プロデューサーですが、プロットから準備稿、決定稿への変遷はいかがでしたか？

いとう 大きく変わりました。少なくともページ数がぜんぜん違います。あの当時パソコンも普及していなかったので、準備稿を出すとすぐ印刷してくれたんですけど、その段階で80何ページあったんですよ。1時間ドラマとしては異例の多さで、伊地智さんに言われました。「普通、こんなホンは印刷しない」って（笑）。それで20ページくらい削ったんですけど、いちばんおもしろい部分を削ってしまったらしく「なんであそこを削るんだ！」ってまた怒られて、やり直し。

――どこを削ったのでしょうか？

いとう （柴田）恭兵さんが歌うところですね。ストーリーに関係ねえなと思って切っちゃったんですが、あそこがおもしろいんだよって。で、その夜、家に帰って直してると、伊地智さんから電話があって「お前が書いてるホンはおもしろいんだからな」と言ってくれました。厳しいけど、要所要所で優しいんですよ（笑）。それから伊地智さんとのホン作りで教えもらったのが〝刑事ドラマのカメラは常に刑事の肩越しにある〟ということ。これは今でも守ってますが、「刑事の肩越しにあったカメラの視点が、あるとき犯人側に移る。それがどこになるかがポイントだ」ということを言われて、たぶんクライマックスだろうなと思いながら書いたのを覚えています。

やっぱり俺らしいなと思ったのは、タカが撃たれるところ

――『あぶない刑事』は主人公のキャラクター主体で、そこまで犯人側を掘り下げません。しかし「無謀」は、それこそ無謀な犯人というか孤独で不器用な青年が主役のような展開で、まず橋の上からタカとユージを見下ろしているショットからカメラの視点が犯人にあるような印象を受けました。

いとう　「唯一このシリーズでタカとユージが負けた話だ」って、伊地智さんにも言われましたね。犯人を逮捕できなかったし、死んじゃってるし。最初からそうしようと思いました。要するに犯人が死んじゃったら本当に探しようがない、いちばん主人公が困るだろうというのはプロットからの狙いでした。課長の土下座もそうですが、あそこまで続いた人気番組だからこそできた話ですよね。諸先輩のみなさんがおもしろいものを作ってくれたから、枠が伸びて自分みたいなやつが書くチャンスをいただけた。それは感謝ですよ。

——「無謀」を担当した一倉治雄監督の思い出はありますか？

いとう　ホン打ちを一緒にやりましたが、なにを言われたかという具体的な記憶はぜんぜんないですね。完成した作品はオンエアで見て……いやもう、落ち込みました。やっぱり俺は下手くそだなと。あんなホンをここまでおもしろくしてくれたんだという感じでした。後半にカーチェイスがありましたよね。あそこは「すげえ！」と思いながら見ていました（笑）。あれはホンに書かれてなくて、次回予告で見たときから「あれ、こんなシーンなかったはずだけど？」と思いましたから。でも、ああいう改訂はうれしかったですね。

——犯人が死亡したうえで、どっちを切るかという時限爆弾の解除……あのシーンのタカの判断も印象的です。

いとう　あそこは、おふたりのアドリブだったかもしれない。シナリオの段階ではもうちょっと理屈を考えていたような気がしますけど、あれ勘でやってますよね（笑）。

——『もっとあぶない刑事』では第12話「突破」を担当しています。

いとう　こっちはあんまり覚えてないんですよ。ただ、監督の原（隆仁）さんからけっこう電話がありました。ホン打ちのあと「こうしてほしい」「ああやるとおもしろいんじゃないか」って何回か電話があったことは覚えています。今日、見てきたんですよ。エンケンさん（遠藤憲一）がゲストで出てたことしか覚えてなくて、どんな話か忘れちゃったので。

——「突破」も若者によるゲーム感覚の犯罪ネタで、ファミコンを取り入れていました。「スーパーマリオ」というキーワードまで出てきますが、当時ファミコンはやっていましたか？

いとう　やっていたと思います、岡の家で（笑）。うちにはゲーム機がなかったので。「突破」を見返して、やっぱり俺らしいなと思ったのは、タカが撃たれるところですね。ゲームのキャラと違って血も流れるし、叫びもするという……「あぁ、こんなセリフ書いたな」と思いながら。そうだ、柏原（寛司）さんに言われたことがあるんですよ。「若いときってこういう話を書きたがるんだよなぁ」って（笑）。「無謀」か「突破」か覚えていないんですけど、どっちかのときに。それと柏原さんが俺と岡に向かって「お前らは大丈夫だよ」って言ってくれたのも覚えています。で、数年前に「なんであのときそう思ったんですか？」って聞いたら「あぁ、性格」って（笑）。書いたホンじゃなくて人柄で大丈夫だと思ったって言ってました。

――いい話ですね。

いとう　もうひとつ思い出しました。あれは『もっと』のときかな。にっかつ撮影所に行ったんですよ。そうしたら田部（俊行）さんが先にホンの打ち合わせをしていて、けっこう厳しく伊地智さんから言われてて……横で座っていると、聞こえるじゃないですか。で、「田部さんでさえこんなに言われるんだから、自分も言われて当然だなよぁ」と思って、いろんなことに耐えられました（笑）。田部さんにも先輩として支えていただきましたね。

『はみだし刑事情熱系』で初めて恭兵さんと向き合って

――その後、数多くの刑事ドラマを手がけていますが、『あぶない刑事』に携わったことで得たものはありますか？

いとう　『あぶデカ』をやった脚本家なら大丈夫だろうと信頼してもらえましたね。87分署シリーズを読んだのも財産になっているし、伊地智さんの〝カメラは常に刑事の肩越しにある〟という教えも忠実に守ってますから。その後、東映で『はみだし刑事情熱系』（96～04年）をやりましたが、あのときは恭兵さんとしゃべれたことが大きいですね。初めて恭兵さんと向き合って、何度かお話しできて……同郷の憧れの人だったんですよ。静岡の清水市、いまは清水区ですけど。『大都会PARTⅡ』（77〜78年）に恭兵さんがチンピラ役で出たときも「あぁ、この人おもしろいな」と思って見てましたね。

——もともと刑事ドラマが好きだったのでしょうか？

いとう　（松田）優作さんのファンだったので、『大都会PARTⅡ』は真剣に見てましたね。優作さんが亡くなられたあとセントラル・アーツに行ったら、黒澤さんの机の上に優作さんの写真が飾ってあって胸を打たれました。そういえば、優作さんが亡くなる半年くらい前に『華麗なる追跡』（89年）の打ち合わせをしてたんですよ。ぼくが別件のプロットかなにかを黒澤さんに渡して帰ろうとしたら、隣の会議室から優作さんが出てきた。あまりにかっこよくて、固まっちゃいましたね。Tシャツにスタジャン、Gパンを履いてて……優作さんの姿を見たのは、それが最初で最後でした。

あとは刑事ものだと柏原さんが書いた『大追跡』も見てたし、『太陽にほえろ！』は第1話から見てて、ただ静岡なので当時は日本テレビのネット局がなくて、土曜か日曜の夕方にやってましたね。『Gメン'75』はあんまり見てなくて、『特捜最前線』はプロになってから……東映の刑事ドラマが『特捜最前線』のような脚本を求めていて、『さすらい刑事旅情編』をやったときに参考で見ました。あれも暗めの人情ものだったので。

——『あぶない刑事』でのデビューは、ご自身の志向とマッチしていた？

いとう　そうでしょうね。苦ではなかったですし。ただ、ずっとやりたかったのは連続ドラマで、山田太一さんの洗礼を受けていますから。あんなふうになりたいなと思いながら、なれずにいますけど。ある監督からは〝いとう斗士八節〟なんて言われたことがあります。2時間ドラマをずいぶんご一緒した伊藤寿浩監督からで、自分では気づかないクセや個性があるんでしょうね。

——最後にお聞きしたいのですが、本名は「伊東敏也」でペンネームが「いとう斗士八」です。同音異字の由来を教えてください。

いとう　大学を卒業するとき、母親が地元で印鑑を作ったらしいんですよ。そうしたら「息子さんの名前、こんな悪い画数は見たことがない」と言われてしまって、崩し字の印鑑にした。で、この先の人生どうなるかわからないじゃないですか。悪くなっても名前のせいにはしたくないなと思って、野末陳平の『姓名判断』を買ってきて（笑）、自分でペンネームをつけました。周りからは「としはち」なんて呼ばれましたけどね。名字も悩みましたが、ジェームス三木さんがいるし、カタカナよりひらがながいいだろうと思って……この話、あんまりしたことないんですよ。インタビューって基本的にそんな受けないので。今回はね、岡から「映画の宣伝になるから受けて」って言われて、じゃあ仕方ないかと（笑）。なにしろ『あぶない刑事』はデビュー作ですからね。

いとう斗士八 [いとう・としや]

1961年静岡県生まれ。本名・伊東敏也。日本大学芸術学部在学中にテレビアニメ『名探偵ホームズ』の脚本を執筆し、87年に『あぶない刑事』で本格デビュー。『さすらい刑事旅情編』『はみだし刑事情熱系』『ハンチョウ』などの刑事ドラマや『早乙女千春の添乗報告書』をはじめ2時間ドラマのシリーズも多数。94年には『家なき子』に参加し、劇場版も担当。『温泉へ行こう！』『契約結婚』『母親失格』など昼帯ドラマも手がけている。

第四章
「指揮」

村川透、一倉治雄、成田裕介、原隆仁——『あぶない刑事』を手がけてきた監督たちが各話を振り返り、現場を支えた演出部と製作部のメンバーがさらなる裏を掘り尽くす。

監督

村川透

とにかく俺は1本1本がものすごく楽しいのよ 役者さんがノッてやってくれてれば、それでいい

日活ロマンポルノで監督デビューしたのち、『最も危険な遊戯』をはじめ松田優作とのコンビで東映セントラルフィルムの栄光を築いた村川透。舘ひろし、柴田恭兵の両者をよく知る監督は『あぶない刑事』においてアドリブ満載のコミカルな世界観を推し進めた。3本の映画版も手がけたベテランの激白が始まる！

やっぱり型にはまったものより、崩したいと思った

――早撮りで知られる村川監督ですが、まさか取材も予定の30分前にいらっしゃるとは思いませんでした。はるばる山形からセントラル・アーツまでお越しいただき、ありがとうございます。

村川　新幹線の出発が遅れたんですけど、挽回しましてね。結果的には3分遅れで東京駅に着きました。少しずつ取り戻してくれたから。

――さすが。遅れは許さない。

村川　そう、許さない（笑）。取り戻す方法があるなら、それはやるべき。脱線して動かないんじゃないんだから、なにか方法を考えろ、プロだろうって……（『帰ってきたあぶない刑事』のチラシを手に取りながら）しかし、いいねぇ。衣裳もいい。キャッチもいい。見る前から傑作ですよ。やっぱり映画って娯楽じゃないですか。それも〝娯楽芸術〟……芸術

じゃなくて娯楽が先で、不肖わたくしもそのつもりでやってきた。楽しくなければいけないし、絶対滅びないツールだとわたしは思う。テレビは滅びても、映画は残る（笑）。

――日活ロマンポルノの『白い指の戯れ』（72年）で監督デビューしたのち、テレビでも数多くのドラマを手がけています。

村川　俺なんか自分で監督やりたいって言った試しがないんです。本当に遅くて、13年も助監督やってますから。それから映画もやる、テレビもやるという姿勢を貫いた。今年（２０２４年）の３月で87歳になりますが、結果的に映画が30本くらい、テレビは４００本以上じゃないかな。

――『あぶない刑事』や『西部警察』のような番組は〝テレビ映画〟と呼ばれていました。ご自身としてテレビ映画をテレビとして撮っていましたか？　それとも映画として撮っていましたか？

村川　映画として撮っています。最初からアリフレックスの16ミリや、ときによっては35ミリのフィルムを使ってますから。『あぶデカ』はね、まず舘ひろしと柴田恭兵というコンビの魅力、それから浅野温子と仲村トオルを入れた４人のおもしろさ。まだ続いてんだから、やっぱりすごいなぁと思う。

――まず『あぶない刑事』で思い出すことはありますか？

村川　舘くんと恭兵、それぞれ独立してやっていたのに、いつの間にか引き合うようなキャラクターがあるわけですよ。しゃれたエッセンス的なユーモアを出してきた。（松田）優作とはまた違った個性で、ふたりが結びついた。それぞれの情熱ですよ。計算だけではなく自然発生的なもので、プロデューサーがいて、それから監督、役者たちが磁石のようにくっついた。

――第7話「標的」から『あぶない刑事』を監督していますが、評伝『映画監督村川透　和製ハードボイルドを作った男』によると、それまでの回を見て「従来の刑事ものと同じだったという印象」「これじゃ俺がやる意味がねえよな」と思ったそうですね。

村川　やっぱり型にはまったものより、崩したいと思った。舘くんだったら、ハイソサエティな環境で育ったキャラクターとしてのスタイリッシュさ、あの気品やエスプリがあるのに、型どおりの刑事をやってたら同じです。恭兵はもともと劇団（東京キッドブラザース）でやってるじゃん。で、魚屋の息子だから、気っ風がよくて、飛ばしてやればどんどん飛ぶタイプ。まずは貴公子然とした舘くんの別の部分を引き出して、跳ねた作品にしたかった。崩しながらもバックボーンは変わらない。アイデアと相手にぶつける芝居によって返ってくるものはそれぞれに違う……そういう場を作ってやればおもしろいんですよ。恭兵も舞台をやってたころは青くて、尖ってて、あれ末っ子か、いや下から2番目か。そういう部分も似ていて、俺は末っ子だから（笑）。

走るだけなら普通の刑事ものと変わらないですよ

――第1話「暴走」を手がけたのは、日活の先輩にあたる長谷部安春監督です。

村川　俺は山形の田舎育ちで、ベーさんは東京。考え方も都会的で、ぜんぜん違う。ライバルというか、こっちが勝手にコンプレックスを抱えてただけだね。よく仲が悪いとか言われてたけど、喧嘩するのは麻雀やってるときだけ（笑）。「早く打てよ」「いま考えてんだから、なんだその言い方」ってね。あっちはプロだよ、そりゃ上手いさ。家にも遊びにいってる。……息子の、ほら、なんとかって難しい名前のやつ（ハセベバクシンオー）、あいつがまだこんな子供のころから知ってる。俺は柔軟だけど、でも意思と魂だけは絶対に曲げなかった。麻雀に関してはだいぶ金を取られて、損することだけがわかった（笑）。

――長谷部監督のハードボイルドで硬質な世界に対し、村川監督はアドリブふくめてどんどんノリのいい世界に崩していきました。いちばん最初に手がけた「標的」では、冒頭のコミカルな会議シーンから〝デッドスロー〟と呼ばれる撮影が行われています。じわじわゆっくりカメラが移動して、刑事たちの様子をおよそ2分間の長回しで捉えています。

村川　〝いつの間にか〟ってやつですよね。ハードなものが、いつの間にかコミカルになっていたり、コミカルがハードになったり、そうやってワンカットのなかで変化がほしい。もともと助監督の時代からああやって撮ると決めてて、デッドスローという言葉を広めたのも俺だと思うよ。あんまりやんない撮り方だったし、「あれ、動いてんのかな……え、え、え、えええええ」と、気づいたら向こうまでキャメラが移動してる。そういうさりげないおもしろさね。

――松田優作さん主演の遊戯シリーズのアクションシーンでは、仙元誠三さんとのコンビで荒々しい手持ちカメラの長回しを敢行しています。カットを割らないことのよさはどこにありますか？

村川　やっぱり途切れないこと。俺が最初にやった『白い指の戯れ』って映画で、姫田真佐久というのは「新人は必ず俺が撮る」って宣言したキャメラマンなの。その姫田さんと打ち合わせして、喫茶店のシーンでダーッと長回しをやった。5分以上ですよ。ところが新人の助監督が伊佐山ひろ子に合図を出すのを忘れて全部パー。外とのタイミング的に二度とできないし、いまだにあれは悔しいですよ。俺が助監督だったら絶対あんなミスはしない！

――「標的」には柴田恭兵さん本人がレパードを運転しながらの疾走シーンがあります。本人の運動神経を踏まえて、新しいことをやらせたかったそうですね。

村川　馬車道でね。恭兵もちょっとビビってたみたいだけど、しっかり車止めもした。走るのは速いし、きれいだし、野球やってたからダッシュが効くんだ。舘くんはラグビー走りで、長くは走れないけど、その代わりオートバイは上手いわなぁ。もう自転車のように乗りこなす（笑）。その組み合わせで「しめた！」と思ったのが『あぶデカ』ですね。

――走るシーンですと、第8話「偽装」の犯人追跡シーンでパチンコ玉や爆竹、マキビシが登場するというスラップスティックな活劇があります。

村川　いかに台本にないことをするか。走るだけなら普通の刑事ものと変わらないですよ。突拍子もない表現をしながら、でも「おかしくないんだ！」という信念を持ち続ければいい。

――「偽装」の追跡シーンは坂道というロケーションも効果的です。

村川　坂道は上から撮っても下から撮っても画になる。あとはトンネル、階段ね。陰と陽ということです。そういう効果を入れなきゃ。『第三の男』（49年）でもなんでも、世界の名画はみんなそうですよ。

――『メモリーあぶない刑事』という本のなかで、いちばん好きな回は「偽装」とコメントしていました。

村川　そういう質問がいちばん困るんだけど（笑）、とにかく俺は1本1本がものすごく楽しいのよ。役者さんがノッてやってくれてれば、それでいい。毎日が腹腹時計みたいなもんですよ。いつ爆破するかわからないような連中とやってるんで、組み立てていくプロセスが楽しかった。なんか本当に腹腹時計だよ。キャメラマンでも内田（清美）くんは真面目な人で、けっこう長くやったね。みんな俺とやることが楽しかったんじゃないかな。自分じゃそう信じてる。浜田（毅）もそう。あいつもけっこう調子のいい男で、女優にもモテるし、主張のあるキャメラマンだね。主張した以上はちゃんとやるというね。

――第14話「死闘」はユージが撃たれて監禁されるハードな話ですが、ラストで救出されたユージがベッドごと持ち上がっていきます。

村川　ハハハ、おもしろいことをしなきゃね。ワンパターンじゃダメさ。こうだと思わせといて、バッと断ち切る。だからテンポとリズムね。現場も活性化させていく。

なにしたっていいよっていう、そのおもしろさがあるわけ

――舘ひろしさんについては、一緒に仕事をする前から東映の『暴力教室』（76年）などで注目していたそうですね。79年から始まる『西部警察』を経て、東映セントラルフィルムの『薔薇の標的』（80年）ではタカに通じるダンディーな役柄を創出します。

村川　あのダンディズムは徒や疎かにすべきじゃないと（笑）。舘くんは男としてきれいだし、色っぽさもあるし、衣裳にもこだわる。だから女の扱い方でも芝居の間のとり方でも、独特なんだ。どこかノーブルなんですよ。石原プロのバスの中ではバスローブを着て、そのまま降りてくる。モダン、ハイソサエティ、スタイリッシュ……言い方はいっぱいあるね。

——柴田恭兵さんは東京キッドブラザース出身、77年に村川監督の抜擢により『大都会ＰＡＲＴⅡ』第15話「炎の土曜日」の犯人役でテレビ初出演を果たします。

村川　舞台で飛び跳ねているのを、何回も見にいったんだ。本当に光ってた。それで主宰の東由多加と何回か話をして、焼肉を食いながら「あいつを貸してくれ」と口説いて、テレビに引き入れようと思った。初めての現場だから優作のアドリブに戸惑ってたけど（笑）、これが相当な脳の刺激になったはずですよ。だからもう一度ゲストで呼んで（第36話「挑戦」）、絶対手放すべきじゃないと思った。一緒に晩めし食ったり、俺が怪我したときも見舞いにきてくれたし、役者としては唯一無二の感性で、ものすごくナイーブな男ですよ。

舘くんも恭兵とやっているうちに「あの柔らかさはどっからくるんだろう」と意識して……舘くんのほうが年上だけど、恭兵から学んだものがいっぱいある。それから「恭サマ」と呼ぶようになったんです。それとね、最初のころ恭兵が現場に遅刻してきたんだよ。そうしたら舘くんは堅いから「ちょっと……」って呼び出して、建物の影に隠れてふたりで話した。どんな話だか知らないけど（笑）、そこからものすごくいいコンビになっていった。

——『あぶない刑事』の現場では柴田さんを筆頭に浅野温子さんや仲村トオルさん、ベンガルさん、山西道広さんたちのアドリブも加速してきます。

村川　扇子でね、こう（笑）。なにしたっていいよっていう、そのおもしろさがあるわけ。山西は勉強家でね、非常に深い喜怒哀楽を持ってる人ですよ。で、ちゃんと自分の立場もわかってるし、挑戦は常にするけども、それに拘泥はしないという固い決意を持っている。うん、芸術家タイプの人です。ベンガルはね、あれは落語家タイプ（笑）。変幻自在。

——近藤課長の中条静夫さんはいかがでしたか？

村川　あの人のあの持ち味は堅さ。大映という歴史ある会社でしっかりと勉強して、大部屋俳優から自分の部屋を持つ役者になった。「村川ちゃんね、これ、こうしたいけどいいかな？」って中条さんも自分からアイデアを出してくれて、すごく楽しかったな。

自分の現場でも俺は監督と助監督を両方やっちゃう

――『あぶない刑事』の村川監督回はコミカルさやアクションで語られがちですが、苅谷俊介さんがゲスト出演した第12話「衝動」は殺された歌手志望の少女の歌をモチーフにしたハードボイルドなエピソードです。

村川　苅谷くんはね、俺が日米合作の『トラ・トラ・トラ!』(70年)で日本側の総助監督をやって本当に死ぬ思いをしたとき、助監督の下っ端の12番目かなんかだったんですよ。あのホンは「あ、これは苅谷の回だ」と思って、あの風貌に合わせてね、哀愁を帯びたドラマにしたくて苅谷を呼びました。うん、歌を使うのは好きだし、脚本の新井(光)くんも繊細で、音楽ファンだった。すごく感傷的で自分にも厳しいタイプ。

――第28話「決断」は港署が乗っ取られる密室劇です。

村川　バスみたいに疾走するんなら別だけど、密室劇って場所が変わらないから難しいんですよ。ちょうど中西(良太)の脂が乗ったころで、あいつにやらせた覚えがありますね。中西もずっと俺の作品に出てくれたし、これはホンが峯尾(基三)くんね。彼も奥が深い、すてきな資質を持ってる人です。丸山(昇一)と一緒でパッと直してくれる。そういう柔軟性があって、キャッチボールできるライターです。丸山のいっとう最初なんて現場で役者の芝居を見せてから「あんなふうになるんだよ、いいかい」「じゃあ、こうしましょう」ってやった覚えがあるね。優作の『処刑遊戯』(79年)のときだったかなぁ。

――ちょっと話が逸れますが、村川監督による『はみだし刑事情熱系PART2』第8話「バスジャック!恐怖の7時間・家族の絆」(97年)は走る密室劇として無類のおもしろさがある回でした。

村川　キャメラマンが外に出れるでしょう。そのリズムとテンポが大きい。室内だと、せいぜい手持ちで動き回るくらいしかない。あのバスジャックの話は綿密に道路の計算をして、3日か4日で撮ったんだ。やりゃできるってね、みんなに教えたいよ(笑)。俺はチーフ助監督として舛田利雄や中平康や斎藤武市の現場を仕切って「監督こうなりますから、

第28話「決断」、港署が占拠されてしまう密室劇

じゃあどうぞ」と全部お膳立てをする、そういうアメリカンシステムだったからね。自分の現場でも俺は監督と助監督を両方やっちゃう。俺が助監督のときと、あまりにレベルが違うから。段取りでも製作部に「これやったか、あれやったか、なにしたか」って全部確認させる。本当は助監督の仕事ですよ。でも、あんまり自分でやりすぎるから人が育たないっていうのはあるのかもしらんけど。

――『あぶない刑事』だと村川組のチーフを務めた成田裕介さんが監督デビューを果たします。なにかアドバイスなどはしましたか？

村川　なんかグルッと、グルグルグルグルとキャメラを回すカットがあって、長すぎるし、俺のモノマネだけど「あんなのおもしろくねえぞ」って言った気がするな（笑）。酒飲むだけじゃなくて、もっと映画を見なきゃ。いまでも俺は1週間のうち3～4日は見てるよ。フォーラム山形って映画館があって、いつも女房と一緒に行くから「あれっ、今日はおひとりですか？」なんてね。

情熱！ 失わない情熱！ 消えない情熱！

――後年はスタイルが変わりますが、『あぶない刑事』のころの村川監督回は長回しのカットが多いです。あれは現場で俳優の演技を見て決めるのでしょうか？ それともある程度は事前に決めておくのでしょうか？

村川　芝居を見てじゃなくて、その前に「いいか、俺が主役だぞ。見てろ！」って自分でやってみせる。で、役者が入ったら、それに当てはめればいいんです。だから早いですよ。情熱！ 失わない情熱！ 消えない情熱！ それが自分たちのやってきた仕事ですよ。

――『あぶない刑事』のスタッフで印象に残っている方は？

村川　衣裳部はがんばってくれたね。波多野（芳一）さんや斉藤（昌美）か、彼らのアイデアもあるとは思うし、役者の意見もあるだろうし、おもしろかった。製作担当の服部（紹男）は日活で小道具やってて、俺が小道具担当の助監督。そのころからの付き合いです。青木（勝彦）ってやつもいたけど、どっちもキチッとやってた。もう俺みたいな口うるさい監督も少ないだろうね。

――意外なことにテレビシリーズの続編『もっとあぶない刑事』は1本も撮っていません。

村川　それはなぜって、別の仕事で忙しかったから（笑）。

――そして映画版の第3弾『もっともあぶない刑事』（89年）を手がけます。

村川　柏原（寛司）のホンですよね。だから、もうアクションでもやりたいことをやって、現場のプロデューサー的なことまでやらせてくれた。裏話を言っちゃうと、それまでなるべく丁寧にクルマを扱ってたわけ。それを中古車屋のクルマなんてタダ同然だから「これ5万でいいよ」って、そんなのを買って、ちょっと直せば新車と同じように動く。そういうクルマを用意して、どんどんぶつけたわけ。柏原と村川っていうのは、もうめちゃくちゃなコンビだから（笑）。

――カーアクションやガンアクションが満載でした。アクションで心がけることは？

第8話「偽装」、コミカルな犯人追跡シーンが番組の色合いを変えていった

村川　やっぱり緩急ですよ。これを変えていかないと。ただ同じように撃っても同じことで、そんなの編集したって変わり映えしないから、パッと思いもよらないカットを入れる。ポーンと飛び降りて撃って、逆にそっちから出てきて撃つとかね……編集的におかしくても、つながらなくたっていいんですよ。よく考えたら違和感がありながらも、それを感じさせないアクションにする。

――村川監督といえばクルマ好きで、運転のシーンでも俳優の代わりに自分でハンドルを握ったそうですが。

村川　運転は好きですね。いまはアメリカ映画なんか全部合成でやっちゃうでしょう。あれは困る。もうハリウッドじゃ撮れないな（笑）。それこそ俺は13歳か14歳から運転やってて年季が違うわけよ。役者にやらせると停まる位置は違うわ、危険だわ……できるってやつこそできないの。だから俺が本番で「いくぞ！　ブロロロロ〜」って、もう何センチも違わない。プロだから。ほかにもチョイ役で何十回も出て、もちろんノーギャラ。地方ロケなんか役者を呼ぶと旅費から宿泊費からかかるし。京都で『暴れん坊将軍』を監督したときも代官の役をやって、セリフもある。それはなぜやったかというと、代官や人足や商人の役があって、それぞれ準備に何分かかるか。何時に入って、羽二重をつけて化粧して、かつらを乗せて現場に行くまでの時間。それを知るために、自分で代官をやってみたんです。

――『もっとも』の長回しシーンにはステディカムを使用。かつての遊戯シリーズのような手持ちカメラによる荒々しい映像から一転、浮遊するように滑らかなカメラワークです。『行き止まりの挽歌　ブレイクアウト』（88年）でもステディカムを使っていましたが、いち早く取り入れた理由は？

村川　ステディは前から使いたかったから。ぼくはクリント・イーストウッドが好きだったから、あのカメラワークを表現したかったんです。『最も危険な遊戯』（78年）で廃屋のアクションをやったときは「こんなの三日三晩かかっても終わらないぞ」って、照明部もみんなブツブツ言ってんだ。で、そんなにかかんねえよ、これワンカットでいくんだよって（笑）。そりゃみんなびっくり仰天こいて「どうするんですか？」。で、すべての段取りをガーッって説明して、ほいでバーッと優作が走って、止まったら向こうでバババババン、光が差し込んでガチャガチャってやってれば緊張感もあるし、ハードに見えるわけですよ。そうしたら3000万の予算でやって、200万ほど余ったから黒澤（満）さんが東映に返したという。黙っといて受け取ればいいのに、これでいいって……そんなところにも黒澤さんの律儀さとセントラルの気合いを感じるわけですよ。

俺にとってはテレビも映画も一緒なんですよ

――7年ぶりのシリーズ復活が『あぶない刑事リターンズ』（96年）です。

村川　ミサイルが戻ってきて、自爆してね（笑）。で、みんな壁や机に掴まって、ポトンと落ちてくる。そういうのはね、現場で思いつくんですよ。あとはビルのダイナマイト爆破。あんなのも、あり得ないことを真面目にやるのがおもしろい。にっかつから東映にセットが変わったけど、もう東映の人たちも身内みたいな感じで、向こうもそう思ってるわけ。現場のスタッフだけじゃなくて事務の人たちも全員ね。だからアットホームだし、ものすごくやりやすかったですよ。

――『リターンズ』では仙元誠三さんとのコンビが復活します。

村川　今日もね、あいつのお別れ会があるから東京に来たんだ。仙ちゃんは松竹系で、日活というのは大映系なんです。いちばん最初にやったのが『大都会ＰＡＲＴⅡ』か。大島渚さんの『新宿泥棒日記』（69年）でガンガン手持ちをやってるキャメラマンがいるって聞いてたんです。まずタイトルバックの実景を仙ちゃんとやって、そこから始まった。とにかく手持ちで長回しができる……これはもう願ってもないということで、本領を発揮してくれた。体も頑健で野球やってたっていうから、俺もやってたし、１００メートル競争して走ったら、ぜんぜん敵わなかった（笑）。

――『大都会PARTⅡ』第3話「白昼の狂騒」が仙元さんとの初コンビ作ですね。狂った犯人が東京タワーに立て籠もるエピソードで、先ほどの『はみだし刑事情熱系』のバスジャック回と同様、刑事ドラマ史上に残る傑作です。

村川　でもね、仙ちゃんと一緒にずっとやるか、ちょっと迷ったんです。『大都会ＰＡＲＴⅡ』ではいい仕事をしてくれたけど、日活と松竹の違いもあって、ちょっとタルい部分があったんですよ。だから同世代の日活のキャメラマンと俺がやった仕事を見てもらって、それから決めてくれという話をした……ちょうどサウナでね（笑）。裸になって、運命のサウナで返事を聞いたんです。そうしたら「よくわかりました。ぜひ一緒にやらせてください」「じゃあ男の約束だよ」と、そこから『最も危険な遊戯』です。

その後も優作の映画を一緒にやって、仙ちゃんも売れっ子になった。ほかの監督からいっぱいオファーがきた。で、俺がまたテレビをやろうって声をかけたら「もうテレビはやらない」と言い出したから、じゃあしょうがない。さっきも言ったように俺にとってはテレビも映画も一緒なんですよ。だからこっちが切ったわけではなく、仙ちゃんのほうから離れた。俺としては忸怩たるものがあるわけだ。でも、やっぱり戻ってくるでしょ、人間だから。切っても切れない、別れても別れられない（笑）。惹かれ合うとでもいうのかな。

――そして『さらば あぶない刑事』（16年）で、またも村川・仙元コンビが復活します。やっぱり現場では喧嘩になって、舘さんに

「まぁまぁ」と止められたそうですが。

村川　それは夫婦喧嘩と同じだよ（笑）。じゃれ合いでもあるけども、お互い言わなきゃ気が済まない性分だから。あれも短腹で怒りっぽいからね。もともとキャッチャーだから、どんな画でも撮ってくれる。俺はピッチャーで速かったからさ、どんどん投げやすいところに投げる。いいコンビでしたよ。

黒澤さんは優しさをとことん持ってる人じゃないかな

――『さらば』は原点回帰を思わせるシンプルなストーリーでした。またまた映画版のオファーを受けて、いかがでしたか？

村川　いや、それはうれしいですよ。舘くんと恭兵とまた仕事ができて。ただし……ただしですよ、横浜の本牧埠頭で撮影する予定だったのを市長がダメを出したとかで、なんたる理不尽かと。なにも爆破して全部ぶっ壊すわけじゃないのにさ、わざわざ四日市まで行きましたよ。映画というのは娯楽であり、芸術であり、文化でもあるわけです。そして生産性もちゃんとある。それをわかってもらえない。『ハマのドン』（23年）って映画をこの間フォーラムで見たけども、あれのドンちゃん（藤木幸夫）とは助監督のころから知り合いで、俺のことも覚えていてくれて、歴代の『あぶデカ』でも事務所を借りたり、ヘリを下ろしたり、なにかっていうと口きいてくれました。ありがたかったですよ。

――まさか村川監督による『あぶデカ』が、ふたたび見られるとは思いませんでした。撮影当時78歳です。

村川　俺としては自分の体力的に〝これで終わり〟というのは悟っていた。運命ですよ。これが最後の映画で悔いはない。ただ、もうちょっと早く次を作ってほしかったな。あれだけ『さらば』がヒットしたのに、なんでだろう。これで本当に終わりだと我を張ったやつがいたのかね（笑）。

――セントラル・アーツの代表である黒澤満プロデューサーは、『さらば』の製作総指揮を務めています。横浜平和都市宣言のシーンでは黒澤さんと村川監督が同じフレームで共演していて、グッときました。

村川　やっぱり黒澤さんは大人ですから、プロデューサーとして……言葉は悪いかもしれないけど、ずるさとか駆け引きだとか、それもやらなきゃいけない立場の人としてセントラル・アーツを守ってきた。ぼくは日活に営業職として入ったから、黒澤さんが新宿日活にいた時代から知ってるしさ、またよく映画を見てるんだ。小説も読んでるし、黒澤さんの量は尋常の人じゃ敵わないね。プロデューサーってそういうところもふくめて、自分で隠さなきゃなんないものを隠すし、嘘もつくしね。それはそうだよ。

——どのようなタイプのプロデューサーでしたか？

村川　優しさをとことん持ってる人じゃないかな。いまも奥さんとはお付き合いが続いてるんですよ。黒澤さんの入院中もしょっちゅう病院に行ってたし、亡くなる前日、その日まで行ってたのは俺たちだけで、本当に死に際を……やっぱり迎えがくるのを悟ってたんでしょうね。東映セントラルフィルムの１本目から一緒にやってきた戦友であり、尊敬すべき先輩でした。

村川透［むらかわ・とおる］

1937年山形県生まれ。福島大学卒業後、59年に日活に入社し、72年に映画『白い指の戯れ』で監督デビュー。松田優作とのコンビで『最も危険な遊戯』『蘇える金狼』『野獣死すべし』などを発表。『大都会』『探偵物語』『西部警察』『はみだし刑事情熱系』『西村京太郎トラベルミステリー』などテレビドラマも多く、『あぶない刑事』は劇場版3作も手がける。2014年、郷里の山形に多目的ホール「アクトザールM.」を開設。

監督

一倉治雄

ハードボイルドをベースにしつつ、どこかに特化しないというのが、ぼくの『あぶない刑事』の原点

『あぶない刑事』第19話「潜入」で監督デビューを果たした一倉治雄は、長谷部安春との師弟コンビでパイロット版から現場を支えてきた。その後も港署ジャックの「仰天」、タカとユージの違いを描いた「不惑」などを手がけ、映画『またまたあぶない刑事』に抜擢されたハードボイルド派が明かす秘話の数々！

〟あぶないプロデューサー〟ですよ、黒澤さんは

一倉　セントラル・アーツではじめて仕事をしたのが角川映画の『化石の荒野』（82年）。長谷部安春監督にはずいぶんかわいがってもらって、出会いは石原プロの『西部警察』で助監督のセカンドでした。そのあとはセントラルの2時間もので長谷部組のチーフをやりました。数年後に長谷部さんが『あぶない刑事』のパイロットを撮るとき、「今度こういうテレビシリーズが始まるんだけど助監督やらないか。途中でお前をデビューさせる話は黒澤（満）さんともついてるから」と。おふたりは足を向けて寝られない恩人ですね。

――『あぶない刑事』でのデビューは長谷部安春監督からの推薦だったのですね。まずはチーフ助監督の仕事を教えてください。

一倉　京都と東京で職分が違うんですが、東京のチーフの仕事は「準備」「撮影」「仕上げ」……その3つのブロックのスケジュールを立てることです。とくに撮影がいちばん神経を遣うし、チーフとしては勝負ですよね。俳優さんの予定、ロ

ケ地の都合、それからいちおう〝助〟監督ですから監督にとって極力やりやすい流れを考えつつ効率との天秤にかける。そこがいちばん責任の重いところで、製作部との連携が大事です。その下のセカンドは現場を進行させる。あとは衣裳のつながりを管理して、自分なりの意見を監督に出したりもする。サードは小道具関係の管理とカチンコです。

——長谷部組の第1話「暴走」と第3話「挑発」は〝2話持ち〟で同時に撮影されています。立ち上げのエピソードで思い出すことはありますか？

一倉　パイロットというのは、いろんなことを決めていかなきゃいけない大変さがあって、逆に決めていける楽しさもあるんです。『あぶない刑事』の場合、なぜ鷹山がクルマを運転しないのか。役者たちのクレジットの順番だとか、クリエイティブな問題とは別に大人の事情が絡むんですよ。当初、舘（ひろし）さんと（柴田）恭兵さんも決して仲が悪いわけではないけど、やはり主役としてバチバチな関係です。そういうところを助監督というある種傍観者の立場で見ていると、それをまとめながらシリーズをスタートさせる監督は大変だなと思いました。

パイロットの撮影が2／3くらい終わったところで、1時間くらいにまとめた編集ラッシュをにっかつの撮影所で見たんですね。そうしたら日本テレビのプロデューサーが「おふざけのニュアンスは、これが限界ですね」って言って帰ったんです。場がシーンとなって、長谷部さんは「冗談じゃねえぞ、おい」。そうしたら黒澤さんが「いいよ、ベーさん。おもしろいよ。セントラル・アーツで作るってことはこういうことだよ。遠慮しないでいい」って言ったんです。そのやり取りを間近で見て、こっちは内心「いいぞ、やれやれ！」……無責任ですよね（笑）。〝あぶないプロデューサー〟ですよ、黒澤さんは。

——撮影現場はどのような雰囲気でしたか？

一倉　最初のころはアドリブもそんなに出てこなかったし、また長谷部さんも「余計なことするな」ってタイプですから、いろんな意味でハードな現場でした。ぼくは恭兵さんとは初めてだったんですよ。第1話のラストの少年を説得するシーンを撮って、後日ラッシュを見て、その日の夜ぼくの家に恭兵さんから電話がかかってきた。

「あのシーン、ぼくはこういう意図でホンに書かれてないことだけど、あえてやったんですが、今日の編集ラッシュで伝わりましたか？」と聞かれて、なんで俺に……って思ったし、決定権もないので「長谷部さんか黒澤さんに直接お話したほうがいいですよ」と言ったら「いや、長谷部さんの答えは今日のラッシュで見せてもらった。チーフの一倉さんの意見を聞きたい」と。現場のやり取りを全部知ってて、客観的に見ている人間の意見を聞いてみたかったんでしょうね。ぼくは「伝わると思います」と、そう答えました。結果はそのまま放送されました。でも、ずいぶん真面目に役や芝居を組み立てて、真剣に向き合ってる人なんだなって感動した覚えがあります。

――なぜラッシュを見た柴田さんは、自分の意図が伝わらないと思ったのでしょうか？

一倉　サイズですね。少年に対する芝居が〝寄り〟だったら伝わったんじゃないか……実際の映像は少年の見た目に近い引きのサイズで見せているから、恭兵さんとしては「これで伝わるのか」と不安に思ったんでしょうね。

――なるほど。

一倉　舘さんはまた別のタイプで、ぼくが監督になったときにも言われたんですが「現場の最高司令長官は監督です。司令長官の命令はなんでも聞きますから、遠慮しないで言ってください」と、優しい言葉と同時にプレッシャーを（笑）。そういうスタンスの人です。

長谷部さんはモンタージュの人だから、コンテをしっかり組む

――『あぶない刑事』のオープニングは、港署を突き進む主観ショットで各レギュラーが紹介されていきます。

一倉　長谷部さんのアイデアです。港署の捜査課を広いステージのいちばん奥にして、手前に交通課と少年課を置いた。よくある狭い刑事部屋ではつまらないので、アメリカの刑事ドラマみたいなデザインにしたんです。ああいうセットならばワンカットで見せたいと思うじゃないですか。あの長回し撮影ですが、最初の恭兵さんと最後の中条（静夫）さん以外

は別撮りのアップを差し込んでますよね。
当時はフィルムだし、予算もなくモニターがないからラッシュを見ないと映像がわからない……で、手持ちだから仕方ないんだけど、コマ止めで役者の名前を載せるのに、いい止めどころがない。サイズはいいのに表情がよくなかったり、表情がいいところはピントが甘かったり……長谷部さんも悩んでたんですが、そうしたら黒澤さんが「いや、男はともかく女優はきれいなほうがいいよ、毎回流れるんだから」。そういう理由で浅野（温子）さんたちのアップを追加で撮ったんです。

――あのアップは当初の予定になかったんですね。

一倉　それから長谷部さんの狙いはワンカットで恭兵さんから中条さんまでやって「これは誰の主観なんだ？」というところでカットを割って、切り返して初めて舘さんを見せる。そうしたら石原プロのほうから「うちの舘をアタマにしてほしい」ってくるわけですよ。長谷部さんもコボしてましたね。これは石原プロから強いお願いがありました。だから舘さんが港署に入ってくる最初のカットを撮り足したんです。

――まさに大人の事情ですね。長谷部監督はどのようなタイプの監督でしたか？

一倉　自分のビジョンがしっかりあって、なにか想定外のことが起きても優先順位のつけ方が早い監督でしたね。長谷部さんはモンタージュの人だから、コンテをしっかり組む。事前にカット割りを決めて……もちろん現場で変わることはあるけど、基本コンテに沿う監督です。

――もともと一倉監督もハードボイルドがお好きだった？

一倉　ええ、学生時代からフランスのフィルム・ノワールが大好きでした。ぼくが監督を続けることができたのは、『あぶない刑事』という世界が自分の嗜好と合ってたんだと思います。もし興味がない題材で無理してデビューしていたら違う監督人生だったかもしれない。そういう意味ではラッキーでした。ぼくはパイロットについて、長谷部さんがプロデューサーと相談しながら番組の色をつけていくのをそばで見てたわけです。そのなかで〝あぶない〟ってなんだと。あぶないって言葉はいろんな意味があるけど〝かっこいい〟ってことじゃないのかと。おしゃれで、ちょっとトッポくて、優しいけれど女にはモテない刑事……そういうバランスを考えました。ハードなところはハードに、笑えるところは笑ってもらう。ハードボイルドをベースにしつつ、どこかに特化しないというのが、ぼくの『あぶない刑事』の原点ですね。

──そして第19話「潜入」で監督デビューを果たしますが、なにか長谷部監督からのアドバイスはありましたか？

一倉　とくになかったです。強いてあげると「よく寝ろ、眠れなくてもいいから、とにかくがんばって寝てろ」と言われたのが印象的で……いざ監督になってみるとね、四六時中頭が興奮していて眠れない。判断に迷いはじめるとますます眠れなくなる。それで疲れてくると仕事が雑になる。そのときは雑だと思ってないんだけど、作品が出来上がると「なんであれOK出しちゃったの」とか「あんなにこだわらなくてよかったのに」とか、いろいろ反省があります。だから「よく寝ろ」というのは、シンプルだけどすごい言葉だと思いました。

ファーストシーンのファーストカットって大事ですよね

──「潜入」は仲村トオルさん演じる町田透がメインの、苦味あるエピソードでした。脚本は柏原寛司さんです。

一倉　最初、プロデューサーの伊地智（啓）さんに「やりたい話はあるか？」って聞かれて、プロットを出したけどダメでした（笑）。どんな話かは忘れましたが。それに「潜入」は舘さんのスケジュールが1日しかなかったんですよ。だからもう最初から通常の話は成り立たない。天候の影響を受けないセット撮影で、鷹山は捜査課と取調室にしか出てこない。「一倉、これ1日で撮れるよな」って伊地智さんに聞かれて、「はい、撮れます」「よし言ったな」と言質を取られて（笑）。だから町田透をどれだけおもしろくできるか、仲村トオルのよさをいかに見せられるか。町田透が刑事として、男として、一歩でもいい男に近づければいいいな……そこが勝負だと思いました。オールラッシュのあとで黒澤さんが「おもしろかった。トオルのファンがよろこぶよ」って言ってくれたんですね。それはすごいうれしかった。

第19話「潜入」の撮影現場、左が一倉

——タカとユージのコンビはいかがでしたか？

一倉　舘さん、恭兵さんとは年が近いんです。舘さんとは『西部警察』の助監督のころからの知り合いだから当然それまでフランクに話していたのですが、監督になった途端、敬語に変わりました。その見事なけじめのつけ方に、舘さんの美意識を感じました。恭兵さんは「監督がいちばん最初の客。監督が笑えば大丈夫だと、ぼくは信じるから。つまんなきゃ言ってください。ぼくはアドリブが多いけど、リアクションは正直にしてください」と。監督ってOK、NGを判断するのが仕事ですからね。で、テストでアドリブが始まるとみんな笑うわけ。俺だけですよ、笑ってられないのは（笑）。「いいのか？　ここで、このアドリブは大丈夫なのか？　次のシーンはなんだっけな……いけるか？」とか考えながら、すげえ緊張した覚えがありますね。

——目に浮かぶようです。

一倉　鷹山が動けない分、ベンガルさんが動いてくれたりして、それがすごい楽しそうで……楽しそうでって無責任な言い方だけど（笑）、脇のレギュラーのみなさんに支えてもらいました。で、ベンガルさんが監督デビューのお祝いにライターをプレゼントしてくれたんですよ。チーフのころ俺ヘビースモーカーだったんです。タバコをやめてしばらく経つんですが、まだ禁断症状と戦っていることをベンガルさんは知らなかったんですね。だから喧嘩売ってんのかなって（笑）。いやいや、ありがたく頂戴しました。

――長谷部組を担当していた松村文雄さんが撮影を手がけています。

一倉　「キャメラマンどうする？」って黒澤さんに聞かれて、松村さんにお願いしました。長谷部さんとのやり取りを見て、松村さんは監督の意向に沿ったものを、しっかりジャストミートして打ち返したいキャメラマンなんです。「遠慮しないでなんでも言ってくれ」って、いろんなスタッフに言われました。照明の井上（幸男）さん、デザイナーの望月（正照）さん、みなさん本当に……ロケハンの移動中でも「できないことはできないけど、言ってもらわなきゃできるかどうかわかんないから、とにかく遠慮なくなんでも言ってくれ」って、ありがたかったですね。

――なにか特別にお願いしたことはありますか？

一倉　「潜入」だと、ファーストシーンのファーストカットですね。水蒸気が出て、ガス灯があって、リムジンが入ってくる……あそこを石畳で撮りたいってリクエストしたんです。奥行きがある古い古い石畳をリムジンが通る。で、いいロケ地を探してくれたんだけど、その場所が遠くてスケジュール的に難しいとなった。そうしたら製作担当の服部（紹男）さんが「あのファーストカット、恭兵さんと浅野さん、わかりますか？」って……要はリムジンだけの撮影にして、役者は吹き替えでいいなら撮れると。

――あっ、3カット目のユージとカオルがリムジンから出てくるカットと、その前の石畳のカットは別場所なんですね。

一倉　そう。わからないように撮るから大丈夫と伝えて、実現してもらったんです。2倍のハイスピードでローアングルと俯瞰、いい感じで撮れました。ファーストシーンのファーストカットって大事ですよね。ましてやデビュー作だし、中途半端に妥協したくはなかった。その程度ですよ、ワガママは（笑）。服部さんは基本的に監督の希望を実現させてやりたいというスタンスの人……ただ予算を任されているから、そうはいかないこともあるんだけど、ちゃんと代案を考えてくれる。服部さんが「AはダメだけどBだとどう？」と言った場合、Bでもいいと心配なく答えられましたね。

あのシーンのガス灯はデザイナーの望月さんのこだわりです。望月さんが気に入るガス灯がなかなか見つからなくて、チーフや製作部に「1週間ズラせないか」（笑）。「1週間もズラしたら一倉組の撮影は終わっちゃいますよ」って言われて、最終的にいい感じのものを見つけて持ってきてくれました。望月さんは松村さんのスタンスとは逆で、いや本人は逆とは思ってないかもしれないけど、たとえば長谷部さんに「監督、この部屋の壁紙を全部グリーンにしたいんだけど」って思いもよらない提案をしたりする。色にしろ飾りにしろ独特のセンスを持った刺激的な方でしたね。

――「潜入」に続いて、成田裕介監督が第20話「奪還」を手がけ、新人がふたり続きます。どちらも1話ずつ撮ったのでしょうか？

一倉　そうです。1本しか撮らせてもらえなくて悔しかったですけどね。新人だから仕方ないんだけど、まだ若かったし「クソッ！」と思いました。

「仰天」に関しては鷹山、大下より課長を意識して撮って

――そして待望の〝2話持ち〟で、すかさす「受難」「予感」を監督します。

一倉　1本だと仮免みたいな感じだからね（笑）。2本撮りに対応できたかどうか客観的にはわからないですけど、デビュー戦と比べて現場を楽しむ余裕が少し出てきた気がします。デビューが仮免なら次は卒業検定という感じで、卒業してやろうじゃないのと。テンポさえ合えば即本番……そういう現場でした。

――『あぶない刑事』では合計6話を演出していますが、とくに気に入っているエピソードはありますか？

一倉　港署が乗っ取られる「仰天」ですね。ほとんど港署が舞台の話。ロケーションに行かなければ天気関係ないし、スケジュールが組みやすい。ただ画に変化がつかないから難しいんです。伊地智さんが「こういうプロットがあるんだけど、やってみるか」と珍しく言ってくれたんです。ほかの回は「お前これやれ」「はい」なのに。あの話は鷹山と大下にとっ

て目の上のタンコブみたいな近藤課長が、じつは刑事としての矜持をしっかり持っていて、腹の据わった男であることを描く。そんな課長の存在を粒立てるには、いつもニコニコお茶を淹れてる瞳ちゃんが涙を流すほど怖がる……そういう芝居をしてもらおうと思いました。「仰天」に関しては鷹山、大下より課長を意識して撮って、黒澤さんに「中条さんいいじゃない。（長谷部）香苗ちゃんもよかった」と言っていただけましたね。

――中条静夫さんは、どのようなタイプの俳優でしたか？

一倉　いつもニュートラルで、大きい人ですよね。パイロットをやってるころは、近藤課長があそこまで存在感を示すとは思いませんでした。だんだん監督もライターも課長をちょっとイジってみようということになって、それは中条さんの芝居がそうさせたんだろうと思います。

――団時朗さん演じる復讐鬼の豹藤が出てくる「恐怖」も印象的でしたが、アクションを撮るときに意識することはありますか？

一倉　たとえばカーアクション。疾走するクルマの姿は、登場人物の想いをよりいっそう雄弁に語ってくれます。モンタージュは効果的ですね。

――なにか苦労した思い出はありますか？

一倉　難しかったなと思うのは「無謀」かな。これは鷹山、大下のかっこよさが犯人の動機になる話ですよね。キャスティングするとき、ダサい見た目の役者が演じるほうがリアルなのかもしれない。だけど、それだと大下と鷹山が犯人をいじめてるように見えちゃう。で、迷ったんだけど、一見かっこいいやつが偏執的で、ものの考え方が無様で、偏った人間……その役を水谷（敦）くんにやってもらって、ぼくは正解だったと思いますし、彼も異様な精神の持ち主を見事に演じてくれました。

――ほかに印象的なゲストはいますか？

一倉　「仰天」の爆弾犯を演じた木場勝己さんですね。これはぼくからお願いしたキャスティングで、一見普通に見えても沸点が異常に低い犯人……出だしでも「なにやってんだ、チビ」って言われて火が点く。ああいうリアルな沸点の低さ、木場さんのお芝居を見てて楽しかったですね。ゲストのキャスティングはセントラルの飯塚（滋）さんが担当してて、役者やスタッフに信頼されていました。もともと日活で演技事務、演技課の課長をやっていた方です。黒澤さんより年上で、みんな〝先輩〟って呼んでましたよ。

「一倉の演出は抑制が効いてる、いい意味でな」

――『もっとあぶない刑事』の第15話「不惑」は人質にされた女子銀行員の死から始まる、ハードな異色回でした。

一倉　大下が腹を撃たれる回だよね。あれは岡（芳郎）さんのホンをもらったときに「この重さは、あえて重いままやろう」と思いました。あのころ俺のなかで『あぶない刑事』がちょっと軽くなりすぎた感じがあったんです。これは伊地智さんにも言ったことあるんだけど、鷹山と大下のセリフが、ふたりを入れ替えても成立しちゃうような世界になってしまっていた。もちろん「AとA'」という似たようなキャラクターが狙いではあるんだけど、たまには鷹山と大下の違いがもう少し見えてこないと……「これはタカしか言わない」「これはユージならではのアクション」というのがどこかにないとつまらない。それを意識しながら原点のハードさにこだわりました。

第1話の「暴走」でも少年と大人の狭間にいる犯人に対して大下はロマンチストでセンチメンタルに説き伏せようとし、鷹山はリアリストらしく現実で攻める。それがぼくのなかに基本としてあるからね。犯人が大下に銃を突きつけ、鷹山は犯人に銃を向ける……あの3人を配置したとき、舘さんが「彼のどこを狙って銃口を構えたらいい？」って聞くので「いや、ここでしょう」「そうですよね」と眉間を狙った。刑事としてはあるまじき行為だけど、犯人の指先にちょっとでも力が入ったら撃ち殺してやろう……そのつもりで銃口が上がってる。あのシーンは演出してて気持ちがよかったですね。モンタージュも上手くいったと思う。まぁ、腹を撃たれたユージが、そのあとクルマを運転するのはシリーズのお約束ということで（笑）。

――第23話「心痛」は父子のすれ違いを描いたドラマでした。

一倉　子供が父親の殺害を殺し屋に頼む……これは難しかったんだよね。ちょっと消化不良ではあるんです。子供の持ってる残酷性や子供ならではの杜撰さ、そういうものをもっと粒立てればおもしろくなったかなという気がするんですが。あるとき、伊地智さんから「一倉の演出は抑制が効いてる、いい意味でな。意識していいぞ」と言われたことがあって、ずいぶん遠回しな言い方だなと思いましたけど、うれしかったですね。ブレッソンの『スリ』（59年）なんて大好きでしたから、ああいうタッチが。

カーアクションに〝表情〟があればいいなと思っています

――『もっとあぶない刑事』の前には、劇場版の第2弾『またまたあぶない刑事』（88年）を任されています。新人監督として異例の抜擢です。

一倉　理由はあえて聞いてません。「まぁ当然」みたいな顔をしておきましたが（笑）。映画監督になりたくてこの世界に入ったわけだから、ものすごく高揚しましたね。さっきの長谷部さんの「寝ろ」……わかっていてもとにかく眠れなかった。準備からクランクアップまでずっと興奮していて、寝なきゃと思って横になるんだけどなかなか眠れませんでした。

――映画ならではの演出はありましたか？

一倉　たとえばカースタントで、ひっくり返るクルマ……ああいうシーンはよくありますが、客観ショットだけじゃなく、ひっくり返って滑るクルマの中のふたりをアップで撮りたかった。テレビシリーズでは時間と予算の問題で無理なことも、映画だと実現可能なのがうれしかったです。ぜいたくなアクションが撮れましたから。

――オープニングもレパードが斜めに走って、そこにタイトルが入ってきます。

一倉　あのタイトルバックは、タカとユージみたいにクルマがステップを踏んでいるイメージなのね。ハミングをしながら「ふふん」という感じのニュアンスで、カーアクションに〝表情〟があればいいなと思っています。撮影は藤澤順一さんにお願いしましたが、彼がその前に撮った『さらば愛しき人よ』（87年）というアクション映画のキャメラワークがとてもいいなと思っていたんです。ぼくが助監督のころ、彼は撮影部のチーフ……セントラルの仕事でも何度か一緒だったから、これは藤澤さんに頼もうと。キャメラもそうだし明かりの当て方とかね、おしゃれな映像を撮ってくれるので助かりました。

――ほかに映画ということで意識されたことはありますか？

一倉　俺がやりたい『あぶない刑事』ってなんだろうって。具体的にはアクションとハードな部分とコミカルな部分のバランス、それからテンポを気にしました。編集で外すかもしれない前提で撮ったカットはずいぶんあって。己の判断力が不安だから撮りますが（笑）、それで尺が伸びてしまい切らざるを得ないシーンも出てきて……鑑識役の石山雄大さんの出番がなくなっちゃって、あれは申し訳なかったですね。スクリプターの桑原みどりさんにもお世話になりました。寡黙な人ですが、ダメなものは絶対にダメ。みどりさんがＯＫって言えばＯＫでした。

――編集技師は山田真司さんです。

一倉　穏やかで冷静な人でした。にもかかわらず、ぼくは山田さんに「一倉さん、カットをかけるのが早い」ってずいぶん怒られました（笑）。監督のなかで編集点があって「ここでいい」と思ってから1つ2つじゃなくて、5つ数えてからカットをかけてくれ、10でもいいからって。

――後半の見せ場は貨物列車を使った派手なアクションシーンです。

一倉　舘さん本人で鉄塔から走る列車の屋根に飛び降り、さらに先頭の車両に向かって走るシーンをやるかどうか。セット撮影の合間に「ちょっと確認したいんですが」って舘さんに言ったら「監督、ぼくは走りますよ。走れますよ。大丈夫ですよ」って、まだなんにも言わないのに……でも感じたんでしょうね。話はそれで終わり。同時に「あ、やった。この映画はイケる！」という確信を持ちました。とくに気に入っているのは宮崎美子さんが演じたヒロインの博美、彼女が殺される前のシーンです。早朝の岸壁でレパードを中心に鷹山がクルマにもたれかかって、大下が岸壁のほうに歩いてゆく。博美は反対側に歩いていって、クルマを中心とした三角形が広がって、また集まる……海の向こうに朝焼けの横浜の街が見えてくる。あのシーンはワンカットでクレーンを使って撮影したんですけど、それぞれ3人の動きに気持ちを表現させて、イメージどおりの画が撮れました。あのロケ地は大黒埠頭に近い隅のほうですね。

殺陣師の高瀬将嗣さんの功績も大きかったと思う

――『あぶない刑事フォーエヴァー　TVスペシャル'98』で、ひさしぶりのシリーズ復帰を果たします。

一倉　10年くらい経っているんですよ。まずは同窓会みたいな感覚で、現場のぼくも気づいたら肩の力が抜けてて、楽しかったですね。「テレビで点火、映画で爆発」というコンセプトですから、映画に対する壮大な予告編として、しっかり点火させなければと。これまでのファンに感謝の気持ちを込めて『あぶない刑事』を描きたいなと思いました。最近ね、『あぶデカ』に携わらせてもらってよかったなと実感するんです。昔テレビの再放送を小学生のとき夢中になって見ていたというファン、父親や母親の影響で見るようになったファン……そういう若い世代が引き続き支持してくれるなんて、もう感激しますよ。だから今日の取材もね、ぼくが記憶してることをお話することでファンが少しでもよろこんでくれるなら、いくらでも語りますよという気持ちでした。

――ありがとうございます。最後の質問になりますが、せっかくなので「これを話しておきたい」というエピソードがありましたら。

一倉　そうですね……ぼくは殺陣師の高瀬将嗣さんの功績も大きかったと思う。主人公のキャラクターの違いを魅力的なアクションできっちり表現してくれた。初回の現場で「これは、ぼくが考えたタカとユージのアクションのデッサンです。もし任せていただけるならば、これをベースに組み立てます。もちろん、ほかのパターンも準備しています」と、最初に見せてくれたデッサンのエッセンスが『帰ってきた　あぶない刑事』（24年）まで間違いなく引き継がれています。単にかっこいいだけではないアクションをいつも真剣に考えていた。ぼくよりも年下ですが、すげえなって。みんな彼のことを〝カシラ〟って呼んでいて、カシラにはいろんな意味で、本当に助けてもらいましたね。

それから鈴木清司さんの選曲のセンスも大きいですね。清司さんは自分からプランを出してくれて、もちろん演出の狙いと違った部分は柔軟に対応してくれるんですが、あの音楽を付けるタイミングはすごく勉強になりました。東映で恭兵さんの『はみだし刑事情熱系』(96~04年)のパイロットを監督したとき、清司さんとカシラに協力してもらったんですよ。それくらい信頼できるおふたりでした。『あぶない刑事』でデビューし、セントラ・アーツをホームグラウンドに監督を続けて、スタッフやキャストに助けていただきましたね。

一倉治雄 [いちくら・はるお]

1950年東京都生まれ。フリーの助監督として石原プロやセントラル・アーツなどの現場に参加し、87年に『あぶない刑事』で監督デビューを果たす。88年に『またまたあぶない刑事』で初の劇場用映画を手がけ、『悲しきヒットマン』『きんぴら』『国会へ行こう!』『義務と演技』などを発表する。そのほか『狙撃』四部作をはじめ東映Vシネマや『あいつがトラブル』『はみだし刑事情熱系』『暴れん坊将軍』『らんぼう』などドラマも多数。

監督

成田裕介

カメラワークでもアングルでもね ほかの監督と同じことをやるのはイヤだった

第20話「奪還」で監督デビューを果たした成田裕介は、撮影に仙元誠三を指名し、セントラル・アーツ育ちのハードアクションを送り出した。その後もスタイリッシュな映像を披露しながら「脱出」「波乱」などの活劇に手腕を発揮――映画『あぶない刑事フォーエヴァー』の舞台裏まで、大いに語り尽くす！

助監督としてはスーパースターだったんですよ、俺

――『セントラル・アーツ読本』のインタビューで監督デビューまでの詳しいキャリアを語っていましたが、ピンク映画などを経て東映セントラルフィルムの『最も危険な遊戯』（78年）から助監督を務めた成田監督は、まさしくセントラル・アーツたたき上げのキャリアです。

成田　『最も危険な遊戯』のチーフ助監督だった崔（洋一）さんがテレビの『プロハンター』（81年）でデビューしたんです。で、お前と俺の仲だからって都合のいい脅し文句で（笑）、チーフやれって言われて「俺は悪いけど映画の人間だからテレビはやらねえ」って、ごめんなさいしたの。その前に（松田）優作さんの『探偵物語』（79～80年）も断ってたんですよ。生意気にも、畏れ多くも。けっきょく『プロハンター』はやらされましたけど。あの当時ね、正直いって助監督としてはスーパースターだったんですよ、俺。

――**現場の仕切りが抜群だった？**

成田　というか〝困ったときの成田〟だったわけ。ヤバい現場とか揉めそうな現場には、だいたい俺がいる（笑）。日本の場合、助監督は監督になるためのステップだけど、アメリカだと60歳を越えてもチーフという職業助監督の地位が確立されてるわけ。俺も現場のハンドリングには自信があったし、そっちやりたいなと思ったんだけど、黒澤（満）さんから「お前、いつまでブラブラしてるんだ。このまんまだと一生監督になれんぞ」と。そこで初めて人生の岐路に立って、「今度、舘（ひろし）と柴田（恭兵）で連続ものをやるんだ。チーフをやれば、後半のどっかでデビューさせてやる」という話をいただきました。

――**『あぶない刑事』への参加は、監督昇進が前提だったんですね。**

成田　そうですね。俺と一倉（治雄）さんがデビューして、途中で原（隆仁）さんが入ってきた。原は石原プロで1本か2本撮ってたけど。あのころ一倉・成田・原で〝セントラルのバルト三国〟って呼ばれてて（笑）、俺たちは酒飲みながら笑ってましたけど。監督やると助監督なんかより単価が高いんですよ。でも助監督みたいに、しょっちゅう仕事があるわけじゃない。はっきり言ってチーフのほうがぜんぜん食える（笑）。でも、こういう稼業を10年近く続けてきて、まぁ監督やんなきゃ仕方ないかと渋々やったんですよ。崔組の『友よ、静かに瞑れ』（85年）でもチーフとして演出的な部分まで口を出してたら、「それは将来成田組でおやりになったらいいんじゃないでしょうか」と崔さんに言われたりして、まぁ腹をくくらなきゃならん時期だったんです。

――**まずは手銭弘喜監督、村川透監督などの回のチーフを担当しています。**

成田　スタッフはほとんど知ってる仲間なわけだし、舘さんと恭兵さんも助監督としてご一緒してたからなんの問題もない。ただしテレビのサイクルに慣れるまでに時間がかかりましたね。〝2話持ち〟ってやつで、2本いっぺんに2週間で撮るわけです。

――**なるほど。**

成田　それから『あぶない刑事』はバディものとして、ある意味いまで言うダブル主役のハシリだと思う。『プロハンター』もそうだけど、やっぱり藤竜也さんがメインなんですよ。舘さんも恭兵さんも主役意識があるから最初のころはかなりギクシャクしてました。だから『蒲田行進曲』じゃないけど、俺のほうがアップが多いとか少ないとか、そういうレベルの話。最後のエンディングもタカとユージのアップの数は同じなんですよ。それで〝入り〟が逆になってるわけ。2ショットのあと最初は舘さんのアップ、次に恭兵さん、舘さん、恭兵さん。また2ショットが入ったあと今度は恭兵さんのアップから始まって、次が舘さん……双方への立場上の配慮です。でも、ロケ先であるトラブルが起きて、舘さんと恭兵さんがクルマに籠もらざるを得ない状況になり、そこで距離が縮まったという話を聞きましたね。俺は立ち会ってないけど。

――結果オーライですね。

成田　スケジュールが押せ押せで、いろんな不可抗力で撮影が伸びるじゃないですか。そこを早撮りの手銭さんがカバーしてました。俺も一倉さんもそうなんだけど、デビューは〝1話持ち〟なんですよ。8日間プラス半日くらいだったかな。たぶん一倉さんも同じような条件で、そうすると通常のサイクルでチームが回っていかないわけ。だから手銭さんが2話持ちを9日とかで撮ってくれて、もう〝困ったときの手銭さん〟ですよ（笑）。そこで予算とスケジュールを調整する。忘年会で手銭さんから「いやぁ、俺で辻褄を合わせないと成田も一倉も好きなようにできねえだろう」と言われて、泣きそうになったね、俺は。うれしくて、ありがたくて。

自分が監督やるときは、仙元さんに頼みたいとずっと思ってた

――そして第20話「奪還」で監督デビューを果たします。

成田　最初ね、別のプロットを出したんですよ。オリジナルで、ユージの生い立ちを扱って、かつてのダチが犯人みたいな話……そういう暗～い話を提示した。プロデューサーの伊地智（啓）さんから「どういうのがやりたい？」って聞かれ

たんで、そのプロットをペラ2~3枚で出したら「成田、勘違いすんなよ。これはテレビだぞ。映画じゃないんだ」と怒られた。当時の世相はちょうどバブルに向かうころで、チャラチャラしたようなものが自分の好みに合わなかったのかな。それでいて『六本木バナナ・ボーイズ』(89年)なんか撮るんだから、俺もバカだよなぁ。

――「奪還」の脚本は大川俊道さんです。

成田　伊地智さんのほうで大川を組ませようと思ってたんですね。寛《カン》ちゃん(柏原寛司)を組ませると、あいつら調子いてなにやるかわかんないという腹積もりじゃないですか。まずプロットが出てきて、大川と何回か会って打ち合わせをして第1稿を上げて……デビュー作ですから、そのへんは丁寧でした。まぁ大川とは以前から付き合いがあったんで。

――撮影が仙元誠三さんですが、テレビシリーズでは唯一の登板です。これは成田監督の指名ですか?

成田　もちろん。いつか自分が監督やるときは、仙元さんに頼みたいとずっと思ってたから。仙元さんはデビューが大島渚監督の『新宿泥棒日記』(69年)と『少年』(69年)なんですよ。俺も『愛の亡霊』(78年)で大島組を経験してたから共通の話題があったし、お互いやんちゃで生意気だったからどっかでウマが合うんです(笑)。ゆきすぎると喧嘩になっちゃうんだけど。照明の井上(幸男)さんは、それこそぺーぺーの助監督のころから知ってて、「奪還」のオープニングは赤レンガ倉庫なんだけれど、テレビ映画は通常ライトの量って決まってるわけ。電源車なんか呼べないから5キロのジェネレーターで、その範囲で処理できる画づくりをする。だからテレビで本格的なナイターって御法度なんです。いかに少ないライトでやりくりするか。ところが「成田のデビューだから」って20キロのジェネを用意してくれて、赤レンガ倉庫を煌々と照らしてくれた。あれはうれしかったなぁ。それだけライトの機材も必要だし、もちろん時間もかかる。まぁ昇進祝いですよね。

――「奪還」はタカと少女の逃亡劇を主軸にしたストーリーで、かなりアクションが多めの活劇回です。初監督にあたって、なにを意識しましたか?

成田　ユージのダチを出そうとしたり、因縁に近いものが俺の好みなんですよ。そうするとね、やっぱり加担するのはゲスト主役になる。女の子役の伊藤智恵理、もうあっちのほうに気持ちがいってるわけ。こういうレギュラーもので20話目ともなると、舘さんと恭兵さんはいじりようがない。だから、とりあえず放置プレイだったんですよ、主役のおふたりに関しては。

——こと細かく演出していない。

成田　言わない、言わない。だって言っても聞かんもん（笑）。で、舘さんは面倒くさいこと言っても「こっちのほうがかっこいいですよ」「あ、そうか」ですが、難儀なのは恭兵さんで、理屈でくる。「いや、申し訳ないけど、こういう理由でこうしたい」っていう言い方で、自分のやりたいことを通す。だから新人監督としては、ゲストのほうに向いちゃったわけ。で、「奪還」を撮ったあと完パケのビデオテープを優作さんに送ったんですよ。本人が見たいっていうから。

でも2週間くらい経っても「あ、悪い。まだ見てねえ」って状況で、しばらく経って突然電話がかかってきて、六本木で飲んだ。なんか感想言ってくれるかなと思ったら、まるっきり関係ない見た映画とか音楽の話ばっかりで、3～4時間は飲んだかな。それで優作さんが帰ることになってタクシーに乗る刹那、ふっと振り返り「成田よ。お前なぁ、楽なほうに逃げるな。舘も柴田もなぁ、あいつら主役なんだから、もう少し愛情を持って撮ってやれよ」って。見抜かれちゃってたんですね。そこから主役にしっかり向き合おうと思いました。

——たしかに「奪還」はゲストが立っていますが、あらためて見ると少女の出番はそこまで多くないし、タカとユージが離ればなれになり、ふたたび再会する活劇のなかでしっかり主役が立っている印象を受けます。

成田　まぁ、それは仙元さんの力じゃないですか（笑）。セットで撮影してるときにね、もう呆れたんだけど……大島渚と若松孝二と富山加津江と戸田重昌が陣中見舞いに来てくれた。ありがたいけど、めんどくせ～（笑）。仙元さんもみんな知ってるから全員カメラの周囲にビターッといるんだもん。やりづらくて仕方ない。もうお願いだから離れてって。

「勘違いすんな、これは映画じゃない。テレビだぞ」

――デビュー作の現場は順調に進みましたか?

成田　いや、助監督と監督ってぜんぜん別の仕事だなってあらためて痛感しました。チーフのときは現場を客観的に見る立場だったんだけど、監督として8日半のスケジュールを渡されて、もちろん順番に撮るわけじゃないから顔の傷とか〝逆つながり〟もいろいろあるわけ。そのシーンがどう終わって、次のシーンがどう始まるか……その計算もしなきゃいけない。スケジュール組むときは段取り優先だからバンバン監督に難癖つけて「なんだ、こんなの撮れねえのか」って言ってましたが(笑)、いざ自分がやってみると、もう目の前のものを撮るのでいっぱいいっぱいでした。一度ヘタ打ったんだけど、拳銃の弾があと何発しか残ってない……その数の勘定を間違えたわけ。これは怒られたね。編集でなんとかごまかしたけど、話の骨格として重要なファクターを間違えて、いや理解しないで撮って。最初の何本かは大変でした。

――クライマックスの銃撃戦もかなりのスケールですが、タカとユージが銀星会の一味をバンバン射殺しています。かなり珍しい演出だと思うのですが。

成田　銀星会のヤクザがいて、撃たれて倒れるけど本来は死んでない。たぶん「奪還」のときは、まだそういうことすらわかんないから、じゃあやっちゃえって(笑)。まぁ禁じ手というか、そこまで人命を意識してなかったのかな。あのシーンは調布の関東村《カントン》で撮ったんですよ。米軍施設の廃墟みたいなところで、いまの味の素スタジアムがある場所。たしか約束事で、中条さんがロケーションに出るのはダメだったんですよ。セットだけという契約でキャスティングしてたのかな。でも、このときは最後の救出シーンで「どうしても外に出てほしいのですが」とお願いをしました。シナリオ上も必然だと判断していただいて、OKをもらったのだと思います。

――ほかの監督の回に比べて「救出」は明らかに引きのロングショットが多いです。

成田　怒られた～(笑)。これは伊地智さんに怒られました。黒澤さんは「しょうがねえなぁ」って感じでなにも言わないんだけど、伊地智さんが「はぁ～」。けっこう長回しもやったんですよ。そうしたら、言うことはいつも同じ。「勘違いすんな、これは映画じゃない。テレビだぞ」って。でも性懲りもなく、そのあと藤澤順一さんと組んだ「脱出」かな。横浜の埠頭の先端に死体が上がって、そこに山西（道広）さんのパトカーがやってくるのを「藤やん、これ引いてくんねえ」ってロングにして、山西さんがパトカー箱乗りですげえスピードで走ってくとこもダーッと俯瞰から撮った。

通常のテレビ映画というのはズームレンズ1本で寄ったり引いたりするから、引きのマックスって20ミリから16ミリくらいの焦点距離なんですよ。単レンズを使うことは、ほとんどない。「脱出」は基本的に8ミリの単レンズ、超ワイドを使って……で、自分でラッシュを見ても、なにが映ってるかわからない（笑）。パトカーが奥に行ってゴチャゴチャやってんだけど、現場検証なんかわかりっこないサイズなんです。さすがにしまったな～と思ったけど、それ以外に押さえのカットなんか絶対撮らないから、また伊地智さんにため息つかれて、「ダメだ、こいつ。なにを言っても聞かない」。

――なぜロングショットにこだわったのでしょうか？

成田　ちょっとスカした言い方をすると、その空間の意味を理解してほしいということかな。でもテレビドラマはね、そんなもんで誰も見てないんですよ、悪いけど（笑）。テレビって基本〝ながら見〟で、映画のスクリーンみたいに集中して見るメディアじゃない。だから長回しは嫌われる。やっぱりね、きっちりセリフをアップで撮って、お互いの顔をカットバックする。それが王道ですよ。

――「奪還」に話を戻しますと、ヤクザの組事務所のシーンでピンク色のライトを壁に当てています。こうしたカラーライティングやネオン、ロングショットをふくめてスタイリッシュさが成田作品の特色です。

成田　要するに港署の劇中における立地なんですよ。山下公園があって、バンドホテルの向こうに本牧があって、本牧っていうのは当時まだ米軍の跡地なんかがある猥雑な空気と匂いの場所。で、本牧のずっと先には横須賀のドブ板通りがある。そういう立地をイメージして、劇中で勝手に街を作っちゃうわけですよ。ドブ板通りみたいな淫靡な雰囲気ってやっぱり好きで、小ぎれいなトレンディドラマじゃ居心地が悪い。銀座で飲むよりも新宿で飲んだほうが楽、しょんべん横（しょんべん横丁）とかゴールデン街のほうが合うんですよ、映画屋さんは。

「謹慎」のラストショット、あれは新横のホームなんです

――華々しいデビューを果たして怒られつつ、次は2話持ちのローテーション監督として「迷路」「変身」を任されます。けっこう軽めのエピソードで、映像にも遊びが感じられます。

成田　ここから〝番組〟というものを、俺自身が意識したんでしょうね。「奪還」である程度好きなことはやらせていただいたし、それから監督として食っていかなきゃいけないという意味で（笑）、慣れなきゃいけねえなって。まぁ手を変え品を変え、実験してみたというところでしょうか。だって納品は決まってて、どれだけ引きを撮ろうがお蔵入りにはならない。いつか本編……映画をやる前の予行演習として実験の場でしたね。「お前、あれ『地獄の黙示録』のオープニングのパクリじゃないか」って。いや、悪いかよって（笑）。

カメラワークでもアングルでもね、ほかの監督と同じことをやるのはイヤだった。とくに港署のレギュラーセットって誰が撮っても一緒なんですよ。う〜ん、どうしようかなと思って、当時はセットの上にライトを設置する二重や三重があった時代だから、カメラを上に持っていた。で、俳優が入ってきたら「あれっ、カメラどこ？」。あそこ、あそこって（笑）。ロケーションに出ても俯瞰で撮るのが嫌いではなかった。すぐビルの上に行ったりしてね。

――たしかに俯瞰は成田回の目印となっています。

成田　バカのひとつ覚えですね。あと毎回ラストは（浅野）温子ちゃんのアップでストップするパターンじゃないですか。あえて中条さんと2ショットの画にしてストップかけた。これも怒られた〜（笑）。伊地智さんに「いや、こういう流れだから」と説明したけど、「そうじゃないんだ。これは決まりごとで絶対のルールなんだ！」って怒られました（第32話「迷路」）。

――先ほども話題に出ましたが、第46話「脱出」はタカがライブハウスの地下に監禁される密室劇で、かなりハードボイルドな作りです。

成田　これは場所決めが難しくて、表ヅラ……要するに外観は本牧の外れの倉庫街で、中は新宿ロフトなんですよ。扉一枚で外と中を変えてるわけ。いま思っても、あの表はちょっと失敗だったかな……もっと起伏のあるところでやったほうがよかった。場所として、ちょっと飛びすぎだよね。あんなところにライブハウスねえだろうと（笑）。せめてもう少し作り込めばよかったけど、あれだけのドンパチをやる関係上、街中のロケはできなかったし。

――シンプルな場所だからこそ最後の銃撃戦が映えていたとも感じます。そういえば通常の回は漢字二文字のサブタイトルが出たあとに脚本・監督のクレジットが出ますが、「脱出」の場合、脚本・監督が先に出ます。

成田　掟破りなのよ、俺って（笑）。この「脱出」を撮ったとき、舘さんから「成田監督は50点か150点しか取らない監督だね」と言われたことがある。ラストの銃撃戦は延々とハイスピードのスローモーションを使って、トミー・スナイダーの曲（「Night Waves」）を流しました。あれは鈴木清司さんの提案で、『探偵物語』のころからの付き合いなんですが、「成田だったらこれが合うだろう」と思ったのかな。清《せい》やんはすごいですよ。大先輩だけど、俺ら「清やん、清やん」って呼んでましたが、鈴木さんの選曲センスはすばらしかった。

――「脱出」とセットで撮影された「謹慎」はいかがでしたか？

成田　中村あずさクンのデビュー作ね。いま俺は大阪芸大（大阪芸術大学）で先生をやってるんで、週に4日くらい大阪なんですよ。で、新横浜の駅を通過するたびに思い出すわけ。「謹慎」のラストショット、あれは新横のホームなんです。望遠（レンズ）のロングショットで、新横に停まらない新幹線が通過するタイミングを狙って、画面にシャッターさせて終わらせる。ずいぶんいろんなドラマでパクられましたよ。ざまぁみろって（笑）。

ちょっと上手くいかなかったのが、中村あずさクンが元町を歩いてるシーンで、お店の屋上にデカいミラーを仕込んだんです。で、周りが影になってる。あずさクンが舘さんに尾けられてて、ふっと振り返る……雑踏のなかで彼女が際立つ画を撮りたくて、ミラーをそのシャドーの内側にぶつけたんだけど、天候のせいもあって思うような画にならなかった。逆光のあずさに順光をパッと当てて、ビームが差すように……なんかヘンテコリンなことをいろいろやったよ。

第45話「謹慎」、新横浜駅のホームを狙ったロングショット

——工藤栄一監督がやりそうな画づくりですね。たしかに「奪還」の銃撃戦でもミラーの反射やブラインドから差し込む斜光を駆使していました。新横浜駅のロングショットも人物の逆光シルエットを生かしており、成田・藤澤コンビの真骨頂のようなスタイリッシュな〝引き〟でした。

成田　すぐああいうことしたくなっちゃうから（笑）。

——ゲストのキャスティングで自身の意向が反映された回はありますか？

成田　いや〜、俺は個人的に俳優と仲良くなるっていうのが苦手で、どうも好きになれないのよ。だから〝先輩〟と呼ばれていた、キャスティングの飯塚（滋）さんに任してましたね。石原プロの『西部警察』の課長、庄司永建さんが出た回があったでしょう。どの回だったかな？

——「迷路」に出ています。

成田　永建さんって、おいらの親父の同級生だったの。だから「成田の息子です」って言ったときにすごいびっくりされた。あと、あの回は萩原聖人クンのデビュー作だよね。どうしても少年の役が決まらなくて、先輩が行きつけの新宿の飲み屋に連れてってくれて、そこのママの息子が聖人。「成田、こいつでどうだ」「え、でも役者でもねえのに」。それで聖人と話してさ……「お前、やる気ある？」「いや、わからない」「じゃあ1回現場においで」って。で、セットの初日かな、温子ちゃんを呼んでさ、まるっきり初めてなんでいろいろ面倒見てくれないって頼んだら「あら、かわいい〜」（笑）。いや、でも頼んでよかった。「好きにやっていいんだよ」とか、それ以外にも役者として基本的なことを教えてくれたんだと思う。ちゃんと彼も役者で一人前になりましたからね。

こういう連続ものは泣く子と天気には勝てない

――『もっとあぶない刑事』では合計4話を監督していますが、とくに思い出深い回はありますか？

成田　俺と寛ちゃんがやったひどい話があって、「結婚」ってやつ。函館ロケで星洋子さんがゲスト。タカが惚れてプロポーズしようとしたら振られる話なんだけど、けっこうホンを変えて悪ノリしたんですよ。彼女に入れ込んで、クールなキャラだったのを変えたんだったかな。で、この話って最初のサブタイは「結婚」じゃなかったの。舘さんが珍しくね、サブタイトルを「結婚」に変えてほしいと伊地智さんに提案したんです。寛ちゃんは脚本と現場は別物ってスタンスなんだけど、当初の絵図を描いていた伊地智さんからすれば「おい、話が違うじゃないか！」。まぁ、伊地智さんに怒られなかった回はないね（笑）。

――タカが強敵に追い詰められていく第6話「波乱」も柏原・成田のコンビ作で、見ごたえがありました。

成田　これこそ実験ですね。銃撃戦でドアから光が差し込むのも、なにかの映画のインスパイア。『男たちの挽歌II』（87年）かな。映画にほとんど興味がなかった俺でも、助監督をやるようになってから、いろいろ見まくったのよ。こんな仕事をやる予定じゃなかったんだもん。

――「波乱」は犯人の鹿島兄弟を演じた関川慎二さん、小沢和義さんのキャラクターも立っていました。

成田　関川さんがね、ガタイがあるじゃないですか。本来はコワモテのことをがっちりできるんだけど、恭兵さんや舘さんに対峙すると、ちょっと引っ込むんだ。現場で撮りながら「もう少しいけや」って思ってたんだけど、なんなんだろうね。役としてはめちゃくちゃ怖いことができる人なのに、ちょっと〝いいオジサン〟になっちゃったなって。それだけなんか妙にオツムの片隅に残っているね。

――でも、なにを考えてるかよくわからない不気味さがよかったです。

成田　こっちがなんも考えてないから（笑）。

――「波乱」はアクティブなカメラワークがとくに目立ちます。

成田　これはジミーちゃん（柳島克己）か。仙元さんの弟子だから、手持ちでいけって言ったらホイホイやるんだけど、「映ってなくても大丈夫ですか」なんて（笑）。まぁ、それもふくめてキャラクターですよ。舘さんのハーレーでショットガンも雨のなかでやった。天気なんかこっちでハンドリングコントロールできないですよ。こういう連続ものは泣く子と天気には勝てない。当時のハーレーってアクセル固定はある程度できる。で、勢いで走っていってハンドルの横にショットガンを乗せてある。それを手にして撃ったあと停まるときは、ショットガンを握ったまんまブレーキかけられないから、そばにいる小道具か助監督にバーンと投げるの。カットと同時に投げる。そうしないと停まれない。

――港署で近藤課長が読んでいる新聞に相米慎二監督が載っています。

成田　あったなぁ。あれは俺が発注したわけじゃないんだけど、たぶん助監督が遊びで持ってきたから、あぁ、やろうぜって（笑）。相米監督の『翔んだカップル』（80年）についてたから、そのノリだったと思う。「争奪」の張り込みなんかも俺の指示じゃなくて、ベンガルさんや温子はもう好きにやっちゃう（笑）。衣笠（拳次）は筋肉しか存在意義がないから、そこを目立たせて、ただ頷いているだけの秋山（武史）とかさ。あんまり出張ってもいけないけど、よっぽどヘンなことやらない限りは全体のチームのなかで許されるわけだよ。このころになると〝あぶデカ一家〟みたいなもんですから。中条さんという漬物石のような存在があるから、やっぱり引き締まる。まさにあの刑事部屋での「鷹山！　大下！」って、あのとおりだったんですよ。

「俺、ふたりを殺すよ。いいね？　いいね？」

――『あぶない刑事フォーエヴァー　THE MOVIE』（98年）で自身初となる映画版を監督しています。

成田　映画が3本作られたとき、「次は俺だろう」って黒澤さんに直談判したけどダメで、ちょっとふてくされたことも事実です。で、しばらく経ってオファーがきて「ラッキー！」と思ったんだけど、『あぶデカ』モードにオツムを切り替えるのにちょっと苦労した。ホン作りを寛ちゃんと大川とやって、早い話が『スピード2』（97年）の設定を丸パクリでしょ。『スピード2』をどうやって『あぶデカ』にするかで苦労したのと、あとタンカーか……。最終的に鹿児島で撮ったんだけど、二転三転で大変でした。本上まなみクンも加藤雅也クンもプロデューサーのキャスティングで、俺が推したのはマイク眞木さんくらい。こういうシリーズものって監督の権限なんかそれほど強くないのよ。だってプロジェクトだもん。現場監督ごときの意見は限られてますよ。

――ひさしぶりに『あぶない刑事』を演出していかがでしたか？

成田　主役のキャラクターが決まってるわけだから、それを崩さずアレンジの振り幅をどこに落とし込むかというのが、いちばんの苦労といえば苦労。そのくらいかな。やっぱり最初は距離感が多少ありましたね。舘さん、恭兵さん、曲がりなりにも監督としてやってきた俺……それぞれ三者三様でキャリアを重ねたわけだし。現場では軋轢もありましたけど、最終的には話し合いをして監督にすべて任せるという話になりました。

――ラストはボートの上で時限爆弾が炸裂し、サングラスが海に沈んでゆきます。タカとユージは死んでしまったのでしょうか？

成田　あれも腹が立つんだよ。ホンを作っているときから伊地智さんと打ち合わせて、「本当にこれで終わりだね。俺、ふたりを殺すよ。いいね？　いいね？」って何回も念を押したの。それでエンディングでサングラスが沈んでいくじゃない。ラッシュを見たとき、伊地智さんが「沈んだ先でキラッと光ればよかったのに」って言ったんだよ。なんだよそれ、あんたが殺せって言ったんじゃないか（笑）。俺はちゃんと殺してあげたのに、そうしたら次は幽霊になって復活するしさ、ふざけんなよって。どうすればタカとユージの最期らしくなるかってことを死ぬほど考えて作った映像なのに……まぁ柳の下のドジョウは何匹でもいますからね、とくに東映の場合は。

――まさか『帰ってきた あぶない刑事』（24年）が作られるとは思いませんでした。

成田　最終的に映画もやらせてもらえたし、『あぶデカ』という作品がその後の監督人生において最大の名刺になりましたね。黒澤さんのおかげで助監督に甘んじることなく、好き勝手に遊ばせてもらえたと思います。あの人ほど新人監督をデビューさせたプロデューサーはいませんよ。まぁ伊地智さんには毎回怒られたけど、最後だけは俺が怒りました（笑）。

成田裕介 ［なりた・ゆうすけ］

1953年秋田県生まれ。高校卒業後、さまざまな職についたのちフリーの助監督としてセントラル・アーツを中心に活動。87年に『あぶない刑事』で監督デビューし、『もっとあぶない刑事』『勝手にしやがれヘイ！ブラザー』などを手がける。89年には初の長編劇映画『六本木バナナ・ボーイズ』を発表、おもな映画に『あぶない刑事フォーエヴァー　THE MOVIE』『実録夜桜銀次』『花と蛇3』など。『凶悪の紋章』ほか東映Vシネマも多数。

監督

原隆仁

長谷部さんや村川さんが作ってきたラインをどうひっくり返せるか。それは常に考えていたんです

『あぶない刑事』における〝第三の新人〟こと原隆仁は、すでに『西部警察PART-Ⅲ』でデビューを果たしており、タカが覚醒剤を打たれる「生還」ではみずから脚本も担当。最終回の「悪夢」を託された監督が語る森田芳光や松田優作との縁、さらにはシリーズ最新作を手がけた息子・原廣利への思いまで！

あらためて演出というものを森田組で学びました

――すでに『西部警察PART-Ⅲ』第68話「真夜中のゲーム」（84年）でデビューを果たした原監督ですが、『あぶない刑事』ではチーフ助監督を経たのち監督としてローテーション入り。一倉治雄監督、成田裕介監督に次ぐ〝第三の新人〟ともいうべき存在です。

原　セントラル・アーツの黒澤（満）さんからお話をいただいて「監督するにあたって、まずは現場に慣れるために何本か助監督をしてみなさい」ということで、村川（透）さんと西村（潔）さんの回につきました。以前にもおふたりの助監督をやってましたし、シャープな監督だと思っていたんです。でも、それよりも大きかったのが『それから』（85年）の助監督を経験したことなんです。

――森田芳光監督の文芸映画ですね。松田優作さんが主役でセントラル・アーツのスタッフが現場を担当していました。

原　自分のなかに〝『それから』前、『それから』後〟という区切りがあるくらい、ものの見方がガラッと変わってしまった。「演出とはこういうものなのか！」と実感しましたね。森田さんと優作さんのやり取り、芝居を作るということ……あらためて演出というものを森田組で学びました。それはすごく大きかったですね。その次に優作さんが監督の『ア・ホーマンス』（86年）のチーフをやって、けっこう大変な現場だったんですけど、あれを乗り切ったこともずいぶん自信になったと思います。

――まず助監督として参加した『あぶない刑事』の現場はいかがでしたか？

原　舘（ひろし）さんと（柴田）恭兵さんは芝居のリズムが違うので、そのリズムをちゃんと掴めるかどうかだと思うんですね。そういう意味では助監督として村川組と西村組をやらせてもらって、「自分が演出するとき、どういうリズムでやるか」というのが測れた気がします。

――言葉にしづらいかもしれませんが、そのリズムというのはどのようなものですか？

原　ニュアンスですね。だからリズムというか、舘さんと恭兵さんがそれぞれ持っているニュアンス。森田さんはニュアンスをすごく大事にするんです。で、やっぱり言葉じゃ説明できない空気感のようなものですよ。優作さんが「2センチ浮いてる芝居なんだ」ってよく言ってましたが、それはどういう意味なのか……やっぱりニュアンスなんです。

――なるほど。

原　それから村川さんね。あの人はよく言えばフレキシブル、悪く言えばいい加減なんですが（笑）、やっぱり自信があるんですよ。優作さんにしても誰にしても、「まあ、好きにやってみな。俺が撮れば絶対におもしろいものになるんだから」という自信。それも森田組を経験したあとに、わかったんです。自分の考えが絶対に正しいと信じることが、村川さんの演出術のひとつではないかなと思います。ブレがない。やっぱり『西部警察』あたりでもキチッと撮る監督よりフレキシブルで状況に合わせてラフに撮る村川さんの手法に影響されましたね。

シナリオ執筆は自分のなかの『あぶデカ』を整理する作業

――『あぶない刑事』では、まず第31話「不覚」と第33話「生還」を監督します。どちらも長崎ロケですが〝2話持ち〟だったのでしょうか？

原　そうそう。黒澤さんに言われたのが「お前はデビューじゃないからな」って（笑）。もう『西部警察』を撮ってんだから2本やれって。まぁ、そこまで苦ではなかったかな。で、まずホンを書かせてほしいと伊地智（啓）さんに言いました。シナリオ執筆は自分のなかの『あぶデカ』を整理する作業でもあったんですが、伊地智さんも「どうせ柏原（寛司）に直させるから」ということで（笑）、あっさり書いていいよという話になった。

――原・柏原の共同脚本による「生還」ですね。タカが覚醒剤を打たれて禁断症状に苦しむというショッキングなエピソードです。

原　まず舘さんをメインに、地方ロケという条件もあるので彼が地方に行かざるを得ない状況を考えつつ〝あぶない〟要素を入れようと思いました。主人公がシャブを打たれる、それが許されちゃうのが『あぶデカ』。要はなんでもありだけれども、それだけスタッフを信じてるんでしょう。普通の刑事ドラマでは、まず通らないでしょうね。プロットを出したときも、やっぱり尊重してくれたんですよ、伊地智さん。すごくありがたかったですよね。

舘さんもホンありきだから「わかった、これ、やればいいんだね」ということで、シナリオに対するクレームはなかったです。鷹山と大下をどう再会させるか。九州でシャブ中にされた鷹山が本当に生還できるのか、横浜に戻ってこれるのか。そのベクトルに関しては上手くいったような気がする。普段は軽めにじゃれ合ってるコンビがすごくシリアスな状況に陥る。でも重くなりすぎないシリアスさで、たまにコミカルな部分も入れながらシャブというショックを伏線にふたりの友情が描けたんじゃないかと思います。

――「生還」のファーストカットは暗いところで震えているタカで、通常は1カット目にサブタイトルが入りますが、2カット目のタカの主観のような、明るさが変化する不安定な画に「生還」という文字が入る。若手らしいパターン破りです。

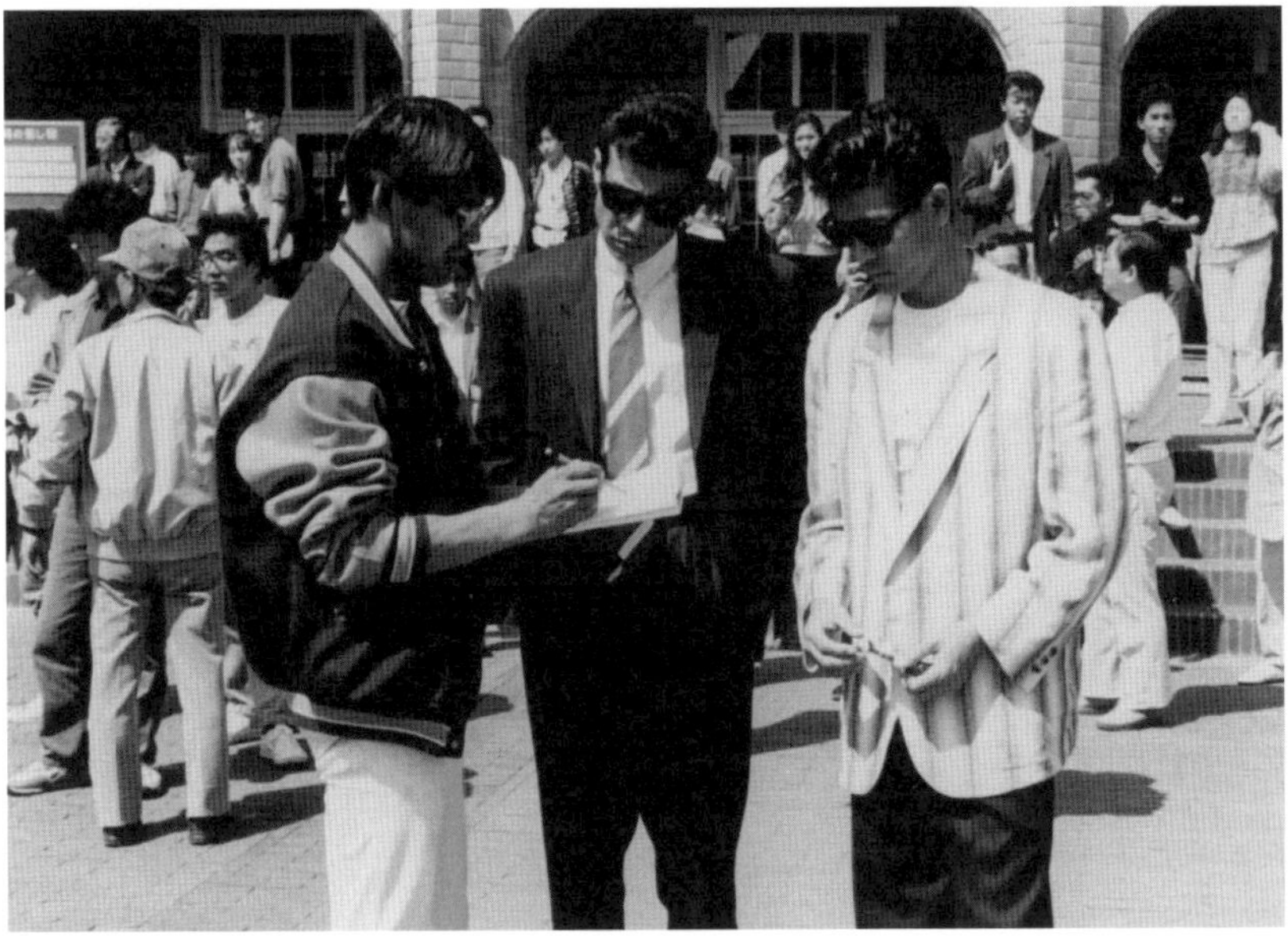

第31話「不覚」の長崎オランダ村ロケ。左から原、舘ひろし、柴田恭兵

原　そうですね。あれはタカの見た目で、ここから絶対に生還するぞという願いを込めた気がしますけどね。やっぱり長谷部さんや村川さんが作ってきたラインをどうひっくり返せるか。それは常に考えていたんですよ。自分が監督するからには、さらにおもしろいものを作りたいですから。

――撮影の思い出はありますか?

原　「不覚」のとき、ちょっと迷ったときがあったのね。芝居をどうしようか。そのとき恭兵さんが「監督がおもしろいと感じるものは、みんなもおもしろいと感じると思う。だから自信を持ってやってほしい」ということを言ってくれて、すごく気持ちが楽になりました。そこから迷いがなくなって。

――舘ひろしさんとは一度すでに監督として仕事をしていますが、あらためていかがでしたか?

原　『西部警察』でデビューしたときは、舘さんをちゃんと見られてなかった。対等ではなく、舘さんの背中を見ちゃってたんです。でも、やっぱり正面から見たい……『あぶデカ』のときは見えたね。落ち着いて舘さんと対峙できたと思う。もう舘さんをひたすらかっこよく撮ろうという意図で、かっこよくというのは姿形だけじゃなくて内面から出てくるもの……ちゃんとそれを撮れるか。でも、そういう自信がありましたね、自分のなかに。

狙いは〝止まらずに最後まで突っ走るぜ〟ということで

原　「不覚」はゲストに山田辰夫さんを呼んでもらったんです。山田さんと仕事をしてみたかったし、あの弾けるようなリズムに乗っかってタカとユージがどうなるか。それはものすごく楽しみでした。

――「男になったるぞ！」というセリフが印象的でした。

原　そうそう（笑）。「不覚」は柏原さんのホンで『西部警察』のデビューもそう。国際放映で『傷だらけの天使』（74～75年）の助監督をやってるころから知り合いだったんです。お互いハードボイルドが好きだし、たぶん『あぶデカ』も単なるローテーションではなく、伊地智さんと黒澤さんが「原の最初だから柏原のホンで」って配慮してくれたんじゃないですかね。いやもう、狙いは〝止まらずに最後まで突っ走るぜ〟ということです。「不覚」というタイトルもビリヤードの球が弾けた瞬間、音楽とともに入れたりして（笑）。

――原監督の回は手持ちカメラでタカとユージの背中から動きを追いかけていくような臨場感のあるカメラワークが目立ちます。

原　そういうリズムだったんですね。客観的に構えて撮るより、対象に肉薄したほうが臨場感が出るということで。キャメラマンの宗田喜久松さんも石原プロの方で、ぼくの回からお願いしました。ずっと知ってるキャメラマンで気心も知れている。どんな要求にも応えてくれるし、手持ちも上手なんです。脚本にしろ撮影にしろ、わがままを聞いてくれた黒澤さんに本当に感謝ですよね。宗田さんとは「仙元誠三に負けないようにしよう！」って話をして、現場に臨みましたね。仙元さんも石原プロでやっていた時期があって、『あぶデカ』でも成田組を1本だけ撮ってましたから。

撮影は12日か13日だったと思います。そんなにカツカツという感じではなく、わりと余裕で撮れましたね。セントラル・アーツのスタッフは黒澤さんを筆頭に「まぁ監督が言ってんだからやってみようよ」ってスタンスでしたから。いちばん思い出があるのは長崎のロケで、意外とボートのシーンが上手くいったんですよ。あんなにスムーズにいくとは思わなかったけど、宗田さんも石原プロでアクションをずっとやってたから、段取りに長けていて……「悪夢」の岸壁を走るクルマもそうですが、あぁ石原プロ仕込みだなって（笑）。ロケ先の大島造船所は広くていい場所でしたが、そのあと長谷部（安春）さんの映画版でも使われて、あぁよかったなと思いました。

――「生還」の撮影で覚えていることはありますか？

原　タカとゲストの竹井みどりさんの別れのシーンは、正面切って目線を合わせるよりも、やっぱり背中合わせのほうが男と女の美学が出るかなと思いました。アクションだと、（仲村）トオルが出てきて銃を撃つところの逆光、あれはもう遊びですよね（笑）。あそこまでいくと〝一世一代かっこよく〟というギャグ。横須賀の廃墟でラストのアクションを撮ったんですけど、その後につながるような舘さんと恭兵さんの連携銃撃戦が撮れて、今後もガンアクションは上手く撮れるんじゃないかという手ごたえを感じました。エイズの描写は……いま見ると引っかかりますよね。でも、あの時代はあぁいう感覚でした。

「室田ぁ？　出るわけねえだろう」

――第50話「狙撃」はタカが銀星会の組長をライフルで射殺しようとしてユージに止められる、これまた異色のエピソード。脚本は田部俊行さんです。

原　田部さんとホンの打ち合わせをそんなにした記憶はないんですよ。伊地智さんがＯＫを出して印刷された準備稿が出てくると、あとはそれをどうおもしろくすればいいかというだけ。「狙撃」でいちばんの思い出は、銀星会の会長役の室田日出男さんですね。室田さんとは『野獣死すべし』（80年）で一緒だったんですよ。ぼくはセカンドの助監督でしたが、あの室田さんと優作さんの芝居がすごくいいなと思っていて……だから「狙撃」のときセントラルで「黒澤さん、室田さんにお願いしたいんですけど」「室田ぁ？　出るわけねえだろう」（笑）。でも最後には「しょうがねえな、じゃあ聞いてみるよ」ということで、出ていただけるようになったんです。

それから中条（静夫）さんに関しては「狙撃」のとき、あらためて上手な人だなって思いました。室田さんと対峙するシーンで、すごく中条さんが大きく見えたし、かっこいいんですよ。もう上の上の、人生の大先輩みたいな存在ですが、現場では静かで「それでいいんですね。はい、やります。よろしくお願いします」というタイプの折り目正しい俳優さんでした。

――狙撃をあきらめたタカがユージとタバコを吸うやりとりも見せ場です。

原　あのくらいまでいくと、演出というよりふたりの世界なんですよ。もちろん芝居なんだけど、本当にリアルにタカとユージがいる……そういう境地だと思うんです。だからそんなに悩むことはなかったですね。中条さんと舘さんと恭兵さんの3人が銀星会の前でやり取りするシーン、「土下座っていうのをやってきますよ」とタカが言って、それを見送る2人のショットとか、ああいうところをちゃんと撮れたのはすごくよかった。

――舘さんをかっこよく撮りたいという先ほどの話ですが、原監督の回は画づくりも際立っています。

原　中学あたりからずっと洋画なんかを見てて、そうすると〝いい画〟というのが自分のなかにスクリーンサイズで入ってくるんですよ。で、このシーンをこう撮りたいと思ったときにストックがあって、そこから望遠を使ったりワイドを使ったりというレンズの選択肢が出てくるんです。工藤栄一さんみたいに地面を濡らしたりね（笑）。「狙撃」の冒頭、あれは『マイアミ・バイス』ですよ。あのころ流行ってたから、自分のなかにいい感じで入ってたんです。でも舘さんと恭兵さんだと、本家よりはるかにかっこよくなってしまう（笑）。

黒澤さんに怒られたことはない。優作さんにはあるけど（笑）

――最終回の第51話「悪夢」は、犯人が幽霊のような存在というエピソードです。

原　大川俊道のホンだよね。上手かったなぁ、あれ。ちょっと意味がわからないところがあって「最後どうすればいいの、これ。自分の解釈でいいの?」「いいですよ〜」みたいなやり取りをしましたね。実在の人間として最後まで突っ走って、最後は肩透かしを食うような……そういう作りにしようと思って。いや、そんなに難しいホンだとは感じなかった。むしろ〝走れるホンだな〟と思って、ノリました。ぼくの場合は考える前に走る。で、走ったらもう、走ってきたことを忘れてしまう。走った達成感だけにしてしまう。どれだけリズムを止めずにいけるかって……走ってばっかりだね（笑）。

――あの犯人の造形は、もしや……。

原　帽子をかぶってコートを着てね……あれは優作さんですよ（笑）『ア・ホーマンス』の衣裳から連想して、ああいう犯人を造形しました。このへんになると、舘さんにしても恭兵さんにしてもトオルにしても浅野（温子）さんにしても、もうキャラクターが自分の生活の一部なんだよね。だから放っておいても『あぶデカ』になってくれる。数字もいいし、みんなが見てくれていることを4人とも肌で感じていただろうし、そういうことを撮影しながら実感しました。

浅野さんは、タカとユージを引っかき回すポジションで、違和感が違和感にならない捉え方というのかな。そこに注意しました。浅野さんも暴走するから（笑）、どのへんのラインで止めたらいいかというのを意識して。ただ「はい、好きにやってください」でドカ〜ンというわけではなく。非常にクレバーな方ですから、自分のポジションとやるべきこと、どこまでやるかをすごく計算してたような気がするね。

トオルはこれからの俳優っていう感じでしょう。で、やっぱり舘さんと恭兵さんの背中を追っかけていく。アドリブにも食らいついていく。舘さんが渡（哲也）さんを見てるように、トオルは舘さんを見ていた気がします。恭兵さんもすごく計算をしながらギャグを飛ばしてて、その仕草が『あぶデカ』のひとつの魅力になっているような気がするね。

――最終回を任されたことへの感慨はありましたか?

原　もちろんうれしいですよね。黒澤さんとしては「最終回だからな」ではなく「まぁ順番だから、やれや」という優しい気遣いです。黒澤さんに怒られたことはない。優作さんにはあるけど（笑）。『野獣』のとき……まぁ詳しくは言えませんが、もう背がシャキンとしました。「わかりました！」って。

――国際放映での助監督時代、『太陽にほえろ！』のジーパン刑事殉職回「ジーパン・シンコ　その愛と死」の現場にも参加していたそうですが。

原　優作さんが亡くなられる少し前にね、キッコーマンのトライアングルって焼酎のCMを監督させてもらったんですよ。そのCMは、いつも崔（洋一）さんがやってて海外ロケだったから「よし、次はどこに行くんだろう」と楽しみにしてたら東映のスタジオ（笑）。その打ち上げで……優作さんもなんでもしゃべっていいという気持ちだったんでしょうね。「なぁ原、俺は昔ジーパンって呼ばれてたんだよ。知ってるか？」「はい、わたし殉職のとき現場にいました」「おぉ、そうか」って（笑）。ずっとやってると、いつかこうやって実を結ぶんだなと思いました。殉職の瞬間もそうだけど、ひたすらかっこいい優作さんを見て、そういう憧れからいくつかの現場を共有して、黒澤さんのオファーで最後にCMをご一緒できて……本当によかったですね。

安心してクルマひっくり返したり、燃やしたり

――『もっとあぶない刑事』にも監督として参加、第12話「突破」と第13話「代償」を手がけます。

原　「突破」のときにね、犯人役でエンケンさん（遠藤憲一）が出て、椎名桔平が出て、安藤一夫も出て……その後みんな活躍している俳優たちですよ。ああいうのは、うれしいなぁ。

――最後の挟み撃ちのカーチェイスのコミカルさと迫力など、ほかの回もふくめてクルマの撮り方にどこかフェティッシュなものを感じます。

原　それは気のせいじゃないと思う（笑）。その前に『バカヤロー！』（88年）ってオムニバス映画を撮ったんですよ。そこでも森田さんから「運転する身になれ！」ってタクシーの脚本をもらって、やっぱりクルマにはこだわりましたね。舘さんや恭兵さんと一緒にレパードが映るシーンなんかも配置を考えた気がします。スタッフでも思い出すのは、ぼくの場合カースタントのTA・KAですね。クルマをぶつけたり、ひっくり返したり、よくやったもん。竹内（雅敏）さんは、言えばなんでもやってくれる。石原プロは三石（千尋）さんのチームがやってて、そっちに負けないようにという気持ちがあったと思います。安心してクルマひっくり返したり、燃やしたりしましたから。

――やはりクルマへのこだわりが。

原　もうひとつ思い出した。『もっとあぶない刑事』って88年の秋ごろですよね。調布近辺で撮影してるときにクルマが停まって、すごく背の高い人が降りてきたんですよ。で、それが優作さん（笑）。「誰だい、監督は？」って感じでやってきて「原です」「おぁ、原か。なにやってんだよ？」「いま実景を撮ってるんですよ。優作さんはどうしたんですか？」「これから撮影所まで勝（新太郎）さんの陣中見舞いに行くんだ」って。『座頭市』（89年）のセットでしょうね。優作さんに「なんで『ブラック・レイン』の現場、見にこなかったんだよ」と言われたのはよく覚えてます。

――「代償」はユージがメインのエピソードで、復讐に燃える女性が登場します。

原　ゲストが相築彰子さんですよね。ユージとの2ショットを工夫したいなと思って、会話をしながら顔を見るわけではなく、背中と背中で向き合って……そういう配置を意識したような気がするなぁ。そういう距離感をワイドのローアングルで撮ってみましたが、やっぱり誰も撮らないようなショットで、おしゃれに見えるようにしたいというのは考えてましたね。刑事部屋でのベンガルさん、ああいうのはもうお任せで、ぼくらスタッフもひたすら笑わないようにこらえてました（笑）。レギュラーだと（伊藤）洋三郎はね、わりとぼくの作品に出てもらって、『べっぴんの町』（89年）もそうだし、いい役者ですよ。

――長編映画デビュー作『べっぴんの町』は柴田恭兵さんが主演です。

原　その前に恭兵さんが、セントラルで違う企画をやってたんですよね。それがダメになって黒澤さんから「軒上（泊）さんの原作があるんだけど」ということで柏原さんがホンを書いて、そのあたりでオファーを受けて、もう二つ返事で「やります！」（笑）。軒上さんの原作はすごく堅めの主人公が〝私〟という一人称で書かれてて、それを恭兵さんはすごくソフィスティケートされた〝私〟にしていくんですよ。ものすごく見事で、なんと柔軟性のある俳優さんなんだろうなと思いました。それだけでなく、今度は恭兵さんと一対一だから負けないように撮ろうと思いました。それでもやっぱり恭兵さんの力は大きかった。スターなんですよ。画面に出るだけで引き締まる。

つみきみほもよかったよね。つみきと恭兵さんの芝居をポートアイランドで撮るとき、水際にレールを引いてクレーンを持ってきて、それも宗田さんだからやってくれたんですよ（笑）。「しょうがねえなぁ」とか言いながらね。ワンカットの長回し、あのシーンが撮れたことで「映画の芯ができた」と思いましたね。『べっぴんの町』は神戸が舞台で、本当に思い出深い映画です。

――原廣利監督の『帰ってきた あぶない刑事』（24年）も神戸ロケで「横浜」の港を撮影しており、どこか共通するものを感じました。息子さんが『あぶない刑事』の最新作を監督されると知ったとき、率直にどう思いましたか？

原　いや～、うらやましかった（笑）。いいなぁ～って。一倉、成田、それから鳥井（邦男）も撮ってるし、まず「いいなぁ～！」ですよ。だからといって撮る前に、ああだこうだとは一切言わなかった。どう料理するのかは任せると決めて、観客として見ようと思ったんですよね。なにかを聞かれたりということも一切なかったし。「今度やるんだよ」「なにを？」「『あぶデカ』だよ」って感じで（笑）。

現場も見学に行きましたが、キャメラマンの佐藤（匡）くんといいコンビで、しっかり撮ってましたよ。先日完成した作品を見て、なんだろうな……親の贔屓目だとは思ってほしくないんだけど、すごくよくできてるんですよ。なにがいいって新しいリズム。ぼくらがなし得なかった、ぼくらでは表現できないようなリズム感で、しかもちゃんと新しい『あぶデカ』になっている。それから（土屋）太鳳ちゃんがいいんです。しっかりタカとユージに対して正面から芝居相手になっている。で、3人の話に集中してると周りでなにかが起きている。事件がメインじゃないのも新しいと思いました。

だからもう本当に応援して、宣伝しようと思っているんです。あの3人の絶妙な距離感というのかな。舘さんと恭兵さん、土屋太鳳ちゃんの3人がじつに楽しそうに芝居しているのが本当にいいんです。『冒険者たち』や『明日に向って撃て！』のような男女男の三角形が見事に出ていました。うるっとするところもあって、あぁ俺も歳を取ったなって思ったけど（笑）。ぼくが『あぶデカ』を撮ったのが87年で、息子が生まれたのも87年なんですね。しかも36歳のころで、ちょうど廣利が監督したのも同じくらいの年齢なんです。まるで運命のようで、そういうめぐり合わせもあるんだなって思いました。新しい『あぶない刑事』を黒澤さんに見てもらいたかったなというのが、親としての叶わぬ願いですね。

原隆仁［はら・たかひと］

1951年東京都生まれ。東海大学卒業後、フリーの助監督として国際放映、石原プロ、セントラル・アーツなどの現場に参加。84年に『西部警察PART-Ⅲ』で監督デビューし、87年の『あぶない刑事』より本格的に活動を開始する。映画に『べっぴんの町』『OL忠臣蔵』『お墓がない！』など、テレビドラマも『代表取締役刑事』『刑事貴族3』『風の刑事・東京発！』ほか多数。映画『夜逃げ屋本舗』はシリーズ化され、ドラマ版も手がけている。

演出部座談会

伊藤裕彰
児玉宜久
隅田靖

「助監督とは人間修行の場である」
すべてが監督になるための肥やしになっていく

『あぶない刑事』の演出部として現場を支えた伊藤裕彰、児玉宜久、隅田靖は、それぞれ助監督のキャリアを積んだのち監督デビューを果たす。セントラル・アーツをベースにしてきた伊藤と隅田、石原プロから合流した児玉――三者三様で語られる、いまや時効の〝あぶない〟舞台裏。長谷部組、村川組をはじめ現場秘話が次々と明かされていく。

手銭監督がいたから回った気がする

――本日は『あぶない刑事』の助監督を務めてきたみなさんにお集まりいただきました。チーフ、セカンド、サードとして全員で組んだ作品はありませんが、それぞれ一緒にお仕事をしているので、ざっくばらんに当時の思い出を語っていただこうと思います。

伊藤　ぼくは第1話からセカンドで入って、途中でチーフになりました。まずは舘（ひろし）さんと（柴田）恭兵さんの様子見というか、ちょっとした探り合いというか、それがいちばん印象的でしたね。

児玉　1本目の映画のとき、長谷部（安春）監督から声をかけられまして、その前から現場に慣れたほうがいいということで、ぼくはテレビシリーズの最後の5本くらいから入りました。

伊藤　1年のシリーズだから、最後の5本だと夏あたりかな。

児玉　最初が仙台ロケで、上野駅でみなさんに挨拶した記憶があります。けっこう急激な入り方ですよね。でも、いま伊藤さんが仰ったバチバチ感はやっぱりありました。おふたりとも相手に合わせるというより、勝負してやれみたいな。

隅田　ぼくは『もっとあぶない刑事』から入りましたが、舘さんと恭兵さんのチームワークはもう完璧でしたね。脚本もバンバン変えちゃうし、アドリブの世界ですよ。村川節が全開で楽しい現場でした。

児玉　当時の印象としては、村川（透）さんと長谷部さんのバチバチもあったんですよ。

伊藤　まぁ、そうですね。

隅田　あったあった。これは先輩から聞いた話ですけど、最初のパイロット版が長谷部さんで、ニューヨークを舞台にしたアンダーカバーコップみたいな薄暗いイメージの世界。それを村川さんがロサンゼルスやサンフランシスコの陽光のもとの刑事ものにしてしまったという。

伊藤　長谷部さんと村川さんの間に、手銭（弘喜）さんというすばらしい早撮り監督がいて。もう手銭さんがいたから回ったような気がする。

児玉　スケジュールが厳しいときに登板されますからね。午前中に現場が終わっちゃうときもあった（笑）。

伊藤　キャメラマンが「なに撮ってるの？」「いまどこ？」って。あれは藤澤（順一）さんかな。スクリプターと俺しかわからない。俺がわからないときもあって、スクリプターの桑原みどりさんに聞きましたから（笑）。

隅田　「出せ！」って言われるんだけど、カチンコのナンバーがわからない。どのカットを撮ってるのか……。

児玉　ぼくはサード時代に手銭組を経験してて、やり方は知ってたんですよ。それでも大変でしたね。

隅田　アクションで朝から夕方までかかるようなシーンがあったんですが、小道具が浅野温子さんの帽子を忘れて、まるまる午前中が潰れた。サードの俺の確認ミスですが、調布の（にっかつ）撮影所まで取りに戻ることになって。そのあと手銭さん、12時から3時間ほどであっという間に撮り終えちゃって……あれはすごかった。

伊藤　早撮りといえば手銭さんと村川さん、あとは東宝の児玉進さん。児玉さんは準備してるのに「よーい！」って言っちゃう（笑）。でも手銭さんは急かさないタイプでしたね。村川さんと児玉さんはせっかちだった。

児玉　ここだけの話、助監督は村川派と長谷部派がいたんですよ。

隅田　児玉さんは長谷部派（笑）、呼ばれたんだから。

児玉　そうだけど『西部警察』時代には村川組もやってるし、ぼくはズルいからどっちにも合わせちゃう。一倉（治雄）さんは長谷部組の直系じゃないですか。そうすると一倉さんがチーフのとき、村川さんの一倉さんに対する当たりが強いというか、なんというか……（笑）。

伊藤　逆の話だとね、『あぶデカ』の最初の地方ロケが松山だったんです。それこそ長谷部組で成田（裕介）さんがチーフで、俺、サードが鳥井（邦男）。

隅田　みんな村川派ですね。

伊藤　まぁ、そうなっちゃうんだけど……俺は『蘇える金狼』（79年）からずっとやってますから。

児玉　バリバリじゃないですか。

伊藤　で、その松山ロケはロープウェイなんかもあったのに……前日、演出部は飲みすぎて全員ぐったり。ロープウェイだから、上と下でいろいろと段取りがあるじゃないですか。なのに3人ともベロベロで。

児玉　ヤバいなぁ……（笑）。

伊藤　ついにべーさんが「一倉を呼べ！」って、もう激怒。地方ロケで、ちょっとタガが外れてしまったんでしょうね。べーさんはあんまり飲まないほうだし、ロープウェイの中が酒くさかったからね（笑）。

隅田　うわぁ……。

伊藤　あのときは本当に怒られましたよ。べーさん、怒ると怖いから。瞬間湯沸し器ですから。

児玉　顔が怖いし、普段から。

伊藤　口をきいてもらえなかった。

隅田　児玉さんは、長谷部さんとは石原プロつながり？

児玉　いや、最初は石原プロじゃなくて国際放映の『私鉄沿線97分署』（84〜86年）でサードをやってて、そこでかわいがってもらった。

隅田　長谷部さんの場合どこに行っても、かわいがるスタッフがいるんですね。でもダメな人はぜんぜんダメ。『あぶデカ』の映画版も上山（勝）さんと鳥井さんが「長谷部組やりたくない」って断ったんですよ。それで……。

児玉　わたしの出番です（笑）。

伊藤　だから俺が学校の同期の東宝でやってた〝大加藤〟ってやつを呼んだ。

加藤晃です。あのときは伊藤、加藤、児玉、村上（秀晃）の4人体制かな。

「横浜はセントラル・アーツの庭」

伊藤 最初の立ち上げのときに覚えているのは、恭兵さんの衣裳のシルバーのラメですね。ああいうのを「これがいい」と自分で決めていく。舘さんのほうは想定内のスーツですけど、恭兵さんのラメは「あ、ここまでいっちゃうのか」という驚きがあって、結果的にもそれがよかった。

児玉 あの破天荒さを出すには、まず衣裳から。

隅田 〝ハハハのハッサン〟って変装をやった回もありましたね。これなんか脚本になにも書いてないんだけど、『もっとあぶない刑事』のとき。

児玉 謎の外国人ね（笑）。

隅田 なんでもありの手銭組。

伊藤 児玉さんってセントラル・アーツは『あぶデカ』が最初？

児玉 初めてです。でも石原プロに雰囲気が似てて、だからまったく違和感なくスッと入れましたね。黒澤（満）さんって、とてもスタッフのことを考えるじゃないですか。「いいスタッフがいないと、いい作品はできない」という考えが根底にあったと思うんですよ。

伊藤 うん、現場を大事にしてくれた。

児玉 舘さんからはね、「お前、石原プロの看板背負って来てるんだからちゃんとやれよ」っていう空気をかなり感じました（汗）。お前が失敗したら俺が恥をかくんだよという、いい意味の緊張感があって。それから、もともとセントラルの作品って横浜が多いじゃないですか。だから「庭なんだな」って思いました。ロケやってても「横浜はセントラル・アーツの庭なんだな」と、そういう感覚でしたね。

隅田 「あのシーンは、あそこで！」と、口頭のロケハンも多々ありました。

伊藤裕彰

――『あぶない刑事』の撮影はガンアクションあり、カーアクションありですが、とくに大変だった現場はありますか？

伊藤　自分が大変だったときがあって……タクシーに轢かれたんですよ（笑）。桜木町駅の広い道路を横断するときで、恭兵さんの銃を持ってた。そんなところで轢かれたら人が集まりますよね。それで製作部が「大丈夫か！　大丈夫か！　なんか渡すものないか⁉」って大げさに。野次馬がいっぱいいるなかで、こうやって銃を出したらみんなが「わっ！」（笑）。

児玉　ただでさえ街に迷惑かけてんのに、そんなことまで。でもカーアクションやバイクアクションの事故はなかったですね、大きなのは。

伊藤　そこは徹底していましたから。逆にセントラル・アーツ以外の会社でやると、すごくゆるく見えることがありました。製作部やスタッフの意識が、ぜんぜん違いましたから。

児玉　日本大通りがまだ広いころ、真正面から4台くらい同時にスピンターンしていくカットを撮ったり、けっこうスタントはやりましたね。

隅田　でも、最初はギクシャクしてたって話を聞きましたよ。製作部も固まってなくて。

伊藤　製作部はね、いろいろ変わったんです。服部（紹男）さんが仕切って、最終的に氏家（英樹）や益岡（正志）が進行で定着したけど、それまでは人が出たり入ったりして。

児玉　やっぱりそれだけキツかったんですかね。

隅田　お騒がせもんがいたって聞きましたよ（笑）。

伊藤　俺がタクシーに轢かれたときは、市川（幸嗣）がやってきて、あいつに銃を渡したんだから。

児玉　また市川さんっていうのがおもしろい人でね、そういうときに芝居がかるんです（笑）。野次馬を意識して「大丈夫かぁ！」って感じで。

現場スナップ。左から撮影の松村文雄、監督の長谷部安春、助監督の一倉治雄

伊藤　にっかつ撮影所で火が出たとき、市川がホースを持ってどうのこうのって武勇伝があったもんね。

児玉　たしか第5ステージかどこかの火事で……。

隅田　あのときも『あぶデカ』は撮影してましたよ。長谷部組でチーフが鹿島（勤）さんだったのを覚えている。

児玉　ぼくは石原プロのロケハンから帰ったら火事だった。後日談があって、ステージの2階の廊下のところに『スウィートホーム』（89年）ってホラー映画の小道具の人形があって、その箱だけが燃えてなかったという……。

――さかのぼりまして『あぶない刑事』の第20話、成田裕介監督のデビュー作「奪還」から伊藤監督がチーフに昇格しています。

伊藤　俺はね、成田さんにはいろいろご迷惑をおかけして、もう自分のことで手一杯……成田さんも1本持ちとはいえ初めてだし、キャメラマンに仙元（誠三）さんが出てきて、赤レンガ倉庫にすごいライティングをした。

児玉　ぼくは原隆仁さんが『西部警察PART-Ⅲ』（83～84年）でデビューしたときサードだったんです。原さんの最初の印象は「元気なチーフだな」。春先でも短パンで、テニスをやるような格好でいるわけです。かっこいいし元気だし、チーフとして憧れましたね。

伊藤　成田さんは仕切り屋でガンガンいく。一倉さんは理路整然としたタイプで、ホンに書いてあることに忠実にやる。で、原さんは本当に明るく元気。

隅田　そうだ、西村潔さんって黒澤さんの同期なんでしょう。

伊藤　立川高校ね。だけど東宝のなかで西村さんも異色ですよ。

隅田　これは一倉さんから聞いたんですけど、助監督やってて撮休のとき西村さん家《ち》に電話したら「主人はテニスに行ってます」。ずいぶんハイブロウなんだなって。で、日活の監督に電話すると「麻雀に行ってます」（笑）。その違いはなんなんだって。

児玉　だいたい麻雀かパチンコ、もしくは居酒屋ね。

隅田　日活と東宝の違いだ。

伊藤　あと東映系の監督が入ってたら、どうなっていたことやら（笑）。

長谷部監督にもタメ口ですから

――劇場版1作目の『あぶない刑事』（87年）の思い出はありますか？

児玉　やっぱり横浜駅前の牽引カット。やたら人が集まっちゃって。

伊藤　オープニングですね。

児玉　だから1回中止したんですよ、たしか。人が多すぎて「今日はできないわ」ってなった、そんな記憶があるんですけど。

伊藤　高島屋のほうの、細い一方通行のところ。やっぱりベーさんも映画だから気合が入ってました。

児玉　最終のシークエンスの長崎ロケ、

ボートで逃げる犯人の豹藤をヘリが追う。で、その状況を撮ってるカメラヘリがまたあって、要は〝ヘリヘリ〟のカットなんです。で、タカとユージのヘリには本人が乗ってない。

無線の連絡もあるんで、ぼくが吹き替えのユージをやったんです。衣裳を着て銃を持って乗るんですけど、そのときシートベルトから振り落とされそうになったんです……ヘリが急旋回して、スッとそのまま。じつは機体から身を乗り出すためにシートベルトをゆるめていたんです（汗）。飛行機だとGがかかるんですが、ヘリはそれがなくて、あやうく落ちそうになった。いろいろアクションものをやってますけど、あれは怖かった体験のひとつですね。

隅田　死にますね、それは。キャメラマンが姫田（真佐久）さんでしょう。

伊藤　姫田さんと丸池（納）さん。ヘリは丸池さんが乗って撮った。セットは1キャメで姫田さん。アクション部分だけ2キャメで。

隅田　長谷部さんは別のキャメラマンとやりたかったと聞きました。

伊藤　そうね。だから……。

児玉　だから合ってなかったんだ。

隅田　日活時代から姫田さんといえば、中平康組、今村昌平組ですから。

伊藤　姫田さんはベーさんの先輩だから、まぁロケハンも大変でしたよ。ああだこうだやってると、姫田さんが「めしも食わせんのかぁ？」って（笑）。それで「イッチ、呼んでこい」って、プロデューサーの伊地智（啓）さんまで来ちゃう。

隅田　さすがは日活の大巨匠。

――『またまたあぶない刑事』（88年）は、セカンドで児玉監督のみの参加です。

児玉　おもしろかったですよ。それこそスタッフもキャストもノッてて、もう上り調子のときでしたから。

隅田　一倉さんとチーフの辻井（孝夫）さんが合わないんですよね。テレビのときも、上手く回らなかった気がしました。

伊藤　一倉さんは理路整然として正論の人だから。いやでもね、この世界って正論だけじゃ……っていうのがあるので（笑）。

――チーフ助監督によって仕切り方は違うものですか？

児玉　伊藤さんは、紳士的なチーフなんですよ。ぜんぜん声を荒げませんし、「児玉ぁ！」なんて言われたこと1回もない。

隅田　酔っ払うと違いますけど（笑）。

児玉　鹿島さんはべらんめえ調のチーフでね。

隅田　ずっとしゃべってるもんね。

児玉　だって鹿島さん、長谷部監督にもタメ口ですから。「ベーさんさぁ」とか言ってて、「え〜？　ヤバいな、この人」って思いましたけど（笑）。

伊藤　ほかの監督でも誰でも同じだもんね。

児玉　でも、仕切りはすごい。

やっぱサードって大変なんですよ

――『もっともあぶない刑事』(89年)のフォースは隅田監督です。

隅田　4人体制でしたが、大津(是)さんと鳥井さんがダブルセカンドなので、わたしはサードでした。村川さんはキャスト・スタッフともに前向きに、積極的に進めていれば「いいね、いいねぇ!」の連発で溌剌と演出されます。児玉さんや鳥井さんは、まさにアクション映画が好きで、現場でも生き生きとしていました。俺は、そこまでじゃなかった……おそらく村川さんからも「こいつダメだなぁ」と見抜かれていたと思うんです。

たとえば児玉さんは自分で『あぶデカ』のホンまで書いてて、「すごいモチベーションだな。こういう人が監督になるんだぁ」と漠然と感じていました。このころの俺は「自分のやりたい方向性と違うんじゃないのか?」と悩んでいた時期と重なっていて、だから村川組の映画はメンタル的にちょっとキツかったんですが、まぁ乗り越えられて今ここにいるわけですけど(笑)。

児玉　いま言われてみれば「そうだったかなぁ……」って思いますけど、当時はそんなこと感じなかった。

隅田　でも俺ね、使えなかったと思う。ただ、やっぱサードって大変なんですよ。毎回2話持ちで、それぞれのホンを読まなくちゃいけないし、準備なんか追いつかない。

児玉　必ず新聞や週刊誌みたいな原稿もがある。原稿を書くのはサードの仕事で、それをやらないといけませんから。

隅田　セカンドは衣裳で、あとは現場の仕切りに集中する。ぼくなんか児玉さんや鳥井さんの姿を見てたんで、自分がセカンドになったときは「ああやればいいんだな」ってスッとできた気がします。

伊藤　現場はどうだったの?

隅田　ジミーさん(柳島克己)がキャメラマンで、村川さんの意図をよく汲んで

児玉宜久

やってましたね。でも、ステディカムを装着した撮影で腰を痛めちゃって。村川さんはカットを割っていかないから、「いいね、いいね」で全部長回し。キャメラマンは大変ですよ。

――先ほど話題に出ましたが、児玉監督は『もっとあぶない刑事』の「暴露」という回で脚本を執筆しています。

児玉　伊地智プロデューサーに「ホン書きたいんですけど」って相談して、まずプロットを出しました。『あぶない刑事』のテイストが大好きだったので、別のかたちでも参加したいと思ったもんですから。考えてみると今日までね、ぼくの仕事の9割は刑事ものなんです（笑）。で、けっこうハチャメチャな潜入捜査の話を書いたんですよね。

場所も飛び飛びでいろんなところを出して「撮るの大変だろうな」と思いながら……でも書くときはそれ考えちゃいけない。現場を知ってるだけに気持ちの切り替えが難しかったですね。制約がないんだったら、おもしろくなるがままに書いてしまえということで、さいわい俳優さんたちもノッてくれて、いい思い出になりました。

隅田　誰が監督でしたっけ？

児玉　長谷部さんです。

隅田　そのへんはね、長谷部さんって下思いなんですよ。俺だって監督にしてもらったのは長谷部さんのおかげといっても過言じゃないですし。

――『ワルボロ』（07年）での監督デビューは、長谷部さんの推薦だったのでしょうか？

隅田　聞いた話ですが、澤井（信一郎）さんと長谷部さんと黒澤さんがいて、「隅田もそろそろ監督させたほうがいいんじゃないか」って長谷部さんが言ったそうで、澤井さんもびっくりして……そういうところがあるんです。

ご自身がすごく苦労されてるんですよ。逆にセカンドからいきなりホンを書いて監督になって、チーフをやってない。

隅田靖

だから児玉さんのホンも、そういうのがあったんだと思いますね。そんなことは微塵も感じさせないんだけど、〝背中で見せる〟みたいな、本当にかっこいい監督ですね。

児玉　もう違う現場にいましたから「暴露」にはついてないんですが、仲村トオルさんがクラブのオーナーに言い寄られるシーンもおもしろくなってたし、重松収さんがいい演技をしてくれました。ぼくはデビュー作のときも自分でホンを書きまして、長谷部さんに読んでもらったんです。

──『特別交通機動隊　バトルチェイス』（94年）ですね。

児玉　ゲッ、あの作品をご存じとは相当なキワモノ好きですよ！

──派手にクルマをひっくり返してました。

児玉　大変でしたよ。日産のケンメリGT‐Rでパトカーを作っちゃったもんだから、撮ったあと「じゃあもう1本作って壊しちゃえ」って話になって、予算を足して『特交機PC110』（94年）のほうで壊したんです。まだVシネの予算が1本4000～5000万あった時代で、2本で7000万だったかな。

「いや、ここまで切っちゃうの……」

──みなさん監督デビューを果たしますが、まずは伊藤監督が『俺たちルーキーコップ』第13話「大喝采」（92年）を手がけています。

伊藤　実質は萩原聖人が主役なんだけど、立場上トオルを立てなきゃいけないのが難しくて……ホンは古内一成さんで堅実な方でした。自分としては下っ端の警官と下っ端のチンピラの友情ものにして、すごく好きなんですけどね。出来に関しては本人がどうこう言えるものではありませんが（笑）。

隅田　いや、おもしろかったですよ。

伊藤　映画学校の同期、いわゆるテレビのマルチ撮りをやってる友達に「ぜんぜんカッティングが違うね」って言われたのが印象に残ってます。あれは田中（修）さんが編集で、東映の人ってバサッと切りすぎる傾向があるんですよ。

隅田　只野（信也）さんもそう。

伊藤　「いや、ここまで切っちゃうの……」という感じがあって。でもまぁ、時間の制約があるし、新人としては与えられたホンを「やらせていただきます」っていうことでした。そのあともセントラルの作品をいろいろやりましたが、ほとんどなにも言わないですからね、黒澤さん。任せてもらえました。

──児玉監督の『バトルチェイス』はご自身の企画ですよね？

児玉　そうです。助監督になって10年目くらいで、目標としては10年で1本撮れたらいいよなと思っていて、たまたま知り合いでプロデューサーをやってくれる方がいたので、どうせやるなら自分が好きなカーアクションを提案しました。書きためていたホンのなかの1本です。

ただ当時はVシネが多かったので、わ

りとチャンスがあるにはあったんですよ。問題は続くかどうかで、正直な話あれを撮ったあと、なんか燃焼しちゃって……「次になにをやればいいんだろう」という虚無感というか完全燃焼感。もともと『007』をやりたくてこの業界に入った人間なんで「まだやれてねえじゃねえか！」と思って奮起しましたね。

――「警視庁機動捜査隊216」シリーズや「トカゲの女」シリーズなど、2時間ドラマでもクルマやバイクのアクションものを発表しています。

児玉　やっぱり意識するのは「娯楽である」ってことですね。でも近年は人間ドラマも必要だなと実感してて、もちろん娯楽性があるものを作りますけど、この年になって「それだけじゃいけないよね」って気づきました（笑）。

――隅田監督のデビュー作は『ワルボロ』です。

隅田　ゲッツ板谷さんの原作を見つけたとき、「あ、これ、『ビー・バップ・ハイスクール』に続く学園不良ものでイケる」と思って、菅谷（英智）って東映ビデオのプロデューサーに出したら、彼がノッてくれて……別の会社で映画が決まってたのを、わざわざ取ってくれたんですよ。そこから黒澤さんが「じゃあ、松田翔太でやるか」と言ってくれて、トントン拍子に決まりました。

『ビー・バップ』の1作目で鉄橋から川に飛び込むすごいアクションがありますよね。黒澤さんが「隅田なぁ。ああいうのがあると監督は長持ちするぞ」って言ってくれたんです。で、一倉さんの映画で貨物列車の上で舘さんがアクションをする……ああいうことがやりたくていろいろ交渉してもらったんですが、けっきょく難しかった。これは今だから言える話ですが、時代が違うんだなと思いました。

児玉　年々アクションは難しくなってるから。

伊藤さんの師匠は川島雄三でしょう?

隅田　俺が『ワルボロ』をやってるとき、長谷部さんは『相棒』やってたんですよ。東映でばったり会って「隅田、なんか相談することがあったら言えよ」って。実際に児玉さんは家まで訪ねたんでしょう。俺は訪ねなかったんだけど、やっぱり背中で見せる……長谷部さんの演出ってそれが多いんですよ。正面ではなく後ろ姿で撮ったり、シャイな人ですから。

児玉　長谷部さんが背中で見せるって話だと、別の意味ではね、嫌いな俳優さんは全部背中にしちゃうんですよ（笑）。

隅田　たしかに。顔見てないもんね。

児玉　こっち向こうとすると「向くな！」って。

伊藤　極端なこと言えば、芝居を見てなくて、台本を見て次のカットのこと考えてるんだから（笑）。だから「大丈夫かな……俺がカットって言ってあげようかな？」なんて思ったくらい。

児玉　でも、ちゃんと終わりごろに「カット！」。
隅田「ＯＫ！」。
児玉　ぼくがホンを持っていったときも長谷部さん、事細かにああだこうだということはなかったですね。共作として峯尾（基三）さんが直してくれたんで、ホン的にも問題ない。「そうかやるのか」みたいな感じで、後にも先にもそのときだけ王禅寺のご自宅にうかがいました。
――最後の質問ですが、とくに影響を受けた監督はいますか？
児玉　ぼくの師匠でいうと日活系の小澤啓一監督がいて、その上に舛田利雄監督がいて、舛田組系小澤派なんです（笑）。
伊藤　日活アクションの王道ですね。
隅田　伊藤さんの師匠は川島雄三でしょう？
伊藤　それは根本にあるんですけど、現場という意味だと村川さんと、やっぱり工藤栄一さんかなぁ。『野獣刑事』（82年）から『ウォータームーン』（89年）までやりましたから。工藤さんからはいろいろ学びましたね。ロケハンのとき「じゃあ、この街のいちばん高いところに行ってくれ」ってドライバーさんに言うんです。まず街全体を見てから場所を決める。
児玉　それは大事ですよね。
伊藤　大事だけど、ハッタリなの（笑）。
隅田　ぼくは長谷部さんと澤井信一郎さんが師匠だと思ってるんですが、澤井さんから言われたのが「助監督とは人間修行の場である」と。仕事や人間関係を覚えて、それらすべてが監督になるための肥やしになっていくわけですよね。
伊藤　いいこと言いますね。
児玉　だからこそ、いろいろ怒られたり理不尽な目に遭っても我慢できたところがありました。
隅田　今日は助監督というテーマで、みんな監督になってるんですけども、本当にセントラル・アーツの経験が勉強になった気がします。黒澤さんには感謝しかないですね。

伊藤裕彰［いとう・ひろあき］
１９５５年神奈川県生まれ。横浜放送映画専門学院卒業後、製作進行を経てフリーの助監督としてセントラル・アーツを中心に活動。92年に『俺たちルーキーコップ』で監督デビュー。『となりの凡人組』三部作や『今日から俺は!! 嵐を呼ぶ十七才』『静かなるドン』『夜逃げ屋本舗』『メールで届いた物語』などを監督。

児玉宜久［こだま・よしひさ］
１９６１年東京都生まれ。東京工学院専門学校卒業後、フリーの助監督を経て93年に『特別交通機動隊　バトルチェイス』で監督デビュー。『ショカツの女』『警視庁機動捜査隊216』『警視庁強行犯係・樋口顕』ほか2時間ドラマのシリーズを数多く手がける。映画は『えちてつ物語』『おしょりん』など。

隅田靖［すみた・やすし］
１９５９年東京都生まれ。日本大学卒業後、ＴＶＣ山本に入社したのちフリーの助監督となる。セントラル・アーツの作品を中心にキャリアを積み、２００７年に『ワルボロ』で映画監督としてデビュー。２０２０年に『子どもたちをよろしく』を発表。

製作主任

市川幸嗣

まさにドタバタ劇というかお祭り騒ぎのような日々でした

製作主任としてロケ地を準備し、現場を管理した市川幸嗣は第12話「衝動」より『あぶない刑事』に合流。『大激闘マッドポリス'80』からキャリアを始めた製作部が明かす、ドンパチふくめた㊙エピソードの数々。長谷部安春や西村潔の思い出、そして今村昌平から学んだスタッフとしてのこだわりとは——。

「ロケ交渉では必ず文化人類学的な考察をやりなさい」

市川　いわゆる〝今村学校〟、今村昌平監督の横浜放送映画専門学院の3期生になるんです。いまの日本映画大学で、『あぶない刑事』をやってた大塚泰之と鎌田賢一が同期なんですよ。もともと長谷川和彦さんの映画が好きで師匠筋を調べたら今村さん、それで横浜に入ったんです。当時、ぼくは新左翼を抜けてブラブラしてたのですが、この先どうしようかなと思ったころに鈴木清順監督をきっかけに映画学校に入って、今村シンパになった。

そこで「ぼくらは今村昌平にはなれないけれど、村川透になりたい」と、別に監督になるって意味じゃないですよ。表現者として村川透になりたいということを言ったら、今村さんが「俺も村川も大して変わらない」……ぼくら今村さんに心酔してるもんだから、もう全員号泣みたいな（笑）。村川さんの映画だと『哀愁のサーキット』（72年）がいちばん好きなんです。学生のとき『蘇える金狼』（79年）の戦闘シーンを東京湾の第二海堡で撮ってて、そこにバイトの応援で行きました。

ぼくは村川さんに誘われて『あぶない刑事』に参加したんですよ。2時間ドラマの福島ロケでトンネルから電車が出てくる実景を撮るのに、ずっと道端に座ってた……そのときに「今度さぁ、俺、テレビの刑事もんやるんだけど、お前も一緒にやんない」って言われて、山形訛りで。それまでセントラル・アーツとはお付き合いがなくて、応援で呼ばれるくらいだったんです。アル企画という製作部の派遣会社に所属していたのですが、そこを辞めるようなかたちで村川組から『あぶない刑事』に合流しました。

――第12話「衝動」からの参加ですね。

市川　そうそう。苅谷俊介さんがゲストで、個人的にもこの回がいちばん好きなんですよ。（柴田）恭兵さんの「どっちが正しいのかな」みたいなセリフ……派手なドンパチもいいけど、ああいうハードボイルドなタッチがね。

――『あぶない刑事』の現場はいかがでしたか？

市川　じつは横浜をあんまりよく知らなかったんです。小港町を「しょうこう」と読むのか「こみなと」と読むのかすらわからなかった。村川さんは第三京浜ができる前から横浜で遊んでた人ですから、米軍もふくめた独特の文化に詳しいんですよ。チーフ（助監督）の成田裕介さんは左翼くずれの不良で、セントラル・アーツの演出部の中軸というか、若松プロ出身だし、あの怖い怖い崔（洋一）さんの系列ですから、すごい武闘派でみんなビビってましたね。

基本は2班体制で、製作主任とチーフ助監督がペアになってA班が撮影をしている間にB班がロケハンなどの準備を進める。その繰り返しです。調布のにっかつ撮影所がベースで、ロケは成城学園のミスタードーナツの横から出発……横浜に行くのに便利ですから。

――製作部として現場で心がけることは？

市川　いちばん大事なのは、みんなが働きやすい現場を作るということですね。あとはロケ現場の維持管理。ロケハンも「すばらしい物件が見つかりました」というのは二次的なことで、それはコーディネーターや不動産屋さんがやれば済むことだと思ってます。

みんな得てして誤解してますけど、いいロケ地を探してくるのがいい製作部みたいな……もちろん探しますけどね。ぼくが映画学校で今村昌平に習ったのは「ロケ交渉では必ず文化人類学的な考察をやりなさい」ということなんです。『あぶない刑事』のときは、本牧通りの左右の飲み屋に一軒ずつ全部入って挨拶をしました。横浜のワンダーランド論と現実のロケーションとの噛み合わせをどうするか、こちらとあちらの文化の違いを理解することを、あのころは真剣に考えていたのかもしれませんね。

――なるほど。

市川　まさに今ぼくも住んでますが、横浜って狭い世界だから、いわゆる大企業というより旦那衆の街なんです。ちょっと京都と似てるかもしれない。時代劇の都が京都だとすれば、日本のアクション映画を築いてきた最大の都は、やっぱり横浜なのかなって思います。日活アクションからの流れもありますし、『あぶない刑事』は横浜を舞台に選んだことも大きいですよね。

爆破や追突が日常茶飯事でしたから

市川　当時の好きな三大監督といえば村川透、長谷部安春、澤田幸弘でしたね。村川さんはシュッとしたビジュアルで、長谷部さんは日本のサム・ペキンパー、子狸みたいなおっちゃんが澤田さん。ぼくは派遣会社の紹介で東撮（東映東京撮影所）の製作進行からキャリアを始めて、初現場が『大激闘マッドポリス'80』の長谷部組だったんですよ。もうプロ中のプロでした。

保守党の幹事長が拉致されて、それを渡瀬恒彦さんたちが救出する「スカイライダー大作戦」って回で、青梅で派手な爆破シーンがありました。なんの訓練も受けてなくて、でも火を消すのは製作部の仕事だから、ワーッて走って竹箒で消してて、そのとき「お給料もらって、こんな楽しいことやれるのか！」って心底思いましたね。進行のころは無責任に騒いでて、そこで人格形成しちゃったのが、どうしようもない老いぼれを作ってしまった……その成れの果てが今の自分なんですけど。

——『あぶない刑事』の現場もカーアクションが多いです。爆破はそこまでですが、製作部として気をつけることはありますか？

市川　映画学校の2年生のときに『太陽を盗んだ男』（79年）の現場に学生を連れて、エキストラの隊長みたいなことをやってたんです。お札を投げるシーンで、みんな興奮しちゃって、エキストラ同士が大乱闘になって現場は完全無政府状態。そういう修羅場を踏んでるから〝戦争ごっこ〟は大好きだったんですね。長谷部さんが『あぶない刑事』で芝居を撮ったあと、撃ち合いのカットバックになると「あとは戦争ごっこだな」ってボソッと言ったのをすごく覚えています。ぼくら爆破や追突が日常茶飯事でしたから。

——製作部のトップ、製作担当者の服部紹男さんはどのような方でしたか？

市川　われわれの大師匠で、服部さんもいろんな伝説がある人ですよ（笑）。黄金町の川っぷちが暗黒街だったころ、そこでむりやりロケをやって地元の怖い人たちに囲まれて啖呵を切った話とか。『あぶない刑事』は製作進行の氏家（英樹）が道路使用（許可申請）の担当だったんです。で、スタッフの間で有名な話なんですけど、氏家が加賀町警察に行くとコーヒーが出るという（笑）。

クルマに時限爆弾が仕掛けられる回があって、本牧の中央車線沿いで撮影してたんですね。そうしたら警察がやってきて文句つけてきたんで「いやいや、われわれだって別に悪いことをしてるわけじゃない。ちゃんと許可を取って」とか言ったら、氏家が「ちょっとちょっと」……小声で「すいません、昨日で切れてました」(笑)。その途端に「ど〜も申し訳ございません」ですよ。ぼくの乗っていた117クーペが爆破されたのもその回です(第48話「無謀」)。

氏家はね、セントラル・アーツの追っかけから現場に入った人間なんですよ。『プロハンター』(81年)の追っかけをやってて、ドラマの舞台になった今野アートサロンという画廊まで行ってますから。『あぶない刑事』でもアートサロンでロケをやってますけど、「横浜にこんないい場所があるのか」と思いましたね。もともと村川さんとオーナーが仲良しだったみたいです。

――スタッフで印象に残っている方はいますか?

市川　初期の美術をやっていた望月(正照)さんですね。三船プロの出身で、海外ロケのコーディネーターなんかもできるし、ある種〝スーパーアーティスト〟みたいなところがありました。ベトナム戦争のときサイゴンを脱出する飛行機に乗ってて、北ベトナム軍の迫撃砲弾がボッコンボッコン落ちてきた話を聞いたことがあります。あとはクルマのナンバーを作るのがすごく上手い小道具さんがいて、誰だったかな……あ、伊木ちゃん(伊木昭夫)だ。伊木ちゃんはナンバー作りの里からやってきたような男でした。

――セントラル・アーツの黒澤満さんは、どのようなプロデューサーでしたか?

市川　本当に偉い方でしたね。ご葬儀にも行きましたが、あれほど人徳のある方も珍しいんじゃないですか。黒澤さんと一緒に謝罪に行ったことがあって、それは1本目の長谷部組の映画(『あぶない刑事』)で、まだ汐留が車輌基地だったころ……ぼくのミスでJRに怒られちゃったんですよ。入っちゃいけない場所で撮影をしてしまって。それで「一緒に謝ってやるよ」という話になって、文明堂でどら焼きを50個買って「申し訳ございません」。この人にこんなことをさせるなんて、俺は本当にダメな人間だと心から思いましたね。

断られたシリーズでいうと……

――なにか大変だった撮影はありますか?

市川　進行の益岡(正志)がロケ先のトラブルで拉致されたことがありました。ぼくは現場にいなかったんですが、戻ってから状況を聞いて、困ったなぁ……本部に手を回して、救い出しましたけどね。

――しれっとすごい話ですね。

市川　あとは1本目の映画版が大変でした。いろいろ仕掛けが大規模になってきて、そうなると必ずしもロケのアレンジメントが上手くいくとは限らないわけです。長崎の大島造船所をテレビシリーズのロケに使ってたんですが、同じ場所でヘリコプターを使って菅田俊さんの豹藤との大がかりなアクションを撮った。で、次のスケジュールとして横浜に戻って、暴走族の集団がパーティーを開くシーンがあったんです。そっちは下の連中に任せてたら候補地がことごとくNGという困った状況で、当時の港湾局はセントラルと対立してて、なかなか許可を出してくれなかったんですよ。

服部さんから「お前、横浜に戻ってなんとかしろ」と言われて、ちょうどヘリコプターが帰るっていうから長崎空港まで乗せてもらったんです。伊地智（啓）さんと一緒に乗って、あの人は「なんか風船旅行みたいだな」ってはしゃいでるんだけど、もうこっちはドヨ〜ンとしてるわけ。1週間後のロケ地が決まらず、どうしようかと……で、ヘリコプターって、横のドアとかペラペラじゃないですか。だから「もう飛び降りちゃおうかな」と真剣に思って（笑）。結果的には横浜の共立倉庫というところで撮影できたんですけど、あれは忘れられませんね。

――ロケ場所を見つけるのも大変という……。

市川　テレビシリーズで犯人が浄水場に毒を投げようとするシーンがあって、そのときも軒並み断られました（第25話「受難」）。最終的に東神奈川の出田町埠頭にあるNTTの基地に水を張って、浄水場に見立てたんです。そこは海底ケーブルを洗うための巨大な施設で、まぁ水を張ったのはいいけど、すごくお金がかかっちゃった。服部さんに怒られて、にっかつの食堂で黒澤さんに謝りましたね。そのときも「しょうがねえなぁ」って感じで、この人なんて器が大きいんだろうと思いました。

断られたシリーズでいうと、港署の外観も替わってるんですよ。最初は本牧埠頭の海のすぐそばの横浜海技専門学院。壁に落書きされちゃうって理由で断られて、いちばん使われた三代目のロケ地が大岡川沿いの千代田生命ビル。もうないと思いますけどね。おかしなもんで中は同じセットで外だけ別なんです。港署の裏という設定で横浜銀行の駐車場をロケに使ったこともありました。

――ロケ地にこだわる監督はいましたか？

市川　長谷部さんですね。もう目から鱗が落ちて「本当に至りませんでした」って謝ったことがあります。映画でギャラリーのシーンがあって……われわれ製作部って現実とドラマ世界の間にいるじゃないですか。ぼくは今村昌平から「占領、つまりGHQが日本にやってきたときに文化的摩擦が生じても、それを上手くかわす。つまり『菊と刀』みたいなことこそが製作部の仕事なんだ」と教わっていたんです。

でも、現実論としてギャラリーという設定なのでギャラリーを探してたら、長谷部さんから「それじゃダメだ」と言われて「お言葉を返すようですが、ギャラリーとはこういうものです」って反抗したんですよ。最終的にはオフィス家具のショールームを飾ってギャラリーに見立てたんですが、それが完成したとき本当に頭が下がりました。つまり長谷部さんの案のほうがフォトジェニックで、ぼくの考えよりはるかに上でした。

ドッカーンってクルマが立っちゃった事件

――ロケでの人止め、車止めも製作部の役割です。

市川　当時は『あぶない刑事』の人気絶頂で、これも1本目の映画の話。いまから思えば狂気の沙汰なんですけど、横浜駅西口の一方通行の道にレパードを走らせた。そのとき、ざっと数えて見物人だけで3000人いましたから。もう黒澤さんまで「もっと下がって！」って人止めをやって（笑）。

ロケが終わると舘（ひろし）さんと恭兵さんがレパードから出てきて、見物人に手を振ってキャーッ……それこそ武道館のライブみたいでした。舘さんが「いや、みんな俺たちを見にきたんだから、出てくよ」と。スター中のスター、舘さんは最後に生き残ったスターでしょう。服部さんが言ってましたが「小林旭に似ている」、やっぱり日活の匂いがあるんですかね。

――舘ひろしさんの思い出はありますか？

市川　石原プロは車止めの仕掛けと装備がものすごいんですよ。〝西部警察撮影中〟みたいなゴツいやつをバーッと出す。で、セントラルの場合そこらへんから拾ってきたような赤旗で車止めをする（笑）。ある日、福富町の奥のほうでロケをやってて、急きょ「このシーンも撮っちゃおうか」ってなった。なんの装備もなかったんで「すいません、すいません」って素手で車止めをやってたら、舘さんに呼ばれたんです。

「こういうときは赤旗を用意するだろう、普通」「すいません。このシーンだけ、あと2カット撮っちゃおうってなりまして」「なぁ、赤旗が必要だと俺は思うよ」「仰るとおりです」ってやってて。で、ロケが終わってクルマに乗り込む舘さんを見送ってたら、ドアが開いて「赤旗！」（笑）。また謝りました。

――一歩間違えたら事故につながりますもんね。

市川　あれは2本目の映画（『またまたあぶない刑事』）かな、秋山武史さんがいたから助かった話があるんですよ。1台目を衣笠（拳次）くんが運転しててジャンプしたら、ドッカーンってクルマが立っちゃった事件。そのときのチーフが辻井ちゃん（辻井孝夫）だったと思うんですが、ぼくが戻ったらみんな座ってメシ食ってんですよ。

で、「あれ？　黒パトが向こうに停まってるけど、なんで屋根が見えてんの」って（笑）。完全に直立してて、本来は見えない部分が見えているわけ。あのとき後ろの2台目が追突せずに停まれたのは、秋山さんがプロ級のレーサーだったからという話を辻井ちゃんから聞きましたね。

――なんと……。

市川　恭兵さんも運転上手いですよね。この間まで『舟を編む』（24年）ってNHKのドラマでご一緒してたんですけど、当時はデイムラーの8気筒かなにかに乗ってて、たまたま芝浦のロケ現場から帰るときに「じゃあねえ～」って走っていくのを見てすてきだなぁって。劇中でもガンガン運転してましたから。

製作部的には〝手のかからない〟監督

――西村潔監督が亡くなられたとき、市川さんは『映画芸術』に追悼文を寄せています。「〝黒パト〟の日々」というタイトルで『大激闘』の出会いから『あぶない刑事』での再会を記しており、これはもう刑事ドラマの監督と製作部の現場単位の間柄を記した名文です。

市川　いや、恐縮です。なにか長い文章を書いてしまいましたね。西村さんは東宝出身で「えっ、こんなかっこいい監督いるのか。外人じゃん」みたいな驚きがありました。製作部的には〝手のかからない〟監督で、『あぶない刑事』は西村さんや村川さんのようなベテランの監督4人がしっかりスケジュールを守るから、新人に余裕を与えられた部分は大きいと思います。

新人の組だとね、一倉（治雄）さんがいちばん手がかかりました。八景島の近くの湾岸道路の突き当りがまだできたばっかりで、街路樹の木が細かったんですよ。で、恭兵さんが走るシーンがあって「木が細いと、画面が流れちゃうからイヤだ」って一倉さんに怒られて、陰で台本ブン投げましたね（笑）。なんだ、この野郎って。

――そのあと結局どうなったんですか？

市川　説得して、そこで撮ったような記憶があります。一倉組の映画（『またまたあぶない刑事』）で警官隊が走ってくるシーンがあるんですが、ぼくが考えたんですよ、あれ。もうカースタントに食傷気味だったんで、こうやったらどうですかって……森田芳光さんの『メイン・テーマ』（84年）って映画でホテルのボーイさんたちがダーッと走ってるシーンのイメージなんですが、エキストラ50人くらい呼んで警官として走ってもらいました。あっちゃん（浅野温子）が踏まれちゃって、顔に痕が残るというね（笑）。

――ほかに『あぶない刑事』で印象的なエピソードはありますか？

市川　恭兵さんも舘さんもすごく（仲村）トオルさんをかわいがっていましたね。『新宿純愛物語』（87年）に出たとき、レコード出したんですよ。それで『ザ・ベストテン』かなんかの歌番組にトオルさんが出て、たまたまそれを舘さんと恭兵さんとぼくの3人で見てたんです。スタッフルームのボロボロのテレビで見てて、あまりの歌の下手さに3人とも言葉がない（笑）。舘さんは黙って出ていって、恭兵さんが「トオルは歌やめたほうがいいな」ってボソッと。まぁ曲によるとは思いますけど。にっかつの第7ステージは本当に懐かしい思い出がいっぱいありますよ。

――港署のセットがあったのは第7ステージですか？

市川　そうです。『もっとあぶない刑事』の最後のころ、にっかつで大火事があったんですよ。特撮関係の撮影で火が燃え移って、ぼくは猛々と燃えさかるスタジオに向かって……そっちのスタッフを必死で助け出しました。あれが自分のセントラル時代を象徴しているような気がしますね。まさにドタバタ劇というか、お祭り騒ぎのような日々でした。

――その後、市川さんは映画系の「製作部」からテレビドラマの「制作部」を中心に活動し、いまも制作担当としてチームを率いています。

市川　まぁ、ぼくはバカな人間ですから現場のほうが好きだし、愚直に現場一筋でやってるだけですね。『あぶない刑事』の思い出といえば、ヘリコプターから飛び降りようと思ったのと、毎日「どうしようかな〜」と考えながら黒パトを運転していたこと。ロケ先でも素人さんには絶対に迷惑をかけない、その姿勢が強かったのがセントラル・アーツだと思います。

市川幸嗣［いちかわ・こうじ］

1957年東京都生まれ。横浜放送映画専門学院を卒業後、製作進行として『大激闘マッドポリス'80』に参加し、『ザ・ハングマン4』『あぶない刑事』などの製作主任を務める。90年代以降はテレビドラマの制作担当をメインに活動し、『君の手がささやいている』『時効警察』『帰ってきた時効警察』『時効警察はじめました』『24 JAPAN』などに参加。映画は『あぶない刑事』『復讐』『卒業』『インスタント沼』ほか。

製作主任

大塚泰之

中華街、前田橋、大黒埠頭、赤レンガ倉庫……もう絶対いまじゃできない撮影は多いですよ

製作主任として『あぶない刑事』に合流した大塚泰之は、ファンが押し寄せる現場をさばきながらロケ地を手配し、『またまたあぶない刑事』から『あぶない刑事フォーエヴァー』まで映画版にも参加した。『フォーエヴァー』では巨大タンカーを借りるという交渉に成功、知られざる撮影の裏側が語られる——。

——クルマの走りやスタントの撮影は、土日のどっちか

大塚　映画学校（横浜放送映画専門学院）の同期だった市川幸嗣が『あぶない刑事』の製作主任をやっていて、途中からぼくが合流しました。市川は長谷部（安春）さんや村川（透）さんのようなベテランの監督をやってて、ぼくは成田（裕介）さん、一倉（治雄）さん、原（隆仁）さんという若手の回。途中からチェンジして、ぼくがベテランで市川が若手と逆のパターンになりましたね。終盤になると長谷部組の映画の準備が始まったので市川はそっちに回って、ぼくがテレビに残りました。

——『あぶない刑事』では製作主任として市川さんと大塚さんが連名でクレジットされていますが、共同ではなく監督ごとで交互に担当していたということでしょうか？

大塚　そうです。チーフ助監督と製作主任がペアで、それぞれを担当するスタイルでした。たとえばA班が撮影しているとき、かたやB班は準備に回る。デザイナーとチーフとぼくとで、ロケハンに行くわけですよ。

——製作担当者が服部紹男さんで製作主任が市川さんと大塚さん、製作進行に氏家英樹さんと益岡正志さんというチームです。大まかに担当、主任、進行の役割分担を教えてください。

大塚　服部さんは全体を見て予算を管理して、担当というよりプロデューサー的に全体を仕切っていました。ぼくらにもあん

まり細かいことは言わない。「とにかく任せるから、好き勝手やってよ。あとの面倒は俺が見るから」という感じ。それで現場の責任者がぼくと市川で、ロケハンから準備から全部やって、氏家と益岡は細かいところですね。道路使用許可書の発注や弁当の手配、車輌の段取りなどを手分けしてやってました。

——第25話「受難」、26話「予感」の2話持ちから『あぶない刑事』に参加していますが、きっかけは同級生の市川さんですか？

大塚　いやいや、黒澤満さんですよ。セントラル・アーツのほうからで一倉組のときに、ぼくとチーフの鹿島ちゃん（鹿島勤）が呼ばれたんです。まず覚えてるのは当時もうレギュラーの黒パトが決まっていて、無線のやり取りとかハンドマイクとかスタッフみんなわかってるのに、ぼくと鹿島ちゃんだけ知らなくて（笑）、なんとなくごまかしましたね。

あとは原組で長崎ロケに行ったとき、帰りの空港にけっこうな人数が押し寄せちゃって、待合室の柵が曲がっちゃった。「すみません！」と謝った記憶があります。横浜のロケでも、とにかくファンが集まって、一倉さんや益岡、助監督の鳥井（邦男）もそうだったかな……バレンタインデーにファンからチョコが届くんですよ。キャストだけでなくスタッフにまで（笑）。

伊勢佐木町で撮影したときには横断歩道が赤でも渡ってきちゃうファンがいて、「申し訳ないけど、ルールだけは守ってくれ！」って、そんなこともありましたね。現場検証とか、見物人がそのまま映っているようなシーンも多いですよ。エキストラで絶対こんな人数は埋められないという（笑）。

——たしかに明らかに見物人を撮っているシーンがあります。

大塚　クルマの走りやスタントの撮影は、だいたい土日のどっちかでやってました。週末は交通量が減るので、道路使用も下りやすかったんじゃないかと思います。道幅が広い工業地帯で撮影してたので、トラックとかが少ない週末が狙い目だったんです。

——ほかにロケの思い出はありますか？

大塚　いまや横浜名所の赤レンガ倉庫ですが、『あぶない刑事』のエンディングに使われたおかげでファンが大挙して押し寄せて、かなり盛り上がってたんですよ。で、あの倉庫を潰すかどうかという瀬戸際だったのが、新聞にも載ったりして話題になり、市民の機運も高まって建物ごと残った。村川組の映画（『もっともあぶない刑事』）のとき横浜税関の建物を借りたんですが、担当の方に「ありがとうございます」と言われてびっくりしたのを覚えています。

「あのとき取り壊しに反対したのは税関だけだったんですが、こうやって建物が残ったのは『あぶない刑事』のおかげです。だから協力させていただきました」って。県警幹部の部屋という設定だったんですが、絨毯敷きの会議室で「天皇陛下にもお使いいただいた部屋なんです」ということで、そこを飾り込んで撮影をしました。

――いい話ですね。

大塚　『もっとあぶない刑事』のときは、手銭（弘喜）組で年明けに静岡の清水ロケがあったんですよ。たしかスタートが1月5日で、その直後に昭和天皇が亡くなって、もう街の火が消えた状態だったんですけど、地元の人たちが店を開けてくれました。「え、いいんですか。こんなことしてもらって」と感激しましたね。

「大塚、お前は製作部向きだ」

――舘ひろしさん、柴田恭兵さんの思い出はありますか？

大塚　たくさんあるんですけど、まずスタッフルームに行くと紙袋に入った色紙がドーンと山積みになってるんですよ。舘さん、恭兵さんへのそれぞれサイン用で、益岡と氏家に「お前ら、これ頼まなくていいの？」って言ったら「いや、大塚さんからお願いします」って。それでおふたりにお願いしにいった記憶があります。ロケ先に配ったりするサインですね。

いちばんの思い出としては、成田組の映画（『あぶない刑事フォーエヴァー』）のとき大型のタンカーを借りたんですね。鹿児島の喜入《きいれ》というところでロケをして、そこに日本石油の宿舎があったんですが、最後にお世話になった方々とバーベキューパーティーをしました。舘さんと恭兵さんも「いいよ」って出てくださって、船長さんと一緒に写真を撮ってくれたりして。おふたりともイヤと言わないでちゃんと対応してくれるのは、製作部として本当にありがたかったです。

――協力してくれた方々へのお礼も重要なんですね。

大塚　舘さんのエピソードだと、朝霞の旧米軍駐屯地で撮影したあと照明部と約束をしていて、それがみんなに焼肉を食べさせるという（笑）。舘さんから「大塚、ちょっと」って店の手配を頼まれて、目白通りのところにあるデカい焼肉屋さんを予約したら「よく見つかったな」と褒められました。

高野台の東京飯店という店で、そこに50人くらい入れましたよ。ちょうど朝霞から戻る途中で、いいルートなんです。ぼくは大泉の東撮（東映東京撮影所）で仕事をしていたので、そのあたりは詳しかったんです。

――もともと東映育ちなのですね。

大塚　映画学校の編集ゼミで浦岡敬一さんに教わっていたんですが、浦岡さんから「大塚、お前は製作部向きだ」って言われて、そのあと東撮が製作進行を探してるという話を紹介されました。

初現場は山城新伍監督の『ミスターどん兵衛』（80年）です。監督だと澤井信一郎さん、進行主任だと小島吉弘さんがぼくの師匠みたいなもので、小島さんとのペアが多かったですね。黒澤さんともセントラル作品を東撮でやったときに知り合いまし

『もっとあぶない刑事』の撮影風景、左端に手銭弘喜監督

て、そこから仕事をいただくようになりました。

――一倉治雄監督の映画『またまたあぶない刑事』（88年）では、貨物列車を使った大がかりなアクションがあります。

大塚　第三セクターで神奈川臨海鉄道というのがあって、貨物専用の引き込み線の「浮島線」をお借りしました。あの貨車の上には舘さん本人が乗って、速度も多少はコマ落としをしてると思うんですが、それでもけっこうスピードあるんですよ。ある程度スピードを出さないと安全装置がかかって停まっちゃうらしくて、舘さんにも「大丈夫ですか？」って聞いたんですが「ぜんぜん大丈夫だよ」って。

一倉さんは、ほとんどしゃべらない監督ですね。口数が少ない。映画とはいえテレビからのスタッフが大半で監督も若いし、ちょっと現場でダレた雰囲気のときがあったんですが、そこでカメラマンの藤澤（順一）さんがビシッと「お前ら、しっかりしろ！」みたいなことを言ったのはすごく覚えています。いつも寡黙なのに。『またまた』はそうでもないけど、『狙撃』（89年）は一倉さんのこだわりで大変な現場だったと製作部の先輩から聞きましたね。

――村川透監督の『もっともあぶない刑事』（89年）は、ド派手なカーアクションが満載です。

大塚　バスをめった撃ちして横転させるシーンがありますよね。たしか山下埠頭を借りてやったんですが、日曜なのに神奈川県警のお偉いさんがたまたま来てたらしくて、その現場を見て「なんであんなことさせてるんだ！」って問題になって、次の日に怒られた記憶があります（笑）。ちゃんと道路使用を出して説明もしてたんですが、呼び出しを食らいました。埠頭の撮影もだんだん港湾局の許可が下りづらくなりましたね。

もう絶対いまじゃできない撮影は多いですよ。前田橋の大夜間ロケ、バケットクレーンでドーンとライトを焚いて、消火栓が破裂するシーンがありましたが、あれも全部仕込んでカーチェイスでぶつけて……ほとんど通行止めに近い状態でやったんですが、村川さんはせっかちなんで、すぐ本番いきたがるんです。

「もういい？　もういい？」「待ってください。まだ車止めなきゃいけないんで。チーフとこっち側で合図出しますから、もうちょっと落ち着いててください！」なんてことが散々ありました（笑）。もう最後は「監督じゃなくて、こっち側だけでやるから、おとなしく待ってて！」と。なにか事故が起きたら取り返しがつきませんから。で、「わかった、わかった」と言いながら、だんだん「まだなの？　まだなの？」って。

――目に浮かぶようです……。

大塚　中華街のロケも加賀町警察に何回も足を運んで、発展会という組合に全面協力してもらいました。「こっち側で撮影する時間帯は何時から何時、あっち側は何時から何時で、警備員を全部つけてやります」という段取りを組んだので、うるさかったのは港湾局ぐらいですね。

――7年ぶりの復活となった『あぶない刑事リターンズ』（96年）も村川組です。

大塚　『リターンズ』は新しいロケ地もあんまりなくて、倉庫のドンパチなんか借りるのも楽なんですよ。ミサイル関係だと磯子の火力発電所に「実景を撮らせてほしい」と相談したら「いいですけどミサイルぐらいじゃ、うちは平気ですよ」って言われました（笑）。ここからカメラマンが仙元（誠三）さんですよね？

――はい、そうです。

大塚　港湾局の許可を取って大桟橋で撮影をさせてもらおうとしてたら、ドタキャンになったんですよ。後日あらためて瑞穂埠頭でやらせてもらったんですが、そのとき仙元さんから「お前、ちゃんとやってくれよ」と言われました。ぼくのモットーじゃないですけど、全部お膳立てをしてスタッフのみんなに「どうぞご自由に。演出も撮影も好きにやってください」という場を作るのが仕事だと思ってるんです。だから監督やカメラマンに余計な神経を使わせたくない。仙元さんでも普段はぼくをすごく信用してくれました。

巨大タンカーをいかにして借りるか

——先ほど打ち上げのバーベキューの話が出ましたが、『あぶない刑事フォーエヴァー THE MOVIE』（98年）には日本石油の巨大タンカーが登場します。これはどのような経緯で借りることができたのでしょうか？

大塚　黒澤さんや伊地智（啓）さん、柏原（寛司）さんたちが脚本の打ち合わせをしているところに呼ばれたんですよ。最後の舞台をどうするかで二転三転してて、最初にタンカーの案が出ていたんですが「やっぱり無理だろう」となって、そこからホンが難航していて……黒澤さんが「大塚、タンカーなんとかならないか？」と。いい代案が出なくて、やっぱりタンカーに戻したいと相談されたんです。

もとの台本も読んでいて、タンカーというのは気になっていたので多少のリサーチは進めていたんです。それで知り合いに軽い気持ちで「船を借りられるところない？」って聞いたら、そいつの会社の後輩がなんと石油公団の理事の息子……しかも、よくよく確認してもらったら理事ではなく理事長ということで。さっそく内幸町の石油公団に行ってお願いをして、理事長から日本石油を紹介してもらったんです。

で、広報の方と打ち合わせをして横浜の磯子にある日石の埠頭にタンカーが入る日があったので、ロケハンをして撮影日も決めて段取りを組んだんですが、これが土壇場でダメになってしまった。

——なんと！

大塚　ちょうど磯子でボヤ騒ぎが起きてしまい「住民感情があるので、こんな時期に撮影隊を呼ぶわけにいかない」となって、最悪の場合もう模型を借りるしかないかと覚悟しました。いつもはイケイケの成田さんも「もっと小さい船でいいよ」と言い出して、「申し訳ないけど、もうちょっと待ってください。とにかく待ってください」としか言えなくて……。

それから、ようやく先方から提示されたのが先ほどの喜入。1週間から10日停泊するという話で磯子よりも日数があり、理想的な状況だったんです。ただ鹿児島まで行かなきゃいけないので黒澤さんや服部さんに「喜入でしか無理です。これでやらせてください」とお願いしました。

——タンカーでの撮影はいかがでしたか？

大塚　港ではなくタンカーは沖合に停泊しているので、スタッフや機材の輸送はタグボートを手配しました。タンカーって革靴NGなんですよ。靴底がゴムじゃないとダメ。だから主役の靴も普段とは違うものを用意してもらいました。あとタバコも一切厳禁で、停泊中は蓋を空けてガスを抜いてるんです。

ヘリの空撮もやりましたし、船内は機械室の撮影がほとんどだったんですが、あそこがめちゃくちゃ暑いんですよ。高さも

10階建てのマンションくらいあって、エレベーターが狭いから機材の運搬も大変。だからセッティングしたら、もうそのまま置かせてもらってましたね。

本当に蒸し風呂みたいで脱水症状が起きそうだし、そんな状況で弾着を使った銃撃戦をやって……もちろん事前に安全確認はしてもらいましたが、撮影部のセカンドの葛西（誉仁）なんかいちばんキツかったんじゃないかな。磯子の停泊は4日間で撮影できるのは下手したら2日だったので、結果的には完全にラッキーでしたね。

――いやぁ、まさかまさかの連続ですね。

大塚　黒澤さんからも「まさか、できると思わなかったよ」って言っていただけて、自分のキャリアとしても大きな思い出ですね。その後も『カイジ　人生逆転ゲーム』（09年）で大型客船を借りることになるんですが、まぁこのときも二転三転しました。

嫌いになった人がいないんですよ

――その後はフリーの制作担当として活動してきた大塚さんですが、2001年に「三城」という会社を設立します。

大塚　きっかけは日テレのドラマを何本もやってて、要はある程度の仕事を任せたいから個人ではなく会社を作ってくれという話だったんです。三城として最初のドラマが『ＦＡＣＥ　見知らぬ恋人』（01年）で、基本的には現場を管理するラインプロデューサーの役割です。フリーの立場とは扱う金額がケタ違いだし、会社の経営というのも大変でしたね。

――三城という社名の由来は？

大塚　「城を攻めるには三方向から」みたいな中国のことわざがあって……要するに会社、スタッフ、日テレの三角形で、回転すると円になる。回るとどこからでも城が攻め落とせる、仕事が常に回っていくという期待を込めて三城にしたんです。日本テレビアートにいた北島和久という親友の提案で、会社の設立も彼がアドバイスしてくれたんです。もう亡くなっちゃったんですが、北島とはいろんな仕事をしましたね。

――仕事をするうえで心がけてきたことはありますか？

大塚　やっぱり撮影する場所を提供するということ。映画は総合芸術であり、みんなが力を合わせて作るものだから、その力が出せる場所を提供するのが、われわれの仕事だと思っています。黒澤さんに言ったことがあるんですよ。「オープンスタジオでいいから撮影所を作ってくださいよ。そういう場所があれば思いどおりの撮影ができるじゃないですか」って。年々いろんな規制や制限が強くなってますからね。

つらいのは、全部段取り組んでＯＫだったところがドタキャンでダメになることです。今日何度も言ったかもしれませんが（笑）。ぼくが製作主任として一本立ちしたのは早くて、澤井組の『めぞん一刻』（86年）なんです。28歳のときかな。そこから切れ目なく仕事をさせてもらって……これもぼくのポリシーですが、嫌いになった人がいないんですよ。

――えっ、本当ですか!?

大塚　スタッフでもキャストでも「この人と仕事したくないな」と思ったことがない。もちろん苦手な人はいますよ。仕事がきたとしても、ちょっとお断りしようかなという人はいます。でも、こちらから面と向かって「イヤだな」という人はいないんですよ。だから、いろんな監督やスタッフと仕事をしてこれたんだと思います。

大塚泰之［おおつか・やすゆき］

1957年栃木県生まれ。横浜放送映画専門学院卒業後、フリーの製作進行として東映東京撮影所やセントラル・アーツの作品に参加。86年公開の『めぞん一刻』で製作主任となり、『あぶない刑事』の各シリーズに参加。日本テレビの連続ドラマの制作担当を務めたことから2001年に三城を設立し、『FACE　見知らぬ恋人』『左目探偵EYE』『明日、ママがいない』などのプロデューサー、ラインプロデューサーを務める。

製作進行

氏家英樹

振り返ってみると、ぼくらスタッフにも〝あぶない刑事イズム〟みたいなものがあった

製作進行として現場を支えた氏家英樹は、21歳のとき『あぶない刑事』に参加し、相棒の益岡正志とともに最終回まで疾走。レパードの運転から始まり警察署への道路使用許可申請、カースタントの車止めなど知られざる横浜ロケの舞台裏を告白する。さらには愛車「117クーペ・レッド」の運命とは!?

加賀町警察に行くとコーヒーが出てくる

氏家　本当に〝あぶない製作部〟という状況で、益岡（正志）は9話くらいから、わたしは12話から合流したんですよ。別のセントラル・アーツの映画で仕上げを担当してたんですが、われわれが投入されたのは次々と製作部が抜けていったからなんです。10本目くらいまでは、ものすごくスケジュールがキツかったらしくて。

現場でスクリプターさんに挨拶したら「わたし、製作部のことは覚えないようにしているの。だってすぐいなくなっちゃうんだもん」って（笑）。なんてことを言うんだ、この人は……って思いましたが、そんな状況だったのでしょうね。

初仕事は劇用車のレパードを運転して、東神奈川の駅で（柴田）恭兵さんをピックアップすること。それが……けっこうギリギリで、なんならちょい遅れたんですよ（笑）。恭兵さんはプライベートでは寡黙な方で、その日はずっと一緒に現場移動したんですけど、緊張しましたね。そのレパードは撮影以外の仕事でも使っていて、元町でコインパーキングに停めて戻ったら黒山の人だかりができていたこともありました（笑）。

――それくらい『あぶデカ』人気がすごかったんですね。

氏家　わたしは製作進行として現場をやりつつ、警察署に道路使用の許可申請書を出しにいく係でした。加賀町警察、伊勢佐

木警察が中心で、元町や中華街は加賀町警察の管轄、本牧は山手警察とかね。だから各署の担当者とは顔なじみで、加賀町警察の方がわたしの顔を見た瞬間、こうやって手招きしてカウンターの中に入れてくれてコーヒーが出てくるという（笑）。多いときは、ほぼ毎日のように行っていたんですよ。

で、ある日、その人が「氏家くん、今日からコーヒーを出せなくなってしまった。申し訳ない。市民の目もあるので交通課長に注意されてしまった」と。いやいや、コーヒーが目的じゃないし、なんなら早く帰りたいからホッとしたんですけど（笑）。

――横浜の各地でロケをしていたので準備が必要なんですね。

氏家　映像にも残ってるから言っちゃうんですけど、当時はいろいろゆるかったんですよ。昭和から平成の初期ですから、公道でパトカーを横転させるシーンも道路使用を出しにいくわけですが、当然そうとは書けないので〝普通の走行シーンで整理員がいて、カメラはこっちです〟みたいな略図を出しました。いまは赤色灯をつけて走行させることすらダメで、CGの後処理で足してるんですよ。敷地内はOKだけど、公道はNGです。

――当時の体制は製作担当者に服部紹男さん、製作主任に市川幸嗣さんと大塚泰之さん、製作進行に氏家さんと益岡さんという組み合わせがメインでした。

氏家　服部親分がトップにいて、もちろん「親分」なんて本人には呼びませんけど（笑）、その下に若頭として市川さん、大塚さん、それから鎌田（賢一）さん。で、末端の組員がわたしと益岡。現場は主任1人・進行2人の体制で、主任は2話ずつ交代して次の準備をするんですが、われわれは現場べったりなので半年間休みがないとかザラでしたね。

もはや横浜は「庭！」って感じでした

――先ほど道路使用の話が出ましたが、製作進行の仕事を教えてください。

氏家　おもに益岡が担当していたのが弁当の手配ですね。撮影中のスタッフは食事が楽しみなので、弁当のチョイスは大事でした。それから製作部の仕事じゃないんですけど、中華街や馬車道だと〝バレめし〟と言って、みんな好きなものを食べにいく。スタッフもそれぞれ馴染みの店があって、恭兵さんとのランチだと馬車道の場合はとんかつ屋の盛り合わせが定番でした。

――なるほど。

氏家　あとはロケが円滑に進むための人止めや車止め、ご近所に迷惑がかかりそうだったら挨拶をしたり。人だかりが多いときは「はい、いま動けばいちばんいいところで見れますよ！」って、わたし誘導するのは上手かったんです（笑）。街中でのクルマの走行シーンなんか製作部だけじゃ足りないのでドライバーや演出部にも協力してもらって、チーフ助監督が道端にチョークで図を描いて「カメラこっち向きで、こう走ってくる。ここところに路地がある。スタート位置に4人必要で……」と、車止めのシミュレーションをするんです。

日本大通りなんてパトカーをひっくり返す定番で、「じゃあ日本大通りでやるか」ってロケハンなしで決まる場所でした（笑）。だいたい日曜日に埠頭や廃墟、工場のアクションをやって、逆に日本大通りは週末になると人が多いので避けていた気がしますね。なにがあっても事故を起こしてはいけない。本当に体を張って止めてました。20歳そこいらのいい加減な若造でしたが、がむしゃらにやるしかなかったし、上の教えがよかったんだと思います。

親分の服部さんはもともと日活の方で、装飾部から製作部に移ってプロデューサーになったんですけど、3本目の映画（『もっともあぶない刑事』）のときパトカーが10台くらい横須賀の埠頭でスタントするシーンがあった。スタントマンは3人、あとの7台はぼくらがやるわけで、ただ追いかけるだけとはいえカースタントと称しても過言ではないレベル。で、その10台を用意するのに服部さんは元装飾部だから、すっごい慣れた手つきでマスキングを張って黒のスプレーかけてパトカーを完成させたんです（笑）。

――劇用車はレパードやセドリックなど日産ですが、犯人のクルマは他社が多かったのでしょうか？

氏家　そうですね。服部さんが当時乗っていたマークⅡもよく使ってたし、市川さんの117クーペは最後廃車にしたし。なにを隠そう、わたしも18歳のときアルバイトして買った117クーペが……朝、鎌田さんから電話がかかってきて「乗ってきてくれ」。それこそ最終話の「悪夢」ですよ。舘（ひろし）さんに追跡されて、最後はリアガラスを拳銃で撃たれてスタンってなる……あの赤の117クーペは、わたしのクルマです。

帰りはフロントガラスもリアガラスもないクーペに乗って、保土ケ谷バイパスを泣きながら運転して「ガラスがないと、こんな音がするんだ」って思いました（笑）。運転には自信があったので、スタントマンがいるのに急発進は自分でやったんです。「俺のクルマだしさぁ、これくらいやらせてくださいよ」って。

――ほかにロケの思い出はありますか？

氏家　あとはややこしい筋にも……なんでこんな若者に行かせるのかってくらい、いろんな事務所まで挨拶に行きましたね。まぁ商店街の会長に挨拶するようなもんで（笑）。警察に連行されたことも一度だけあって、管轄が微妙なところに簡易セットを作ったら110番が入って、パトカーが来ちゃった。で、顔見知りなんですよ、その警察の人が（笑）。『あぶない刑事』だけでなく『勝手にしやがれヘイ！ブラザー』（89〜90年）も同じような体制でやってたんで、もはや横浜は「庭！」って感じ

関係各所に渡すため、舘ひろしにサインを書いてもらう氏家

でした。

――にっかつ撮影所でのセット撮影のとき、製作進行は現場につくのでしょうか？　それともロケの準備に回るのでしょうか？

氏家　わたしはあまりいませんでしたね。道路使用を出しにいったり、外に出ていることが多かったと思います。益岡は〝ベル番〟という本番のときにベルを押す役目でずっと座ってました。セットは製作部的に楽といえば楽なんですが、お茶を入れたりとか細かな仕事はありましたね。

手銭組は早さのレベルが違うんです

――製作主任の市川幸嗣さんから「氏家はセントラル・アーツの追っかけをやっていた」とうかがいました。

氏家　あのおじさん、すぐ話を盛るからなぁ（笑）。追っかけというか、ぼくらが高校のときに『プロハンター』（81年）というセントラル・アーツのドラマがあったんです。それが大好きで「YOKOHAMA My SOUL TOWN」って藤竜也さんの背中の文字をそこらじゅうに書きまくって友達に心配されるくらいファンでした。

だからバイクの免許を取ったあと横浜まで行ったんです。土地勘もないのにメインの舞台になった今野アートサロン……「M&R探偵社」の外観にたどりついて、マスターにコーヒーを入れてもらいました。数年後、『あぶない刑事』のロケでアートサロンに挨拶に行ったら、マスターが「君、高校生のころ来たよね」と覚えてくれてましたね。学校は横浜放送映画専門学院で、在学中に参加した初現場が（松田）優作さんの『ア・ホーマンス』（86年）だったんです。

――セントラル・アーツ好きとして理想のデビューじゃないですか！

氏家　まぁ追っかけじゃないんですけどね。最初は「いつか監督に」という気持ちがあったんですが、3本目の映画のときにプロデューサーの青木（勝彦）さんが「ちょっとメシでも食おうか」。で、すごくすてきな方だったんで、食べ終わるころには「製作部でやらせていただきます」と（笑）。かっこよかったんですよ。現場でも他のスタッフの振る舞いよりも、青木さんが指示を出して仕切る姿に憧れて、いまではプロデューサーにまでなれたので感謝しております。

――映画とテレビでは現場のスピードも違いますか？

氏家　恭兵さんをレパードに乗せて初めて現場に行ったとき、カメラの周りにスタッフがいるから「今日から入った氏家です。製作部です」って挨拶で回っていたら「いくぞー！」ってテストが始まっちゃって「えー？」って思いました。あれは村川（透）組だったかな。映画の場合は午前中カメラが回らないこともザラですから。

――第12話「衝動」からの参加なので村川組ですね。手銭弘喜監督がいちばん早撮りだったと、みなさん仰っていました。

氏家　手銭組は早さのレベルが違うんですよ。あまりに早いから、ある俳優さんを駅まで送ったとき「ぼくは撮り終えたんですか？」って聞かれたのを覚えています。ほかの監督も早い人ばかりで、長谷部（安春）さんの回で恭兵さんが朝ちょっと遅れたことがあって、台本1ページ半の分量を40分ぐらいで撮らなきゃいけない。ワンカットでガーッとやって、そのときは手銭さんより早いんじゃないかって思いました。

村川さんも長回しが多くて、そこにカットインを入れるので「カット挟むんなら割ってくれよ」って照明技師がコボしてました。ええ、井上（幸男）さんが。現場のちょっとした愚痴をぼくらに話して勉強になりました。『あぶない刑事』の現場で会ったイヤな人ってちょっと思いつかないですね。わたしのことを「しょうがない製作部だな」って思った人はいたかもしれませんが（笑）。

黒澤（満）さんのお葬式のとき、ひさびさに照明部チームが5人くらい集まっていて相変わらず先輩後輩で仲良くしてましたね。原田満生は組付の大道具で装置を担当してたんですが、そのあと超有名な美術のデザイナーになりました。初めて彼が賞を獲ったとき、あの原田だと思わなくて同姓同名かと思いましたもん。まだ若かったからロケが終わって、にっかつに帰って、また横浜に飲みにいったり……原田や益岡みたいな同世代の仲間と遊んでましたね。

――若手の監督の現場はいかがでしたか？

氏家　製作進行としては本当に「早く撮ってよ」と思いました。ある監督の初日では、午前中で終えて次の現場に行かなきゃいけないのに昼を過ぎてもまだ撮ってて……ベテランの監督から受け継いだ新人だから無理もないですよね。『あぶない刑事』でデビューした監督のみなさんも今や大ベテランです。

　カメラマンの柳島（克己）さんも『あぶない刑事』がデビューで、今たまたま一緒に仕事をしてるんですけど、もはや日本を代表する大カメラマンのひとりです。シリーズも後半になるとみずからロケハンして知ってるところを提案したり、「先輩はなんにもしなくていい。俺が全部やりますから」という気持ちで自分なりにやってましたね。

――1987年公開の『あぶない刑事』から映画版の三部作がスタート。長谷部安春、一倉治雄、村川透の各監督が担当しています。

氏家　長谷部さんは映画とテレビを明らかに使い分けてるというか、テレビのときはそんな長谷部さん一切見たことなかったんですけど、服部さんと激しく言い争ってることがあって、怖かったですね。地方ロケで「こんなところじゃ撮れない。もっと大きなところでやらないとダメだ！」って話をしていて、やっぱり違うんだなと思いました。

わたし、2本目の一倉組は別の映画をやってて、ついてないんですよ。で、3本目は村川さんですが、はっきり言って村川組はテレビと同じように撮ってました（笑）。

――『もっともあぶない刑事』（89年）ですね。しかしド派手なカーアクションやガンアクションがあったり、けっこう大がかりな作品だと思うのですが……。

氏家　ワンエピソードだけ覚えているのが、元町の前田橋って川沿いの道での撮影で、クルマがバーッと走ってきて蹴散らしていく。そこにスタントマンがスタンバってて、クルマにぶつかりそうになってよけるという段取りだったんです。でも本番でそれがうまく伝わらなくて、なんにもしないままクルマが通り過ぎちゃった。

　普通もう1回やるじゃないですか。でも「ＯＫ！」。「えぇ!?」って思いましたけど（笑）、こんなの何回もできねえよって。村川さんがすごいのは「そこにこだわっても誰も見てないでしょ。こんなところに労力使うより、こっちに集中しよう」という、その配分をものすごく心得てらっしゃるんです。上から目線みたいな言い方になっちゃいますけど、映像のことをすごくわかっていて無駄なことはしない。いまでも現役で撮り続けているからすごい方です。

「あ、俳優もやってる氏家くんね」

氏家　内トラ（身内のエキストラ）として、けっこう出演もしたんですよ。いちばんの思い出は長谷部さんが撮った『もっとあぶない刑事』の最終回（第25話「一気」）で、鉄塔の上から恭兵さんを狙うスナイパー役の俳優さんが「いや、無理です。高いところダメなんです」って帰っちゃった。子供のころから『ウルトラマン』で見ていた有名な方なんですが。

それでチーフの鹿島（勤）さんが「氏家でいいんじゃないか」って言って、もう吹き替えじゃなくて役替えですよ。で、セリフは一言もしゃべらず、最後は撃たれて落ちる重要な役です。氏家だったら〝寄り〟は撮らなくていいかとなったとき、撮影助手が「このカットのために望遠レンズを用意したんで撮ってください」と。たしか市川さんに「おいウジ、次の道路使用を受け取れるの今しかないぞ。行ってこいよ」って言われて、「すいません、俺ちょっと出番なんで」（笑）。

ほかにも何度も出ていますが、わたしの出番でいちばん長かったのが〝セリフ3行で6シーン連続〟という回。それは仙台ロケだったんですけど、服部さんが「監督、氏家でいいでしょ?」「ああいいよ」って。

――西村潔監督の第47話「報復」ですね。もしや犯人一味の役でしょうか?

氏家　そうです。誘拐事件の話で、内藤剛志さんと共演しました。黙ってクルマを走らせて港署の刑事に尾行されたり、最後は舘さんに拳銃を突きつけられて「頼まれただけなんだよ。ここまでクルマ転がしたら3万くれるって言われて雇われたんだ!」「お前、妹をどこに隠したんだ?」……もう完全に〝役〟ですよ。衣裳合わせもしましたし。

オンエアされた翌日に横浜を歩いてると、顔なじみの街の人に「昨日見たよ」って言われたり、シリーズごとに服部さんと伊地智（啓）さんとわたしで警察署を回って担当者に挨拶をするんですが、行くたびに「あ、俳優もやってる氏家くんね」と言われて、伊地智さんが「お前、すげえな」って（笑）。ロケ先のディスコの人が寝坊して「氏家さん、次からタダで入っていいっすよ」なんてこともあって、まぁ浮かれてたというか調子に乗ってました（笑）。

――機材車のドライバーの本田賢治さん、通称・トン平さんも「情報屋のトンさま」という役でよく出ていましたね。

氏家　そうそう。益岡も大きな役で出たことがあって、北海道ロケの回なんです（『もっとあぶない刑事』第11話「結婚」）。舘さんがゲストの女性にプロポーズしようとしたら、そこに婚約者役の益岡がちょこちょこっと現れて「じゃあ、行きましょうか」、それで舘さんがウワーッとなる（笑）。あれが多分いちばん強烈な内トラじゃないですかね。「益岡です」って自己紹介

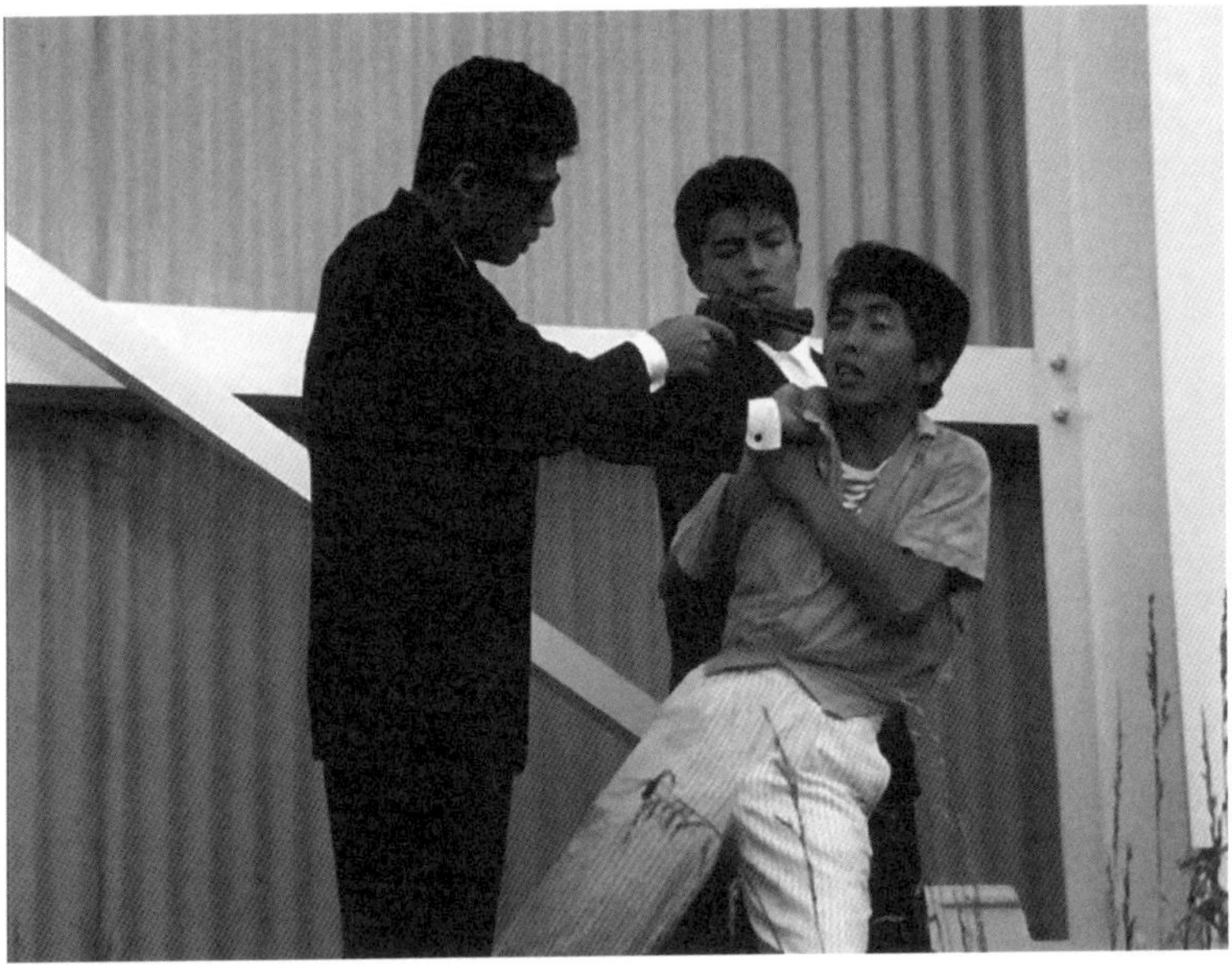

仙台ロケの第47話「報復」、犯人の一味を演じた氏家

までしてましたから。

横浜ロケにファンがたくさん来るじゃないですか。その子たちに推しのスタッフができて、ついに〝益岡隊〟というのが結成されたんですよ。かわいい女子高生三人組だったんですが、益岡がポッと現れたら、その子たちが「キャーッ!!!」。で、群衆が舘さんだと思ってそっちに集まったら、吸い殻入れとバケツを持った益岡という（笑）。メイクの大塚（隆康）さんみたいに追っかけのファンと結婚したスタッフもいましたからね。

――舘ひろしさんの思い出はありますか？

氏家　話し出したらキリがないんですけど、舘さんは太っ腹で突然「今日はみんなで焼肉を食べよう」と振る舞ってくれたり、恭兵さん仕切りのお食事会もありました。地方ロケに行くと必ず宴会なんですね。で、カラオケで恭兵さんが歌うのが「悲しい色やねん」、舘さんは「浪花節だよ人生は」をねじり鉢巻きで浴衣を着て歌うんです。それと「泣かないで」。こういう仕事をやっていても、やっぱり本人の持ち歌を聞くとうれしいんですよ。

いっぺんね、舘さんの「泣かないで」を聞いてお開きのときがあって、どういう理由か曲の最中に退席していく段取りになってしまったんです。そうしたら舘さんが歌ってるのにスタッフがだんだん減っていって、最後は舘さんとわたしだけになってしまった（笑）。これは非常に気まずい思い出ですが、おふたりとも製作部のことをかわいがってくれましたね。

黒澤さんの悪口を言う人には会ったことがない

氏家　振り返ってみると、ぼくらスタッフにも〝あぶない刑事イズム〟みたいなものがあった。サングラスをかけている人が多くて、舘さん、恭兵さんと同じ空気を共有していましたね。誰かが「サングラス率が高いね、この組」って言ってましたが、普通かけないじゃないですか、下っ端は。でも、わたしもサングラスかけてました（笑）。

劇用車を運転するときもサントラをカセットで聞いていたんですよ。だから気持ちは『あぶデカ』そのものでスタッフをやっていたんです。まぁ青春って言葉を使うのはちょっと憚られますが、いま思えばそういうことでしょうね。最初のギャラは安かったけど、使うヒマがないから貯まったし。

――セントラル・アーツの黒澤満さんの思い出はありますか？

氏家　ほんとに黒澤さんの悪口を言う人には会ったことがないんですよ。別の会社で仕事をすると「うちのプロデューサーはケチで、ホンもつまんないし、こんな日数でやれって」という文句ばっかりで、そのとき初めて「えっ、プロデューサーってそんなに批判される立場なんだ」って思って、あらためて黒澤さんの偉大さを知りました。

冗談みたいな本数を作ってましたからね。当時、セントラル・アーツは東銀座の八重洲興業ビルに入ってて、6畳くらいの部屋だったんです。で、作品が6本入った。1畳1本ですよ（笑）。キャスティングは飯塚（滋）さんが全部やっているから同じ役者がよく出てきて、それとデスクの大西（容古）さんが事務的な部分を切り盛りしてましたね。

――『セントラル・アーツ読本』の巻末に作品リストがありましたが、本当に数多くの作品を送り出してきました。

氏家　黒澤さんがまだご存命のときに、プロデューサーって書いてあるセントラル・アーツの名刺でドラマをやらせていただいたことがあって、もう感無量でしたね。『侠飯　おとこめし』（16年）という深夜ドラマでしたが、益岡に製作担当をやってもらって……最初「誰かいない？」って聞いたら「俺がやるよ。セントラルだろう」って、またコンビを組んだんです。

――現在は現場を仕切るラインプロデューサーを中心に活動している氏家さんですが、なにか仕事をするうえで心がけていることはありますか？

氏家　いまは現場の規模がぜんぜん違うんですよ。『あぶない刑事』のころは劇用車のレパードをわたしが運転して、益岡はセドリック、備品なんてポットと吸い殻入れをトランクに入れるくらい。それがだんだん人も機材も車輌も増えていって……やっぱり人が増えるとコミュニケーションが薄くなる。コミュニケーションがいちばん大事だなと思います。

製作部というのはスタッフ以外の一般の方と出会う機会も多いので、若いスタッフには「撮影隊って基本的にお邪魔な存在なんだよ」というのを理解してほしいですね。とくに最近は人が足りないくらい現場が多い。いまや〝製作進行とサード助監督は絶滅危惧種〟と言われていて、メインスタッフは足りているのに助手がいないんですよ。もっと現場の環境を整えて人を育てていかないと……それは今後の課題ですね。

氏家英樹［うじいえ・ひでき］

1965年東京都生まれ。横浜放送映画専門学院を卒業後、86年に『ア・ホーマンス』の製作進行として現場入り。『あぶない刑事』をはじめセントラル・アーツの映画やドラマに参加し、その後は『犬、走る　DOG RACE』『39　刑法第三十九条』『壬生義士伝』などで製作担当、『血と骨』『ニワトリはハダシだ』『アヒルと鴨のコインロッカー』などでラインプロデューサー、『嘘八百　京町ロワイヤル』などでプロデューサーを務める。

現場スナップ集

左から柴田恭兵、長谷部安春監督

第6話「誘惑」の撮影現場、手前に柴田恭兵と舘ひろし

カメラを構える松村文雄、右に舘ひろし

舘ひろしと柴田恭兵、右端に助監督の隅田靖

第1話「暴走」、自転車を使ってレパードとの並走シーンを撮影

第五章
「技術」

撮影、美術、装飾、記録、編集、整音、メイク、技斗、カースタント、ガン・アドバイザー……腕に覚えありの職人たちが、テクニカルな側面からみずからの仕事を詳述する。

撮影

松村文雄

やっぱり横浜が舞台ですからね しゃれた画を撮りたいというのは常にありました

『あぶない刑事』の撮影技師として第1話「暴走」をはじめ17本を担当した松村文雄は、東映の特撮ドラマでその名を馳せた存在であった。長谷部安春監督の指名によって本作に参加、9人の技師のうち最多本数を手がけた松村がオープニング・エンディングの秘話から多彩なカメラワークまで大いに語る！

『ダーティハリー』を見たとき、ばったり長谷部さんと会った

松村　途中で病気したのが、いちばんの思い出なんですよ。子供番組じゃなくて1時間もので、初めてのメインキャメラマン。それほど過酷だったのかなと思って……。〝2話持ち〟といって『あぶない刑事』は同時に2本ずつ撮っていくんですが、最初のパイロット版の長谷部（安春）組が真夏で、それから微熱が続いてて5・6話が終わったあと病院に行ったら即「ベッドが空いたらすぐ入院だ」って言われて……結核性肋膜炎だったんです。

——なんと！

松村　まずセントラル・アーツの黒澤（満）さんに報告して、次に長谷部さんに電話したら「じゃあ別のキャメラマンを推薦しろ」ということで、内田清美さんを紹介しました。歳も近いし、仕事は一緒にしてないんだけど国際放映の助手時代からよく知ってたし、『太陽にほえろ！』をやってましたから。それで内田さんが地方ロケの回とかをやったのかな。

ぼくはしばらく入院して、それから復帰後に一倉（治雄）くんのデビュー作を撮りました。

――第19話「潜入」ですね。そんな事情でブランクがあったとは……。

松村　このときだけ新人監督だから1話持ちです。一倉くんと成田（裕介）くんがそれぞれ撮った。基本は月に4本で2組あって、必ずぼくがメインをやって、別の組を誰かがやるというローテーションでした。だから入院していなければ、もう6本くらい撮ってたはずなんですよ。

――あらためてお話をうかがいます。まず松村さんといえば東映の特撮ドラマの撮影技師というイメージが強いのですが、『あぶない刑事』に参加した経緯を教えてください。それ以前から長谷部安春監督とはセントラル・アーツの火曜サスペンス劇場『嫉妬』（83年）などでコンビを組んでいます。

松村　長谷部さんとの出会いからお話しすると、いちばんわかりやすいんです。昭和44年ごろ、ぼくはNMCという製作会社で撮影助手のセカンドをやっていて、ライオン奥様劇場というフジテレビの昼メロについていました。NMCの社長は大橋正次さんという方で、日活で運転手をやっていたそうなんです。その関係でNMCは日活系の監督が多くて、TBSの『プロフェッショナル』（69～70年）という1時間ドラマで初めて長谷部さんを招いた。ぼくは当時『映画芸術』って雑誌を読んでいたんですが、そのベストテンで新進監督の長谷部さんが『暴力脱獄』や『逃亡地帯』、『ポイント・ブランク』を選んでいて「あ、俺の好みとほぼ一緒だ」と思っていたんです。そういうのを選ぶ評論家っていないし、この監督と一度お会いしてみたいなと思っていたら長谷部さんがやってきた。当時のNMCは朝霞スタジオという貸し倉庫みたいなところをベースにやってましたね。

そのあと、ぼくは国際放映や歌舞伎座プロで助手をやってたんですが、助監督の中島紘一さんと仲良くなって、彼との縁で長谷部組の見学に行ったり、お正月にご自宅に呼ばれたりしてたんです。新宿ピカデリーで『ダーティハリー』を見たとき、ばったり長谷部さんと会ったこともありました。国際放映でも昼メロにつく予定を断って、長谷部組の『ワイルド7』（72～73年）を選んで、そのときの森喜弘さんというキャメラマンがチーフとして外に連れてってくれたんです。

それから大映テレビに行ったり、東映の子供番組をやったりして、32歳のときキャメラマンになった。監督では小林義明さんのお世話になりながらあれこれやってましたが、そんなころ長谷部さんとばったり東映の大泉撮影所で会ったわけ。

――おおっ！

松村　「まっちゃん。お前、キャメラマンになったのか」「ええ、なんとか」って話になって、1時間ものはレギュラーの技師がいるけど単発の2時間ものがあったら呼ぶよと言ってくれたんですよ。そのときは外交辞令かなと思ったんだけど、しばらくしてセントラル・アーツで『嫉妬』をやることになって本当に呼んでくれた。これもなかなか評判よくて、新聞に「自然光を使ったしゃれた映像が」みたいな評論が出たんですよ。そのときのチーフ助監督が一倉くんで、セカンドが伊藤（裕彰）くん。製作部の助手見習いで鳥井（邦男）くんもいたかな。それからセントラルの2時間ドラマを何本かやって、『あぶない刑事』ですよ。当時38歳くらいじゃないですかね。

「まっちゃん、『明日に向って撃て！』のオープニングだよ」

――撮影前の準備で覚えていることはありますか？

松村　にっかつの撮影所に港署のセットを組んだんですが、あれは本当にワンフロアなんですよ。それこそオープニングは手持ちキャメラでガーッとやってますけど、飾り込みもライティングも全部しなきゃいけないから大変でした。で、セントラルの近くに築地署があるでしょう。セットを組む前にメインスタッフで築地署に見学に行きました。カウンターがあって、どうこうって参考に。それからデザイナーの望月（正照）さんが見取り図を作って、ステージに目一杯セットを組んで、取調室も一緒に……ドアを開けると本当に取調室があって全部直結です。地下の留置所は別ですけどね。同じステージの後ろにはマンションの部屋を組めるスペースを残しておいて、そこはパーマネントで、毎回のように模様替えをして使ってますね。

――『あぶない刑事』といえば、まずあのオープニング。タカの主観ショットでユージやカオルたちを次々と映していきます。

松村　当時のテレビ映画は16ミリフィルムでしたが、オープニングとエンディングは文字を載せてオプチカル処理をするから合成用に35ミリで撮ってました。このオープニングがどなたのアイデアだったか、はっきりした記憶はないですね。エンディングが長谷部さんなのは確実なんですけど。で、手持ちでずーっとやっていくじゃないですか。あれもね、レンズは16ミリで標準よりちょっと広いくらい。尺が決まらないのでコマ数を変えて、通常の24コマと16コマと2パターン撮りました。動きがカチャカチャしてるから、採用されたのは16コマのほうですね。それをたまたまね、永島（仲泰）くんという車輌部のドライバーだった子が趣味でビデオカメラを持ってて、現場の様子を撮ってるんですよ。それを見ると、長谷部さんがぼくの真後ろにいて、一緒に自分が撮るような感じで動いてました（笑）。

――最終的にはワンカットではなく、それぞれのキャストのアップがインサートで差し込まれます。

松村　それぞれ目線の方向が違うじゃないですか。アングルもふくめて長谷部さんの細かな指示がありましたね。トップの舘（ひろし）さんが港署に入ってくる客観のカットは追加で撮ったもので、あれはセットではなくロケの建物です。外の背景が見えるでしょう。その前に舘さんと（柴田）恭兵さんがボーンと銃を撃つじゃないですか、モノクロで。

――ファーストカットですね。

松村　あれは〝ハイコントラスト〟ってフィルムがあるんですよ。ぼくらが助手のころはタイトルや人の名前をハイコンの白と黒で撮ってたんです。あの映像はモノクロですごく画が硬いでしょう。普通は使わないハイコンのフィルムで撮ってるから、実際の見た目より明暗のコントラストがつくんです。

――エンディングは横浜の赤レンガ倉庫を走るタカとユージ、その姿を映写して再撮影しています。

松村　これは『明日に向って撃て！』（69年）ですよ。長谷部さんから「まっちゃん、『明日に向って撃て！』のオープニングだよ」って言われたのを覚えています。だから「エンディングでオープニングだ」って（笑）。あそこはまず16ミリで、全カット手持ちで撮ったんです。走るところも移動車に乗りながら手持ち。だからちょっと揺れてるでしょう。きちんと撮るとおもしろくないんで、昔っぽくラフな感じにしてコマ数を落としたり、アップはハイスピードのスローにしたりして。最後のストップモーションも、偶然ですけど舘さんと恭兵さんの手がね、ちょうどいい具合に……（笑）。

そういう走りの一連を16ミリで撮って、エンディングの尺に合わせてフィルムを繋いで、撮影所の映写室で映写したわけです。それは35ミリのキャメラで撮る。毎週エンドロールの文字を入れるから。で、あの画面はパースがついているでしょう。映写したフィルムを正面ではなく、斜めからワイドで撮るとパースがつくんです。さらに画がカタカタッと目飛びする……ああいうのは普通オプチカルでやるんだけど、当時は技術的にも予算的にもできない。目飛びさせようとパーフォレーションを切ったフィルムを用意したんですが、ところが最新の映写機は性能がいいから不具合があると止まっちゃうんですよ。だから古い映写機を借りてきて、ようやく目飛びさせた。要するに、まず16ミリのフィルムを映写して目飛びさせた画を撮って、それを編集で1本のフィルムに繋いで、また映写したものを35ミリで撮ったんです。

クランクインは第3話「挑発」から

——パイロット版の撮影は、どのシーンからスタートしたのでしょうか？

松村　当時の手帳によると2話目、会社のオフィスで大下が聞き込みをするシーンから始まってますね。次がカプセルホテルで、その次が麗子の部屋とある……これはゲストかな。

——放映順だと第3話にあたる「挑発」、柴田恭兵さんがらみのシーンからクランクインしたのですね。

松村　インが86年の8月11日で、港署のセットが19日、最終日の31日に赤レンガの走りをやってるので撮影日数は17日。パイロット版はオープニングとエンディングもあるし、時間をかけて撮ってますね。よく覚えてるのは1話目の冒頭の港のシーン、レパードに向かってキャメラが移動していくと「きけん」「きけん」「きけん」……「あぶない」じゃないけど「きけん」って看板が何枚も映る（笑）。トップの朝焼け、あれは後半に撮ったんですが、夏なのでかなり早い時間じゃな

第1話「暴走」、朝焼けの海から新たな刑事ドラマの幕が開けた

いと撮れないですよ。で、いいカットが撮れてね。そのあと近くのファミレスでモーニングを食べたんです。

——舘ひろしさんと柴田恭兵さんのコンビはいかがでしたか？

松村　ぼくの印象では、舘さんはやっぱり石原プロなので監督がいちばんで、監督の指示どおりにキチッとやる。恭兵さんは自由に動く。そのコンビがよかった気がしますね。最初のほうで恭兵さんがレパードで犯人を追いかけるシーン。あれはぼくが自転車の荷台に後ろ向きで乗って、並走しながら撮ったんですよ。けっこうアナログでしょう。現場の写真も残ってますから。

あとは1話で何度か爆発をやっていますけど、駐車場でクルマが爆発するカットは別場所で撮ったんです。役者が入るカットは横浜で、切り返しの爆発だけ小平方面にある廃工場。最後の電話ボックスもそう。実際にあの川では撮れないから、どこか別の埠頭に行って爆発だけ撮ったんですよ。川だから、寄りで水をバックにすればバレない。あのシーンは電話ボックスにいる犯人はロケでマンションはにっかつのセット、そこも別々で撮って編集で組み合わせてるんです。

――爆破シーンも電話ボックス越しのアングルがあり、とても別場所で撮ったようには見えませんね。ワンカットごとの情報量が高いです。

松村　それはぼくじゃなくて長谷部さんの手柄ですよ。面倒くさいこともちゃんとやらないとね。それからおばあちゃん役の浦辺粂子さん。真夏のロケじゃないですか。だから浦辺さんを車内に入れて撮影したんですよ。普通、聞き込みって外なんだけど、冷房の効いたところに。たぶん長谷部さんの配慮で、そういう優しいところがありましたから、非常に。

――『あぶない刑事』のラストは浅野温子さん演じるカオルのアップで終わるのが定番ですが、第1話からすでにそのシチュエーションです。

松村　たぶん「もう終わりだから、お前ら勝手に遊んでいいよ」ってことだったんじゃないですか。長谷部さんってね、女優さんにあんまりいろいろ言わないんですよ（笑）。大原麗子とやったこともあるけど、お任せでしたから。

――長谷部安春監督は、どのような監督でしたか？

松村　ダメなものはダメって言うタイプでしたね。けっこう個性的なので合う人と合わない人がはっきりしてるんです。ぼくの場合はいちばん下っ端のころからよく知ってるし、やりやすいっていうか、よく怒られました（笑）。舘さんがアパートのドアを開けて侵入するシーンがあって、パッと開けてカメラをズームバックしたら「速すぎる！」って。「おい、それだとポン引きだよ。カット割ってんのと一緒だ」って言われましたね。ぼくは子供番組をやってたから、パッと速いんですよ。スピードもタイミングも。爆発でもボーンってなると、すぐズームアップ。そのときも「お前、爆発したあとにズームしろよ」。モニターのない時代ですから、現場ではなくラッシュで映像を見たときに言われました。もうちょっとちゃんと見せろということですね。

――パンとズームを組み合わせた派手なカメラワークは70年代のテレビ映画の流行で、松村さんはその代表格である『Gメン'75』の撮影助手も務めています。『あぶない刑事』の場合、あそこまでアクティブなカメラワークは目立ちませんが、それでもときどき披露してますね。

松村　ぼくは比較的やってますよ。たとえば杉村（博章）さんだとレパードの走りでもこうやって右から左にパン、ぼくの場合はスーッと1回タイヤに寄って、そこから引いたりしてね。松竹出身の杉村さんや石原プロの宗田（喜久松）さんはそんなことをしないで、きちんと撮る。彼らはオーソドックスで、ぼくは子供番組もそうだし、いわゆる東映タッチで『Gメン』のやり方があるから、どうしてもズームしちゃうんですよ。

――なるほど。

松村　当時ね、「西の石原、東の下村」って言われていたんですよ。『必殺』の石原興さんと『Gメン』の下村和夫さんが流れるようなカメラワークの名人。ぼくは下村さんの助手をやってて、あの番組は近藤（照男）プロデューサーの意向もあって、役者がフレームインしてフィックスみたいな〝待ちポジ〟の落ち着いた画を嫌うんですよ。アパートに入るシーンでも必ずドアノブからスッとズームバックしたり、動きがあるんです。子供番組だと東映の社員の瀬尾（脩）さんというキャメラマンがいたんですが、この人は太っているわりに運動神経がよくて器用なんです。ズームも速いし、とっても上手でした。

――バックに電車を走らせたり、川を映したり、『Gメン』の場合はカメラワークだけでなくフレーム内にも動きを求めたそうですね。パンとズームを組み合わせたカメラワークは難易度が高そうですが、オペレートするときのコツはありますか？

松村　それはもう天性（笑）。『Gメン』のズームって、スーッとまっすぐじゃないんですよ。必ずパンで上下左右のどこかに動かしながら対象に向かっていく。戦隊ものでも5人並んでるじゃない。で、真ん中の人にズームするのは簡単で、端っこが難しいんです。一発でピタッと止めるのは瀬尾さん、下村さん、ぼく……そのくらいだと思う。みんなできないんだよ。社員のキャメラマンなんか瀬尾さん以外は下手な人が多かった。

――もう一度お聞きしますが、ピタッと止めるコツは？

松村　まず〝決まり〟の方向に体を決めておいて、フウッと。パンでもそうなんですが、最後の体勢に決めておかないとダメなんです。それはやっぱり子供番組を何本もやってきて身につけた技術で、あとは勘と度胸ですね。

微熱でファインダーが曇ってきた（笑）

――続いて長谷部組の5話「襲撃」と6話「誘惑」を担当して、いったん入院してしまいます。

松村　「誘惑」は脚本が柏原（寛司）さんなんですよ。退院したあとの「潜入」も柏原さん。この2本がぼくは大好きで、ハードボイルドで軽さもある。それこそ5・6話のときって体調が悪くて、熱もあるじゃないですか。ノーザンライトってバーで撮影したシーンで、柴田恭兵と風祭ゆきがダンスを踊る……ちょっとしゃれた画でね、手前に大きく天井の照明を入れ込んだ引き画を作ったんですよ。人物を下に置いた〝天あけ〟という構図の、長いカットなんです。

――あっ、覚えています。ちょっとずつパンしてましたね。

松村　それそれ。で、本番でファンダーをのぞいてるとき、昔のフィルムのキャメラだからピシッと目をくっつけてないとダメなんですよ。そうしたら微熱でファインダーが曇ってきた（笑）。ぼくしか画を見てないわけだし、長い芝居だし……いや、もうさすがにドキドキした。いいカットなんですよ。でも、あれを見るたんびに熱のことを思い出す（笑）。引きだけどワイドレンズではなくキチッと望遠で詰めた画面で、普通は人物を真ん中にするところを端のほうに置いて。やっぱり横浜が舞台ですからね、しゃれた画を撮りたいというのは常にありました。

――たしかに、しゃれた画でした。

松村　あとね、一倉くんの「潜入」のトップカットがいいんですよ。ニューヨークの蒸気が出ている路地を真似して、あれを格好よくやりましょうって提案したんです。マンホールのところから蒸気がバーッと出て、そこからスーッとパンするとクルマがフレームインしてくるのかな。

――濡れた地面を逆光で照らして、ムーディーな映像でした。

松村　しゃれてるでしょう。『あぶデカ』に関しては、世話場っぽいリアルな画より作り込んだものを心がけましたね。『G

『あぶない刑事』の撮影現場、中央に松村

メン』の刑事部屋もそうでしょう。シンプルな空間にブラインドの窓があって、縦の光が入って……近藤プロデューサーが元デザイナーだからすごくシンプルなんですよ。

――『あぶない刑事』のプロデューサーの思い出はありますか?

松村　黒澤さんにはお世話になりました。というのが、最初からセントラル・アーツとの契約は月2本だったんですよ。ギャラも普通は撮った分だけで1本いくらなんですが、月極《つきぎめ》にしてくれて、ぼくが入院したときはギャラを10万円多く出してくれた。いくらもらっているか女房には言わなかったんだけど、入院してるときに知って「こんなにもらってるの?」ってびっくりしてました(笑)。黒澤さんの配慮に感謝ですよ。

――どのくらい入院していたのですか?

松村　2ヶ月です。手帳を見ると5・6話のインが9月17日、アップが30日で合計13日。で、10月1日に病院に行って翌日から2ヶ月ほど入院して、12月はリハビリ……ようやく1月に復帰して一倉組のロケハンと撮影でした。

――「潜入」は一倉治雄監督のデビュー作ですが、あらためて現場の思い出を教えてください。

松村　まず、ぼくを選んでくれたのがうれしかった。同じ助監督でも成田くんは大先輩の仙元（誠三）さんを指名したわけじゃないですか。一倉くんは番組のメインキャメラマンを選んでくれた。で、やっぱり向こうは仙元さんだし「よーし、負けないぞ！」っていうね。お互いに1話ずつだし、一倉くんのためにやらなきゃいけないと思いました。

まだ高島埠頭の倉庫街があったころで、たしか「潜入」のラストはあそこで撮ったんです。ラストの引き画がちょっと遠すぎて、「ズームアップしなきゃわからないかな」と言ったら「いや、しないでいいです」って一倉くんに言われたのは、よく覚えている。その代わり真ん中に目が向くようにクルマを配置して、シャープな演出でしたね。助監督のときからしっかりしてて、チャラチャラしてない。余計なことも言わないし。成田くんは成り行きの勢いでワーワーやるタイプだから一倉くんとは対照的でしたね。

――そのあと「迷路」「変身」で成田裕介監督とも組んでいます。

松村　最後ね、拳銃の弾を間違えた回があるんですよ。ノリで突っ走る人だから弾の数を間違えちゃった（笑）。

――とくに「迷路」のほうですが、俯瞰を多用したり、カーアクションで高速ズームが使われていたり、取調室の往復するカメラワークだったり、わりと映像的なギミックが多い印象があります。

松村　一倉組はそういうことすると怒られちゃう。ぼくはすぐズームしたくなる性分だから。成田くんはあんまり言わないから、ポーンと犯人が撃たれるときにズームインして、そのあとちょっと引くの。大砲を撃ったときって反動があるでしょう。あれと同じように、倒れる瞬間にズームして戻す。これも子供番組のテクニック。取調室の長回しは成田くんのアイデアでしょうね。あれはレールを引いて、特機部はいないので、テレビ映画の場合は助監督さんが移動車を押す。『Gメン』のときも特機部はいなかった。当時はレールよりズームが多かったですね。セッティングに時間がかからないから。移動車の出番は、最近のドラマのほうがぜんぜん多いです。

――「暴発」「独断」の手銭弘喜監督はいかがでしたか？

松村　もう早い早い早い。セットだけじゃなくてロケも早い。もう面倒くさいからね、いちいち三脚なんか立ててられない。手持ちにしてパッパパッパ撮っちゃうの。もっと早いのがね、にっかつでラッシュを見たあと調布に戻るじゃないですか。「まっちゃん、メシでも食おうか」って駅前の中華屋に入って、ビールなんか飲んで、もう食べるのも早い（笑）。すぐ「行くよ!」って。ぼくが今までやった監督では、手銭さんがいちばん早かったですね。

――たしかに「独断」の検問のアクションシーンなど手持ち撮影でした。

松村　手銭さんはカットバックの抜き撮り、村川（透）さんの場合は長回しで撮って、そのあとカットインを押さえる。西村（潔）さんも早いというか、あんまりこだわらない。東宝でアクションを撮っていた時代とは印象が違いましたね。照明技師の井上（幸男）さんは「長谷部さんがいちばん手頃だ」って言ってました。早くもなく遅くもなく、細かくもなく長回しでもない。あれくらいがいい塩梅だよって。

――照明は井上幸男さんが全話を担当しています。

松村　器用な人でね、ぼくは好きなタイプでした。助手さんもみんな若かったし、比較的自由にやってました。取調室のシーンでもコントラストをつけてくれて……『仮面ライダーBLACK』の照明技師で中川勇雄さんっているんですよ。『特捜最前線』もやってた人で新東宝の出身なんですが、ぼくはあの人のライティングが硬くて好きでしたね。陰影をつけて、あんまり押さえを当てない。ビシッと一方向から当てて、顔の半分は暗く落として、その代わりバックにハイライトを作ったりするんです。

小津安二郎や加藤泰みたいなローの力強い画が好き

――『あぶない刑事』の各回を見比べると、当然ですが撮影技師によって個性があって、松村さんの回はフレームがタイトな印象があります。フルショットでも全身がギリギリ入るようなサイズで切り取っています。

松村　ぼくはタイトな構図が好きだから。あんまりルーズにはしたくない。フルサイズでも望遠で詰めた画にしたいし、なにかあってもカメラが追うから。それから俯瞰よりローアングルが好きですね。集団のカットでも俯瞰は人物がダブらないんで楽なんだけど、そこは絶対に妥協したくなくて、映るの顔半分でもいいからって。俯瞰って客観的じゃないですか。それより小津安二郎や加藤泰みたいなローの力強い画が好きなんですよ。

画づくりとしてはビスタのほうがレイアウトしやすい。4：3の四角っぽいフレームよりは16：9の幅があるほうが作りやすいです。いまはハイビジョンで、ほとんどワイドレンズでしょう。昔はワイドってあんまり使わなくて、テレビの小さい画面でも手前に大きくナメたり、そういうのが流行ったんですよ。情報量をなるたけ少なくしてタイトにして、半分影にしたり、望遠レンズを使ったり……最近の人がどう思うかわからないけど、ぼくは情報量を少なくして集中させたほうがいいんじゃないかなと思います。ハイビジョンのワイドレンズは、どうも情報量が多すぎる気がしますね。

――撮影技師として現場で心がけることはありますか？

松村　作品によって違いますね。子供番組の場合は、キャストが新人ですから最初から厳しくやらないとナメてかかられると困るし、相当うるさく「そこじゃ映らないよ！」とか言います。大人向けの番組だと、丹波哲郎さんにそんなこと言えないしさ（笑）。子供番組は1年間あるし、みんな「よく怒られたけど、鍛えられた」って感謝してくれることも多いので。どんな作品でも〝仕事をナメちゃいけない〟ということは意識しますね。ぼくらは危険なカーアクションや爆発を毎日のようにやってるわけだから、気がゆるんでると危ないんですよ。スタッフも慎重に慎重を重ねないと。

――第41話「仰天」、第42話「恐怖」が松村さんによる最後の担当回。「仰天」は港署が占拠されてしまうエピソードです。

松村　あんまり記憶にないなぁ。それより団時朗の「恐怖」がぼくは好きなんですよ。ハードな復讐の話だし、ラストのお墓参りのシーンとか一倉くんの演出もよかった。「仰天」はずっとセットで大変だったくらいしか……やっぱりロケに行くと開放感があるじゃないですか。そっちのほうが印象に残りますね。

――最終回を前に離れた理由は、別の仕事との兼ね合いでしょうか？

松村　87年の6月だったかな。吉川（進）さんという東映のプロデューサーから本社に呼ばれて、『仮面ライダーBLAC

K』のオファーを受けたんです。ちょうど『あぶデカ』が3クール目で、ちょっと抜けるわけにいかないって言ったんですよ。そのとき吉川さんと話してて、『ライダー』の新作だからてっきりアクションは大野剣友会だと思ったの。そうしたらJACの金田治だし、パイロットの監督が辻理さんから小林義明さんに替わった……そんなことで少し心が動いたんです。さらに吉川さんも「じゃあ誰が代わりをやるんだ。いないだろう」と脅かすわけ（笑）。

そのあとセントラルで黒澤さんに事情を話したら「そうか、いいよ。うちは何人かいるし、そこまで言われてるんだったら向こうをやんなさい」と、温かい言葉をいただきました。長谷部さんも「まぁ、しょうがないな。行ってこい」って、それはすごくありがたかったですよ。もしも『BLACK』がなければ、あと何本かやれたんで惜しいですけどね。せっかくなら最後までキャメラを回したかったから……。

松村文雄［まつむら・ふみお］

1948年東京都生まれ。高校卒業後、フリーの撮影助手としてNMC、国際放映、東映東京制作所などのテレビ映画に参加。80年に『仮面ライダー（スカイライダー）』で技師デビューし、『星雲仮面マシンマン』で初のメインを務める。その後も仮面ライダーシリーズやスーパー戦隊シリーズなど東映の特撮ドラマで活躍し、劇場版も担当。『あぶない刑事』『HOTEL』をはじめ連続ドラマや2時間ドラマも手がけている。

撮影

藤澤順一

より近くで俳優の芝居を見たい
そういう気持ちをレンズ的に表現したい

第2話「救出」から『あぶない刑事』の撮影を手がけた藤澤順一は、鈴木清順監督の映画『カポネ大いに泣く』でデビューし、セントラル・アーツの2時間ドラマを経て初の連続ドラマに合流した。手銭弘喜監督の早撮りの洗礼を受け、映画『またまたあぶない刑事』も託された藤澤が当時を振り返る。

まず監督にくっついていくのが大変ですよね

藤澤　『あぶデカ』で印象に残っているのは、やっぱり手銭（弘喜）さんですかね。製作ナンバーだと3・4話からやったんですけど、要するに手銭さんの台本はもうカットが割れていて、自分の頭のなかにたたき込んであるんですよ。だからレギュラーが何人もいるような複雑な位置関係まで全部把握してる。でも、スタッフはなにも知らない（笑）。テストも段取りもなにもやらないんで、いきなりカットの途中から……たとえばカット10から撮影を始めて、俳優さんを「ここ」「ここ」「ここ」って配置して、「はい、キャメラはここ」。そうやって、カット10から撮りだすような現場でした。

――すごいですね。

藤澤　撮ってる自分も、わけがわからない（笑）。10やって8やって6やってって感じで撮っていって、俳優さんもわけがわからなかったでしょうね。で、必ずキャメラ下にいるんですよ、手銭さん。脇じゃなくて下にいる。そうすると、本番のとき「カットーッ！」って言いながら立ち上がって、監督が映り込んじゃう（笑）。それがカットの合図なんです。そのあとべーさん（長谷部安春）や一倉（治雄）さんともやりましたが、まず手銭さんの印象が強かった。パパパパーって鉄砲玉のように指示していって、すさまじい早撮りです。

――浅野温子さんや仲村トオルさんも〝抜き撮り〟が大変だったと仰っていました。

藤澤　1回説明していただければね、みんな理解できるんだけど、その説明もないですから。そういう現場だからキャメラマンとして個性を出すなんてこともできない。ヘンなことしたらバラバラになっちゃうし、もう監督が脳内で編集して画が出来上がってるから。

――松村文雄さんが撮影を担当した第1話「暴走」に比べて、藤澤さんの第2話「救出」は画がワンサイズ広い印象があります。アップもロングも少しゆったりしていて個々の違いを感じます。

藤澤　サイズというのは重要なんだけど、この作品については決まったトーンというか、そういうルールはなかったですね。キャメラマン同士での打ち合わせもないです。まぁ、ルーズめのサイズは多いかもしれない。度胸がなかったんじゃないですか（笑）。

――鈴木清順監督の映画『カポネ大いに泣く』（85年）で技師としてデビューしたばかりの藤澤さんにとって、テレビの連続ものを手がける難しさはありましたか？

藤澤　まず監督にくっついていくのが大変ですよね。キャメラうんぬんっていうより、その芝居をどういうふうに撮って成立させるのかという。長谷部組のとき、横浜のアーケード街の上にニトログリセリンが置いてあるという設定の回をやったんですが（第16話「誤算」）、そのホンがちょっと辻褄合わない部分があって、ロケハンのときに「これ、こうしたらどうですか」ってべーさんに意見を言って、撮っていった記憶もありますけど。

――長谷部安春監督は、どのようなタイプの監督でしたか？

藤澤　サミー・デイヴィスJr.ですかね！　ぼくが三船プロにいたころ、『隠し目付参上』（76年）という時代劇でべーさんが来たことがあって、完成した作品を試写室で見たときに「わー、やっぱりすごい」と、みんな感心したことがありました。ご本人は物静かというか、まぁ静かではないんですけど、早口でもない。しっかり現場で説明してくれるから、ややすかったですね。手銭さんはやりにくいもなにも、そんなことを言ってるヒマすらなかった（笑）。

「もっと引け、もっと引け！」

――舘ひろしさんと柴田恭兵さんのコンビはいかがでしたか？

藤澤　まずおふたりの芝居、あの絶妙なコンビの芝居を生かしていければと思ってましたね。恭兵さんのアドリブ的な受け答えなんか、現場で撮っていても本当におもしろい。しかし緊張もしました。たとえばサイズを引きで撮っていて、話のなかで映っちゃいけない部分ってあるじゃないですか。舘さんなんか「藤やん、向こう入ってないよな？」と言ってくれたり、そんなやり取りがあった気がします。それで「あ、いけね。入ってた！」とか「はい、大丈夫ですよ」とか、そうやってお互いに組み立てをしていった記憶があるんです。だから本当に〝仲間〟としてやってたのが、セントラル・アーツの『あぶない刑事』というチームだなと思いますね。

――後半では成田裕介監督の第45話「謹慎」と第46話「脱出」を担当。お互いの志向がマッチしているのか、ものすごくロングショットが多い印象があります。

藤澤　そうですね。「もっと引け、もっと引け！」って言うんです、成田さん。俯瞰もけっこう撮った気がするな。やっぱり全体の芝居が見える画のほうが好きだし、ほかの作品でも引きをよく撮ります。最近は映画でも寄りのアップが多いじゃないですか。細かくカットを重ねていって、それはそれでひとつのやり方ではありますが……。

――照明技師の井上幸男さんの思い出はありますか？

藤澤　歳はそんなに変わらないんですけど大先輩で、ずっとセントラルの黒澤満さんとの関係があったので、もう照明は

第46話「脱出」、終盤の銃撃戦でもロングショットが多用された

お任せで心強かったですね。いろいろと相談もしやすい方でした。やっぱり照明技師との相性は大切ですから。

――美術デザイナーの望月正照さんは三船プロ出身です。

藤澤　もっちゃんね。彼の印象といえばサンドイッチですね。毎日10センチか15センチくらいの分厚いサンドイッチを持ってくるんですよ。よく分けてもらって食べてたんで（笑）、美術というよりサンドイッチの印象のほうが強い。もちろん、ちゃんと仕事はなさるんですけど、野性味のある人でしたね。三船プロでは浜田（毅）さんやジミー（柳島克己）が撮影部の助手仲間で、でもぼくは2年くらいしかいなくて、そのあとも映画のときだけ呼ばれたりして出入りしてました。それから浜田さんの下でチーフ（撮影助手）をやって、キャメラマンになってすぐ黒澤さんから2時間ドラマに呼んでいただきました。『棄てられた女』（85年）では監督の武田一成さんと地方ロケで喧嘩しちゃいましたけど。

――セントラル・アーツの現場の特色はありますか？

藤澤　『あぶデカ』のときは、ギャラをイン前に半分くれてたのかな。イン前か途中で、とにかく半分いただいて、終わったら残りの半分をいただいて……あぁ、いい会社だなって思いました。港署のセットは、にっかつ撮影所だったんですけど、同じにっかつで『ベッド・イン』（86年）という小沼勝さんのロマンポルノをやることになったんで途中で『あぶデカ』を抜けて、それが終わってまた成田組などに参加しました。

キャメラマンって危険なことに燃えるんですよ

――劇場版の2作目『またまたあぶない刑事』（88年）を担当します。テレビシリーズとの違いはありましたか？

藤澤　いかに舘さんと恭兵さんをかっこよく撮るか。井上さんもそういうことをわきまえた人だから、ライティングにはこだわりましたね。レパードが飛び出してくるオープニング、あそこも「ただ飛び出してくるだけじゃおもしろくないんじゃないか」と思って、レパードを垂直に立てて、そこからバーンと登場するのが『あぶデカ』っぽいと思って提案したんですが、採用されなかった（笑）。幻の登場シーンですね。あの片輪走行も自分で乗って撮ってるんですよ。

――斜めになったレパードの車内に？

藤澤　そう、スタントの野呂（真治）さんの隣に座って手持ちで撮りました。アクションをどう撮ったら効果的かというのは、よく考えましたね。中盤のクルマが横転してザーーーッとなる、あのシーンも中に入って撮ってるんですよ、引きずられながら。あれ、どんどんどん屋根がコンクリートに擦れて熱くなってきて、ヤバい、どうしようと思いながら（笑）。まぁ危険なことって好きなんで……いや、けっこうキャメラマンって危険なことに燃えるんですよ。もう今では許されない撮り方ですけどね。

――廃屋での銃撃戦、柴田恭兵さんを手持ちで追いかける長回しのアクションシーンもインパクトがありました。ワンカットのなかで明暗がパーッと入れ替わる瞬間もあって。

藤澤　必然ですね、必然。ここはフィックスの脚付きなのか、手持ちなのか。そのときの必然で自然にそうなっちゃうんです。手持ちも嫌いじゃないし、自由ですよね。もちろん範囲はありますが、どこに向けようが自由に動いて芝居を撮ることができる。カメラが揺れないようにするステディカムとか、そういう機械もありますけど、ああいうのはちょっとね。芝居によりますね。

――『またまたあぶない刑事』はスクリーンを意識したロングショットが多めですが、望遠レンズではなくワイドの広角レンズによる引き画が大半です。おそらく望遠はほとんど使ってない気がするのですが。

藤澤　そばに行きたいんですよ。なるべく被写体のそばに……というのはあります。より近くで俳優さんの芝居を見たい。そういう気持ちをレンズ的に表現したい。もちろん望遠で芝居を切り取る方法もありますが、遠いじゃないですか。できる限りそばで見てみたいというのはありますね。望遠が嫌いなわけじゃないけど、やっぱりワイドの引きが多いかなとは思います。1本の映画をやるなかで、この作品は25ミリなのか、35ミリなのか、40ミリなのか……自分なりの標準レンズが、インしてからだんだん決まってくるんです。

キャメラマンでも望遠が好きな人は多いですよね。背景をボカして主人公なりに焦点を合わせてというのもわかるし、きれいな画で「あぁ、いいな」って思うんだけど、やっぱり意図的に見えてしまう。人間の目に近いものを撮りたいんでしょうね。クレーンの立体的なカメラワークなんかも使い方次第で、「あえてここで使う必要はないでしょう」という動きってありますよね。最近だとドローンの空撮もそうだけど、芝居と一致してるドローンってあんまり見たことがない。演出的な必然のあるカメラワークが大事だと思いますね。

――倉治雄監督は、どのようなタイプの監督でしたか？

藤澤　紳士的でしたね。いい男だし、いい監督だと思います。あれ以来やってないんですけど。あんまり話さないし、ぼくも無口なほうだから、そこまで強烈な思い出はないです。いまもそうだけど、しゃべるのが下手なんでね。

――別班撮影で志満義之さん、志賀葉一さんがクレジットされています。

藤澤　それぞれフリーのとき、街場の現場で知り合いました。志賀さんはピンク映画もやってたので、それについたりして。清順さんの三部作も『ツィゴイネルワイゼン』（80年）のとき途中からセカンドで呼ばれて、チーフが志賀さんだったんです。この別班というクレジットですが、貨車の上を走ったりするシーンとか、あのへんのアクションシーンをBカメ、Cカメの複数で回したんじゃないですかね。完全に別班を頼んだ記憶はないです。貨車の上の撮影のとき、あそこは高圧線が通っているんですが、1回止められて注意されたことがあります、電力会社の人に。高圧線から2メートル以内に入ると感電するということで、だから舘さんもみんなもビビりながらやってました（笑）。

――走る貨物列車の上に藤澤さんも乗って撮影したのでしょうか？

藤澤　しました。危険なことが好きなので。とくに怪我や事故はなかったですよ。ほかの作品では怪我をしたこともあります。仙元（誠三）さんが鎖骨を折った話じゃないですけど、のちの現場で肉離れを起こして松葉杖ついてギプスのまま撮影したり。仙元さんが怪我をしたのは『リング・リング・リング』（93年）という工藤栄一さんの映画で、ぼくはその前に『泣きぼくろ』（91年）でご一緒してたんです。だから仙元さんの代わりに急きょ呼ばれたんだけど、なぜか仙元さんも現場にいて、背後霊のようにずっと後ろに（笑）。こっちは「なんでいるの？」って思うし、あんまり指示も聞かなかったですけどね。ただ、ぼくも怪我をしたときは松葉杖をついて、チーフの向後（光徳）くんに任せたキャメラの奥に背後霊のようにいたことがありました。みんな現場が好きなんです。

――そういえば藤澤さんのクレジットですが、『あぶない刑事』のころは「藤沢」で90年代に入ると「藤澤」になっています。こちらはどういう事情でしょうか？

藤澤　じつは「藤沢」のほうが正しいんですが、ちょっと字面が寂しいなと思って、難しいほうの「藤澤」に変えたんです。

――劇場用映画の場合はビスタやシネスコといった横長のフレームが主流ですが、『あぶない刑事』のような当時のテレビ映画は4：3のスタンダードサイズです。画づくりにおける違いはありますか？

藤澤　やっぱり人物ですよね、人物配置。シネスコの構図で両脇の空間をどうやって埋めるのかというのは、よく問題になりますし。清順さんの三部作を4Kにするということで監修をしたんですけど、ひさしぶりに見るとやっぱりスタンダードサイズもすごくいいなと思いました。引きのレンズを使うのはスタンダードのほうがちょっと難しいですね。シネスコのほうが決まりやすいというか、もう広がりが画の前提になっちゃっているので、4：3のフレームで引き画を表現するほうが難しい気がします。

――数多くの作品を撮影してきた藤澤さんですが、仕事をするうえで意識することはありますか？

藤澤　なんだろう、難しいね……難しいというか、キャメラマンの資質を問われる大きな質問ではあるんだけど（笑）。やっぱり〝悩む〟ということじゃないかな。悩むといっても現場で頭を抱えるわけじゃなくて、撮影って各パートがある一点に向かっているじゃないですか。そういう楽しさはあるし、好きなことを仕事にしているんだけど、やはり悩むことも大事かなという気がしてるんです。だからヘンなこと考えるのが好きで、こないだやった映画でも合成カットで操演部がやるようなアイデアを出して、試行錯誤しましたね。そうやって悩むことは意識しようと思っています。

藤澤順一［ふじさわ・じゅんいち］

1950年千葉県生まれ。千代田写真専門学院卒業後、フリーの撮影助手として活動し、75年から2年間は三船プロに所属。85年に鈴木清順監督の映画『カポネ大いに泣く』で一本立ち。『さらば愛しき女よ』『ガンヘッド』『櫻の園』『夢二』『月はどっちに出ている』『バトル・ロワイアルII　鎮魂歌』『八日目の蝉』『舟を編む』『ソロモンの偽証』など数多くの映画を手がけている。テレビは『あぶない刑事』『警視庁鑑識課』など。

撮影

浜田毅

タカとユージにしたってさ　フルショットのかっこよさだと思うんだよね

第7話「標的」から『あぶない刑事』の撮影を担当した浜田毅は、『友よ、静かに瞑れ』などセントラル・アーツの映画で活躍し、新進気鋭の撮影技師として注目を集めていた。村川透、西村潔という両監督のエピソードを手がけ、序盤の4本だけの参加となった浜田がテレビシリーズの現場を回想する。

「浜やん、30分で終わるよな?」

――村川透監督による第7話「標的」、第8話「偽装」から『あぶない刑事』の撮影を担当しています。すでにセントラル・アーツの2時間ドラマでコンビを組んでいますが、村川組はいかがでしたか?

浜田　俺はね、楽しかったですよ。あのころはまだ体力あったから、村川さんの早撮りのスピードについていく自信もあったし。なんせ早いというか、せっかちな人だから、まずロケハンに行ってお借りするロケ先の人への挨拶が「日本一早い村川ですから」(笑)。

――「すぐ終わりますので」という意味でしょうか?

浜田　始まったころはスタッフみんなで「これ、当たるのかな?」って言いながら、トトカルチョやったりしてね。視聴率で、12から15の間とかで、俺は12か13に賭けてたんじゃないかな(笑)。いや〜、当たったかどうかは覚えてない。

浜田　そうそう。「浜やん、30分で終わるよな?」って聞かれて、いや〜、30分は無理かなぁ……だって機材運んで現場に入れてからだから、さすがにね。「1時間半くれませんか」って言った記憶があります。そのころはセントラル・アーツの象徴である仙元・村川というコンビがほぼ解消していたから、黒澤（満）さんとしては「仙元誠三の代わりに浜田を出すか」ってなもんじゃないですか。俺と仙元さんがセントラルのA班・B班だったから。

――大蔵映画や三船プロを経て2時間ドラマで技師デビューし、セントラル・アーツの作品を手がけてきました。崔洋一監督の映画『友よ、静かに瞑れ』（85年）では、画が暗すぎて黒澤満さんに怒られたそうですね。

浜田　「浜田、なんでこんな暗いのに金かかるんだよ」って黒澤さんに言われて「いやいや、暗くするのも金かかるんですよ」って言ったらね、1年間仕事がなかった（笑）。映画の合間に『あぶデカ』を回してもらったのかな。まぁ、そのあと『黒いドレスの女』（87年）をやってるから、別に干されたわけではないんだけど。

――『あぶない刑事』を担当するにあたって、それ以前の回は参考にしましたか?

浜田　見てはいたと思いますよ。でも、なにかを踏襲するというより単に見てただけかな。だから村川さんが入って「あれ、ちょっとキャラクターが違うかな」なんて思ったりもしたもん。

――村川監督といえば〝デッドスロー〟と呼ばれる長回し撮影が特色です。「標的」のファーストカットも刑事たちのコミカルな会議シーンで、カメラが少しずつ移動しながら2分間にわたる凝った撮影を披露しています。

浜田　なにせ、移動はスローにね。これは足元から上げていってるでしょう。きっとジブに乗ってると思うんですよ、こうやって上下するような。難易度高いといっても、大したことはない。態勢は苦しいけどね（笑）。いまはデジタルでモニターがあるから、ファインダーをのぞかなくていいんですよ。でも当時はフィルムだから、のぞかないといけない。低いときは低くなってなきゃいけないから、大変は大変だよね。たぶん「浜やん、ここまでワンカットで」って村川さんが言って、大したテストもしてないと思う。あと長回しで難しいのは呼吸ですね。息を止めちゃったらできないじゃないですか。だから、どう息を吐くかがいちばん大事。

単純にいえば手持ちの場合でも、俳優さんと一緒に呼吸するわけですよ。そうすると追えるんです。だから向こうが吐いてこっちが吸ったときに、向こうになにかやられると追えない。まさに〝息を合わせる〟ということです。東高島って貨物の駅が横浜にあって、そこがよく撮影現場になったんですが、ダーッと真ん中に柱があるところをアクションで（柴田）恭兵が走ってくるのを俺が手持ちでどんどん左右に動きながら撮ったの。そうやると村川さんもノッてくれて、どんどんどんどんカットが長くなる。すげえ楽しかったですよ。

――長回しの場合、カットを割るより撮影も早く終わるのでしょうか？

浜田　まぁね。でも村川さんも後年は相当細かくなってるから。逆にいえば、カットを割っても早いんですよ。7話目にもなると俳優さんたちのコンビネーションがある程度できてるじゃないですか。だから、ちょうどよかったかもわからないね、村川さんの出番として。ベーさん（長谷部安春）がクールでハードでセンスのいい世界を作り上げたのが、いきなり村川さんでコメディになっちゃうわけだけど、恭兵にしたってそういうことを望んでただろうし。

坂道って画になるんだよね、とくに望遠レンズを使うと

――舘ひろしさんと柴田恭兵さんのコンビはいかがでしたか？

浜田　最初はお互いどこか張り合うところもあったんだけど、このへんから少しずつそれぞれの役の違いがわかってきたのかな。走るのは恭兵、オートバイは舘さんというね。この時代だと「松田優作か、柴田恭兵か」っていうくらい、まぁ走り方は違うんだけど、とにかく走る姿がかっこいいんだよね。衣裳についても自分たちで好きなように決めていったわけでしょう。たぶん村川さんなんか「あぁ、いいね！　恭兵ちゃん、いいね！」って言ってさ（笑）。

――「偽装」では後半の犯人を追うシーンでパチンコ玉が流れてきたり、マキビシが使われたり、とてもコミカルな描写でした。

浜田　あったあった！　パチンコ玉を転がしたやつ。やっぱり坂道って画になるんだよね、とくに望遠レンズを使うと。

――たしかにあの坂道は印象的でした。望遠レンズで距離感を圧縮してザーッとパチンコ玉が流れるショットの奥行き、どんどん近づく足元にピントを送り続ける粘りがすばらしい。

浜田　ああいうのは、とくにそうですね。ワイドだとしらけちゃう。詰めると外に広がるから……これ、なんでも思うんだけど、あるもの全部を撮っちゃうとフレームの外を感じないんですよ。たとえば馬が50頭いたとして、50頭撮っちゃうと50頭でしかない。で、20頭を出たり入ったりさせるのが上手いのが黒澤明さん。そうやって望遠で撮ると、いくらでも馬がいるように感じられる。それこそ坂道みたいな斜面を生かすと効果的だし、フレームの外に広がりがある。

現実ではありえないような画じゃないですか、望遠って。距離感も背景のボケ具合もそうだし、ある意味では強調してるわけですよね。グシュッと詰めて、画の密度を作っていく。俺の好みとしては、やっぱり望遠かな。作為的ではあるけど、もともと〝撮る〟という行為自体がおこがましいというか、「これを見ろ!」という意思が働いているわけだし。最近は「やっぱりワイドだ」ということで、ワイドレンズでアップを撮る映画が多くなりましたけどね。まぁ流行り廃りもあるし、そういう臨場感をほしがってるのかもわかんない。

――たしかに被写体に近いリアルな臨場感がワイドの画にはあります。

浜田　ただね、しょせん俺らが撮ってるのは嘘だからね。本物のようにどう見せていくか、お客さんをどう騙していけるのかというところで勝負してるので、本物を撮ったから本物の映画になるかっていうと、映画自体がやっぱり偽物だとは思うんですよ。小さな本当を積み重ねて大きな嘘をつく。森﨑東さんにしたって嘘を嫌がるんです。

――森﨑東監督の2時間ドラマ『妻の失ったもの』(81年)が技師デビュー作で、その後も多くのドラマや映画で組んでいます。

浜田　それこそ「嘘を撮るな」と言われましたね。で、こうやって手前になにか物をナメて撮るのが好きなキャメラマンって多かったんですよ。それを止めた。たとえば冷蔵庫の中からの見た目とか、棺桶を燃やす炉の中からの見た目みたいなアングルも森﨑さんは絶対撮らない。もうひとつ言われたのは「ここだと思ったところから一歩下がってみな」ということ。ほかに注文は一切ないんですけど、そうやって下がって撮ったら「浜田、そこまで引く必要ない」って(笑)。

――『あぶない刑事』に話を戻しますと、「迎撃」「奇襲」では東宝ニューアクションの西村潔監督と組んでいます。

浜田　ぼくはね、好きな監督でしたよ。ジーパンに線が入っている人だから……縦線にピシッと折り目が入ってて、おしゃれなんだ。日活が野放図ならば東宝はそれこそ折り目正しいっていうか、姿勢から正しいっていうか（笑）。西村さんや児玉進さん、小谷承靖さん……東宝の監督ともけっこう組みました。ぼくがセントラルで最初にやったのが『愛のホットライン』（81年）の小谷組、西村組、それと児玉組の3話持ちで5本続けてやったんですよ。キャメラマンと加山（雄三）さんの折り合いが悪くなっちゃって、日活と東宝の流儀の違いがあったみたいで。それで黒澤さんに「浜田、お前全部やれ」って言われて、ラッキーでしたね。森﨑組で一本立ちしたあと、「どうせすぐに仕事ないだろうから戻ってこい」って黒澤さんに言われて、その5本をやらせてくれた。ぼくにとっては、もう大恩人ですよ。

――照明技師の井上幸男さんは、どのような方でしたか？

浜田　キャリア的には先輩で、いい人だったね。「そっちまで振らないでよ、当てられないんだから」って言われた記憶はあるけど（笑）。もうひとり渡辺三雄さんという技師がいて、当時は「仙元・渡辺」「浜田・井上」というコンビがセントラルにおけるA班・B班でした。もちろんライバルではあったと思うんだけど、井上さんは三雄さんの助手をやってて、だからライティングも似てました。直当てでコントラストを強くして、影を作ったりするのが多かったかなぁ。その後は熊谷秀夫さんがやったような間接照明のディフューズの手法が増えて、それこそ小さなライトや蛍光灯で手間をかけたライティングが主流になっていくんですけど。

――セントラル・アーツといえば、町田透役の仲村トオルさんもいます。

浜田　あいつは初々しくてね、恭兵と舘さんにイジられる役っていうのがトオルにしても心地よかったんじゃないかな。トオルといえば、黒澤さんの葬儀の弔辞を思い出すんですよ。すごく長くて……黒澤さんとの出会いから始まって最初から最後までなんにも見ないで、全員の名前を言ったんですよ、あのとき仙元さんがいて、浜田さんがいて、ジミーさん（柳島克己）がいて、誰々がいてって……すごい弔辞だった。あれには泣かされましたね。

「いっか、テレビで爆発しちゃおうか」

浜田　当時、俺らは「撮影所の連中はヌルい」って言ってて、もちろん三船プロも小さな撮影所なんだけど、自分の意識では大手の撮影所とは別な〝街場〟だと思ってたわけ。セントラルで映画を撮っていても「撮影所なんかで本物の映画は撮れねえんだよ」みたいな気持ちだった。でも、いまになってみると撮影所はやりやすくてしょうがない（笑）。撮影所って無駄が多いようだけど、映画を撮るための場所と組織じゃないですか。だからあれを生かさない手はないと思ってる。でも、俺が初めて京都の撮影所に行ったときは、やっぱり〝江戸者〟って言われたけどね、一倉（治雄）さんと一緒に。で、向こうの連中と大喧嘩したわけですよ。とくに美術のセンスが古くて「お前ら一生時代劇やってろよ！」って思ったし、まぁ当時は揉めました。

――東映京都撮影所で製作された『悲しきヒットマン』（89年）ですね。一倉治雄監督とは『あぶない刑事フォーエヴァー　TVスペシャル'98』でもコンビを組んでいます。

浜田　2本あって「テレビで点火、映画で爆発」みたいな惹句だったんです。で、一倉さんとお互いに「いっか、テレビで爆発しちゃおうか」って言いながらやってました（笑）。セットの予算がなくて、小屋も壁しかないんですよ。そこを恭兵がダーッと走って、こっちまで行くと、もうセットってバレる。でも恭兵はギリギリまで来るんですよ。それで俺に向かって「大丈夫〜?」ってジェスチャー（笑）。そのカットはパンで、要するにギリギリのところで止めなきゃいけない。

――カメラをそれ以上振っちゃうとセットであることがバレてしまう。

浜田　そう。だから、ちょっとした仕掛けをした。カメラをガーッと振っても止まるように……ファインダーをのぞきながら振ってもわかんないから、ある位置にストッパーを置いて、そこにカメラをぶつけたんです。

――物理的にそれ以上いかないように。

浜田　絶対いかない。恭兵が俺に向かって「できる?」みたいな顔をしたから、余計やってやろうと思って（笑）。このへんになってくると、もう舘さんと恭兵の張り合いっていうのはほとんどなくてね。最初は微妙にあったんだけど、お互いの役割ができてたから。芝居の質がまったく違うんですね。それこそアドリブでも舘さんは意外と不器用だから、ついていけないときがあって、それに対する苛立ちがあったような気がするんだけど、恭兵が跳ねてもスルッとかわしたりと、いいコンビになってましたね。

——走る姿や銃を撃つ姿、被写体をかっこよく撮るコツはありますか？

浜田　あんまり意識してないかな。女優さんだと「こっちの角度から撮って」というケースもありますが、やっぱりフルショットがかっこいいと、どう撮ってもいいんですよ。アップってさ……もちろん必要なら撮るけど、そのままいけるならフルショットのほうがいい。タカとユージにしたってさ、フルショットのかっこよさだと思うんだよね。舘さんだとオートバイに乗ってるフルショット、恭兵の場合は走る全身の姿じゃない。あの軸がある走り方でさ。

——なるほど。

浜田　あと、舘さんはワインを飲む姿がかっこよかったな。『フォーエヴァー』の冒頭、レストランで赤ワインを飲む。「あ、飲み慣れてるな～」って思って、俺らはワインなんて縁がなかったからさ（笑）。一倉さんは真面目な監督で、しっかり撮る。ベーさんタイプですよね。そのあと『姐御』（02年）って映画をやったときは、ある女優さんに怒られましたけど。監督とキャメラマンともども一緒に（笑）。

——数多くの作品を撮影してきた浜田さんですが、仕事をするうえで意識することはありますか？

浜田　やっぱり監督がなにか言う前に、こっちが現場をちゃんと作っておこうというのは今でもありますね。段取りは俺たちの仕事だと思ってるんで、監督は演出に専念してくれればいい。お願いだから俺たちとしゃべらないで、役者としゃべってくれよという気持ちがあります。ナイターの撮影でも、あっちから撮って、次はこっちからとセッティングを変えると照明が大変なんですよ。で、ズルい監督は何回もやる。セッティングの合間に休む。その代表例が深作欣二（笑）。あっちこっちと繰り返すと、スタッフは疲れるでしょう。でも、サクさんだけ元気。だから1回全部仕込んだんですよ、どこにカメラ向けてもいいように。それで切り返しになったら、カメラだけ動かして「ハイ、どうぞ!」「えっ!」。サクさんも同じように疲れるから現場が早かったです。

――過去のインタビューでも撮影の効率や先のことを考えるのが好きだと語っていました。

浜田　もちろん効率は考えますよ。だって、たとえばセットアップを3回やるのと10回やるのでは時間が倍以上違うから。だから3回でどうできるかっていうこと。制約があるのがいいわけじゃないけど、制約があったとして、それでもこのロケ場所でやりたいという場合に、どうするかを考える。とくに『あぶデカ』はテレビだし、効率を求められてた気がするんだけど、わりかしサクサクやれたんじゃないかな。初期の4本しかやってないのは、たぶん崔組の『黒いドレスの女』が始まったからだと思いますね。

浜田毅［はまだ・たけし］

1951年北海道生まれ。高校卒業後、三船プロやセントラル・アーツで撮影助手を務めたのち、森﨑東監督の2時間ドラマ『妻が失ったもの』で一本立ち。『生きてるうちが花なのよ死んだらそれまでよ党宣言』をはじめ『友よ、静かに眠れ』『黒いドレスの女』『いつかギラギラする日』『のど自慢』『おくりびと』『北の桜守』『首』など数多くの映画を手がけている。2019年より日本映画撮影監督協会（J.S.C）の理事長に就任。

撮影

柳島克己

それにしても「無謀」ってね よくこのサブタイトルをつけたと思うんですよ

『あぶない刑事』第48話「無謀」でデビューした柳島克己は、仙元誠三のもとで助手としてのキャリアを積み、やがて北野武監督作品の撮影を手がけて大きな注目を集める。テレビシリーズだけでなく映画『もっともあぶない刑事』も担当、とめどなき現場秘話は村川透から工藤栄一、深作欣二の思い出まで次々と！

まぁ新人ですし現場的にはアウェイ感が満載で（笑）

柳島　36歳くらいまで仙元（誠三）さんのところで撮影助手をやってたんですけど、当時の台本を見ると自分なりの意見を書いていて……まぁ「俺だったらこうする」みたいなことですよね。もちろん受け継いだものはありますが、やり方は反面教師で、キャメラマンとしては逆のタイプだと思います。仙元さんは自分の世界観をバーンと出してやるタイプだけど、ぼくは監督の意思を尊重するタイプなんですよ。そのうえで「こういうアイデアもありますよ」という提案をする。仙元さんは望遠（レンズ）やズームの使い方が上手いんですが、ぼくはどっちもほとんど使わない。自分の意識として〝小仙元〟にならないにしよう、真逆にいきたいというのがありました。

——1987年に『あぶない刑事』第48話「無謀」でデビューしますが、きっかけを教えてください。

柳島　その前に『星砂物語』という映画の企画があったんです。助監督の鹿島勤がデビューしようとして、チーフだったぼくに声かけてくれて……でも、ホンで揉めて鹿島が降りちゃった。黒澤（満）さんに「お前だけ残ってやれ」と言われたんですが一緒に降板して、そのあと『あぶない刑事』に呼んでもらったんです。もう終わりのほうなので、本当に最後の最後に1話だけやらせてくれて……黒澤さんに感謝ですね。ただテレビのスピードって早いじゃないですか。しばらくテレビの現場をやってなかったので、ついていけるかが心配でした。

——実際に撮影してみていかがでしたか？

柳島　仙元さんはBキャメにいつも外部の人を呼ぶんです。だからぼく、ほとんどキャメラを回した経験がなくて……ちょっと赤面するくらい下手でした。いまだに覚えてるのがクルマの走りで、早いパンなんですね。クルマにつけてパーッて……で、こっちに電柱があって、それは入れたくないなと思ってたんですが、夢中でパンしてたら入っちゃった。「すみません、もう1回やらせてください！」って言って、またセッティングするのに20〜30分かかる……もう自責の念がすごくて、その繰り返しでした。それにしても「無謀」ってね、よくこのサブタイトルをつけたと思うんですよ。俺にやらせるから無謀だったんじゃないかって思うくらい（笑）。

——そんな「無謀」でコンビを組んだのは一倉治雄監督です。

柳島　すごく真面目で、自分が思ったことから絶対ズレない人でした。かっちり撮ろうとすると、やっぱりプレッシャーがあるじゃないですか。原（隆仁）さんや成田（裕介）さんの場合は「ノリで」みたいなところがあるんですけど、一倉さんの期待に応えられたのかが不安でしたね。

——ほかに思い出すことはありますか？

柳島　とにかく「この時間内でこのカットを消化しなきゃいけない」とか、目先のことをクリアするのでいっぱいいっぱいでした。舘（ひろし）さんと（柴田）恭兵さんのかけ合いはアドリブをやるから、キャメラも失敗できない。ふたりが揃うとすごく緊張しました。新高島の倉庫街で撮るときも、ある一部だけ借りてやるわけですが、角度を変えて別の通りに見せたり……そういうテクニックも、いざやると「なるほど〜」って勉強になりました。

まぁ現場的にはアウェイ感が満載で（笑）。いきなり後半でキャメラマン、しかも新人のポッと出がやってきて……あのときすごく助かったのが、照明技師の井上幸男さんです。ぼくは三船プロの撮影部にいたころ契約社員だったので、作品が空くと他社の現場に行かされてたんですよ。松竹の大船でお昼のメロドラマについたことがあって、そのときの照明が井上さんでした。そういう経緯もあって井上さんが「こいつ初めてなんだからよ」って支えてくれて、ありがたかったですね。

――井上幸男さんは、どのような方でしたか？

柳島　男っぽい人でした。井上さんと渡辺三雄さんがセントラルの照明をよくやっていましたが、ふたりは仲良しなんですよ。三雄さんは自分の思うようにいかないと、顔を真っ赤にして怒る人。井上さんは「いいよ、いいよ」とか「ライト足らねえから無理だぁ」と流すタイプ。助手時代の話ですが、セントラルの連中はロケ帰りに新宿で降りて即しょんべん横丁に飲みにいくわけ。「きくや」って居酒屋があって、そこは井上さんや渡辺さん、照明助手や製作部のたまり場でした。もう毎日のように飲んで、「三船の連中はヌルい」なんて言われたりして。

当時のセントラル・アーツって〝なんでもあり〟という自由な空気があったんですよ。丸山（昇一）さんたちが書いたホンは〝跳ねてる〟というか〝翔んでる〟というか、それまでにない新しさを感じました。映画とテレビを両方やってたので、スタッフにとってもセントラルは羨望の対象でしたね。

――『あぶない刑事』のローテーションは2話持ちが基本ですが、「無謀」は1話だけの撮影でした。

柳島　たぶん新人だから1本撮りだったんだと思います。でも、まぁ1本で、しかも後半じゃないですか。もう番組は終わるし、自分がこの先どうなっていくのかもわからないし……デビューのうれしさより「もう仙元さんのところには戻れない」という不安が大きかったですね。ぼくは三船プロを出たあと浜田（毅）さんと一緒に仙元さんの助手について、それがセントラルの『探偵同盟』（81年）だったんです。そのあと6年で14本くらい映画を、ほとんど仙元さんとしかやってないので、『あぶない刑事』でキャメラマンデビューしたときは「あ、これ終わったな」って（笑）。しばらくはどうしようかと不安でした。

ズームの表現って難しいんですよ

――そんな不安をよそにセントラル・アーツのテレビシリーズを立て続けに担当。『もっとあぶない刑事』では、まず成田裕介監督の「争奪」「波乱」を手がけています。

柳島　その前に佐々木原保志さんの紹介で『CFガール』（89年）という映画を撮ったんです。佐々木原さんってイケイケの売れっ子だから、やれなかった仕事を回してくれたんだと思うんですけど……。で、映画ってリズムがゆっくりじゃないですか。そこからテレビに戻ると、やっぱり1日の分量が多いので大変でしたね。成田さんとは助監督のころから何本もやってるので、あの人のノリのよさや好きなタッチはなんとなくわかっていました。

――第6話「波乱」は、タカが窮地に陥るハードなエピソードです。

柳島　ジョン・ウーっぽい銃撃戦の回ですよね。ドアが蜂の巣になって、光が差し込んでくる。成田さんは、しゃれた映像が好きなんですよ。ライティングの角度や色にこだわる。『六本木バナナ・ボーイズ』（89年）でもありえないところにネオンを置いたり、工藤組をやってたから工藤栄一さんみたいに道路に水を撒いて逆光で照らしたりして。一倉さんはもう本当に〝芝居〟って感じで、映像よりも芝居でしたね。

ちょっと話が逸れますけど、工藤さんと仙元さんの『野獣刑事』（82年）を東映京都で撮ったんですよ。基本オールロケで、緒形拳さんがいしだあゆみさんをおぶって走るシーンは撮影所の坂道。それこそ水を撒いて、望遠で、緒形さんが正面に向かってくるカットです。ぼくはセカンドのフォーカスマンで、ポイントごとに印を置いてピントを確認してたんですが、いざ本番でライトが点くと、ものすごい逆光でまぶしくて、どこに印を置いてるのかわからない。仙元さんに「ボケてる、ボケてる！」って言われても、もう向こうは必死の形相でどんどん走ってくる……もちろんＮＧ。そうしたら緒形さんが「こんな芝居、二度とできるかー！」って、顔を真っ赤にして激怒されて。緒形さんとは何本かやりましたけど、あんなに怒られたのは初めてで、もう平謝りですよ。なんとかリテイクさせてもらって本編もそっちが使われたんですが、やっぱり最初の芝居のほうがよかった。これは本当に反省しています。

――あのシーンはポスターにも使われていましたが、まさに〝ザ・工藤栄一〟といった雰囲気でした。

柳島　いやぁ、『あぶデカ』っぽくないですね。もっと軽い話をしないと。なんだろうな。見ればね、いろいろ思い出すんでしょうけど……。

――では、せっかくなので本編の映像を見てみましょうか。「波乱」は手持ちのアクティブなカメラワークが目立ちます。

柳島　こういう手持ちも16ミリは比較的楽なんですよ、軽いので。下からちょっと手で持ち上げるのがコツなんです。35ミリだとカメラが大きいので肩に乗せるんですが、必ず肩が下がってくるんで、いつの間にかレベル（水平）が歪む。最近のデジタルカメラはレベルが付いてて、歪むとモニターに表示されるので途中でゆっくり直していけるんですけど。

――古ぼけたホテルでのドアを挟んだ銃撃戦が白眉です。

柳島　これは新山下にあったバンドホテルで、いまは取り壊されてメガドンキになってますね。日活のアクション映画の時代からよく使われていて、ぼくらのころはもう営業してなかったんですが、建物貸しをやってたんです。この室内はセットだと思います。

――アクションシーンなど、ときどきズームも使っていますね。

柳島　ズームの表現って難しいんですよ。芝居のなかで俳優さんに向かってズームするんだったら、トラックアップでレールを引いて移動車で近づくほうが好きですね。レンズで寄るか、カメラごと寄るかで背景の変化が違うんですけど、ズームはスピードやタイミングが難しい。仙元さんなんか感覚的にビョ〜ンとズームするタイプなので、あれはちょっと太刀打ちできないなと思います。三船プロでも村野信明さんなんてズームが上手かった。

フォーカスのタイミングも演技、ある種の芝居だと思う

――ホテルの室内で犯人に近づくカメラワークですが、まさにレール移動です。

柳島　（映像を見ながら）これはね、ちょっとズームも組み合わせてますね。当時はズームレンズ全盛で、アメリカのドラマや映画でもズームがものすごく多いんです。ただ、ぼくは芝居が保たないからズームするとか、移動するっていうのは、いまだに抵抗があって……また余談なんですけど、深作欣二さんと『バトル・ロワイアル』（00年）をやったとき、パンしながらズームしてくれって言われたんですね。仙元さんは電動のズームを使ってたんですが、『バトロワ』のときは予算がなくて手動でレンズを回してパンしながらビューンってやったんです。何回かテストをして、で、いざ本番のときビューンってならないんですよ（笑）。パンが遅くてズームが速いとか、速いほうがごまけるのでシュッと短いやつをやったり……そうやって何テイクか撮って、最終的に深作さんが使ったのが、いちばん最初のミスったやつ（笑）。「監督、これマズいんじゃないですかね」って言ったら「いや、こういうのがいいんだよ!」。あれは最初に子供たちが集まる教室のシーンだと思います。

――先生役のビートたけしさんがナイフを投げて、女子生徒に刺さるくだりですかね。

柳島　それです。まぁズームに関しては本当いまだに上手にできない。それこそ仙元さんは遊戯シリーズで、こんな隙間からビョ〜〜〜ンってズームするじゃないですか。それも思いっきり寄って、躊躇しない。行くとこまで行く。ああいうのフォーカスマンは大変なんですけどね。仙元さんはパンやズームがシャープなんですが、ぼくはズームなんかほとんどしないし、ルーズな画がずっと続いていく。いや、いまも変わらないんですけど（笑）。

――柳島さんは撮影助手のセカンド、フォーカスマンの時期が長かったそうですが、珍しいケースです。

柳島　10年以上やってましたね。いまはハリウッドや中国でも専門職で、日本もそういう人が出てきてるみたいですけど。フォーカスのタイミングも演技、ある種の芝居だと思うんです。たとえばバックに海があって、そこに女性が入ってくる。

フレームインした瞬間、彼女にピントを合わせるのが普通ですが、一瞬ピンボケの状態を見せてから彼女に合わせたり、あるいはフレームインの前からピン送りで画面全体をボカして「?」と見る側に思わせてから彼女をインさせたり。正解はないし、それぞれ効果が違うんです。セカンドが長かったので、それだけ俳優の芝居に接することができましたね。

――仙元さんは柳島さんの撮影された作品を見て、なにか感想を言ったりするのでしょうか?

柳島　ほとんど否定されましたね。でも、なぜか『真夏の方程式』(13年)だけは褒めてくれて、「えっ!」となりました。それ以外は毎回ほぼ全否定でしたが、それがぼくのモチベーションにもなってて、いつか「いいな」と言わせたいと思っていました。

――続いて『もっとあぶない刑事』では、原隆仁監督の「突破」「代償」を担当しています。

柳島　原さんは柔らかい人なので、この12・13話のころは楽しんで撮っていた気がしますね。ぼくも俳優さんと親しくなって、もう亡くなってしまった秋山武史さんがレギュラーの刑事役で舘さんと同じ石原プロだったんですが、三浦半島にウインドサーフィンのショップ(ラ・セーラ葉山)を持ってたんですよ。撮休のとき、みんなでそこに行ってバーベキューをやって、そのまま会員になって何年間かぼくもウインドサーフィンをやってました。湘南のお坊ちゃんですね、秋山さんは。そういう余裕があって、舘さんとも仲良くされてました。

――原隆仁監督はどのようなタイプの監督ですか?

柳島　お坊ちゃん……とか言っちゃいけないな(笑)。やっぱり性格的に明るい人で、そんなにアクも強くないし、凝り固まっていない監督ですね。比較的ぼくも性格が似てるんじゃないかと思うんですが、状況に合わせて柔軟にやるタイプです。当時、一倉・成田・原の三人組って仲良さそうに見えて、やっぱり張り合ってたと思うんですよ、いい意味で。

〝映るものは全部俺がやるんだ〟という仙元イズムの刷り込み

――村川透監督の『もっともあぶない刑事』（89年）で、ついに映画版を任されます。

柳島　黒澤さんの推薦でした。村川さんとは『あきれた刑事』（87〜88年）で一緒だったんですが、ものすごい早撮りだったんですね。これは無理だろう、この人と映画をやるのは無理だろうと思って……しかも撮影日数が23日か24日しかなかった気がするんですよ。とにかくそれまでの映画に比べて短いことは短かった。いちばん予算もかかってないんじゃないかと思います（笑）。

スケジュールも厳しくて、たしか舘さんと恭兵さんが一緒になる日が1週間しかなかった。だから極端にいうと切り返しで舘さんを撮るとき肩ナメの恭兵さんは吹き替え、その逆は別の日に撮って、編集でカットバックして……よく見たら天気が違ってたりね。

――昔のテレビ映画みたいな……。

柳島　まさにそんな感じですよ。「こんなことやっていいのかなぁ」という。村川さんはすごく頭の回転の速い人なので撮りながら〝脳内編集〟が行われているんですが、スタッフは理解できてない部分がけっこうあって、記録の桑原みどりさんに「これって大丈夫ですか？」って聞いたら「わたしもわかりません」（笑）。照明の井上さんが「監督、ジミーもまだ慣れてないからそんなに急がないでよ」と言ってくれたり、しかし村川流のノリがあったからこそ、ああいうコミカルでおもしろいアクション映画になった気がしますね。

――撮影の思い出はありますか？

柳島　にっかつ撮影所の裏に〝Sの字〟の水路があったんですよ。横浜の地下道を縦横無尽に逃げるシーンがあるんですけど、けっきょく貸してもらえなくて、そのS字を「ここが縦横無尽の横浜の地下道だ！」って村川さんが……いや単なるゆるいカーブで、一度そこを通ったら、あとはどうすんのって話なんですが。そうしたら村川さんが「ここにドラム缶を置いて！」って、あとは背景の明かりを落としたり点けたりして、同じ場所に見せないように工夫する。そんな撮影を1日か2日やって、フィルムが繋がったとき「あぁ、やっぱり村川さんはすげえな」と思いました。とてもあのSの字だけで撮ったとは思えないシーンになっていましたから。

――なんと、もう一度チェックしてみます。

柳島　地下から鼓笛隊のところに出てくるシーンも、マンホールを貸してもらえなかったんですね。だから普通の歩道をローポジションからズームインで狙って、恭兵さんに上がってきたような動きをしてもらって、マンホールがある設定にして……あれ、みなさん伏せて待機してるだけなんです（笑）。

――オープニングは線路を歩くタカとユージ、逆光のライティングでスモークを画面のなかに入れ込んで、ダンディズムあふれるクレーンショットです。

柳島　たしか初日で、いまはもうないんですが山下公園から赤レンガ倉庫のほうに向かう線路の廃線で撮ったんです。ぼくは「これがタイトルバックになる」という気負いがあるもんだから、クレーンの上がる速度が気になって「もう1回」ってNG出したら、村川さんが「なんでまだやるんだ！」（笑）。あれはスモークじゃなくてスチームで、クリーニング用の水蒸気を使った気がします。ニューヨークの冬の地面から水蒸気が出てるようなイメージですね。

――港署のシーンは長回しの撮影で、キャストとカメラワークが複雑に絡み合っていました。

柳島　あれはステディカムという振動を吸収して滑らかな動きをする機材が初めて日本に入ったころで、まだ専門のオペレーターもいないから自分でやったんです。でもバランスを取るのが難しくて、体がエビ反りになって画面にヘンな揺れが出てしまい……村川さんが「ジミーちゃん、ＯＫなの？」って聞くけど、モニターがないからわからないし、体力の限界がすぐにきて（笑）。

――廃墟での銃撃戦も長回しで、遊戯シリーズを彷彿させるシーンでした。

柳島　あそこもステディカムかな。遊戯シリーズはシンクロ（同時録音）じゃないからカメラが軽くて、こっちはシンクロで同録カメラって重いんです。だから対抗しようとしても、なかなかあんな感じにはできなかったですね。仙元さんになんか言われるとやだなぁと思ってました。

――ステディカムを提案したのは?

柳島　村川さんが言ったのかな。いや、ぼくが打ち合わせのとき話したら村川さんがそれにノッたんだったかな。どちらにせよ、もう引っ込みがつかなくなって自分でやることになって、現場でバランスを調節してたら……村川さんは、あの性格だから「ジミーちゃん、もういい、もういい!」。キャメラが斜めのまま「じゃあ、本番!」(笑)。キャメラマンとしては耐えがたい。まぁ〝映るものは全部俺がやるんだ〟という仙元イズムの刷り込みがあって、だから疑いなく自分でやろうと思ったんでしょうね。

――〝ジミー〟というニックネームの由来を教えてください。

柳島　〝やなぎじま〟を縮めて〝ジミー〟なんですが、もともと三船プロだけだったのに藤澤(順一)の紹介で東映京都に行ったら悦ちゃんが……『大江戸捜査網』で一緒だった志穂美悦子さんが『吼えろ鉄拳』(81年)に出ていたわけです。JACの映画だから。それで「ジミーさん」と呼びはじめて、その名前が京都に広まって、さらにつながっていき、いまでは学生からもジミーさんと呼ばれています。

撮影部の秘密兵器は画にならずに終わりました

――後半ではタカとユージが乗ったトランザムとパトカー軍団との派手なカーバトルに突入します。

柳島　竹内(雅敏)さんのTA・KAで、廃車工場でトランザムに乗って撮ってたとき、ドカーンと横からパトカーが当たったんですよ。予想以上の衝撃でダーッと持ってかれて、そのときマガジンというフィルムを入れてる部分がバカッと当たって、ぼくも頭がクラッとなって、そのままフォークリフトに突っ込んでいくから「あーーーー!!!」と思って(笑)。もちろん、ちょっと前で停まってくれたんですが。

あとは新しいカメラアングルで撮りたくて、助手席に穴を開けて下に大きめの鏡を設置しました。その鏡をカメラに映すと、地面すれすれのアングルで両側のタイヤと前を走るクルマまで入るんです。そんな迫力ある画が撮りたくて撮影部で工夫して、いざ本番でやったんですけど、人間が乗ると車高が下がるじゃないですか。だから、走行中にマンホールかなにかの凸凹に鏡が接触してしまい「パリーン！」と割れちゃったんです（笑）。そうしたら村川さんが「もういい！時間かかるからいい！」って。もう1回やろうとしたんですが、即却下でしたね。撮影部の秘密兵器は画にならずに終わりました。

——幻のカメラアングルに……。

柳島　いまならGoPro（小型のアクションカメラ）をガムテープでひっつければいくらでも撮れる画なんですが、当時は35ミリなので限られた条件で安全対策も大変だったんです。

——ほかに印象的だったエピソードはありますか？

柳島　悪役で神奈川県警の局長がいたじゃないですか。このキャスティングにびっくりして、あの芥正彦さんは東大の全共闘で三島由紀夫に議論を吹っかけた人なんですよ。タバコ吸いながらこうやって（笑）。その芥さんが出て、すっごい芝居が堅いんですね。ひとりだけ時代劇みたいな口調で、びっくりした。「左のたなごころに弾が当たって〜」みたいなセリフがあって、その「たなごころ」がすごく特徴的なイントネーションで、しばらくスタッフの間で流行ったんですよ。なにかっていうと「たなごころ」「たなごころ」って（笑）。

——『もっともあぶない刑事』がシリーズ最後の担当作となりましたが、その後も柳島さんはセントラル・アーツの映画や北野武監督作品などを手がけます。

柳島　そういえば『もっとも』のラッシュと、北野さんの『その男、凶暴につき』（89年）のラッシュが同じ日だったんですよ。あっちは佐々木原保志さんがキャメラで、にっかつの映写室でたまたま見たんです。「おもしろいショットを撮ってるなぁ」って、同じ刑事ものでも対極でしょう。当時は異業種監督ブームで北野さんが続けて撮るとは思わなかったし、『3-4X10月』（90年）を自分がやるなんて……まぁ若手の勢いのあるキャメラマンは、なかなか言うことを聞いてくれないっていう理由でオファーがきたみたいですが、まさか17本も続くとは思いませんでした。

ぼくが初めて撮った『CFガール』という映画は佐々木原さんの紹介だったし、ライトヴィジョンのプロデューサーから北野組のオファーをもらったとき、ちょうど佐々木原さんの現場にBキャメで参加してたんですよ。『さわこの恋』(90年)って映画で、斉藤慶子がランバダを踊るシーンだけ応援で。1週間くらい言い出せなくて、最後の日に「バラちゃん、じつはこんな話がきてるんだけど、どうしよう」って相談したら「ジミー、いい話じゃないか。やれやれ」って背中を押してくれて、それがきっかけになりました。その後もセントラルの仕事をいろいろやりましたが、北野組と重なってできなかった作品も何本かあって、いつも黒澤さんに申し訳なかったですね。

柳島克己［やなぎじま・かつみ］

1950年岐阜県生まれ。東京写真専門学校卒業後、三船プロに所属して撮影助手を務める。フリーとして仙元誠三に師事し、87年に『あぶない刑事』で技師デビュー、映画『もっともあぶない刑事』も担当する。90年の『3－4X10月』をはじめ『ソナチネ』『キッズ・リターン』『座頭市』『アウトレイジ』など北野武監督作品を数多く担当。そのほかの映画に『CFガール』『バトル・ロワイアル』『ゴールド・ボーイ』ほか。

美術

木村光之

決まりきったものを作りたくない 自分でも演出するつもりでデザインしました

第31話「不覚」から最終回の第51話「悪夢」まで『あぶない刑事』後半の美術デザイナーを務めた木村光之は、前任の望月正照からバトンを渡されて港署のセットを引き継ぎ、ときに〝なんでもあり〟の遊び心を披露した。芝居をイメージしながら図面を引き、画に映るものすべてを統括するデザイナーの仕事とは。

狙ってる芝居を考えて、図面を引きます

木村　きっかけはデザイナーのもっちゃん、望月正照なんですよ。三船プロ時代からの友人です。彼が『あぶない刑事』を担当していて、そのころぼくは同じにっかつ撮影所で『親鸞 白い道』（87年）という三國連太郎さんの映画の美術助手をやっていた。で、ある日もっちゃんから「話がある」と言われて、なんだろうと思ったら、俺がいまやってる『あぶない刑事』を引き継いでほしいと。あいつは英語が堪能で海外にもよく行ってて、今度また合作映画をやるという話で、3クール目から代わってくれないかと頼まれたんです。

いや、でも望月の作品だからどうしようかなと思ったんですよ。『あぶない刑事』って見たことなかったし、テレビの連続ものは拘束が長いから悩んだんだけど、友達だし「いいよ」って引き受けたんです。装飾の大坂（和美）もよく知ってたから楽しみにしてたら、あいつも抜けちゃったし、でも遠藤ちゃん（遠藤光男）がよくやってくれましたね。というわけで、にっかつの食堂でもっちゃんに相談されたのがきっかけでした。

――『あぶない刑事』の美術といえば、まず港署のセットです。

木村　もっちゃんが上手に作ってたよね。センターにガラス張りのアナウンスルームみたいなのがあったでしょう。あれはいいアイデアだなと思った。まずは図面や資料をもらって引き継ぎをして、まぁメインセットは手をつけず、パーマネントセットの室内を話に合わせて飾り変えたり、あとは監督の狙いがある場合、別で吹き抜けの部屋を作ったり、いろいろなセットを組みました。

――テレビ映画における美術デザイナーの仕事を教えてください。

木村　台本をもらって、まずは自分なりにイメージを考えるわけ。それから監督と話し合って、意向を聞きます。メインセットをどうするか、お互いの考えをすり合わせて……天井を高くするとか、ドアがないほうがいいとか、どこの壁を外してカメラのポジションを作れるようにするとか、いちばん狙ってる芝居を考えて、図面を引きます。

ぼくの場合は、まずは芝居ありきで組み立てる。図面が決まったら次は大工さんと話して建て込みの打ち合わせをして、セットができたら塗装屋さんや経師屋さんと打ち合わせ、そのあとで装飾部と家具や小道具の打ち合わせ、最後に照明技師さんと打ち合わせ……打ち合わせばっかりだね（笑）。ぼくは照明を重視してたから「こういう色」とか「ここは暗く」と相談して。ライティングでセットの印象もぜんぜん変わりますから。

「木村ちゃん、線引きすぎだよ〜」

――『あぶない刑事』のセットの思い出はありますか？

木村　まずは、とあるホテルの部屋を吹き抜けで広く作った。あれがいちばん印象に残ってますね。ドーンと吹き抜けで余計なものを入れずに見せたかったんです。犯人が潜伏している設定の部屋ですが、唯一の飾り物として天井にシーリングファンを付けてクルクル回して、その影を床に落とした。シンプルな部屋だけど、ちょっと凝ったのは西洋風のしゃれた刳物《くりもの》を欄間につけました。

――第45話「謹慎」ですね。昔のアメリカ映画に出てくる港町の安ホテルを思わせるような室内でした。

木村　横浜が舞台だからね。あのデザインは中学校のころに見た『２００１年宇宙の旅』（68年）で寝室のセットが出てくるシーンがあり、それを思い出したことがもとで図面にしたんです。ぼくは決まりきったものを作りたくないんですよ。自分でも演出するつもりでデザインしました。あのときはね、にっかつの菊川（芳江）さんというデザイナーがたまたま見にきて「木村ちゃん、あのセットよかったよ」と言ってくれたんです。ホンを読んだわけでもないのに、イメージが浮かんだんでしょうね。

――ほかにセットのエピソードはありますか？

木村　ある部屋を作ったとき、壁一面に抽象的な絵を描いたの。勝手気ままに描かせてもらって、自由にやりました。ぼくは大学（武蔵野美術大学）で絵を描いてましたから、そういうの得意だったんです。もっちゃんとも話したんだけど、『あぶない刑事』というのは普通の刑事ものじゃない。極端なことを言ったら〝なんでもあり〟なんですよ。

監督だと、まずは原ちゃん（原隆仁）かな。東映の『大日本帝国』（82年）をお互い助手でやってて、なかなか活発な男でした。ぼくが『あぶない刑事』をやった一本目も最終回も原組だったんだよね。だから「成功してほしいな」と思いました。あと、おもしろかったのが成田（裕介）さんだね。いろいろセットについても話し合って、原ちゃんは任せてくれるタイプで、成田さんは意見を出してくる。そうか、あのホテルの室内も成田組ですね。

――『あぶない刑事』のエンドロールはスタッフの名前がたくさん出てきますが、各パートのうち美術については助手がいません。

木村　テレビ映画の場合、助手なしのケースが多かったね。時代劇とかになると別ですが、刑事ものはそう。あと大変なのは予算とのせめぎ合いね。にっかつの美術の管理をしてる林（隆）さんとよく喧嘩したもん。いろいろ話してたら、ぼくの大学の先輩だったけど（笑）。セットの図面を見せると「木村ちゃん、線引きすぎだよ～」って。線を多く入れると、それだけ予算がかかるという意味です。セントラル・アーツから予算について言われた記憶はないかな。けっこう自由にやらせてもらったと思います。

――舘ひろしさん、柴田恭兵さんはいかがでしたか？

木村　あのね、舘ひろしが名古屋出身って知らなかったんです。撮休の日、われわれがセットの飾り変えをしてたら舘っちゃんが入ってきたんですよ。真面目な男なんで「すいません。ちょっとセット見せてください」って、それから俺のほうに近づいてきて「木村さん、高校どこですか？」「いや、千種高校ってとこだけど」って答えたら「何期生ですか？」。なんと俺が二期生で舘っちゃんが三期生だったの。

――えー、なんとも奇遇ですね。

木村　それで次の日から「先輩よろしくお願いします」（笑）。ほら、石原プロって〝組〟みたいなもんだから、上下のアレにうるさいじゃない。いやいや先輩なんて呼ばないでよ、困るよって頼みましたね。恭兵ちゃんは同期みたいなもんで、国際放映でやってた『姿三四郎』（78～79年）に車引きの役でレギュラーで出てたんだよね。お互い時代劇が初めてで、だから同期。そのあと東映の『はみだし刑事情熱系』（96～04年）でもご一緒しました。助手でついた作品もふくめて、けっこう同じ現場をやってるんですよ。現場では孤独で静かなんだけど、とてもお子さん思いでしたね。

じつは刑事ものがいちばん好きじゃないの（笑）

左から助監督の鳥井邦男、監督の原隆仁、木村

――さかのぼりまして、美術デザイナーになったきっかけを教えてください。

木村　もともと演出を志してて、でも当時は斜陽だから映画会社の採用がなくて、ぼくの先輩が東宝映像にいたんですよ。それで聞いてみたら「助監督の空きはないけど、美術だったらできるでしょう」と。それでテレビの『日本沈没』（74年）の特撮美術をやることになって、狛江の日本現代企画のスタジオに連れられてって、そこからキャリアが始まったんです。特撮は美術が主役だから夢中になって、そのあと人間ドラマをやりたくて、いろんな撮影所で仕事をしました。テレビ映画だと国際放映を中心に助手をやって、斉藤嘉男さんや加藤雅俊さんにいろんなことを学びましたね。

デザイナーとしてのデビュー作は、鈴木清順さんが監督の『神獣の爪』（80年）という単発ドラマです。三船プロに打ち合わせに行ったら清順さんが脚本家の目の前で「このホン、おもしろくないよね。木村さん、書き直したらどう？」（笑）。この現場もおもしろい話がいっぱいあるんだけど、まぁ『あぶデカ』とぜんぜん関係ないね。ちなみに美術としての子供番組は最高におもしろいんですよ。なぜかわかる？

――**現実にないものを作るから、ですか？**

木村　そうそうそう！　空想が必要なの。「えっ、なにこれ⁉」という驚きね。じつは刑事ものがいちばん好きじゃないの

（笑）。けっこうやったけどさ、刑事部屋と取調室と会社と病院と……もう似たりよったりの場所しか出てこないじゃない。『あぶない刑事』は別よ。あれだけずっこけてるドラマも珍しいよね。舘っちゃんにしても恭兵ちゃんにしても、ああいう芝居だから普通のセットじゃおもしろくない。ありえないようなセットを作ろうと思いました。

で、また話が逸れちゃうけど、ぼくは『仮面ライダークウガ』（00～01年）の1話目をやったの。大嶋（修一）って後輩に頼まれたんだけど、これが初めてハイビジョンでやることになった『ライダー』で、フィルムより鮮明に映るからセットでも今までみたいなごまかしが効かない。しかも、どう考えても映画みたいに予算がかかる企画だし、チンケなセットを作るわけにもいかない……いざやったら普通の倍以上の予算がかかっちゃった（笑）。東映テレビプロの40周年記念だったのに「こんなに美術費がかかった作品はない！」って怒られましたよ。でも、それで20年以上続いてるもん、大したもんだよね。

――いやぁ、ありがとうございました。

木村　『あぶない刑事』に関しては、あくまで望月の代理としてやったようなもんだし、でも楽しくやらせていただきました。ロケーションでも〝昔のヨコハマ〟がたくさんあったね。洗濯屋とか川沿いの道とか、もうなくなった風景が多いから映っている画も貴重だと思います。

木村光之 ［きむら・みつゆき］

1956年愛知県生まれ。武蔵野美術大学卒業後、フリーの美術として東宝、東映、国際放映、松竹、日活などの現場に参加。80年に三船プロのテレビ映画『神獣の爪』で美術デザイナーとしてデビューし、『乱』など大作映画の助手を務めながら『特捜最前線』『太陽にほえろ！』『あぶない刑事』や2時間ドラマの美術を手がける。その後の作品に『はみだし刑事情熱系』『仮面ライダークウガ』『百獣戦隊ガオレンジャー』『タイムスクープハンター』ほか。

装飾

大坂和美

「これはフィクションなんです」って刑事さんに説明したことを覚えています

第1話「暴走」から画面に映る道具・小道具――〝装飾〟の責任者を務めた大坂和美は、当時ポパイアートに所属していた。長谷部安春監督との縁で『あぶない刑事』に参加し、美術デザイナーの望月正照が設計した港署セットの飾り込みを担当。多岐にわたる仕事ぶり、さらに撮影所で起きた思わぬ事件とは!?

よくセットに泊まって朝になると起こされました

大坂　長谷部（安春）さんに誘われて参加しました。当時はポパイアートという会社をやっていて、2時間ドラマや映画で長谷部さんに気に入られたんでしょうね。刑事もののシリーズは初めてでしたが、デザイナーのもっちゃん（望月正照）も三船プロ時代から一緒だったので気心が知れてました。あまり細かいことは言わない、おもしろい人ですよ。

最初は横浜に住む人たちと警察が関わる人情ものみたいな企画だった気がするんですが、もっちゃんが警察署のカウンターから刑事部屋、窓まで見える図面を描いてくれた。それから長谷部さんと主役ふたりのところを回ったら、舘（ひろし）さんが突然「拳銃はマグナムがいい」って。えっ、人情話にそんなの……と思ったんですけど（笑）。

（柴田）恭兵さんのほうは普通のコルトで、BIG SHOTの納富（貴久男）さんにお願いして準備をしてたら、舘さんがさらに「二挺拳銃にしたい」と。背中に一挺入れたいということで、ホルスターを革で作ったりして工夫しましたね。よく考えたら、カウンターの向こうに刑事部屋があって、拳銃ぶら下げてるやつが見えるなんておかしいんですよ。もっちゃんとそんな話をしてましたが、いざ始まったらどんどん人気が上がっていったから、まぁしょうがないだろうというか、まぁいいだろうって（笑）。

――港署のセットはいかがでしたか？

大坂　横浜っぽくおしゃれに、これまでの刑事ものにない要素を足していきたいという話で、プレートを青にしたり、西部劇みたいなスイングドアを付けたりして、どんどん変えていったんです。広かったので飾りも楽しかったですけど、とにかく時間がなかった。第1話の撮影が始まってからも横浜ロケは下の人間に任せて、もっちゃんと一緒にセットを作ってました。セットは週に1回、レギュラーの役者さんたちが忙しいので、その日にまとめて2話分撮ってましたね。

――『あぶない刑事』の場合、装飾と小道具で4人のスタッフがクレジットされています。装飾部の大まかな仕事を教えてください。

大坂　まずは台本を読んでセットとロケセットとを分けて、持道具や小道具、それから書類などの作りものを全部準備します。アタマが流れてしまえばあとは足していくわけですから、立ち上げが大変でしたね。セットの飾り込みで世界観を設定づけるので、連続ものはとくに最初が大事なんです。

ぼくの下に東映で小道具をやってた尾関（龍生）がいて、もう亡くなりましたが、そのあともいろいろ一緒にやりました。尾関とは『あぶデカ』が初めてで、年齢はぼくより1つか2つか下ですが、本当に職人ですよ。ロケのほうは尾関が全部仕切ってくれたので、ぼくはセットの準備を担当して……よくセットに泊まって朝になると起こされました。飾りをやってると帰るのが面倒くさくなってくるんですよ。だからもっちゃんが帰ったあと、刑事部屋の隅のソファで寝てました（笑）。

――有効活用していたのですね。

大坂　マンションのシーンでも入り口までは横浜で撮って、室内はセットというケースが多かったですね。にっかつにパーマネントセットを作って、部屋の飾りを変えたりして、話数ごとにごまかすんです。もちろん実際の部屋で撮るケースもありますが、刑事が踏み込んだり、拳銃を撃ったりするシーンはロケセットではできないのでセットを使うことが多かったです。

――ほかにセットのエピソードはありますか？

大坂　お恥ずかしい話なんですけど、刑事部屋のパソコンが盗まれた事件があったんですよ。警察に届けて、保険で対応しようという話になったんですが、そうしたら調布署の刑事が現場検証にやってきて……それも5〜6人がぞろぞろと。

要するにセットが見たかったんですね（笑）。調書は机の上に絶対出さないとか、いろいろ注意されて、「これはフィクションなんですよ」って刑事さんに説明したことを覚えています。調布署は撮影所のすぐ近くなので、「なにか質問があったら、いつでも聞いてくださいね。すぐ行きますから」と言ってくれました。

「中国に行かせてください」「なに言ってんだ？」

大坂　結論から言っちゃうと、ぼくは『あぶデカ』を15本かそこらで抜けさせてもらったんです。すごく怒られたんですけど、ちょうど『敦煌』（88年）という映画の話があって、そのデザイナーが『南極物語』（83年）を一緒にやった徳田博さんという方で、「こっちに来い」と。セントラル・アーツの黒澤満さんとプロデューサーの紫垣（達郎）さんに「途中で降りたい」という話をしたら、代わりに社長を連れてこいって言われて、それで入れ替わったんです。

――当時のポパイアートの社長は佐藤結樹さんですね。

大坂　はい、一緒に会社を作った三船プロの先輩です。ぼくが抜けてからは遠藤（光男）が『あぶデカ』を担当しましたが、彼は結樹さんの妹の旦那なんです。まぁ、しかし怒られましたね。これからってときに抜けるわけですから。「中国に行かせてください」「なに言ってんだ？」って。でも、中国に1年間というのは魅力だったし、監督とデザイナーは『植村直己物語』（86年）のメンバーだし、主役も同じ西田敏行さんだし……。

そういう話が流れていったら余計に怒られて、「秤《はかり》にかけるのか！」って言われました。でも黒澤さんはすてきな人で、『あぶデカ』のエンドロールに装飾部の名前が全員載っているのも黒澤さんの心意気ですよね。テレビだと普通は責任者の名前だけで、助手は載せませんから。

――撮影現場の思い出はありますか？

大坂　浅野温子さんから毎週いろんなアイデアが出るので、いつも冷や冷やしてました（笑）。持道具のことでも突然言われて、間に合わせなきゃいけないわけですから。いい人だし、一生懸命いろいろ考えてくれるので、それに追いつけるようにしようと思いましたね。ベンガルさんの扇子も本人のアイデアじゃないかな。サングラスは持道具の担当で、舘さんや柴田さんが自分で選んだものの場合、管理が大変なんですよ。壊したりしたらいけないし、シーンのつながりなんかもあるので。

――なるほど。

大坂　舘さんでいちばん覚えているのは、アクションものだから拳銃を撃つじゃないですか。で、テストのときってタイミング合わせに口で「パーン！」って言わないといけないんですよ。「この歳になって口拳銃はイヤだなぁ……」って言ってて、まぁよく考えたら俺とほぼ同い年ですからね（笑）。

――拳銃はBIG SHOTの納富貴久男さんが担当しています。

大坂　その前からアクションものでお世話になっていました。ただ『あぶデカ』の場合は予算の問題があって……要するに銃を借りて納富さんのところのスタッフが来ると、人件費がかかってしまう。だからテレビシリーズでは、ぼくら装飾部が発砲弾を預かって、撃つところも担当してました。予算削減ですね。映画版は納富さんのチームに直接やってもらうようになりましたけど。俺らとしては来てほしいんですよ、なにかあったらイヤだから。

——たまにはトラブルもあるのでしょうか？

大坂　電気（電気着火式）はありましたけど、弾だとそんなになかったですね。電気の場合、花火みたいなもので電気が流れて火薬が発火するんですが、それがうまく点かなかったりして。『あぶデカ』では両方使ってて、犯人のヤクザなんかは電気です。3発くらい一気に詰められて、面倒くさくないから。

主役級は弾ですね。昔は楽でしたが、モデルガンの改造が問題になって苦労したこともあります。そのあとも納富さんには「この時代の、こういう銃を用意してくれ」って映画なんかでお世話になって、この間も大河ドラマをやってるとき、やっぱり現場まで来てもらいました。

——長谷部安春監督はどのような監督でしたか？

大坂　豪放磊落で、おもしろい人でしたね。朝、主役のどちらかに呼ばれて長谷部さんがそこに行くのがあんまり好きじゃなかったみたいですけど。まぁ、よく言ってましたね。「大坂、行ってくるぞ……」って（笑）。「あんまりバスに乗りたくねぇなぁ」なんてコボしてしまいました。

——印象に残っているスタッフはいますか？

大坂　キャメラマンの浜田（毅）さんは三船プロのときから一緒で、そのあと映画を何本もやっていますし、いちばん覚えているのは浜田さんですね。先の先まで読んでるから、すごい人ですよ。ポジション決めて、次はどっちから撮るか……現場の流れを作りますから。キャメラマンでもパッと決める人とそうじゃない人がいますけど、浜田さんは早かったから自分のなかに画ができているんだろうと思います。

——にっかつ撮影所にも美術部・装飾部のスタッフがいましたが、すでにポパイアートのような装飾会社が担当するケースは多かったのでしょうか。

大坂　けっこうありましたね。うちとか京映アーツとか。ぼくがにっかつで初めてやったのは映画の『探偵物語』（83年）で、デザイナーが『南極物語』の徳田さんだったんです。やっぱり外部の人間で、撮影所にきちんとした装飾部がいるわけですから、そこへ入るというのは最初は難しい部分もありました。そのあと東宝も行くようになりましたけど、同じですよ。

——『もっとあぶない刑事』にもピンポイントで参加しています。

大坂　たまに手伝いに行っただけですね。あれは遠藤がメインでやってたのかな。デザイナーも小林（正義）さんに替わって、ほんのちょこっと相談されたくらいで、あんまり記憶にないんですよ。あと思い出すのは……上から下まで『あぶデカ』の格好をしてロケーションについてくる熱心なファンがいました。舘さんと恭兵さんの格好でロケ現場に来てて、それくらい人気がありましたね。

やっぱり実物を見ることは大事です

——さかのぼりまして、1972年に三船プロ内の装飾会社・三度屋美術工房に参加していますが、そのきっかけは？

大坂　キャメラマンの藤澤順一が専門学校の同級生なんです。お恥ずかしい話ですけど、ぼくは撮影部を目指してまして、藤澤に相談したら三船プロで撮影部の席が空いてるって話だったんですが、いざ行ったらもう埋まってた。その帰りがけに三度屋の社長さんから声をかけられて「映画の現場を知りたいんだったら小道具から始めるといい」と。まぁヘンな話、アルバイト的に参加させてもらってるうちに仕事がおもしろくなってきたんです。

社長は佐藤袈裟孝さん。その弟が『南極物語』を一緒にやった結樹さんで、北極で昭和基地を作ったりして、それをきっかけにポパイアートという会社もできたんです。『南極』の撮影は延べ2年ほどかかったんですが、合間に別の仕事を入れると参加できませんから、フジテレビのほうから個人契約じゃなくて会社契約にしてほしいという提案をされて。そうやって『南極』をやっている間に三船プロがだんだん傾いて、もう帰るところもなくなってしまった。

——ポパイアートという社名の由来は？

大坂　社長が筋肉モリモリだったから（笑）。だんだんメンバーも増えていったんですが、結樹さんが亡くなって会社を解散しようかという話もあったんです。しかし、ありがたいことに各方面から「続けてくれ」と言われたんで、ぼくが社長になりました。映画中心だと続けていくのも大変でしたけどね。「事務所にいてくれ」ってみんなに言われるんですよ。でも、ぼくはやっぱり現場が好きでした。

——90年代以降は映画中心のポパイアートですが、大河ドラマの『いだてん』（19年）を担当しているのが意外でした。

大坂　その前から組んでいたNHKのデザイナーさんからの依頼でしたが、大河ドラマを外部の装飾部がやるのは初めてだったみたいです。スタイルが違うのでしんどいこともありましたけど、うちの若手がNHKさんとつながりを持てたらいいなと思ってやりました。でも……とどのつまり疲れたというか、女房も会社のお金を計算するのに疲れた。

それでポパイアートを解散しようと思ったら、「ぼく、やりたいんです」と龍田（哲児）が言ってくれた。だから安く買い取ってもらって譲って、龍田たちがオリーブ・アートという会社を設立したんです。ほとんど同じメンバーで、20人くらいいるのかな。ぼくはきれいさっぱり足を洗うつもりだったんですけど、ありがたいことに「どうしてもやってくれ」というデザイナーさんがいるのでまだ現役を続けています。

──装飾の仕事をするうえで、心がけていることはありますか?

大坂　なんだろう……リサーチだと思いますね。ついこの間、時代劇の映画が終わったんですよ。これも苦労しましたけど、あちこち回って調べてたらどんどんおもしろくなりました。いまはパソコンがあるから便利になりましたが、やっぱり実物を見ることは大事です。美術館や博物館にも行きますし、いろんなことを知って、それが画に残るのはうれしいですね。

大坂和美 ［おおさか・かずみ］

1951年東京都生まれ。千代田写真専門学院卒業後、三度屋美術工房で三船プロのテレビ時代劇を中心に小道具・装飾を担当したのち、83年に佐藤結樹とともにポパイアートを設立。『南極物語』『植村直己物語』『敦煌』『天と地と』などの映画に参加し、『あぶない刑事』ほかテレビドラマも数多く担当。のちにポパイアートの代表となり、『のど自慢』『桜田門外ノ変』『アイアムアヒーロー』『ファミリア』などを手がける。

記録

内田絢子

黒澤さんにはずいぶんよくしていただいて
セントラルは黙っていてもギャラを上げてくれるんです

第1話「暴走」から『あぶない刑事』の記録（スクリプター）を務めた内田絢子は日活出身、鈴木清順をはじめ数多くの監督を支えてきた存在だ。現場と仕上げの橋渡しをする役職であり、当時の〝記録〟をもとにセントラル・アーツの日々を振り返る。「あんまりいい思い出がない」から始まる忖度なしの回想やいかに！

わたしは居眠りしちゃったんだけど

内田　黒澤満さんに頼まれてパイロット版からついたんですが、あんまりいい思い出がないんですよ（笑）。だから、なにをお話したらいいのか……まず『あぶない刑事』は最初の監督やキャメラマンと合わなかった。舘（ひろし）さんも「この作品、大丈夫かな……」って現場で不安そうにしてましたから。わたし、長谷部（安春）さんとは2時間ドラマなどもやってましたが、下っ端の俳優さんに対して当たりが強いんですよ。スターはいいんだけど、まだ出てきたばっかりの若い子なんかにものすごくキツい。

で、2話ずつ撮りますから長谷部さんを4本やって、次が西村潔さん。この人は東宝でしょう。わたしは日活だから、それは合いませんよ（笑）。上から下までイタリー製の服を着ていて、キザな人だと思いました。何度か東宝出身のスタッフともやりましたけど、合いませんでしたね。

――そうでしたか……。

内田　それで「やりたくないなぁ」と思ってたら崔（洋一）さんの映画が入ったんです。『黒いドレスの女』（87年）ですね。やめるとき『あぶない刑事』の現場の助手さんたちが送別会をやってくれたんですよ、下北沢で。わたしは日記をつけてたんですが、集まってくれたメンバーは照明助手の斉藤志伸、助監督の伊藤裕彰、鳥井邦男、録音助手の三沢武徳、装置の佐藤敬一、ヘアメイクの宇佐美キク江……この人はチャーミーって呼んで仲良くしてました。子供みたいに見えるけど、浅野温子さんの同級生なんですよ。

その7人で楽しく飲んで、店を出たらチンピラ7〜8人に因縁をつけられちゃった。小競り合いになって、向こうの紅一点の女の子が「ぶっ殺せ！　ぶっ殺せ！」なんて叫んで、こっちもチャーミーがドスを利かせて……彼女も昔ツッパってたみたい。男性陣は鳥井くんだけチンピラに向かっていって、パトカーがやってくる騒ぎになったんです。で、次の日に成田（裕介）さんが助監督に「お前ら、チンピラにやられたんだって。だらしねえなぁ」って（笑）。

――（テーブルの上を見ながら）日記をもとにしたメモを用意してくださったみたいですが、第1話「暴走」の思い出はありますか？

内田　インが8月の11日で、編集前のラッシュを見たのが撮影終盤の27日です。舘さんが不安そうにしてて「内田さん、どう思う？」って聞かれたんで「繋いでみないと……」とお茶を濁しましたが、気持ちはわかりましたね。9月3日が編集ラッシュで、わたしは居眠りしちゃったんだけど、プロデューサー連中は「おもしろい、おもしろい」とよろこんでました。その時点で尺は8分オーバーで、そこから詰めて完成させました。

――舘ひろしさんとは『西部警察』で一緒に仕事をしていますね。

内田　石原プロでね。だから現場の片隅でたまに本音の内緒話をしました。「地獄の日々だ」と言ったら「俺がいるから大丈夫」って励ましてくれて。礼儀に厳しい方ですから、セットに遅刻してきた助監督がいて、その人に対してはガーンと怒って、そのままやめちゃいましたね。わたし、あのころバイクの免許を取ったんですよ。昔から400ccに乗りたくて「免許取ったら革ジャンあげるよ」と舘さん言ってたけど、くれなかった（笑）。初めて高速を走ったときは、キャメラマンの宗田（喜久松）さんとメイクのムッちゃん（中元睦子）が一緒だったんです。ふたりがわたしを挟んで走ってくれました。

――柴田恭兵さんはいかがでしたか？

内田　『大都会PARTⅡ』（77〜78年）のとき、柴田さんがゲストで来たんですよ。初めての現場で、まだ慣れてないから（松田）優作さんに取り調べを受けるシーンでとても緊張してたのを覚えてますね。でもすぐ打ち解けたようでした。

もうひとつおかしい話は『あぶない刑事』で、西村さんが監督のとき「明日のロケは私服でこい」と柴田さんに伝えろって演出部に指示があったんです。「私服ってなんだろう？」と困ってて、たまたま通りかかったわたしに相談してきて、姉が翻訳家ですので聞いてみたら「プライベートスーツのことじゃないかしら」となって、そして翌日、柴田さんがすご〜く派手な格好で出たんですよ（第9話「迎撃」）。あれは愉快でしたね。

――ほかに『あぶない刑事』で思い出すことはありますか？

内田　浅野さんがわたしの似顔絵を描いてくれたのと、あとは（仲村）トオルが「内田さんがいてホッとした」って言ってくれましたね。その前にセントラル・アーツで『ビー・バップ・ハイスクール』（85年）をやってたんです。わたしは少食だからロケのお弁当も半分、残りはトオルとノブオ（古川勉）にあげてて、だからトオルが「給食のおばさん、給食のおばさん」って呼ぶもんだから、ノブオが「ちゃんと名前で呼べよ！　内田さんって」。あの子のほうが世間を知ってましたね。『ビー・バップ』のスタッフジャンパーをノブオがほしがってたからプレゼントしたら、メロンかなんか送ってきましたよ。

好きなカットは全部覚えているの

――さかのぼりまして、スクリプターになったきっかけを教えてください。

内田　うちの父が洋画家なんですが、東宝争議のころアトリエで争議に参加した方々の絵を描いていたんです。だからわたしも五所平之助監督に映画のお話を大人たちと一緒にうかがったりして。それから大学を出て、東京シネマという科学映画の会社に入ったんですが「女はお茶くみ以外いらない」という重役がいたりして、3年我慢したあと日活に移りました。

堀北昌子さんが師匠で、『あぶない刑事』の桑原みどりさんも先輩です。昔はパワハラ・セクハラ当たり前でしたから、ダビング（音の仕上げ作業）のとき「君はうどんでも煮てこい」って平気で言う監督もいましたが、（鈴木）清順さんの現場は毎日宝箱を開けるような楽しい日々でした。それから日活がロケで世間に見せられないような題名の映画を作るようになり、台本にカバーをかけろって命令が出たりして、そしてポルノを始めることになり、フリーになったんです。

――あらためてスクリプターの仕事を教えてください。

内田　カットごとになにを撮ったかを記録して、撮影の順番もバラバラですから編集部に渡すためのスクリプトをつけるんです。それから〝つながり〟ですね。アップやロングは別々に撮りますから、たとえばこのテーブルの上でもコーヒーカップがどこに置かれていたとか、俳優の手の位置はどこだったか、右手だったか左手だったか……そういうつながりをチェックします。次のシーンを1週間、1ヶ月後に撮るようなこともありますし、アクションものだと傷の位置も大事ですね。次のシーンで傷がないとか、位置がズレていたらおかしいでしょう。テレビの場合はスポンサーじゃない会社の看板や商品が映ってないか、そういう部分も見ます。

あとは尺ですね。映画はそうでもないけど、テレビは尺が決まってますから、あんまり撮りすぎてもカットするしかあり

第9話「迎撃」の撮影現場、左から柴田恭兵と内田

ません。撮ってる間も監督に「多すぎます」って言ったりして。逆に大変なのは足りない場合。中川信夫さんは大好きな監督でしたが、足りないとすぐ俳優に歌わせるの。石井輝男さんの撮り方もすばらしいと思いました。『子連れ狼』（73年）の「お末無情」という回では、お豆腐を切ってお鍋に入れるシーンで台所を真っ暗にしたり、パイロット版の壬生八人衆が婚礼に乗り込むシーンも鮮烈でした。

――すごい。さすがの記憶力ですね。

内田　好きなカットは全部覚えているの。だから『あぶない刑事』はぜんぜん思い出せない（笑）。タイムとつながりだけが記録の仕事だと思われてますが、それだけじゃないんです。監督の女房役として、ライティングが長時間かかるときもどんな話をして過ごすのか。

――待つのも仕事なんですね。

内田　わたしは「鈴木清順組が入ったらいつでも抜ける」という約束で石原プロの仕事をやってたんです。『ツィゴイネルワイゼン』（80年）や『陽炎座』（81年）をやって、その合間に『西部警察』。でも石原プロはケチなんですよ。スクリプターのギャラも他社より5万円安い（笑）。わたしはお金よりも働きやすい現場が好きだったから、家族みたいで楽しかったですけどね。石原プロも口が悪いスタッフが多いし、みんなでよく笑ってましたよ。笑ってなきゃね。渡（哲也）さんもおちゃめな人で「内田さん、小遣いやろうか」って聞かれたから「ください」って言ったら、わたしの財布を自分のポケットからスッと（笑）。

——石原プロはいろいろと豪快な伝説が多いので、ギャラが安いのは意外でした。

内田　でも、スタッフが「お小遣いください」と言ったら専務の小政（小林正彦）がさっと1万円あげたりしてましたよ。地方ロケでも、男性スタッフに遊びにいくお金をあげるの。（石原）裕次郎さんが1人ずつ名前を言いながら渡して、わたしもその列に並んでたら「お前もトルコに行くのか」「はい、連れてってください」（笑）。

みんな仲良くというわけじゃないですから

——後半の第41話「仰天」から、ふたたび『あぶない刑事』に復帰しています。

内田　崔組が終わったあと、黒澤さんが「内田さんの嫌いな監督はいないから戻っておいでよ」と、それでまたやったんです。成田さんと一倉（治雄）さんですね。成田さんの奥さん（網中洋子／演技事務）とも親しくしていました。黒澤さんにはずいぶんよくしていただいて、セントラル・アーツは黙っていてもギャラを上げてくれるんです。それから熱心でした。わたしも映画キチガイで、洋画なんか見たいのが入ってくるとすぐ映画館に飛んでいってたんですが、そこで何度か黒澤さんにお会いしました。それも小さな映画館のマイナーな洋画だから、本当にお好きだったんですね。

——なにか現場の思い出はありますか？

内田　一倉組でよく覚えているのは、6年間も空き家という豪邸で撮影をしたの。百草園の広い屋敷に大きな犬が1匹だけ大きな檻の中に捨てられていて、その家で働いていたおばあさんが餌だけ与えてたんですが、ロケ隊が来たら賑やかになるからその犬もよろこんだのか、ワンワン訴えるように鳴き続けたの。録音の邪魔になるから助監督が散歩に連れ出して、そうしたらたちまち鳴きやんで、本当にしあわせそうに去っていきましたね。現場から解放された助監督もしあわせそうに見えました（笑）。

——一倉治雄監督は、どのようなタイプの監督でしたか？

内田　合わない。だって長谷部さんのお気に入りだから。でも彼は偉い役者にだけどうこうというのはなかったですね。彼もチーフ（助監督）のとき西村さんとは合わなかった。みんな仲良くというわけじゃないですから。

——ごもっともです。スクリプターは仕上げにも関わりますが、『あぶない刑事』の場合は編集や整音も日活系のスタッフですね。

内田　編集の山田（真司）さんは穏やかな穏やかな人でしたよ。石原プロの渡辺士郎さんは6年一緒にやってて優秀な方でしたね。日活だと鈴木晄さん。『ツィゴイネルワイゼン』は仕上げが日活のスタッフじゃなかったから、なかなか意図が伝わらなくて……清順さんはきれいにつなげたくないし、途中でパッと切るのが好きなんですけど、それがわからない。それで清順さんの次に雀組をやると、当然だけどつながりにうるさい。毎日のように朝までやって、キツかったです。失敗もしたし、わたしが男なら殴られてますよ。

――監督によってタイプが違うんですね。しかし、記憶力がすごくて、さすがはスクリプターだと感動しました。

内田　誕生日がきたら米寿です。88歳。ほんとに『あぶない刑事』の話は少なくてお役に立てたか申し訳ないんですが、鈴木清順監督の思い出ならいくらでもありますよ。清順さんの元助監督グループが集まりをやってて、後年わたしも参加したんですが、そこに黒澤さんも来られてましたね。わたしは日活時代の黒澤さんの印象はなくて、セントラルからのお付き合いなので意外でした。『あぶない刑事』が始まったころ、大雨の中央高速で命拾いしたことがあったみたいで、あのとき黒澤さんが事故を起こさなくてよかったと本当に思いますね。

内田絢子〔うちだ・あやこ〕

1936年東京都生まれ。東北大学卒業後、東京シネマに入社。64年より日活のスクリプターとなり、70年にフリーとなる。日活時代から鈴木清順監督作品を担当し、その後も『ツィゴイネルワイゼン』『陽炎座』『夢二』などに参加。そのほかの映画に『修羅』『日本の悪霊』『ビー・バップ・ハイスクール』『我が人生最悪の時』『紙屋悦子の青春』などがあり、テレビも『荒野の用心棒』『破れ傘刀舟悪人狩り』『大都会』『西部警察』『あぶない刑事』ほか多数。

編集

川島章正

“最初のお客さん”としてフィルムを見てどうやっておもしろくしていくか

『あぶない刑事』において4話分の編集を担当した川島章正は、にっかつスタジオセンターに所属し、ロマンポルノや森田芳光監督作品など数々の映画を手がけてきた。村川透、一倉治雄という両監督の特徴、そして『あぶデカ』をメインで手がけたベテラン編集技師・山田真司のことを振り返る。

村川監督は編集についてはお任せです

川島　『あぶない刑事』は亡くなられた山田真司さんという先輩がメインで編集を担当してまして、ぼくは村川（透）監督と一倉（治雄）監督の回を2話ずつやっただけですね。36歳のころかな。もう細かいことは覚えていないのですが、『刑事スタスキー&ハッチ』というアメリカのドラマが大好きだったので、ああいうものが自分でもできたというのはうれしかった。舘（ひろし）さんと柴田（恭兵）さんもノッてた時期ですよね。その次の『あきれた刑事』（87〜88年）は全話担当したので意外と覚えてるんです。すぐ終っちゃった番組なんですが。

当時は、にっかつスタジオセンターという会社が撮影所のなかにあって、仕上げのスタッフはそこの所属でした。日活が「にっかつ」に変わり、そこから独立採算制で複数の会社に分かれたんです。スタジオセンターは元録音部の長橋正直さんという方が仕切っていて、角川映画など外部の作品の仕上げも積極的に請け負うようになったんです。セントラル・アーツの黒澤満さんも日活出身ですし、ぼくが初めて担当した一般映画……森田芳光監督の『の・ようなもの』（81年）も黒澤さんが予算表を作ったそうです。

——まず『あぶない刑事』では村川透監督による「衝動」「死闘」の編集を担当しています。

川島　村川監督は編集についてはお任せです。『BEST GUY』（90年）という映画もそうでした。テレビの場合、たとえば45分という尺が決まっていて、絶対にオーバーが許されません。そこに合わせたシナリオを作って、監督が撮ってきた素材をテレビのリズムとテンポに合わせて編集します。ぼくら編集って客観的に見るじゃないですか。〝最初のお客さん〟としてフィルムを見て、どうやっておもしろくしていくか。テレビの仕事は時間も予算もタイトなので、ある種の割り切りも必要です。本編（劇場用映画）の場合、監督に「あそこでアップを撮り足してほしい」「こんな実景を撮ってほしい」と相談することもありますが、テレビは決められた条件のなかでやるのが第一です。

――第12話「衝動」は歌手志望の少女が殺されるエピソードで、生前の少女の歌唱シーンと走るユージを交互に映すカットバックが印象に残っています。そのシーンを再生しながらお話をうかがいたいと思います。

川島　村川監督は音楽が大好きですし、これはプレイバックといって完全に音楽優先の編集です。リズム感がいいですよ、やっぱり。（映像を見ながら）こういうカットバックの場合、視点の一致というテクニックを使います。視点をズラさないというのが基本で、たとえば奥から走ってくる柴田さん。あれ、空《から》からフレームインで入ると、ぜんぜんダメなんです。間になっちゃうから。フレームのなかの人物の視点を途切れさせず走っていることが大事なんです。

　あとは歌に合わせたリズム感ですね。いい歌でもリズムが狂っちゃうと、いい編集にはならない。視点をズラさないから集中するんです。カメラも走りに合わせて追いかけて動く。歌手に対して回り込む。当時のテレビは画面が小さいから、そういう飽きさせないテクニックが重要です。逆に映画は引き画が勝負なんですね。アップ、アップで繋いだあと、ドーンとどこまで引けるか。

――続いて担当した「受難」「予感」の一倉治雄監督は、どのようなタイプでしたか？

川島　村川さんと比べて、やっぱり落ち着いた演出をする人ですね。人間性もとても落ち着いてるし、理路整然と説明してくれる。一倉さんの持ってるものでしょうね。演出って性格が出ますから。ぼくは一倉さんとは2本だけでしたが、画面にも監督の培ってきたものが出ていると思います。

日活に入ったとき、黒澤さんが撮影所長だった

――『あぶない刑事』の編集をメインで手がけた山田真司さんは、どのような方でしたか？

川島　技術的にもしっかりしていますが、温和でとても穏やかな人でしたね。だから『あぶデカ』みたいなクセのある監督が

たくさんいる作品には合っていたと思います。本編だと合わない監督とは当然その後は組まないんですけれど、テレビだと監督のほうもある程度テレビのシステムに合わせてやるから、山田さんはそのあたりを上手にさばいて支障なくやっていましたね。映画もロマンポルノの初期からたくさんやられていて、経験豊富なエディターでした。

――『あぶない刑事』の場合、山田さんをメインに川島さん、そして冨田功さんと当時の若手がサブで編集を担当しています。

川島　ローテーションの関係もあったでしょうが、やっぱり撮影所なので「次の人材を育てたい」ということですよね。トミやんも傑出したものを持ってたなぁ。若くしてエディターになっただけのことはあるし、おもしろい発想をするなっていうのは話をしていても感じましたから、それだけ映画が大好きなんでしょうね。彼も早くに亡くなってしまいました。

短期間でキチッと繋ぐ……テレビの編集って自分のなかに引き出しをいっぱい持ってないと通用しないんですよ。なにかあったときに、ひとつのテクニックだけで引き出しが空っぽになっちゃうとダメなんです。映画の場合はそれで対応できるんですよ、時間があるから。でもテレビの場合、「これがダメならあっち」と臨機応変にやる技術が求められます。編集には技術と感性の両方が必要ですが、感性だけでやってダメになった人を何人も見てきました。いろんな映画を見たりして、自分のなかの引き出しを増やさなければいけません。

――なるほど。

川島　山田さんはテレビのエキスパートでしたが、その山田さんの上に西村豊治さんというエディターがいらっしゃって『伝七捕物帳』や『俺たちの旅』を担当していました。ぼくは西村さんの編集も知っているし、山田さんの編集も知っている。同じ系統みたいだけど、ぜんぜん違うんですね。どこか違うかというと、カッティングの遊びです。西村さんはＮＧのカットをわざと使ったりしてテレビのなかで遊ぶんですよ。山田さんは真面目だから、きっちりしている。その違いがありました。『あぶデカ』でも編集のギミックや遊びは少ないですよね。

――セントラル・アーツの黒澤満さんの思い出はありますか。

川島　ぼくが日活に入ったとき、黒澤さんが撮影所長だったんですよ。いちばん思い出すのは、毎月25日になると「みなさん、食堂の前に集まってください」って放送があって、要は遅配なんですね。給料の遅配で、家族がいる人は5万円で独身は3万円……1円もくれないわけじゃないんだけど、毎月それを黒澤さんがやってて所長って大変だなと思いました（笑）。でも日活という会社は若い才能をどんどん出して活気があったし、遅配でも仕事をやめようとは思わなかった。セントラル・アーツも日活色が強いし、『あぶデカ』の視聴率が上がって、映画になって、それは黒澤さんの力も大きいですよね。

師匠は鈴木晄さん、演出的な思考が勉強になりました

川島　ぼくらは撮影所に入ってとりあえず使いっ走りをやって、助手になったときに、いろんなエディターにつかされるんです。ひとりのエディターだと、どうしてもその人の個性しか出せなくなっちゃうので。ぼくの師匠は鈴木晄さん。もともと宝塚映画で助監督をされていた方で演出的な思考が勉強になったし、一本立ちするまで面倒を見てくれました。テレビでは山田さんが多かったですね。テレビって時間がないし、夜は遅くなるんですよ。だから食事の面倒を見てもらったりもしました。

――編集助手の仕事を教えてください。

川島　セカンドのときは〝ラッシュ組み〟っていうんですけど、要するに順番にするんです。バラバラに撮ったフィルムを順番にするのがぼくらの役目で、それをエディターに渡して編集してもらう。カチンコに合わせて、音と画を合わせたものを渡すんです。一般の映画も同じ流れで、ロマンポルノの場合は、音はアフレコなので映像だけです。だからラッシュ組みも楽でしたね。そのあと〝ネガマン〟といって、技師がポジで繋いだ画をネガ編集で再現する仕事を任されてフィルムの大切さを学び、それから技師になるんです。

――助手時代の大変だった思い出はありますか?

川島　角川映画の『野生の証明』（78年）ですね。ものすごくたくさん素材を撮ってましたから、編集も寝ないでやって、撮影所から帰れない。あのときはチーフでしたが、北澤（良雄）という後輩と一緒に撮影所の編集室に泊まって、風呂も撮影所。そういう作品を若いときに経験したので、そのあと大変な仕事があっても「あのときに比べりゃな」って（笑）。佐藤純彌監督、山本薩夫監督、深作欣二監督……巨匠の作品について、いろんなことを学びました。

――編集というパートは〝最初のお客さん〟とのことですが、やはり冷静さが求められるポジションでしょうか?

川島　撮影所に入ったとき、「編集は現場に行くな」と言われました。「現場のスタッフが苦労しているのを見ると、どうしてもハサミが鈍るぞ」ということなんだけど、少し経ってある先輩が「現場見たか?」。ちょうど『戦争と人間』の第三部（73年）をやってて、北大路欣也さんと吉永小百合さんと山本圭さんの最後の別れ、あのシーンの撮影を見にいったんです。そうしたらやっぱりラッシュを見たときに違うんですね。フィルムだけで見るものと、現場を見てからのラッシュだと印象がぜんぜん違うんです。だから、ぼくの場合はときどき現場に顔を出して、監督とお話をしたりもしますね。

大きな出会いといえば、やはり森田芳光監督です。お互い一般映画のデビューが『の・ようなもの』でしたし、監督の感性、編集の鋭さ、音のセンス……それまで会ったことのないタイプ

で、そこからいろんな経験をしました。森田さんは編集で変える監督で石井隆さんもそう。助手時代にご一緒しましたが、蔵原惟繕監督も同じタイプで日活60周年記念の『陽は沈み陽は昇る』（73年）なんて蔵原さんと鈴木晄さんが「次なにやろうか」「あの画を入れてみようか」って即興でやってました。岡本喜八監督みたいに事前に全部決める人、蜷川幸雄監督みたいになにも言わない人、村川監督はアメリカンタイプ……いろんな素材を撮ってきて「はい」って渡して任せてくれる。監督によってスタイルもいろいろです。

——編集という仕事で心がけることはありますか？

川島　端的に言えば、おもしろい作品を作るということ。それまでに培ってきた技術や感性を作品に放り込みながらおもしろくしていく。あとは監督との相乗効果で、映画の場合はディスカッションしながらやっていきますよね。じつは技師として一本立ちしたあと、いろいろあって自信をなくしちゃったことがあるんです。そのとき鈴木さんに「もう1回、助手でつけてください」とお願いして、根岸組の『探偵物語』（83年）をやって、横でずっと聞いていたんですよ。根岸（吉太郎）監督と鈴木さん、記録の今村治子さんの3人が話しているのをじーっと。そういう意味では、いい環境でしたね。フリーランスだったら、たぶんあのまま潰れていたと思う。いったん助手に戻ったことで師匠の仕事を見て、原点に戻れたことがよかったですね。

川島章正 ［かわしま・あきまさ］

1950年東京都生まれ。72年に日活入社。編集助手を経て、80年に『妻たちの性体験　夫の目の前で、今…』で技師デビューし、『の・ようなもの』『家族ゲーム』『武士の家計簿』『僕達急行　A列車で行こう』など森田芳光監督作品の編集を手がける。そのほか『人魚伝説』『いつかギラギラする日』『GONIN』『EAST MEETS WEST』『愛を乞うひと』『学校の怪談』『金融腐蝕列島　呪縛』『おくりびと』など数多くの映画を担当。

整音

小峰信雄

単にミキシングするだけじゃなくてちょっとアイデアを出すと作品がおもしろくなる

セリフ、音楽、効果音——すべての音のバランスを整えてミックスする〝整音〟という作業。『あぶない刑事』『もっとあぶない刑事』のミキサーを全話担当したのが、当時にっかつスタジオセンターに所属していた小峰信雄である。録音助手を経てリーレコのキャリアを積んだ音の職人がテクニカルな秘話を明かす。

〝リーレコ〟ってわかります？

小峰　日活に入社して、最初は現場の録音助手でマイク振りをやってました。それから〝リーレコ〟ってわかります？　現場が6ミリテープで録ってきた音をシネテープにコピーする作業なんですが、映画なら35ミリ、テレビなら16ミリのシネテープにする。で、コピーやってる最中にボリュームを整えるのもリーレコの仕事。まぁ整音と一緒ですね。

ある程度は聞いてて「あ、ここ小さいな」ってところを上げたりしておくと、ダビング（音の仕上げ作業）のとき、いちいち上げ下げしなくても済むんです。セリフのフェーダーはだいたい置きっぱなしでもいけるよう、リーレコの時点で実際の音とVUメーターを基準にレベルを揃えてあげる作業をしておくんです。

——単にコピーするだけではないんですね。

小峰　そのうち日活もテレビ映画を本格的にやるということで、もともと映画の場合は録音技師が現場やってダビングもやってたんですが、テレビだとスケジュールと効率の問題から完全に分業制になって、ぼくがミキサー（整音技師）をやるようになりました。やるというより、やらしてくれたのよ。片桐登司美さんという現場の録音でミキサーもやってた大先輩が、音のバランスの取り方とか、いろいろ教えてくれました。

――整音という仕事について教えてください。

小峰　セリフと音楽と効果音のバランスを整えて、一本化する作業です。スピーカーから出る音のバランスを取って、音楽が大きすぎるとセリフが聞こえなくなっちゃうから、セリフをちゃんと聞かせるように調整する。まあ大変だけど、俺はもう毎回楽しんでやってたね。

編集は終わって、尺が決まった段階から作業します。『あぶデカ』の場合は選曲の鈴木清司さんがシーンごとに音楽を選んで用意してくれるんです。もう見事なタイミングですよ。効果の渡部（健一）さんも真面目な人で、クルマとかピストルとか殴る音とか全部つけてくれる。それで効果音はシネテープで用意してくれるんです。

――ダビングの前に仕込むわけですね。

小峰　貼り付けという作業をやって、全部仕込んでおく。で、ダビングのときはセリフや効果のシネテープを全部で5〜6台の機械（シネコーダー）にかけて、スクリーンの画と同時に流して、音のバランスを取っていく。音楽は〝ポン出し〟って言うんですが、フィルムの穴あきのパンチを目印にして6ミリからポンっと出す。

――音楽はポン出しで、効果音は仕込んである？

小峰　そう。ほとんど仕込んでたけど、16ミリのシネコーダーが最初は4台くらいしかなくて、効果音でも街ノイズとかそういうノイズ関係は6ミリでポン出しの時期もちょっとあったかな。そのうちシネコーダーが増えてきたんで、効果さんが音を貼り付けする。それで全部をミックスした音はダビング専用のシネコーダーというのがあって、それを一緒に回して録っていくんですよ。

そうやって出来上がった完成版のシネテープを今度はフィルムレコーダーにかけて、そのあと〝ネガ合わせ〟という作業で画と音を同じフィルムにする。『あぶない刑事』の場合は東映化工って現像所が近くにあるから、そこへ持っていって現像してもらって、東映の試写室で画と音を出してもらって最終的な判断をしてもらうんです。

監督のクセをちゃんと押さえるのが大事

――『あぶない刑事』のダビングで思い出すことはありますか？

小峰　監督が違えば、音楽の入れ方とかセリフとか効果のやり方とか全部違ってくるから、監督のクセをちゃんと押さえるのが大事ですね。そういう積み重ねがおもしろかった。『西部警察』の小澤（啓一）さんはすごくクセがあって……効果音と音楽をバンバンやって、ちょこっと役者がしゃべったとき、それが小さいと「セリフ聞こえねえ！」って怒る（笑）。

『あぶない刑事』だと長谷部（安春）さんはちょっと細かい

かな。でも仕上がって東映化工で初号を見ると「おぉ、なるほど」って勉強になりました。手銭（弘喜）さんは「お前らプロだから任せた！」ってタイプ。オールラッシュを見たあとの打ち合わせで、台本に沿って「ここはヘリコプター」「ここは音楽」「ここも音楽」「銃の音」とか、そういうのをきっちりやってくれるから、ミキシングのときは、もうほとんどお任せです。

――ほかの監督はいかがでしたか？

小峰　いちばん親しかったのは成田（裕介）さん。こっちでいろいろアイデアを出してあげると、よろこんで「おぉ、いいね！」ってノッてくれた。音楽に関しては鈴木さんがきっちりやってくれるから、ミキシングのとき「バンバンバンバン」って撃ち合いしてるところを音楽だけに渡して、途中から銃の音をなくしてみようかとか。それで音楽が終わるころになって、また復活させたら成田さんが気に入ってくれた。

――「脱出」という回のタカと銀星会の銃撃戦で、スッと銃声がなくなり音楽だけになるという絶妙なシークエンスがありました。

小峰　そこかな。やっぱりミキサーというのはただ単にミキシングするだけじゃなくて、ちょっとアイデアを出して作品がおもしろくなると、それがいちばんうれしいですよね。Vシネの『ミナミの帝王』もずっとやったけど、あのシリーズも監督のこだわりが強いからけっこう大変だった。けど、萩庭（貞明）さんもキャッチボールでおもしろくしていくタイプで、ぼくはいちばん好きな監督でしたね。『あぶデカ』だと成田さんかな。

――現場は2話ずつの撮影ですが、ダビング作業は1話ずつ行うのでしょうか？

小峰　そうです。けっこう時間かかりますから。朝10時から始めてもいい時間になっちゃうし、監督の要望によっては効果音を足したり……そうするとシネテープを外して、また貼り付ける。音の直しとなると大変で時間かかる場合もあるんです。全部で45分くらいだからフィルムのロールごとにダビングしていって、最初のロールはCMまでが長いから20分近くあるのかな。そこは半分に割って、あとは10分ずつつくらい。だいたい週に1本のペースでダビングして、たまに2本やるときもありましたね。

――ダビングに立ち会うスタッフは何人くらいですか？

小峰　ミキサーと効果、選曲、監督、あとは記録さん、来れるときは助監督さんも。当時のテレビだと、ミキサーの助手はいません。だいたいプロデューサーは仕上がりだけ。東映化工のほうでチェックする。まぁ試写で直しが出るなんてことは、めったになかったと思う。全部やり直しって大変なので。

フィルムになることを想定してEQを上手くやる

――セリフは現場のシンクロ（同時録音）が基本ですが、『あぶな

い刑事』の場合アフレコもありましたか?

小峰　基本はシンクロだけど、あの当時はワイヤレスマイクの性能がよくなくて、たまにアフレコもあったかな。あとはサウンドオンリー。現場で声だけの本番を録ってもらって、リーレコでシネテープにして編集さんがフィルムを見ながら切り替える。いまはPro Toolsって機械で簡単にはめ替えできるけど、昔は編集さんが口の動きを見て、それで合わせてました。編集の技師は山田（真司）さん、どんな仕事に対しても一生懸命やる先輩でした。

——『あぶない刑事』の録音技師は、酒匂芳郎さんがメインです。

小峰　日活の先輩ですね。もう亡くなられましたが、物静かな職人タイプの方でした。セットで村川（透）さんが長回しやるじゃない。そうすると酒匂さんが「ちょっと、手伝ってくれー！」ってやってきて、マイクを渡される（笑）。警察署のセットは広いし長いし、マイクマンは2人しかいない。役者が動き回るようなカットだと人が足りないから、手伝わされるの。同じ撮影所で、セットもダビングルームもすぐ近くだしさ。

当時の録音はマイクをナグラ（レコーダー）直でレベルを調節するだけで、イコライザーは入れない。でもマイクとナグラ直のほうが音はいいんですよ。ミキサーが入るとまたそこで変わるじゃない。結線も増えるし、直のほうが音は力強い。映画版のときは酒匂さんが現場とミキサーの両方やってるから、ぼくはリーレコを担当しました。

——『あぶない刑事』は英語の歌詞付きの歌が流れるシーンが多いのも特色です。セリフとのバランスは普通の劇伴より難しいのでしょうか?

小峰　そうね。セリフも聞かせないといけないし、歌入りのやつもある程度聞かせなきゃいけない。だから単に一定の音量じゃなくて、セリフ終わりで持ち上げたり、また下げたり、ひとつのシークエンスで調整していきます。

——完成品ですが、フィルムに焼き付けて一本化した音よりシネテープのほうがクリアらしいですね。旧作のリマスターやソフト化の際もシネテープが残っている場合は、そちらに差し替えるケースがあります。

小峰　フィルムはもう音が悪いですから。だからダビングのときもフィルムになることを想定してこっちもEQ（イコライジング）を上手くやんないとダメなんですね。

——たとえばハイ（高域）を上げたり?

小峰　単にハイを上げてもフィルムに乗らないことがあるので、ミッド（中域）あたりをちょこっと上げてあげる。フィルムは周波数帯域が狭いからハイを上げても切れちゃうんですよ。でも『あぶない刑事』のときはシネテープの納品はなかった気がする。フィルムだけ。『西部警察』はシネテープを用意してたから、局によって違うんでしょうね。

——ダビングルームや試写室と一般家庭のテレビでは音の聞こえ方も違うと思うのですが、バランスの取り方などで意識したことはありますか？

小峰　まぁセリフが基本になるけど、音楽は少し大きめにするの。あんまり小さいとさ、普通のテレビで聞こえない。そういうのは最初のころ苦労しましたね。あとテレビは低音がカットされちゃう。だから家に帰れば、放映があるときには必ず見て「バランス、どうかな～」なんてチェックしてました。

DVDで『あぶない刑事』をあらためて見ると、「うーん、あそこはこうすればよかったかな」とか、やっぱりそういうのもあります。もう遅いんだけど（笑）。それから当時の音はフィルムだからモノラルで、だからだいぶ助かってますよ。いまはパソコンでどこまでも細かい作業ができますが、フェーダー一発の緊張感とアバウトなよさがありましたね。

小峰信雄［こみね・のぶお］

1948年神奈川県生まれ。千代田工科芸術専門学校卒業後、69年に日活入社。録音助手、リーレコを経てテレビ映画のミキサーとして活動し、『大捜査線』『西部警察』『あぶない刑事』『銭形平次』『ゴリラ　警視庁捜査第8班』や2時間ドラマなどの整音を担当。オリジナルビデオシネマ「ミナミの帝王」シリーズを数多く手がけ、劇場版にも参加する。日活退社後はフリーのミキサーとして活動し、東京工芸大学や日本映画大学の講師を務めた。

メイク

大塚隆康

「どんどん遊んじゃってよ」ということでいろんなアイデアを出していきました

『あぶない刑事』の終盤からメイクを担当した大塚隆康は、その後も映画版に参加し、どんどんエスカレートしていくカオル＝浅野温子の共犯者となった。『もっともあぶない刑事』のポスターが飾られた自宅での取材、衣裳の斉藤昌美との遊び心あふれるコラボや意外な〝あぶデカ婚〟が振り返られる――。

いちばん時間をかけたのは、浅野温子さん

大塚　祖母が髪結い、母は美容師をやってまして、わたしも専門学校を出たあと美容室で働いてたんです。「これからは髪だけでなく顔もふくめてトータルで仕事ができなければいけない」と思っていたところに知人からの紹介があって、山田かつらに入ったんです。テレビ東京の局メイクから始まっていろんな現場をやってフリーになった直後に井上梅次さんの指名で、ある映画をやったんですが、そこで知り合った照明部の中元（文孝）さんから「うちの奥さんが『あぶない刑事』をやってんだけど、大塚ちゃん代わりにやってくんない?」と頼まれたんです。

奥さんはムッちゃん（中元睦子）というメイクさんだったんですが、新婚旅行に行きたいということで、わたしは39・40話から入って、そこからずっとセントラル・アーツのドラマの仕事が続きましたね。まず「こいつでやれるのか」というテストとして一倉（治雄）さんが監督した警視庁のPR映画の現場について、それから『あぶない刑事』です。とくに違和感もなくスポンと入りました。

――メイクというクレジットですが、ヘアとメイクの両方とも担当したのでしょうか?

大塚　そうです。女優さんはきれいに、男優さんはかっこよくというのが基本で、『あぶない刑事』に関してはアクションもの

なので簡単な特殊メイクもやってましたね。傷とか血のりとか、そのへんです。にっかつロマンポルノのSM作品で傷メイクを学んだことが役に立ちましたし、血のりでも最初はリアリティを求めていたんですが、だんだんときれいな色を使うようになりました。

――『あぶない刑事』のメイクで、まず思い出すことは？

大塚　いちばん時間をかけたのは、浅野温子さんですね。最初は普通の刑事ものだと思ってたんですが、「大塚さん、どんどん遊んじゃってよ」ということで、衣裳に合わせてアイシャドーをこうしよう、ヘアスタイルもこうしようと、いろんなアイデアを出していきました。

――カオルの衣裳とメイクがエスカレートしていくのもシリーズの見どころです。

大塚　映画の『またまたあぶない刑事』（88年）では、顔を踏んづけられるシーンをやりましたね。あれも思い切って遊んで「靴で踏んづけられて痕が残るとおもしろい」と、ぼくから浅野さんに提案しました。小道具さんに靴の裏を見せてもらって、そのとおりにメイクして、髪の毛のほうも踏んづけられたように潰して……「やるならやっちゃいましょう」ということで、あそこからどんどんカオルの遊びが過激になったんです。

――あの靴の痕は、どのようなメイクですか？

大塚　黒のライニングカラーですね。いろんな色がある舞台用の化粧です。それから『もっともあぶない刑事』（89年）のときは警察官の服装で、カールおじさんになっちゃった。あれは衣裳の斉藤（昌美）さんが肉襦袢を用意したんで「じゃあ、うちはうちでやってやろう」と、ああいうメイクにしたんです（笑）。斉藤さんとは歴が長くて、『ザ・ハングマン』のシリーズを一緒にやってたんですよ。だから、いい意味での競争意識でどんどんエスカレートしていきました。

――衣裳とメイクのコンビだったんですね。

大塚　でもカールおじさんのときは、さすがに舘（ひろし）さんに怒られましたね。「大塚ちゃん、ちょっと……あっちゃんはさ、女優さんだよ。遊びすぎじゃないか」と言われて、浅野さんに謝ったら「いいのよ。あたしぜんぜん気にしてないし、もっとやっちゃって！」って（笑）。監督も村川（透）さんだから自由にやらせてくれましたね。

――『もっとも』のカオルは花魁《おいらん》姿で港署に登場します。

大塚　あれは浅野さんのアイデアかな。花魁の髪型は全部地毛でやってるんですよ、かつらじゃなくて。そこに飾りをいろいろ付けました。最近のシリーズはウィッグなんですが、当時は地毛なので、そこは自慢のポイントです。斉藤さんと一緒に「どんどんカオルで遊んじゃおうよ」って感じでしたね。自分のなかでテンションマックスでした。

メイクという仕事は役者さんと距離が近い

大塚　舘さんには、ほかにも怒られたことがありますよ。これも『またまた』の現場なんですが、おでこに絆創膏を貼ってて出番がないときそのままにしてたら、絆創膏の日焼けの痕が付いちゃって（笑）。あの瞬間はいつもの「大塚ちゃん」じゃなくて「メイク〜!!!」って、怒られましたねぇ。バレないようになんとか塗ってごまかしました。

――メイクの方法は女性と男性で違いますか？

大塚　男性の場合はパンケーキと呼ばれるファンデーションを置いておいて、自分でやっていただいて、ムラがあったら直すスタイルでした。みなさん慣れてるから上手にやってくれて基本はお任せでしたね。メイクを落とすときは、スポンジタオルの上にクレンジングを塗ったものを用意しておいて、終わったらそれで顔を拭けば大丈夫。へちまローションだったり、夏場は冷たいおしぼりを用意して、そういう気遣いをしました。メイクという仕事は役者さんと距離が近いので、メンタル面もふくめてケアが大切なんです。

――なるほど。

大塚　（柴田）恭兵さんもノッてくれるんですよ。とくに〝ハハハのハッサン〟なんておもしろかった。

――『もっとあぶない刑事』第8話「秘密」ですね。

大塚　それから〝ヤッパの政〟ですね。般若の刺青、あれはシールですけど剥がれた部分は同じように描いてごまかしました。わたしはね……恭兵さんの芝居が大好きで、とくに『べっぴんの町』（89年）、あれがベストなんですよ。うん、ほんとにあの作品の恭兵さんは…………。

――どういうところが好きですか？

大塚　アクションです。ダメですね……もう思い出すだけで涙が出ちゃいますよ。浅野さんや恭兵さんと一緒に遊ぶことができて本当に楽しかった。舘さんはファンデーションを塗ってなかったんですが、現場が終わると冷たいおしぼりを石原プロのバスまで持っていって……ある日ね、「どっち派なの？」って聞かれたことがあります（笑）。「どっちでもないです。ぼくは平等ですから」と答えましたよ。

――ほかに現場の思い出はありますか？

大塚　（仲村）トオルくんは後ろが刈り上げなので、床屋さんで髪を切ってましたね。恭兵さんも「長くない？」って目で合図してくれるから、そのまま前田橋の歩道の上でメイク道具を入れたジュラの上に座ってもらって髪を少しカットしたり。〝つながり〟を無視して短くされるのがイヤだったから、現場はつながりを重要視するので、切ったことがわからないように切る……普通のお店に行かれちゃうと「切りました」ってなっちゃいますから。

『もっともあぶない刑事』での記念写真。大塚と浅野温子、あっちゃんのサイン入り！

――とくに印象に残っている監督はいますか？

大塚　やっぱり一倉さんかな。かっこいいし、あんまり無茶なことも言わないから。トオルくんの『狙撃2』（90年）と『狙撃3』（91年）も担当しましたし、あのシリーズも思い出深いですよ。成田（裕介）さんは無茶なタイプで、いきなり台本にないような提案をしてくる。『もっとあぶない刑事』の「結婚」という回では、いきなり目を撃たれたように作ってくれとかね。成田組も大変だけど楽しかったです。

セントラル・アーツのみなさんにもお世話になりました。わたしの父が亡くなったときは黒澤（満）さん、服部（紹男）さん、望月（政雄）さん……みなさん平塚まで来てくださって、驚きました。スタッフだと車輌の永島（伸恭）くんや照明部の野崎（勇雄）くんが、よくアパートまで遊びにきてましたね。当時は東府中に住んでたんです。テレビシリーズのオープニング、あの撮影のとき趣味でビデオカメラを回してたのが永島くんで、恭兵さんの付き人になったあとセントラルのVシネで製作進行をやってましたね。

トオルさんからのお祝いメッセージ

大塚　うちの妻は『あぶない刑事』を見てトオルくんのファンになって、にっかつ撮影所とか現場をよく見にきていたんです。当時はわりと間近での見学も許されていた時代だったんですね。だんだんと顔なじみになって「ファンクラブにも入っているの？」とか話すようになって、そのうちスタッフみんなと鍋パーティーをやったりして（笑）、91年に結婚しました。

――なんという〝あぶデカ婚〟！

大塚　トオルさんからは結婚の際にお祝いメッセージまでいただいて、ありがたかったですね。それから結婚を機に母の美容室を継いで平塚に戻りました。メイクって準備パートだから朝が早くて夜は遅いんですよ。セットの場合は9時に撮影開始で、7時から7時半に入って……いつまでも続けられる保証もないし、あとは母の年齢の問題があったので業界から足を洗って美容師になりました。

――その後も『あぶない刑事リターンズ』（96年）、『あぶない刑事フォーエヴァー』（98年）のメイクを杵渕陽子さんと共同で担当しています。

大塚　プロデューサーの服部さんから電話がかかってきて、「また『あぶない刑事』をやるんだけど、浅野さんからのお願いで〝前のスタッフを揃えてくれるなら出る〟ということなんだ」と言われました。浅野さんの言葉がとてもうれしかったですね。それでまだ母も元気でしたから店を休んで平塚から大泉の東映撮影所まで通ったんです。杵渕さんは『ビー・バップ・ハイスクール』（85年）をやっていた方で、一時期はセントラルの映画担当が杵渕さん、わたしがテレビ担当みたいな振り分けになってました。『フォーエヴァー』が最後の仕事ですが、浅野さんと楽しく仕事をさせてもらって感謝しかないです。

――本日はありがとうございました。ご自宅での取材で、まず『もっともあぶない刑事』と『狙撃3』のポスターが貼られたリビングに感動しました。

大塚　思い出として、ずっと残してあるんです。『さらばあぶない刑事』（16年）のときも夫婦で現場を見学して、みなさんに温かく迎え入れていただきました。もう会った途端に舘さんがガシッと肩をつかんで「大塚ちゃん、やせたなぁ」。いやいや、もともと細いですよって（笑）。今回またシリーズが復活して、わざわざ平塚まで来てもらって、わたしの話を聞いていただけるなんて、うれしいですね……また涙が出ちゃいますよ。

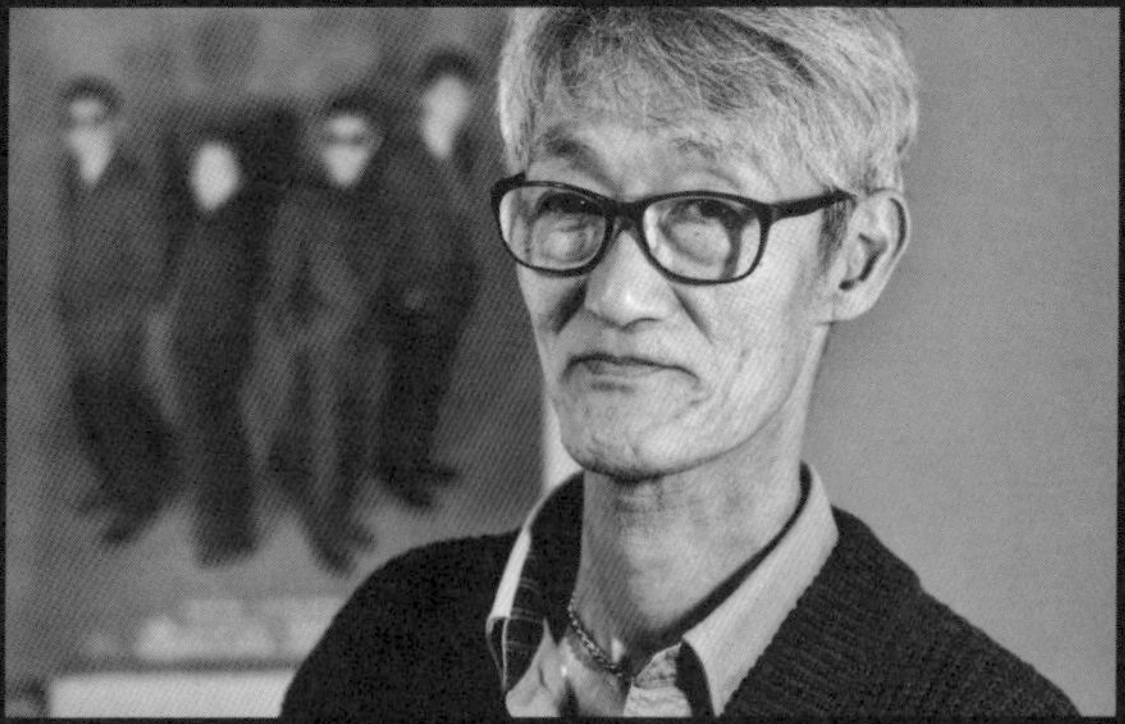

大塚隆康［おおつか・たかやす］

1958年神奈川県生まれ。育生会技術専門学校卒業後、美容室勤務を経て山田かつらに所属し、テレビ番組や映画のヘアメイクとして活動。フリーになったのち『あぶない刑事』に参加し、『あきれた刑事』『もっとあぶない刑事』『勝手にしやがれヘイ！ブラザー』『べっぴんの町』『きんぴら』『狙撃２』『狙撃3』などを担当。91年に実家のエトワール美容室を継ぎ、その後も『あぶない刑事リターンズ』『あぶない刑事フォーエヴァー』に参加。

高瀬将嗣（技斗）

舘さんも恭兵さんも、当時20代の若造が考えるアクションを常におもしろがってくださった

『あぶない刑事』の技斗を手がけた高瀬将嗣は、現代劇・時代劇を問わず数多くのアクションシーンを演出してきた。2020年に逝去されたが、映画監督や文筆家としても活動、『映画秘宝』の連載をもとにした著書『技斗番長活劇戦記　実録日本アクション闘争記』よりタカとユージの現場秘話を再録させていただく――。

やってきた指示は「白目をむくまで殴れ」？

かの『ビー・バップ・ハイスクール』のご縁で担当できたのが『あぶない刑事』であります。

舘ひろしさんの「ダンディー」鷹山、柴田恭兵さんの「セクシー」大下のふたりのコンビによるバディものの、テレビドラマからはじまり『さらばあぶない刑事』まで劇場版が7本作られた、いまさらご説明の必要がないほどの刑事ドラマであります。

『ビー・バップ』1作でブレイクした仲村さんの初ドラマレギュラーでもあって、黒澤満プロデューサーから「トオルも初めてのドラマで大変だと思うから、キミがフォローしてやりなさい」とのお話を頂戴しました。

しかしワタクシだって基本的に舘さんとは初めての仕事であり、柴田さんとは1本だけ2時間ドラマでご一緒したものの、個人的にお話しできるほど親しくはありませんでしたから、自分自身がプレッシャーで苛まれていたのも確かです。

しかしお引き受けした以上はハラを決め、このおふたりにアクションを付けるにあたっては『ビー・バップ』で効果的だったスタイルの差別化をはかりました。

舘さんは『007』のジェームズ・ボンドのように、拳に頼った力強く重々しい闘い方を主軸として、一方の恭兵さんはダンスで鍛えたそのセンスでトリッキーに軽快に、かつシャープに相手を翻弄しながら叩き潰すようにしました。

また、印象に残るのは、少年課の松村課長を演じた木の実ナナさん。

松村課長がギャングから子どもを護りながら遊園地を逃げ回る、「迎撃」という回がありましたが、ちょうとジョン・カサヴェテス監督の『グロリア』のようなストーリー。

木の実さんは実に勘のいい方で、よみうりランドのお化け屋敷の中ではギャン

『あぶない刑事』撮影当時の高瀬

グたちをかき回し、あっという間にノックアウトするというアクションを難なくこなしてくれたものです。

　さて、『あぶデカ』はカースタントあり、銃撃戦もあり、そして格闘もあり、というアクションが盛りだくさんなドラマでしたが、基本的に人が絡むくだりはすべて私が責任を持って構成、コンテも割りました。

　ただ、俳優がらみでないカースタントに関しては手練れのTA・KAチームにお任せしています。

　ガンアクションは基本的に人がらみですから、動き自体はワタクシが組んで、納富貴久男さんが銃の段取りをする流れでしたが、とても手際よく準備をしてくれるので、現場のモチベーションが落ちないで助かりました。

　こういったアクションのパートに関して、村川透監督はほとんど私に任せてくれましたが、逆にアクションにドラマを求めて非常に注文が多かったのが長谷部安春監督でした。

あるとき、タカが敵を殴るアクションの中で長谷部さんから「敵役にいっさい反撃させないで、タカは徹底的に白目をむくまで殴らせろ」という指示がありました。

ですが、あまりやりすぎてしまうと、観ている側がタカに対する拒否反応をおこしかねないと思い、「少し抑えめにしたほうがいいのでは?」と言うと、長谷部さんは「この役はとことん殴られていい悪い役だ。反撃なんてさせちゃダメなんだ。視聴者にいっさい感情移入させないくらいにやれ」とおっしゃいます。

つまり、「ドラマのなかで視聴者が溜飲を下げる制裁にしたい」という長谷部さんのこだわりだったのですね。

もうおひとり印象に残っているのが手銭弘喜監督です。なにしろ猛烈に早撮りで、かつカットが細かい、台本1行のト書きにラインが引いてあって、さらに何本も枝分かれしているのです。それを中抜きで飛ばしていきますから、俳優の中には自分が何をしているのかわからない人もいました。ほかの監督が日いっぱいかかるところを、手銭さんは午後3時ころには終わってしまうんですね。だからといって仕上がりはきちんと水準をキープしていますから、職人だなぁと思いました。

技斗番長、舘ひろし伝説を語る!

今の世代は知らないかもしれませんが、もともと舘さんは原宿に君臨した「クールス」というバイクチームのボスだったのです。暴走族というのとはちょっと違い、基本的に革ジャンでローライダーの『爆走!ヘルズ・エンジェルス』日本版といったところでしょうか。そのあまりにセクシーな面々を映画会社が放っておくはずがありません。さっそく東映がアプローチ、デビューを乞うたのでした。

ワタクシが初めてお目にかかったのは『西部警察』の北海道ロケにて。冒頭に登場して初めのCMまでに死ぬ、という定番の捨て駒キャストで出していただいたのですが、たまたまホテルの夕食会場に向かう途中にてお部屋からお出ましのところに遭遇したのです。白いコットンジャケットを羽織り、黒のジーンズを穿いたその足の長いこと!

まさにスターのオーラを感じた数少ない方でありました。

それだけに「舘ひろし伝説」は真贋含めて枚挙に暇がありません。

● 現場にロケバスより大きいキャンピングカーでやってくる(ホント)
● 車中ではバスローブ一本で、英字新聞を読んでいる(ホント)
● 打ち上げパーティーでは浴衣を着て「北酒場」を踊りながら熱唱する(ホント! 何度も見た聴いた!!)

……などなど、いずれもすごいモノば

かり。

　中でも唸ったのは次のエピソード。デビュー間もない舘さん、東映は大泉の撮影所で仲間と一緒に時間を潰されていたそうな。実は来るべきクールスの後輩が現場入りしないため、撮影をはじめられずにいたのです。「まだ頭数そろわないのか!?」と命知らずなことを言ったスタッフを正門正面の池に叩き込んで時を稼ぐものの、実は時間にうるさい舘サンは内心怒り心頭でした。そこへ後輩から電話（もちろん携帯なンてないころ。当然スタッフルームです）が入りました。

「すみません、寝坊しました！」

「今どこだ!?」

「原宿ッス！」

「10分で来い！」

　……原宿〜大泉間ですよ!?　それでどーなったんですか、とうかがったところ、

「もちろんすっ飛んで来たよ……8分で」

柴田恭兵のアクションセンスに脱帽！

　一方の恭兵さんは自分から群れを作らないタイプで実に寡黙。

　ある地方ロケでたまたまワタクシと恭兵さんだけが中空きになったときのこと。「お茶でも飲もうか」とお誘いを受け、ホテルのラウンジにうかがったのはいいんですが、それから製作部が呼びに来てくれるまでの小1時間、交わした会話はわずかひとこと。

　高瀬「（約30分、話の糸口をさがしあぐねて）……いい天気ですね」

　柴田「……そおかァ？」

　その通りで窓外は雨が降りそうな雲行きであります。無口な方のひとことは重いと痛感した次第。

　さてそれはさておき、画面で窺えるのと同様、恭兵さんの身体能力は見事なものがあります。

　草野球のチームを4つもかけもちし、ゴルフもプロ級、走らせたらスタッフ・キャストの誰よりも速い。こういう資質の持ち主にアクションを表現してもらうことは殺陣師冥利に尽きますが、単に体力自慢じゃないところが彼のすごいところです。

　では体力に留まらないアクションのバックボーンとは何か？

　それはダンス。故・東由多加が主宰していた「東京キッドブラザース」は今や伝説の劇団ですが、そこの看板スターとして歌い踊る恭兵さんは注目を集めたものです。

　常々ワタクシが申し上げていることですが、殺陣は「日舞」、アクションは「ダンス」に通ずるのではないでしょうか。

　アクションでは本当に相手を打ち砕く鋼の拳や、バットが折れる鉄のスネは必要ありません。それよりも瞬時のリアルアクションや目付（向かってくる敵を事前に視線で確認すること）、そして憶えた手順を暗記しているように見せない表現力のほうがはるかに大切であります。

すなわち「センス」。

印象に残るのが劇場版の第3作目『もっともあぶない刑事』のVS苅谷俊介のアクションでした。

地下水路での壮烈な格斗がくり広げられたのですが、このときの展開はなんとワンサイドでユージがコテンコテンにやられるというもの。

元・石原プロ所属でアクションの場数も豊富な苅谷さんが上手なこともありますが、受けに回った恭兵さんのやられっぷりはカタルシスさえ感じられました。

往々にして主演スターはヒーロー像を維持することに神経を使います。仇役に倒される場合でもどこかカッコつけているところがあるもので、プロレスでいえばトペとかプランチャーの自爆みたいな演出をしがちですが、このときばかりはホントにグッチャグチャ、黒澤時代劇の『用心棒』における桑畑三十郎がジャイアント馬場のNGみたいなヤクザにシメられる場面を彷彿とさせてくれたのが、苅谷VS恭兵の格闘でした。

今だから言うのですがこの地下水路、いわゆる下水でして生活廃水が流れてくるのであります。

ワタクシが現場に先乗りして安全確認していると、なんと上流からドンブラコドンブラコと拳大の黄金色のモノが流れてくるではないですか!?

これはタイヘン、撤去せねばと棒で行手を遮ろうとしたところ、黄金色はすでに軟らかくなっていたらしくバラバラに散開してしまったのです。

要はあたり一帯黄金色まみれ。ややあってスタッフ・キャストが現場に着いたころには、とりあえず溶けてわからなくなっていましたが、ワタクシの心は複雑でした。だって今から組んずほぐれつでビショ濡れのアクションを組むのですから。

「ええい、ままよッ！」とばかりいちばん初めに廃水の中に倒れこんで見せたのは言うまでもありません。

運良く本番近くになって比較的キレイな廃水で一帯が流され、我らがユージは黄金色まみれにならずにすみました。

まったくすごいところでアクションするものですが、ガンジス河の沐浴と思えば良いのでしょうかネ。

そして……タカ&ユージ最後の戦い

そして、2016年に公開されたのが最終作『さらばあぶない刑事』でした。

思えばこれまでの劇場版『あぶデカ』の敵役は菅田俊、苅谷俊介、伊原剛志、加藤雅也など錚々たるメンバーで、いずれもタカ&ユージを窮地に追い込んだものであります。

となると30年にわたる本作のフィニッシュを飾る敵役は誰になるか、実に興味津々でありましたが、これは周知の通り「Mr.シンバルキック」吉川晃司が務めることになりました。

吉川さん演じるガルシアは、舎弟の

ディーノ（夕輝壽太が好演）を率いて悪の限りを尽くしますが、イン前のプロデューサー会議では南米出身のギャングということで、ガルシアに「カポエラ」、ディーノに「ブラジリアン柔術」を駆使させようという案が出ました。

脚本家の柏原寛司さんも大賛成で、ガルシア役の吉川さんはもちろんシンバルキックからカポエラ使いに決定、ディーノ役の夕輝壽太くんは柔術の訓練をすることになったのです。

ところが吉川さんのケガ（後述）でプランは変更を余儀なくされ、夕輝くんがカポエラと柔術の両方を練習することになりました。要するに「総合」でありますね。

ただ、結果論ですが、ディーノが「打・蹴・投・極」を操ることで技斗的には充実度が増したように思います。

夕輝くんは、劇中からは想像もつきませんが、実際は近来まれに見る好青年。初めて道場へ稽古に来たときは「彼に凶悪なディーノが務まるだろうか……」と不安でした。

これってかつての『ビー・バップ』の仲村さんを彷彿とさせるデジャヴで、稽古に入るや本人が納得するまで休まない熱心さでどんどん技を習得、その努力は大下との闘いで見事に反映されました。

付け加えれば、ガルシアのボディーアクションはケガの具合を鑑みてできるだけ抑え、バイクとガンプレイに特化するつもりだったにもかかわらず、それは吉川さんの驚異的な回復力で杞憂に終わったのです。個人的には吉川さんの技斗を楽しみにしていたので、「映画の神様はいらっしゃるなぁ」と感謝しました。

吉川さんは、自分の体に対して「必ず期日までに治る」と言い聞かせたのでしょう。もちろん、実際にはまだ完治していなかったはずです（だって左足首粉砕骨折ですよ？　ボルトが何本も入ってるんですよ!?）。

それでも彼は現場で痛いなんていっさい言わないどころか、痛みに耐えている様子さえ見せませんでした。周りが気を遣うのがわかっているからです。

チャイナマフィアとの対決のシーンでも蹴りは厳しいと推察、技斗は基本的にスタントマンで、本人は寄りのカットでしのぐことを考えていたのですが、吉川さんは「ケガした左足を支えにするのはムリだけど、その左足で蹴るぶんには問題ないですね」とおっしゃいます（問題あるでしょう、ボルト入りの足で電飾を粉砕するんですから!?）。

ところが我々の杞憂をよそに、余裕で見事一発ＯＫ!!　すっごいなぁって思いました。

ですから今回は主演のおふたりもさることながら、私が個人的に最高殊勲選手に挙げたいのが吉川さんで、その不運なケガの元になった事故を振り返ってみます。

彼は舘さんとのバイク対決シーンがあるということで、自分だけが吹き替えを使ったら先輩に対して失礼になると考え、わざわざ撮影で使うのと同じバイクを自ら購入して、早い段階から撮影所で難度の高い練習をはじめました。

日に日に難度の高いテクニックを習得、スタントマンを必要としないのも時間の問題となった時点で、些細なことから左足の付き方を誤ってバイクを倒し、骨折に至ったのでした。ケガをしたのはお気の毒でしたが、それを乗り越えた演技は唸るほどの存在感で、作品中ではステッキをつく姿さえ渋かったです。

ワタクシは彼のデビュー作だった『すかんぴんウォーク』や『ユー☆ガッタ☆チャンス』の現場でも一緒でしたから、今回は本当に感慨深く思いました。

最近の『下町ロケット』での芝居を観ていると、堂々たる貫禄ですが、ふだんはとてもチャーミングな人で、あれだけの実績を重ねてきたにもかかわらず、本人の立ち居振る舞いはデビュー当時とまったく変わりませんでした。ワタクシも当時は駆け出しでしたから、こうやって30年以上の月日が流れたのちに、吉川さんが『あぶない刑事』の最後の（たぶん）作品に「最強最悪の敵」として来てくれたことに縁を感じています。

さて、鷹山VSガルシアは、ひとことで言えば「パンチ対キック」の闘いです。片足でバランスを取る蹴り技はパンチとは別の意味で難しいのですが、鷹山のパンチを圧倒する勢いで迫る展開に技斗担当としてはシビれました。

それに対する大下VSディーノは言ってみれば「ぜんぶあり大会」。格闘の中盤で手首の取り合いをするくだりは恭兵さんのアイデアで、若いディーノを相手に一歩も退かないファイトは本当に胸を打たれたものです。

驚くべきことに、タカ&ユージの動きは10年前の『まだまだあぶない刑事』のときよりも良くなっていました。

そもそも舘さんのように還暦を過ぎて、ハーレー両手離しショットガン撃ち、なんていう芸当ができる人は、我が国じゃノーベル賞受賞者より少ないんじゃないでしょうか。

恭兵さんは恭兵さんで、運河沿いを走るシーンではなんとご自分から「できるだけ（走る距離を）長くしてほしい」と希望しました。冗談抜きで今でもスタッフ・キャストの中でいちばん足が速いのは恭兵さんだと思います。

結びになりますが、このシリーズはワタクシの人生にとって、かなり大きなエポックメイキングになりました。もし『あぶない刑事』に出会っていなかったら……と想像するのも恐ろしいほどです。舘さんも恭兵さんも、当時20代の若造が考えるアクションを常におもしろがってくださった。それに、何といってもおふたりはセンスが良い。観客や視聴者に観せるためのアクションというのは、身体能力や努力だけではどうにもならないことがあり、技術だけでは観る側の心に響かないんですね。その点で、おふたりは持って生まれたセンスに恵まれているのでしょうか、こちらの要求をいつもそのままどころか2割増し、3割増しで具現化してくれたものです。
今回はあらためて舘さんや恭兵さんのすごさを確認、アクション監督としても大いに手応えを感じた記念すべき作品となりました。

『技斗番長活劇戦記　実録日本アクション闘争記』（洋泉社）より再録

高瀬将嗣 ［たかせ・まさつぐ］

1957年東京都生まれ。父は現代アクションを「技斗」と名づけた殺陣師の高瀬将敏。国士舘大学卒業後、技斗師・殺陣師として活動を開始する。代表作に『ビー・バップ・ハイスクール』『あぶない刑事』など。91年に監督デビューを果たし、『嗚呼!!花の応援団』『新日本の首領』『昭和最強高校伝　國士参上!!』などを発表。芸道殺陣波濤流「高瀬道場」を主宰し、著書に『技斗番長 活劇映画行進曲』ほか。2020年死去。享年63。

技斗

瀬木一将

生身のアクション、痛そうなアクションを復権させていきたいなと思っています

高瀬道場を率いる高瀬将嗣のもとで技斗の補佐を務めた瀬木一将は、やがて『あぶない刑事』のアクションを任されるように。『ビー・バップ・ハイスクール』で電車からの飛び降りという伝説のスタントを成し遂げた男は、『帰ってきた あぶない刑事』でアクション監督に就任——最も危険な活劇の数々を聞く！

もうスタントマン泣かせなんです

瀬木　舘（ひろし）さんと（柴）恭兵さん、おふたりは基本的にスタントを使わない。まぁ危険な飛び降りとかは吹き替えですが、舘さんなら貨物列車の上を走ったり、バイクからトラックに飛び移ったり、そこまで自分でやっちゃうんですよ。恭兵さんはクルマの運転がむちゃくちゃ上手いから、それも吹き替えなしでやっちゃう。もうスタントマン泣かせなんです。

——まずおうかがいしたいのですが、『あぶない刑事』の技斗のクレジットを確認したところ第19話「潜入」から第26話「予感」までが高瀬将嗣、二家本辰己、瀬木一将という3名の共同クレジットになっていました。瀬木さんはこのあたりの回のアクションを担当したのでしょうか？

瀬木　いえ、最初のころから師匠の高瀬と一緒に現場に参加していました。技斗の補佐として。二家本さんも所属は違いますが親しい先輩で、このあたりは高瀬が行けなくなったときに二家本さんと共同でやってましたね。『もっとあぶない刑事』になると、高瀬が別の作品を抱えてたりして忙しかったので、ぼくが単独で行くことが多くなりました。

——あっ、エンドロールにお名前がない回でも任されていたのですね。技斗としての思い出はありますか？

瀬木　テレビシリーズの「潜入」だと思うのですが、ヤクザの

事務所に恭兵さんが乗り込んできて、仲間から電話がくるのを待ってるんですよ。で、電話が鳴ったんで組長が取ろうとしたら恭兵さんがその組長の手をパンと叩いて、受話器が宙に浮くのを取る……大したアクションじゃないんですけど、あのときは1人で行って「こういう動きはどうですか」と提案しました。でもカットを割らないから、なかなか上手くいかなくて何テイクか繰りかえしてようやくOKが出ました。

――あの受話器の動きがどうなっているのか、何度見てもよくわからないです。

瀬木　恭兵さんが自分で上げてるんですよ。受話器を叩いてポーン、それでクルッと回って恭兵さんが取る。殺陣師として新米なのに何テイクもやらせていいものだろうかって悩みましたね。でもワンカットならではのおもしろさだし、恭兵さんと組長役の俳優さんのあきらめない役者魂のおかげです。

あと、これは恭兵さんのアイデアだったんですが、突っ込んでくるクルマに対し、コートのポケットに手を入れたままと思わせて懐から銃を出して撃つ。すごいアイデアだと思いました。『あぶデカ』だからこその挑戦ですよね。

――ほかに印象的なアクションはありますか?

瀬木　自分の出演シーンだと、ぼくが悪徳弁護士みたいな役で、恭兵さんと舘さんが事務所の下にたどり着いたら、撃たれて2階から窓ガラスを割って木箱に落ちる（第46話「脱出」）。〝飴ガラス〟という特殊なガラスで、高いやつはきれいに割れるんですが、安いのだとプラスチックみたいな素材に切れ目を入れて、けっこう危険なんですよ。で、本番やったらおでこが切れてしまった。そのあとのカットで恭兵さんが逮捕状をおでこにペタッと貼る。死体だから息ができないし、「早く終わってくれないかな……」ってずっと思ってました（笑）。

――出演作も数多くありますが、『もっとあぶない刑事』の第18話「魅惑」では遊覧船をシージャックする犯人役でした。

瀬木　1月の何日だったかな。小渕（恵三）さんが「平成」って元号を発表した、あの日だったんですよ。真冬の静岡の海に飛び降りて……ホテルに戻って暖を取ってたらテレビで「平成」って（笑）。その記憶がいまだにあります。あのシーンは高瀬が船長役で出てて、ぼくに脅されてるんですよ。お互い知ってると遠慮なくできますし。

とにかく勉強家で、尊敬する師匠ですね

――〝カシラ〟と呼ばれた高瀬道場の高瀬将嗣さんは、惜しくも2020年に亡くなられました。どのような方でしたか?

瀬木　歳がほぼ一緒なんですよ。昭和32年で高瀬が元旦、ぼくが9月なんで学年は違うんですけど、同じ年の生まれ。とにかく勉強家で、アクションのアイデアも豊富で、人間としてしっ

かりしすぎているくらいで……もう言葉にできませんが、尊敬する師匠ですね。

――舘ひろしさん、柴田恭兵さんのアクションはいかがでしたか？

瀬木　これは高瀬と監督さんたちが撮影前から決めたことですが、おふたりのアクションのキャラクター付けとして、恭兵さんはスピーディーでコミカル、舘さんは正統派で力強いアクションというのがありました。で、舘さんの殴り方として、お腹は若干当てるけど顔は当てない。当てずに、ぼくらがイメージしてたアクションどおりに動いてくれるんです。

――お腹は若干当てるんですね。

瀬木　見えないんで、パッドを入れて。そうしたほうが相手もリアクションを取りやすいし、衣裳の揺れもありますし、当てずにリアクションのほうが難しいんです。こう殴る人と殴られる人がいて……撮り方として、縦方向から撮って人物を重ねると当てずに当たってるように見える。「バシッ！」って効果音を入れれば済みます。しかし横からのアングルの場合、当てないと隙間が見えてNG。もちろん顔面は位置を調整して、上手くごまかすんです。

――ガンアクションも高瀬さんや瀬木さんの担当でしょうか？

瀬木　とりあえず銃撃戦があれば呼ばれますが、撃ち方はもうおふたりともプロ級ですし、現場にはガン・アドバイザーもついてました。こちらは台本をもとに現場でアクションの流れや動線を考えます。犯人がこっちから来て、あっちからタカが撃って……みたいな。あとは撃たれた敵側のリアクションと、地面が映ってない場合はマットを入れたり、膝のサポーターを用意したり、そっちがメインですね。

――なるほど。

階段落ちは20回以上、火だるまも10回くらい

――さかのぼりまして、瀬木さんがアクションの道に入ったきっかけを教えてください。

瀬木　これね、みんな「え～！」って言うんですけど（笑）、東京でデザインの専門学校に通って出席日数が足りずに中退して、そのあと2年間サラリーマンやってたんですよ。写真製版の会社だったんですが、1年も働いてたら飽きてきちゃって……で、大泉の東映アクションクラブが夜間の生徒を募集してたんです。うちの先々代の大先生（高瀬将敏）と高瀬が講師で、その縁から会社を辞めて高瀬道場に所属しました。

最初は役者として『特捜最前線』に出たりして、そのうち大先生が亡くなられて高瀬が忙しくなってきたんで、「ちょっと現場に出る支度しとけ」みたいなことで技斗の助手をやるようになったんです。スタントデビューは『特捜最前線』。雨の日に歩道橋から突き落とされる役の吹き替えで転落死したり（笑）。

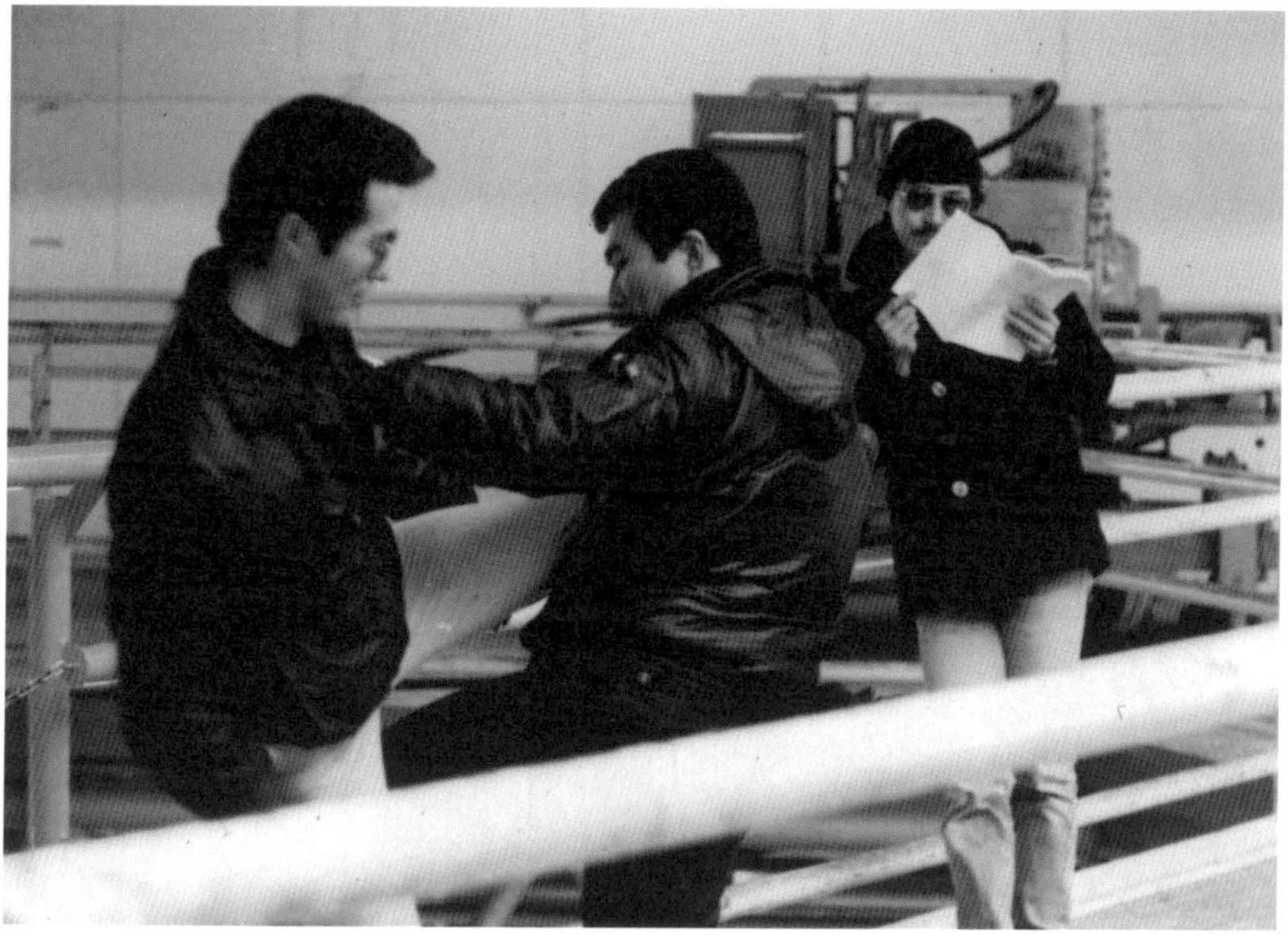

技斗を検討中の瀬木と高瀬将嗣、右端は一倉治雄監督

わりと引きの画で、すごい勢いで下まで落ちて、カットがかかると「よかった！」ってみんなに褒めてもらえて「あぁ、スタントっていいな」と（笑）。

――リアル『蒲田行進曲』の世界ですね。

瀬木　階段落ちは20回以上、火だるまも10回くらいやってますよ。スタントやってる人って大体そうだと思うんですが、普通の芝居ってカットがかかっても「ＯＫ」くらいじゃないですか。でも、スタントだと大勢のスタッフが拍手してくれるんで、一瞬だけヒーローになれる。その快感が大きいんですよね。それからスタントの楽しさに目覚めたんだと思います。

――瀬木さんが担当した伝説のスタントとして、『ビー・バップ・ハイスクール』（85年）の走る電車から川へのダイブがあります。仲村トオルさんも仰ってましたが、あれは飛び降りの回数が関係者の証言によってバラバラなので、ご本人にうかがいたいと思います。

瀬木　ぼくともうひとりの仲間が飛び降りて、1人2回ずつです。単独のカットと2人同時のカット、カット数で言うと3カットでした。

――鉄橋から下の川まで何メートルくらいですか？

瀬木　7～8メートルですかね。撮影が始まったころはまだ6メートルくらいでアクションの前に芝居の部分を撮ってたんですが、那須（博之）監督が粘るもんだから、どんどん干潮の時間になって「なんかさっきより高く感じるな」って（笑）。丸杭がダーッと見えてきたんですよ。前の晩に川まで下見に行って、竹の棒を拾って差してみたら2メートルくらい。まぁ2メートルあれば死にはしないだろうと思ったら、干潮で浅くなっていって……。

――しかも背中からダイブしています……。

瀬木　「2人同時に落ちるのに同じ体勢じゃおもしろくない」と高瀬に提案して、別々の体勢でダイブすることになりました。映像を見ればわかるんですが、1回目と2回目で飛び降りの体勢を若干変えてるんです。1回目はかなり後ろ向き。そしたらドーンって川の底に体が当たっちゃって、泥だけでなく玉石もあって「うっ!」となった。怪我はしてないんですけど、恐怖心がわくじゃないですか。で、2回目は落ちる角度を変えて〝腹落ち〟という体勢で、当たる面積を広くすると底まで沈まないので、だからちょっと体勢が違うんです。

――日本刀を振り回すヤクザを演じた『もっともあぶない刑事』(89年)では横浜の橋からタカとユージに落とされてました。

瀬木　あれは前田橋です。あのくらいの高さは平気だし、ちゃんとスタッフが事前に測ってくれたので。ただね、リアルに臭いんですよ。「くさーッ!!!」と思って、びっくりしちゃった。本編でも「くさーッ!!!」って言ってると思いますよ(笑)。もう静岡の海は冷たかったし、横浜の川は臭かった。

亡き高瀬の仕事を少しでも受け継げれば

――先ほど火だるまの話が出ましたが、映画版1作目の『あぶない刑事』(87年)でベンガルさんが火だるまになるシーン、あちらは瀬木さんですか?

瀬木　そうです。ぼくが吹き替えをやりました。それで『さらばあぶない刑事』(16年)のときも高瀬から「火だるまをやろう」って言われて、台本にないファイヤースタントをやったんです。ちょっと体型が大きくなってたんで、ファイヤースーツがキツいキツい(笑)。

――火かげんはいかがですか。もちろん熱くはない?

瀬木　点いちゃえば、こっちはすることがないんですよ。あとは消してくれるのを信じて待つだけ。うつ伏せになったところを濡れ毛布でガッと覆って、隙間をなくすんです。顔出しの場合だと、火が直接くるのがいちばん怖いですね。『さらば』のとき、高瀬と挑戦したのは「せっかくだから着火から消火するお芝居までワンカットで見せよう」ということ。スピンしてきたクルマを避けて、ドラム缶の火にぶつかる……とりあえずキツいけど、ファイヤースーツを着ててよかったです。

――シリーズ最新作『帰ってきた あぶない刑事』(24年)ではアクション監督を務めています。

瀬木　亡き高瀬の仕事を少しでも受け継げればいいなと思いま

した。ぼくの下に技斗として、うちの森（聖二）と吉水（孝宏）がサポートでついてくれました。こだわったのは、やっぱり38年間見続けてる熱烈なファンがいるんで、テイストが変わったらダメだなということ。舘さんはハーレーでショットガン、恭兵さんは走りと横っ飛びで銃を撃つ。マンネリって言われようと「待ってました」というシーンは大事で、でもまったく一緒じゃつまんない。今回はカットを細かく割って、サイズも詰めてアクションを構成させてもらいました

——たしかにアクションが細かく、テンポもよかったです。

瀬木　なによりも撮影時すでに70代だったおふたりが、ぼくの想像をはるかに超えた動きでアクションを演じたことに驚きと感動を覚えましたね。

——高瀬道場を支えてきた一員として、今後の抱負はありますか？

瀬木　ぼくら高瀬道場のメンバーが教わってきた生身のアクション、痛そうなアクションを復権させていきたいなと思っています。もう少し丁寧に説明すると、痛そうなお芝居が伝わるアクションですね。そういうものを若い後輩たちにも継承していこうと思います。

瀬木一将 ［せき・かずまさ］

1957年北海道生まれ。千代田デザイン写真学院卒業後、会社員の傍ら東映アクションクラブに通い、その後は高瀬道場に所属。俳優業とともにスタントマンとして活動し、『ビー・バップ・ハイスクール』における電車からのダイブで注目を集める。高瀬将嗣の補佐として現場に参加し、『あぶない刑事』『刑事7人』や2時間ドラマなどで技斗を担当。映画『帰ってきた あぶない刑事』ではアクション監督を務めた。

カースタント

竹内雅敏

セントラル・アーツの製作部は車止めに関しては天下一品でしたよ

駆けるレパード、ド派手なカーアクション——竹内雅敏は刑事ドラマにおける横転スタントの歴史を塗り替えたのち、カースタントTA・KAを設立し、『あぶない刑事』の各シリーズを担当。『さらば あぶない刑事』で最後の横転スタント（70メートル！）を務めた竹内がふたたび記憶のギアを入れる！

ドリフトしながらカーブを切ってみよう

竹内　カースタントの仕事で心がけることは、まず事故を起こさないことですね。事故を起こしてしまいますと、放送できなくなったりしますし、死亡事故で番組が打ち切りになった例もありますから。まぁ自分の怪我に関しては、どうということはない。うちの会社（カースタントTA・KA）で労災保険を使ったのは、わたしだけ……事故の少なさによってスタントマンでも会社員のような労災に入れたことが自慢です。それから劇用車をぶつけたりすると、修理に出して撮影できなくなったり、シーンがつながらなくなるので、そのあたりも気を遣いますね。

——1986年スタートの『あぶない刑事』ですが、その前年にカースタントTA・KAが設立されました。まずは参加のきっかけを教えてください。

竹内　もともとマエダ・オートクラブに所属していて76年ごろから『太陽にほえろ！』をやってたんですが、仲間と3人でスリーチェイスというチームを作ったんです。そのときセントラル・アーツさんからお仕事をいただき、『蘇える金狼』（79年）や『探偵物語』（79〜80年）に参加しました。ただ3人がバラバラになってしまって、いったんマエダに戻ったあとTA・KAを結成しまして、『あぶない刑事』のオファーをいただきました。

——『あぶない刑事』の現場で思い出すことは？

竹内　それまでの刑事ドラマは、たとえばカーブを曲がってくるとき普通にスピードを出して回ってたんですね。せっかく新しい番組なんだからと思って、ドリフトしながらカーブを切ってみようというのは念頭に入れてました。レパードが「キーッ！」って曲がってきたり、お尻を振ったりして。

——覆面パトカーが急にUターンする動きもありました。

竹内　それはスピンターンですね。カーブを曲がるときに交差点のところでキューってお尻を振るのがテールスライド。昔ね、河原でクルマをドリフトさせてフルカウンターを切りながら「ピース！」なんてバカなことをやってたんです（笑）。その写真を『カーボーイ』って雑誌に送ったんですよ。そうしたら「めちゃくちゃおもしろい！」ってことで6ページくらいの特集を組んでくれて、それからみなさんドリフトしながらピースをするようになった。たぶん、わたしが元祖だと思う。

——それはカースタントを始める前ですか？

竹内　いや、もうやってましたね。車種でいうと『太陽にほえろ！』はトヨタだったんです。だからソアラやセリカXXを運転してて、犯人のクルマが日産。『あぶデカ』のメインは日産のレパードですが、いちばん最初に使ったゴールドのレパードはもう本当に力がなかったんですよ。スピンターンでも「キキキキッ！」ってやりたいけど、力がないからできない。要するにアクセル踏んでも「ガクッ」くらいで、後ろが「キッ！」ってならなかったんです。だから走っていって、まずニュートラルにして、そのままハンドル切ってサイドブレーキを引いて、途中でアクセルを吹かして、ニュートラルからローに入れる……そうすると普通のクルマは「キキキキッ！」っていくんですけど、ゴールドは「キッ！」くらい（笑）。

その次の紺のレパード、あれはターボが付いてて馬力があったんです。だから普通に「ギャーッ！」って立ち上げられたんですけど、見ている側はその差がわからないじゃないですか。性能の差が。だから下手っぴだと思われちゃうのがイヤでイヤで。で、昔のクルマはABS（アンチロック・ブレーキシステム）が付いてないからタイヤがロックしてすぐ停まれたんです。でもこれくらいから付き始めたのかな。ABSがあると現場急行のときも「ギュッ！」って勢いよく停まれないんですよ。だから考えたのは、急いで停まるためにはサイドブレーキを後ろに引いて、カメラに向かって「キューーーーッ！」って斜めに停める。サイドを早めに引いて、足のブレーキを併用しながら横にねじっていく。そうすると急停車になりました。

——カメラ映りも真正面ではなく斜めに。ユージ役の柴田恭兵さんはご自身でもレパードを運転しています。

竹内　運動神経がいいですからね。わたしは『大追跡』（78年）で恭兵さんの吹き替えをやっていましたし、お付き合いは長いんです。なにせ普段はすごく静かな方なんですよ。

「このバイク、まっすぐ走らないよ！」

竹内　舘（ひろし）さんは『あぶデカ』では運転しないんですが、バイクに関してはシビアでした。いちばん最初の映画のとき、バイクからダンプカーに飛び乗るシーンがあって……あのバイク、じつはわたしの私物なんですよ（笑）。カワサキの750なんですけど、ダンプに飛び乗るときに手放しをしなくちゃいけない。そのときね、けっこう怒られました。「このバイク、まっすぐ走らないよ！」って。たしかに古かったんですが、あんまり予算もなかったので「じゃあ、俺ので」って仕方なく（笑）。バイクもノーヘルのときは舘さん本人ですが、ヘルメットのときは、うちにちょっと舘さんに格好が似たやつがいまして、そいつがやってましたね。木野（重広）っていうんですが、クルマよりオートバイのほうが体型が出ちゃいますから。

――クルマの走りやアクションにこだわる監督はいましたか？

竹内　まず村川（透）さんですね。ご本人もクルマをいっぱい持ってますし、飛び抜けてました。あとは基本的にお任せで、どちらさんの監督もそこまで細かい要望はなかったように思います。原（隆仁）さんは『太陽にほえろ！』の助監督をやってたんですが、チーフかセカンドのときフェアレディZのツーバイツーかなんかに乗ってきて、「やっぱ、いいとこの人は違うね」みたいな（笑）。カメラマンで覚えているのは内田清美さん。『太陽にほえろ！』と『西部警察』の両方やってて「タケちゃん、ちょっと紹介したいんだけど」って石原プロの小林（正彦）専務を紹介されたこともありました。無口だけど、しっかりしたカメラマンで、だからやる側も気合いが入りました。

それから映画のカメラマンだと仙元（誠三）さんですね。仙元さんと村川さんはクルマ好きのコンビだし、いちばん要求があったのも仙元さん。でも、すごく信用していただいて……『さらば あぶない刑事』（16年）でボルボの横転があったんですよ、四日市の海のそばのところ。普通のカメラマンだったら逃げちゃうような距離でクルマが転がってきても、びくともしない。仙元さんも村川さんも全員びくともしない。あれ、もう1回転したらスタッフのほうに行っちゃう距離でしたからね。

――ほかにテレビシリーズで思い出すことはありますか？

竹内　神奈川県庁の前に日本大通りってあるじゃないですか。いまは道路が狭くなっちゃってますけど、あそこにジャンプ台を仕込んで横転やったり、県庁の目の前から海岸のほうに向かって4台一斉にスピンターンしたり、考えられないことをやってましたね。道路使用の許可は取ってたと思いますが、警察が来ると製作部が1人連れてかれちゃうんです。で、「その間にやっちゃおう」という。氏家ちゃん（氏家英樹）と益岡ちゃん（益岡正志）がよく連行されてました（笑）。

今回の本には市川ちゃん（市川幸嗣）も載るのかな？　あの

人はカースタントが大好きだし、セントラル・アーツの製作部は車止めに関しては天下一品でしたよ。ほかの製作会社で「止めてますから、信号無視してください」って言われても、怖くてできない。セントラルは「命かけて止めろよ！」って感じで、もうクルマの目の前に立ちますから。ボンネットの上に乗ってでも止めるという（笑）。Uターンで逆走したりするのもスピードがないとできないので、けっこう助走がいるんですよ。その間ぜーんぶ車止めしないといけない。

——当時は服部紹男さんが製作部のトップで、のちにプロデューサーとなります。

竹内　わたしの印象だと厳しい方でしたね。現場の責任者ですから、事故が起きたら自分の責任になってしまう。たとえば横転シーンで、シートベルトして、ヘルメットかぶって、遠く向こうのほうにあるカメラの準備ができるまで車内で待機してるわけです。そうすると向こうから服部さんが歩いてくるから窓を開けると「タケちゃん、やめてもいいんだよ」（笑）。毎回ゆっくり歩いてきて念押しするんだけど「じゃあ、やめます」なんて言えませんよ（笑）。

——ほかに印象に残っているスタッフはいますか？

竹内　装飾部の遠藤ちゃん（遠藤光男）かな。合間にいろいろな話をして、まぁ普通の世間話ですけど。あとは舘さんたちがゴルフ好きだったから、みんなでゴルフ大会もよくやりましたね。たしか1回くらい優勝した記憶があります。多摩カントリークラブの会員権を武田一成さんという監督が持っていて、セントラルの紫垣（達郎）さんと親友なので紹介していただいて、わたしも多摩カンしょっちゅう行ってました。

横転は7メートル半、片輪は3・5メートルのジャンプ台

——映画『またまたあぶない刑事』（88年）のオープニングでは、レパードが斜めになったまま犯人を追跡していきます。

竹内　キリンビールの生麦工場での片輪走行ですね。あれは野呂（真治）がやったんですが、ビールのケースを倒しながら走らなきゃいけないじゃないですか。ギリギリのバランスでやってるんで、タイヤにケースかなにかが絡んで、踏んづけたらひっくり返っちゃう。それをいちばん懸念しましたね。

——あの状態でレパードが走り続けるのは、どういう原理ですか？

竹内　きっかけはジャンプ台です。運転席側を下にして、片輪の場合はジャンプ台も短めにする。横転の場合は7メートル半、片輪は3・5メートルほどのジャンプ台を置いて、ちょっと内側に切っていく。そうしないと、すぐにクルマの特性で戻っちゃうんですよ。それから普通クルマの浮いた側って上のタイヤは動くんですけど、下のタイヤは動かない。そういう機構になっていて、アクセルを踏んでも駆動しないんです。だから片輪走

行をやるときはデフ……デファレンシャルギアを溶接してロックしちゃう。そうやって後ろと一対一で回るようにしたんです。

――横転スタントもジャンプ台を使うのですね。

竹内　うちの台は先端が90センチ。新人に横転の練習をさせると、なかなかひっくり返らなくて戻っちゃうんです。もっと台が高いほうがひっくり返りやすいんですが、こっちに跳ねちゃう。『西部警察』なんかでも横倒しになって「ガーッ！」ってガードレールにぶつかったりとか。低いジャンプ台はひっくり返らないリスクもあるんですが、うまくハンドルを切っていくと、スタート位置から停まる位置まで一直線になるんです。

――「ズサーーーーーッ！」と滑っていく横転ですね。カメラが真正面から狙う場合、予想以上に滑ってしまうとそれこそ大事故になります。その見極めは？

竹内　もうね、経験しかないです。車種によっても違うし、路面によっても違う。舗装された道の場合、屋根で滑って距離が出るし、砂利道やダートの場合は食いついていく。スピードテストで助走距離は確認しますが、もちろんジャンプ台には乗れない。その横を通過して「大体ここに止まります！」って言い切る（笑）。でもほとんど狂わないですよ。うちにスタントが6〜7人いても横転をやれるやつは2〜3人です。あとのは、やらせられない。

――村川透監督の『もっともあぶない刑事』（89年）の終盤には、タカとユージが乗ったトランザムとパトカー軍団とのド派手なカーバトルがありました。

竹内　あれは横須賀の埠頭ですよね。パトカーをガンガンぶつけたのは綾瀬の解体屋さん。事前にロケハンをして、段取りを組みました。まず場所を見なきゃ無理なので。トランザムはわたしが運転したんですけど、あれV8なんですよ。でも2気筒くらい死んでるの（笑）。それでぜんぜん力がなくて、もっとドリフトさせてブンブンお尻振りたかったのにスピードが出ない。ストロングワークスって車輌会社が用意したんですけど、「ひどいな、これ。ぜんぜん出ねえじゃんかよ！」という。カメラマンは柳島（克己）さんかな。トランザムとパトカーの激突で、カメラ手持ちの柳島さんを横に乗っけたんですが、ぶつかった衝撃で「グワァアン！」ってこんなんなっちゃって（笑）。怪我はなかったんですけど、申し訳ないことをしました。

――当時、TA・KAのスタッフは何人くらいですか？

竹内　うちは車輌会社もやっていましたから、純粋にスタントができたのは6〜7人かな。ドライバーと兼任のやつもいました。車輌というのはロケ車輌と劇用車、パトカーも持ってましたね。わたしと野呂と海藤（幸弘）……〝TA・KA〟のTAは竹内、KAが海藤なんですよ。空を飛ぶ〝鷹〟もイメージできるし、これでいいんじゃないのって決めたんです。

――カースタントだけでなく車輌も担当していたんですね。

竹内　マエダ・オートクラブもそうです。機材車やロケバスを一式で請け負う。日本の場合スタントだけじゃ食べていけないですから。安いし、数もアメリカに比べて少ないので。

スタントマンは〝怪我と弁当は自分持ち〟

――さかのぼりまして、カースタントの仕事を始めたきっかけを教えてください。

竹内　うちの父親が警察官で、最後は交通課長だったんです。調布署なので石原プロの忘年会に招待されてたりして（笑）。で、交通課ということは、いろんな事故現場に行くわけですよ。だから絶対バイクだけはダメだって最初は反対されましたね。ただし高校のときに親父がクルマを買ってくれて、18歳の4月に免許を取った。修学旅行があったんですけど、そんなのいつでも行けるからって教習所に通いました。

――筋金入りのクルマ好きですね。

竹内　これは内緒話ですが、高校にもクルマで通ってました。で、帰ったら1日50キロから100キロ走るというのを自分のノルマにして、そこから運転が上手くなったと思うんですよ。当時でガソリンが50円くらいかな、月に5万円くらい使って親父によく怒られましたが。最初のクルマはマツダの安っぽいファミリア。ミッション付き、ギア付きの力のないやつでした。

――マエダ・オートクラブに入ったきっかけは？

竹内　学生のころ運送屋さんのアルバイトをやってて、そのときの知り合いが、のちのちマエダに入るんですね。それから22歳のとき、そいつのツテで入れてもらったんですが、スタントマンを自称してたのに普通の車輌部だった。でも、そこに……わたしが小学校6年生のとき、二子玉川園のスタントショーで見た〝片目のジャックさん〟がいた。眼帯したままスピンターンして、すげえなってずっと思ってて、その人に憧れてクルマを好きになったのかもしれない。

――片目のジャック！

竹内　わたしは劇用車の運搬から始めて、片目のジャックこと臼田建三さんのスタントを見て、ハンドルとタイヤの跡を調べたりして勝手に学びました。昔の職人タイプですから、まるっきし教えてくれない。当時、自車を持ってなかったんで国際放映に停まっている『太陽にほえろ！』の劇用車を拝借して、江戸川の土手でスピンの練習をしましたね。

臼田さんが神田正輝さんたちの吹き替えをやってたんですが、わたしのほうが歳も近いし、ジャケットを着て窓を閉めるとシルエットも似てるんですよ。臼田さんはスキンヘッドっぽかったんで、どうしてもね。だんだん仕事を任されるようになって、それまでの横転スタントの常識が1回転だったのを、2回転、3回転と増やしていきました。

――どんどん危険なスタントに。

竹内　昔のテレビ映画を見てても「なんで1回転しかしないのかな」って、ずっと思ってたんです。スピードを出せないのか、出さないのか、それとも怖いのか……じゃあ、何回転までできるかやってみようと思って（笑）。まず2回転をやったのが『太陽にほえろ！』。ラッシュを見たときプロデューサーが驚いて、「タケちゃん、どっか怪我したんじゃないの？　あんな2回転なんてやった人いないよ」「してないですよ、怪我。ここにいるじゃないですか」ってね。それから2回転半、3回転、そして4回転をやった。危険率も3倍、4倍。回転すると屋根が潰れちゃうじゃないですか。それが4回だと怖いですよ。回転の衝撃で屋根がヘッドレストのところまで潰れてきて「もう1回転したら死ぬな」という瞬間もありましたね。

――横転する数を増やすには、なにが必要なのでしょうか？

竹内　スピードですね。あとはジャンプ台に乗ったときにハンドルを早く切る、その切り方。助走があったらもっとやりたかったですよ。でも、ロールバーを入れてない。アメリカの場合、屋根が潰れないようにする太い鉄の棒を入れるんですが、日本はぜんぜん入れてくれない。予算がかかるから「ロールバー入れるんだったら、このシーンはなし」って言われちゃう。スタントマンは〝怪我と弁当は自分持ち〟ってよく言われてたんです。怪我でいうと『蘇える金狼』で派手なのをやっちゃいましたね。そのときの助監督が成田（裕介）さんで、ドアを蹴破って助けてくれましたが、もう肘《ひじ》が……。

『さらば』で70メートルの横転スタントに挑戦

――やがてTA・KAを設立し、さまざまな現場を駆け抜けたあと60歳でスタントから引退した竹内さんですが、『さらば あぶない刑事』で復帰を果たします。しかも前作『まだまだあぶない刑事』（05年）の60メートルを上回る70メートルの横転に挑戦しました。

竹内　60歳で区切りをつけてたし、「昔の仲間が集まるから」とオファーされたときも2ヶ月くらい返事をしなかったんです。ちょっと考えさせてくださいと。だってもう気持ちがゆるんじゃってますから。やるんだったら自分がやるしかないと思いましたが、でも生半可な気持ちでは受けられない。自問自答して、覚悟を決めました。で、劇用車を1回運転したかったので、劇中で使うスカイラインを用意してもらって、スピンターンしたりバックスピンしたりして自分の腕を確かめて、それから「やりましょう」ということでお引き受けしました。

――何年ぶりの復帰ですか？

竹内　10年ぶりです。簡単なスタントはやってましたけど、『まだまだ』が最後の横転でした。脚本の柏原（寛司）さんがまたクルマ好きなんですよ。打ち合わせで「スタントいっぱい書いておいたから！」と言われて、最終稿で横転スタントがいっこ増えてました（笑）。

――70メートルの横転はいかがでしたか？　もちろん成功したからこそ、こうやって取材ができているわけですが……。

竹内　スタント人生でいちばん厳しい条件でした。夜の撮影でスモークを焚いてたんですが、小雨が降っていて……さらに向こう側からの照明のおかげでジャンプ台がまったく見えない。前日の打ち合わせでは「あぶないから雨が降ったらやめよう」という話だったのに、誰もやめようなんて言い出さなかった（笑）。設定上ワイパーも回せないので不安もありましたが、長年の経験から「できる！」という自信はありました。引き受けたからにはやるしかないし、本番に強いタイプなんでしょうね。でも撮影が終わったあとから、歯が痛むので歯医者へ行ったら奥歯が根元から割れてましたよ。横転している最中は万が一のことを考えて歯を食いしばっていましたから。

――いまもプライベートで運転はしていますか？

竹内　まだまだ免許を返納する気はないです（笑）。TA・KAもスタントからは手を引きまして、いまはロケ車輌を業務にしているんです。わたしはもう引退して、いまは娘夫婦の体操教室を経営していますが、まぁ最後の作品が『あぶない刑事』というのもいい幕引きだったと思いますよ。

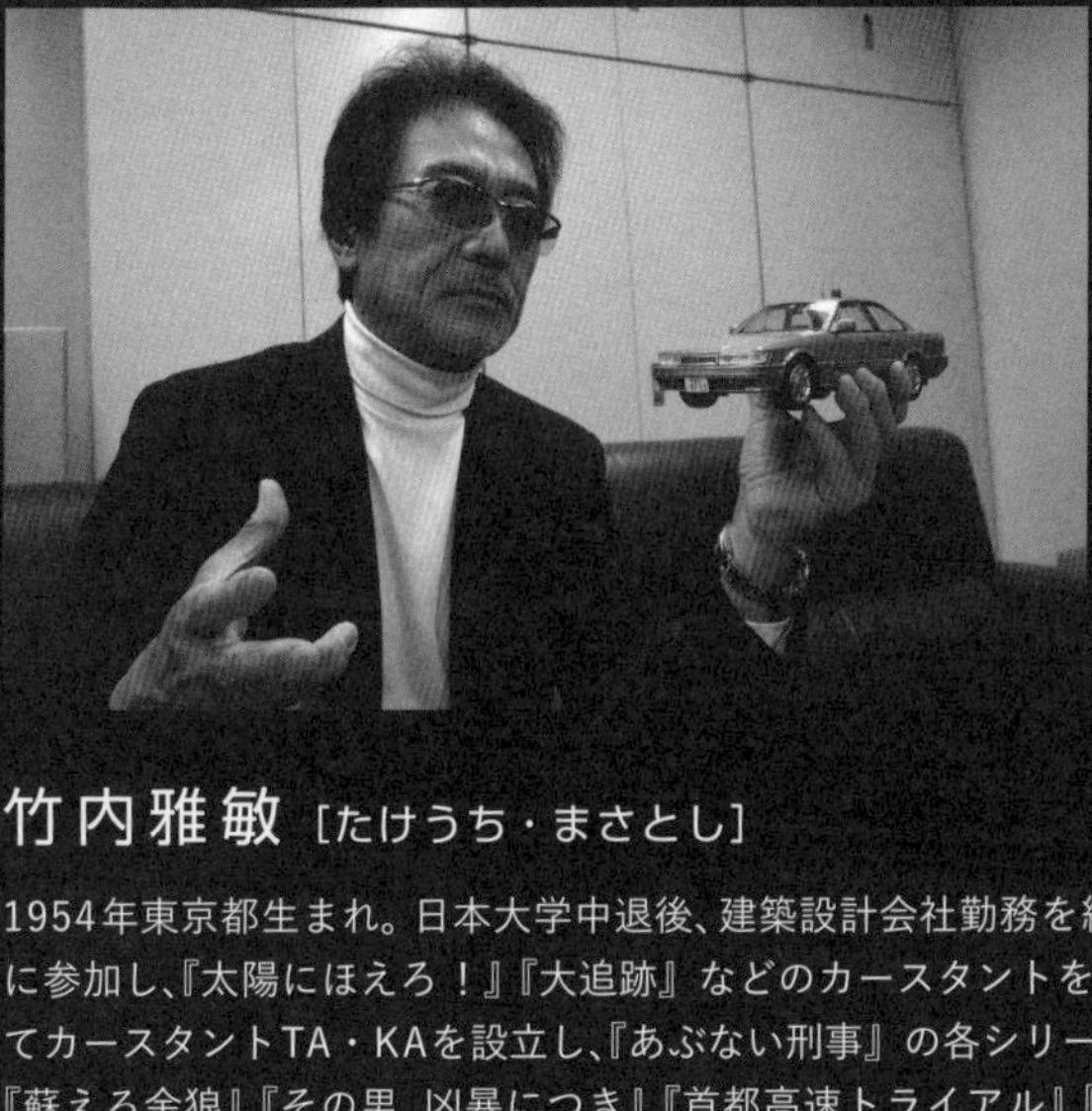

竹内雅敏［たけうち・まさとし］

1954年東京都生まれ。日本大学中退後、建築設計会社勤務を経てマエダ・オートクラブに参加し、『太陽にほえろ！』『大追跡』などのカースタントを担当。スリーチェイスを経てカースタントTA・KAを設立し、『あぶない刑事』の各シリーズを手がける。主な作品に『蘇える金狼』『その男、凶暴につき』『首都高速トライアル』『湾岸ミッドナイト』ほか。2016年公開の『さらば あぶない刑事』でカースタントを引退。

ガン・アドバイザー

納富貴久男

日本映画の銃の選択や発砲・弾着に不満もありましたし自分たちで変えていきたいと思いました

『あぶない刑事』にガン・アドバイザーとして参加したBIG SHOT、その代表である納富貴久男は銃器専門特殊効果のチームを率いて日本映画のガンエフェクトを発展させてきた。シリーズ全作に携わった発砲・弾着のプロフェッショナルが、参加のきっかけやタカとユージが手にした拳銃の変遷を詳らかにする！

ボディガードって響きがいいじゃないですか

納富　この業界に入ってすぐのころ『チ・ン・ピ・ラ』（84年）という柴田恭兵さん主演の映画があって、銃を貸してくれとポパイアートの尾関龍生さんから連絡をいただいたんです。尾関さんを紹介してくれたのは自主映画時代の友人で『チ・ン・ピ・ラ』は貸し出しだけの予定だったんですけど、最後に発砲・弾着をやるシーンがあって、そのシーンだけ手伝いました。

　ＢＩＧ ＳＨＯＴを設立したあと『南へ走れ、海の道を！』（86年）という映画をやって、こちらはポパイアートの遠藤光男さんが小道具の担当でした。そんな関係があったんで、『あぶない刑事』のテレビシリーズが始まるタイミングでポパイアートさんからオファーをいただきました。

――まずはタカとユージの拳銃について教えてください。

納富　恭兵さんのほうはとくに問題なくて、当時よく刑事もので使ってたコルト・ローマンのＭＫⅢを尾関さんに見せて、長谷部（安春）監督も「とくに目立ったものは持たせたくない」という感覚だったようです。ところが舘（ひろし）さんから二挺拳銃にしたいという話があって「えっ⁉」ってことになり（笑）、たしか衣裳合わせに呼ばれて、いろいろ銃を持っていきました。

　最終的にメインウェポンはＳ＆ＷのＭ５８６コンバットマグ

上からS&WのM586コンバットマグナム、M49ボディガード

ナムでショルダーホルスターに装着、バックサイドホルスターにS&WのM49ボディガードという二挺拳銃スタイルですね。デイビスという会社のラバーグリップをM586に付けたら舘さんが気に入ってくれまして、スクリューをシルバーにしたのもポイントです。二挺目の銃を後ろから抜くのは舘さんのアイデア。『タイトロープ』(59～60年)って昔の海外ドラマがあって、ぼくも子供のころに見てた記憶があるんですけど、あれをやりたかったそうです。

――メインのマグナムは舘さんの意向ですが、二挺目をボディガードにした理由は?

納富　しゃれじゃないんですけど〝バックアップにボディガードを持つ〟という言葉遊び的な部分もあった気がしますね。ボディーガードって響きがいいじゃないですか。舘さんもそこに反応されていた気がします。それと後ろから抜いたり隠し持つのに、いい形なんですよ。ハンマー(撃鉄)が露出してないんで、引っかかりにくくて。撮影用のプロップガンは市販されたモデルガンをカスタムするのが通例ですが、M49については市販モデルが当時なかったのでM36チーフスペシャルをカスタムしてM49にしたんです。こうして主役の銃が決まって、ほかの刑事さんは普通にローマンで設定しました。

――仲村トオルさん演じる町田透の拳銃は、ローマンからS&WのM29に変更されています。

納富　拳銃を盗まれる回があって、それで恭兵さんの銃とかぶっちゃうとややこしいことになるからって理由だったと思います（第31話「不覚」）。だから違う銃を持たせたいと遠藤さんから相談されて……たしか半年くらいで尾関さんは抜けて、あとは遠藤さんがメインで担当していました。

――テレビシリーズの場合、納富さんが拳銃を用意したあと現場の発砲・弾着は装飾部が担当していたそうですね。

納富　当時はルーズというか、ゆるいところがあって火薬も小道具さんが片手間でやられていたんです。まぁ本人たちも面倒くさいと思ってた節があるんですけどね。装飾や小道具の準備がいっぱいあるし、そこまでやるのは負担だったみたいで、ただテレビは予算の問題がありますから。

でも、ちょっと手に余るようなときは現場に呼ばれました。成田裕介監督のデビュー作（第20話「奪還」）、あの回でマシンガンを使いたい、なおかつ排莢させたいということで……成田さんもけっこう銃が好きなんですよ。そういう話を遠藤さんから聞いて、「さすがに現場につかないと無理だよ」ということでマシンガンを持っていった記憶があります。

――当時のプロップガンの発砲の方式は？

納富　電気着火式と、モデルガンの方式をそのまま生かしたものとがありますね。後者はモデルガンの発砲用と言ってたのかな。電気着火のリボルバーの場合、火は出るんですけど当時はハンマーも動かないし、シリンダーも回らないんです。だから鉄の塊みたいな感じで、おもしろくない。舘さんは『西部警察』をやられていて、そのときのリボルバーが電気着火だったんですね。ハンマーを起こせないんで、それが不満だったみたいです。だから『あぶデカ』はハンマーをガチャッと起こすシーンがよくありますよね。電気着火のプロップガンはポパイアートさんにあったものだと思います。

――先ほど成田裕介監督の名前が出ましたが、ほかに銃にこだわりのある監督はいましたか？

納富　長谷部さんも自身のポリシーがある方で、村川（透）さんとは『あぶデカ』のあと東映の『ベイシティ刑事』（87～88年）に呼ばれて、仕事をさせてもらいました。ぼくなんか遊戯シリーズの大ファンですから、憧れの村川さんとお仕事をできるのはうれしかったんですけど、ものすごくせっかちで……いや、スピード感のある監督で、待つということをしない（笑）。ただ村川組のリズムに合わせられたというのは大きくて、その後もいろいろと仕事をいただけるようになりました。

3本目の村川組は発砲から弾着まで全部やりました

――『あぶない刑事』（87年）、『またまたあぶない刑事』（88年）、『もっともあぶない刑事』（89年）が立て続けに公開されますが、映画

版についても現場にも参加したのでしょうか？

納富　長谷部さんの1本目はお任せでした。一倉（治雄）さんの2本目はラストでイングラムを撃たなきゃいけなくて、そこだけ現場に行ってますね。舘さんがハーレーに乗ってショットガンを撃つシーンも、このときは立ち会ってない。当時はポンプアクションのショットガンってレミントンM31しかないんで、長さを変えたり、ちょっと形を変えたり、それくらいです。

で、3本目の村川組は発砲から弾着まで全部やりました。『ベイシティ刑事』や『行き止まりの挽歌　ブレイクアウト』（88年）が終わったあとで、われわれのことを信頼してくれて、やりたい放題って感じで（笑）。たぶん発砲・弾着でいうと今まででいちばん多いんじゃないですかね。タカとユージもガバメント系の銃を使用するシーンがあって、その後のシリーズから舘さんがオートマチックを使うようになりました。

普通の監督ではあり得ないスピードで大変は大変なんですけど、バスをひっくり返したり、前田橋のあたりでクルマをひっくり返したり、すごかったですね。その後のシリーズもふくめて『もっとも』が映画のなかではピークなんじゃないかと思います。いちばん『あぶデカ』らしい作品だし。

――なにか苦労した思い出はありますか？

納富　とにかくクルマを穴だらけにしたいということで、アメ車のトランザムに穴を開けて埋めたり、そういう準備を（にっかつ）撮影所で夜中までやってましたね。それと無線の弾着が今より上手くいかない時代だったんで、カースタントのときは後部座席に乗ってスイッチを押してました。リアのトランクやサイドが走りながらパンパンパンッとなる仕掛けです。

バスをひっくり返すシーン、あのスタントは野呂（真治）さんがやってたのかな。ハンドルのところにスイッチを付けて、1回押すとダダダダダンッと連発するスイッチを作って、スタントの人にお任せしました。1回スイッチを押すとダンダンダンダンダンダンッと、押しっぱなしになる仕組みで、さすが絶妙なタイミングでダンダンダンダンッ……村川さんからは「布団をぐるぐる巻きにして一緒に乗ればいいじゃん」って言われましたけど（笑）、それは辞退して。

――『もっともあぶない刑事』が公開された1989年は、東映Vシネマ第1弾の『クライムハンター　怒りの銃弾』や北野武監督のデビュー作『その男、凶暴につき』などエポックな作品が相次いでいます。当時、ガンエフェクトの表現を進化させたいという意欲はありましたか？

納富　あくまでも日本の場合は実銃でなくて、おもちゃの銃……モデルガンを使わなきゃいけない縛りがありますから、発砲だけではなく弾着の技術を磨かなきゃいけないということを考えてましたね。わかりやすいのは原口（智生）さんとやった特殊メイクがらみの弾着、そういう部分を開発しました。

『クライムハンター』はガンエフェクト中心のアクション映画を作りたいという大川（俊道）さんの熱意があって、そこが原点ですね。大川さんの自主映画を手伝ったことがきっかけなんです。それまでの日本映画の銃の選択や発砲・弾着に不満もありましたし、自分たちで変えていきたいと思いました。

モデル10のスナッブノーズはシルエットがすごくきれい

――『あぶない刑事リターンズ』（96年）でシリーズが復活しますが、本作以降タカのメインウェポンがコルトからガバメントに変更されています。

納富　ここから〝タカカスタム〟になったんですよね。舘さんがガバメントを使いたいということで、そのころになると『あぶない刑事』がモデルガン業界のなかですごく流行っちゃって、マニアの視線が熱かったんですよ。だから普通の吊るしの銃ではなくカスタムのスペシャルなものになって……本人的にはカスタムではなく、もっと普通のものでよかったみたいで、その後のシリーズはだんだんシンプルな形になりました。

――ユージの拳銃は変遷が多いです。

納富　ちょっと迷走しましたね。まず『もっとあぶない刑事』からコルト・パイソンに換えたんです。そのあと『リターンズ』からはコルト・キングコブラで、『まだまだあぶない刑事』（05年）はS＆WのM５８６、『さらばあぶない刑事』（16年）のときはS＆Wのモデル10のスナッブノーズ……スタイルは原点回帰に近いんですけど、恭兵さんの銃としてはいちばん凝ってるんですよ。

モデル10のスナッブノーズはシルエットがすごくきれいで、本人的にもオーソドックスだし気に入ってくださったようです。もちろん舘さんのガバもカスタムですけど、シルエット的にはノーマルに近い銃を使っています。だんだん銃も大人っぽくなっていった感じですかね。

――ユージの拳銃については納富さんのセレクトですか？

納富　そうです。とくにリクエストはなくて、恭兵さんはよっぽどヘンなもんでなければイヤだって言わないので。舘さんのこだわりはラバーのグリップと、あとはメダリオン……グリップのところに入っているコルトのメダルのことなんですが、「ないほうがいい。あったとしても黒くしてくれ」と。だからシンプルに黒いグリップが付いてるものにしているんです。トリガーは長いやつがお好みで、ストレートになってるものを使われていますね。

――ガンエフェクトのシーンを撮影するうえで心がけていることはありますか？

納富　映像のなかだけで完結する仕事だと思うんですよ。ある銃があって、もちろん偽物だし中身は空っぽでもいいけど、いかに臨場感を持たせるか。いくらモデルガンの性能がよくなっても、それがちゃんと映らないと意味がないと思っています。

――そして最新作の『帰ってきた あぶない刑事』（24年）にも参加しています。

納富　もう刑事の話じゃないんですが（笑）、やっぱり『あぶデカ』で銃を使わないわけにはいかない。コルトガバメントとS&Wのスナッブノーズの組み合わせです。昔はわれわれが加工して型を起こしていたんですけど、今回はメーカーさんも力を入れてくれて、新しくカスタムの銃を作ることになりました。タナカワークスさんが準備段階から「じゃあ、作っちゃいましょう」と。オートマはエランさん、リボルバーはタナカワークスさんです。両方ともモデルガンとして発売されるんですが、第一ロットは予約ですぐ完売したみたいで、やっぱりそれだけファンが多いんですよ。

――さすがの人気ですね。いまもガンマニアの世界は熱い。

納富　うちの榎本（亮）というスタッフは、村川組の『さらば』にボランティアエキストラで参加して、その縁からBIG SHOTに入ったんです。だから今回の新作で名前がクレジットされたことを大変よろこんでいました。さまざまな分野のファンに支えられて、『あぶない刑事』というシリーズは続いてるんでしょうね。

納富貴久男 ［のうとみ・きくお］

1955年東京都生まれ。日本大学中退後、モデルガンメーカーのMGCを経て、てっぽう屋を結成したのち86年にBIG SHOTを設立。『キャバレー』をはじめ『あぶない刑事』『クライムハンター　怒りの銃弾』『その男、凶暴につき』『タフPARTI　誕生篇』『いつかギラギラする日』などに参加し、日本映画のガンエフェクトを代表する存在となる。そのほかの作品に『アウトレイジ』『東京無国籍少女』『ゴールデンカムイ』など。

現場スナップ集

第31話「不覚」の長崎ロケ、柴田恭兵と舘ひろし

第19話「潜入」の撮影現場、中央左に一倉治雄監督

映画『あぶない刑事』の撮影現場、右端に長谷部安春監督

映画『もっともあぶない刑事』、仲村トオルと浅野温子

『あぶない刑事』に不可欠な存在、カースタントTA·KAの竹内雅敏

第六章
「旋律」

それまでにない楽曲のセンスも『あぶない刑事』の魅力。音楽、音楽監督、音楽プロデューサーとしてシリーズに携わってきた４人が、知られざる〝音〟の裏側を明かす。

音楽

志熊研三

ちゃんと1曲の長い音楽として作らせてくれるんだったらやりますよ

『あぶない刑事』の音楽を手がけた志熊研三は、杉山清貴&オメガトライブの制作をきっかけに本作に参加。洋楽にインスパイアされた歌詞付きのサントラを手がけ、それまでの刑事ドラマの常識を打ち破った。音楽監督の鈴木清司やEPICソニー所属のミュージシャンとの協業が、いま白日のもとに！

リンダ・ヘンリックさんに発音のチェックをお願いしました

志熊　当時、杉山清貴&オメガトライブの制作をしていて、たまたま日本テレビ音楽が絡んでいたんです。そのころ「日本テレビでこういう番組が始まるんだけど、音楽をやってくれないか?」と声をかけられて、おもしろいものを作ってみたいなと思ったのが最初でした。１９８３年に『フラッシュダンス』があって、84年には『フットルース』『ビバリーヒルズ・コップ』……これがすごかったのは、レコード会社の垣根を越えたアーティストたちが1曲ずつ歌ってアルバムにして、それがビルボードで1位を獲ったりしていること。『トップガン』（86年）もそうで、ハリウッドの映画としては音楽が耳に残る。ああいう作り方が新しいなということで、それまでの劇伴みたいに10秒とか20秒の世界じゃなくて、ちゃんと1曲の長い音楽として作らせてくれるんだったらやりますよということで始まったんです。

――むしろ、そうじゃないと引き受けなかった?

志熊　たぶんそうですね。劇伴のかたちだと流されて終わっちゃうだろうなと思っていて。それに役者さんの演技と音楽で世界観を表現できたらすごくかっこいいだろうなっていうのもあって。1曲1曲ちゃんと曲として通用するものを作って、それをアルバムにしたい……そういう条件で作らせてもらったんですよ。たとえば劇伴なんかの「じゃあ50ロールを作りましょう」っていうかたちじゃなくて、とりあえず10曲なら10曲を作って、そこから派生してイントロだけ、リズムだけを劇伴で使うみたいなことでやれるんじゃないか。楽曲から派生した要素でいけるんじゃないかと。

――最初は全部歌ものにしようと思っていたわけですね。

志熊　ただ、やっぱりそれだけだと使いにくいということで、音楽監督の鈴木清司さんの要望もあって、いわゆる劇伴も作ることになったんです。

――最初の打ち合わせは覚えていますか?

志熊　日本テレビ音楽の方と鈴木さんの3人で話をしたんですけど、もう配役も決まっていて、企画として『ビバリーヒルズ・コップ』を意識してるのかなっていうのは感じましたね。だとしたら、やっぱり音楽として場面がちゃんと見えるようにしたい、そんな話を最初にしたことを覚えています。

――では、まずは歌ものについておうかがいします。

志熊　ぼくも曲を書いてアレンジしたりしていますけど、まとめ役として立って楽曲を提出したという感じですね。音楽チームとして、とくに縛りはなかったです。「このアーティストを売るために」ではなくて、たとえばニューヨークの夜のバーの雰囲気にしよう、そうしたらどういう音楽が出てくるかっていうところで作りはじめて、そこにアーティストをはめ込んでいくかたちで、制約がなかったのでぼくとしてはやりやすかったです。アーティストに関してはEPICソニーの方々を使えるということで、鈴木雅之さん、小比類巻かほるさんに歌っていただきましたし、デビュー前だった鈴木聖美さん、AMAZONSさんもそうですね。

本来ならレコード会社の垣根を越えたアーティストに参加してほしかったんですけど、日本の場合どうしてもレコード会社の縛りがきつくて無理でした。でもＥＰＩＣだったらアーティストも多いし、新人もたくさんいる。そういう流れだったと思いますね。レコーディングに関しては、青山のビクタースタジオの並びにあったサウンドデザインという小さいところをメインで使って、ただデビュー前の方たちはＥＰＩＣさんが用意したスタジオを使ったりもしました。で、大変だったのは歌詞が英語だったこと（笑）。当然ネイティブが聞くことも考えて、歌詞も書いてくれているリンダ・ヘンリックさんに発音のチェックをお願いしました。

――とくに思い出深い劇中歌を教えてください。

志熊　小比類巻の「長く熱い夜」は日本語と英語バージョンを録って、日本語版はシングルで出してくれたんです。で、英語バージョンは『あぶない刑事』のサントラに収録して。ああいうのはおもしろかったですね。同じく小比類巻の「Cops And Robbers」の編曲は新川博さんで、彼は学生時代から旧知のアレンジャーです。

――レコーディング機器はなにを使ったのでしょうか？

志熊　デジタルが出始めた時期で、ソニーのＰＣＭ‐３３２４とアナログを併用しました。いわゆる劇伴のほうでは打ち込みものも使ったりして、たとえばベースだけシンセサイザーで同期させるみたいなこともやっていますね。そういうのが流行った時代だったんです。なにかおもしろいことをやろうと、いろんなことを試していたんですよ。言い方はマズいけど、トライだけはさせてもらったみたいなところもあって（笑）。

目指したのはやっぱりＡＯＲですね

――劇伴の録音はビクタースタジオですが、劇中歌で使用したサウンドデザインとの使い分けは？

志熊　弦を入れなきゃいけないとなったら、やっぱりある程度大きなスタジオが必要になるんですよ。で、大変なのがミュージシャンの組み合わせ（笑）。全員同時には入れないし、無駄に拘束するとお金がかかっちゃうので、「じゃあ弦は最後の1時間ね」みたいな感じで時間割を作るんです。ドラム、ベース、ギター、キーボードといったベーシックな楽器のほか、ブラスやソロサックスもありますから、その組み合わせで効率を考えないといけない。

あと劇伴は尺が決まっていますから、その尺に収めるためにコンダクターを入れるんです。コンダクターが「何小節あるから、このテンポだったら15秒に入るよね」というのを調整してくれて。演奏メンバーで覚えているのはキーボードだと山田秀俊さん、ギターだと土方隆行さん、ドラムだと長谷部徹さんとか。当時の若手スタジオミュージシャンのトップですね。このあたりはオメガや角松敏生のアルバムを作った流れです。で、エンジニアは基本的には玉川俊雄さん。ぼくらは「玉ちゃん」って呼んでいましたけど、現在もフリーエンジニアとして活躍中です。

――サントラの録音の日程は放映の1ヶ月ほど前で、これはかなりギリギリな気がします。

志熊　先に歌ものが出来上がったところで、鈴木さんが足りない部分を言ってきたんです。たしかにギリギリでやってたような記憶がありますね。

――CD『あぶない刑事ミュージックファイル』の解説に「左チャンネルには主にリズム、右チャンネルには主にメロディが録音されている」とあります。観賞用のステレオではなく、2チャンネルモノラルということでしょうか？

志熊　劇伴って普通は2チャンネル、同録一発みたいなところがあるんです。でもこのときは楽器ごとのマルチトラックで録音していたんですね。というのは鈴木さんと話をして「これのピアノだけを使いたい」とか「これのリズムをなくしたかたちで使ってみよう」みたいなアイデアが出ていたので。もちろん曲の中には同録一発のものもあったので、マルチとステレオ2チャンネルのレコーダーを同時に回していたんじゃないかな。で、2チャンネルモノラルというのは、左右両方を合わせて使うこともできるし、右チャンネルのピアノだけ、左チャンネルのリズムだけでも使うことができる。そういうかたちでバリエーションを作っていたんですね。当時の放映がモノラルだからできたことです。たぶん監督によって好き嫌いもあると思うんですよ。鈴木さんはそのあたりも当然わかってらっしゃるのでお任せしました。

――音楽監督の鈴木清司さんは、どのような方でしたか？

志熊　当時はアナログの6ミリテープを切り張りして使っていた時代で、ダビング（音の仕上げ作業）にも何度か立ち会わせていただきましたが、「あぁ、すごいな」って思いました。たとえば監督が「もう少しこういう音楽がいい」と言ったときに、それがポンと出てくる。鈴木さんの頭のなかに音源と音楽のリストがあるんです。2チャンネルモノラルも、ここはこっち側だけ使ったらいいというのを把握されていて、しかも6ミリテープで切った張ったをやってるわけですよ。

——劇伴系でお気に入りの曲を教えてください。

志熊　ホーンセクションの「パラパラパッ！」ってあるじゃないですか。事件が起きるときなんかに使われるやつ。あれはね、いまや普通ですけどサンプリング音源なんですよ。AMSのサンプラー内蔵のデジタルディレイを使って録ったフレーズを切り張りしていて。だからブラスシンセじゃなくて生です。で、グリスで「パーン！」ってなるところにディレイをかけてみたりだとかね（笑）。そういうことを楽しんでやっていました。

——時期的にはヤマハのシンセDX7が出たあとですが、レコーディングで使用していましたか？

志熊　使いましたね。エレピ（エレクトリックピアノ）なんかは大体DX7です。エレピってフェンダーのローズがずっと一般的だったんですけど、それよりも硬い音というと、やっぱりDX7のデジタルの音になって。あれはみなさんお好きで使ってましたね。シンセでいうとパッドはブラス系とストリングス系の2つがあって、ブラス系はオーバーハイムで、ストリングス系はプロフェット5という感じでした。パッドに関してはどうしてもアナログのもので、DX7だと冷たい感じがしちゃうんですよね。

——歌ものに話を戻しますと、その後もレコード会社を変えながらサントラがリリースされていきます。ついにはロサンゼルスでレコーディングを敢行するなど、まさに破竹の勢いです。

志熊　LAまで行ったのは、単純に予算があったんですよね（笑）。要するにヒットしたおかげで、わがままを言わせてもらいました。『もっともあぶない刑事』（89年）のときだったと思いますが、「ウィ・アー・ザ・ワールド」のエンジニアのウンベルト・ガティーカにミックスをお願いすることもできました。チェロキースタジオや「ウィ・アー・ザ・ワールド」の歌入れをしたライオンシェアも使えて満喫しました（笑）。でも実際は、日本で録るより向こうで録ったほうが安かったりした時代でもあったんですね。

──『あぶない刑事』の世界観に志熊さんの音楽は欠かせませんが、どういうジャンルを意識していましたか？

志熊　目指したのはやっぱりＡＯＲですね。シティポップっていうとどうしても日本語の歌詞という側面があるので、それよりはＡＯＲかなって。劇伴のほうは舞台が横浜だからブルースとかジャズを意識していて、サックスをフィーチャーしたのもそういった部分があります。たとえば、ピアノは古きニューオリンズのホンキートンクピアノとか……要は〝古ぼけたバーにピアノがあって〟みたいなイメージですよね。ぼくがやったのは２本のテレビシリーズと２本の映画ですが、アーティストにしてもミュージシャンにしても情熱をストレートに感じる時代でもありました。それがまた評価されているというのは、とてもうれしいですね。『あぶデカ』の音楽の使い方もいいかたちで受け継がれている気がしますし、それが38年も続いているというのは本当にすばらしいことです。

志熊研三［しぐま・けんぞう］

学生時代よりバンド活動を開始し、プレイヤー、アレンジャー、コンポーザーとしてプロ活動を行う。1981年に角松敏生を発掘し、プロデューサーとしての一歩を踏み出す。その後は杉山清貴＆オメガトライブをはじめ多くのアーティストのプロデュースを行い、『あぶない刑事』『ダーティペア』などの音楽も手がける。海外アーティストのコラボレートもこなし、100タイトル以上のシングル、アルバムをプロデュースしている。

音楽監督

鈴木清司

新たな挑戦というか試してみるというか
そういう気持ちでやっていましたね

『ルパン三世』『西部警察』『それいけ！アンパンマン』――音楽監督として数多くの実写作品やアニメーションに携わってきた鈴木清司は『あぶない刑事』においてもトータルの劇伴設計を担い、各話の選曲作業を行ってきた。いかにして、あのおしゃれで絶妙な音楽演出は成されたのか。38年目の回想がここに！

「なんか今度のやつは長く歌とかを使いたいなぁ」

鈴木　「音楽監督」という肩書きは、日本テレビの田中知己さんからなんです。田中さんと一緒に長く仕事をやってぃて、なんの作品だったかなぁ……「清《せい》ちゃんは、選曲というより音楽ディレクターとしてやったほうがいいんじゃないか。そういうクレジットを出すよ」って、彼が最初に言ってくれました。ちょうど同じ時期に角川映画で『白昼の死角』（79年）をやったときに、初号のあと角川春樹さんに呼ばれて「今度『蘇える金狼』をやるから、音楽監督でやってみろ」って言われたんです。同じような時期に映画とテレビの両方で言われたので、それから音楽監督としてクレジットを出すようになりました。

――音楽監督として『あぶない刑事』にも参加しています。

鈴木　最初にセントラル・アーツ作品を担当したのは、『最も危険な遊戯』（78年）でしたね。黒澤（満）さんから「作曲家は誰がいいと思う?」と相談されて、モダンジャズテイストなら大野雄二さんがいいですよと推薦しました。ぼくのイメージは『死刑台のエレベーター』だったんですけどね。あの作品がノンクレジットだったのは、単純にスタッフのミスだったと思います。そのあとテレビの『探偵物語』(79~80年)をやりました。

ぼくは日活にいましたが、在籍中に黒澤さんと会った記憶がないんです。フリーになってからもテレビ映画の仕事で撮影所にはしょっちゅう出入りしていて、食堂と製作部が向かい合わせにあるんです。で、食堂から出てきたら、製作部長だった武田靖さんが向こうから手招きして……なんだろうと思ったら、新しく撮影所長になった黒澤さんを紹介してくれた。それから退所後に『最も危険な遊戯』を頼まれたんです。

――そして『プロハンター』や『あぶない刑事』へと続きます。

鈴木　『あぶない刑事』でまず思い出すのは、仕事よりゴルフが盛んだったってことですね(笑)。たとえば静岡でロケがあって、そのあとゴルフだっていうのでぼくも呼ばれていったりしてました。

――立ち上げのエピソードで、なにか覚えていることはありますか?

鈴木　日本テレビのプロデューサーの岡田(晋吉)さんが、2人だけのエレベーターのなかで「なんか今度のやつは長く歌とかを使いたいなぁ」みたいなことを言われたんです。それが初っ端ですね。あと、当時は『トップガン』(86年)や『ビバリーヒルズ・コップ』(84年)を見て「あぁ、最近はこういうのが流行りなんだな」と感じていたんです。歌ものでずっとやっていくというね。じゃあ、この線でいってみようと思いました。ちょうど『あぶない刑事』と同じころに『マイアミ・バイス』のオンエアが始まったので、あれも参考にして。

――音楽の志熊研三さんは当初、歌もので全部いきたいと考えていたそうです。

鈴木　でもやっぱりそれでは使いにくいですから、事前の打ち合わせで「こういうものを」という音楽メニューを出しています。これはどの作品も一緒で、必ず事前に打ち合わせをするんです。まぁ、そのとおりにいくかどうかは別なんですけど。で、歌ものも「こんな感じで」って注文するんですよ。それでコンペ形式でテープが集まってくる。ただ志熊さんのときはコンペをやったかどうかは定かでないですね。彼は日本テレビ音楽のほうからの起用だったのかな。本格的に仕事をするのは初めてでした。

——歌ものが多いという点で難しさは感じましたか？

鈴木　アクションに合わせてコミカルに音を付けてあげるとか、そういうことはよくしてたんです。ディズニーアニメを見て育ったので、映像に合わせた効果音的な音楽というのはすごく印象に残っていました。だからいちばんの葛藤は、やったことがないことをやろうとするところにあった（笑）。ぼくも新たな挑戦というか試してみるというか、そういう気持ちでやっていましたね。普通だとクライマックスに歌を流して、「ここは歌！」って場面を作ってやる。それが全編歌となると、やっぱり話がそがれる感じがどうしてもあるじゃないですか。だから、そがれてもいいようなストーリーになっている。そういう作品ですよね。

ぼくがよく言うのは「第一印象がいちばん強い」ということ

——選曲作業について教えてください。編集済みのフィルムは、どのようにチェックしたのでしょうか？

鈴木　まずは撮影所で、編集室のビューワーを借りて転がしながら見るんです。で、尺を取って、〝ラップ〟も取って……ラップというのは、「ここからこう転調したほうがいい」というきっかけがあるじゃないですか、映像のなかに。そういうところのラップを全部取って、あとは自分の仕事場でそれに当てはめていくわけです。で、最終的に撮影所でダビング（音の仕上げ作業）をしていく。そういう流れですね。

——ダビングにおいても、監督による傾向やクセはありますか？

鈴木　ありますね。長谷部（安春）さんは音楽好きで、なかでもジャズが好きなんですよ。だから音楽は多め。村川（透）さんはぼくが録音助手のころからずっと知ってますから、ほとんどお任せですね。打ち合わせもやらないくらいで。日活ダンスクラブの仲間だったんですが、お互いクラシックが好きなので、劇伴のなかにクラシックを取り入れたりもしました。若手の監督でいちばんよくやったのは一倉（治雄）さんかな。彼は音楽の入れ方をぼくから教わったみたいなことを言ってくれているみたいですね。そういう話を聞くと、やっぱり手を抜かないでやるようになります。成田（裕介）さんとはＶシネマもやらせていただきましたけど、彼はね、どっちかっていうと〝はったり系〟の監督だから（笑）、そういう系統の付け方を好みましたね。

——整音の小峰信雄さんとは、どのような打ち合わせをするのでしょうか。

鈴木　シリーズものですから、毎回そんなに事細かくではないです。ただ、ここの狙いはこうだからちょっと音量を上げたいとか、ここを下げてくれとかっていう注文は出しますよ。その上でロールごとに何回かテストをして「ここはこうしよう」って調整して本番という流れです。１ロールが大体10分から15分の間、その間は通してずっとやります。ぼくがよく言うのは「第一印象がいちばん強い」ということ。つまり、最初のテストはダラッとやらないでちゃんとやってくれということなんです。

——仕上げのスタジオによる違いはありますか？

鈴木　撮影所の場合、映画的なミックスが求められるのでモニターもそうなっています。だけどアニメなんかでは〝ＴＶバランス〟ということがよく言われます。つまりテレビ用のバランス……これはね、ぼくなんかすごく物足りないんです。音楽を作るときに、低く聞かせたいところは楽器の編成を薄くして、大きく聞かせたいところは編成を厚くするイメージで音づくりをするのですが、ＴＶバランスでは低いところを持ち上げられてしまうんですね。全部平坦にするのがＴＶバランスなのかって言いたくなるんですけど、とてもやりきれない。だって、ソロの楽器が大きくて、トゥッティ（合奏）になったら小さいっていうのは、なんかねえ。

いちばんお世話になったのは小杉太一郎さん

——当時の選曲は6ミリのアナログテープを使っていました。スタジオでテープを切り張りするなど、まさに職人的な作業ですね。

鈴木　最初は6ミリでやってましたけど、1996年ごろにPro Toolsを使い始めました（当時の名称はSound Tools）。きっかけはね、大野雄二さんが『ルパン三世』を1回降りたことがあるんです。そのとき作曲は誰にしようかということでコンペで集めたら、根岸貴幸が打ち込みでほとんど完璧に「ルパン三世のテーマ」をアレンジして送ってきたんです。聞いたらアレンジも悪くないんですよ。しかもやる気だし、彼がいいんじゃないのって推薦したんです。その縁で彼にコンピュータを教わった（笑）。そのときのお土産にDigital Performer（DAWソフト／当時の名称はPerformer）もインストールしていただいて。それから音楽が足りないところは全部自分で作るようになりました。だからもう30年近くですよね。

——『あぶない刑事』でも明らかに劇伴にない曲が流れていることがあります。

鈴木　ぼくもギターを弾いていたので、自分で作ったものもけっこうありますね。だって『あぶデカ』は録る曲の数がすごく限定されていたし、歌ものなんてしょっちゅう使えないでしょう。あとは遊び心ですね。ほら、あの主役のコンビって、ちょっとおもしろおかしくって部分がけっこうあったりするじゃないですか。

——シーンのクッションになるところでは、音楽と効果音の中間のような曲が使われています。

鈴木　それもたぶん、ぼくがやっていますね。そういう曲は6ミリで保管していたんですけど、あれはデータ化しておけばよかったなぁ。いまは再生するのも難しいので、この間ね、全部捨ててしまいました。

——えーっ、なかなか文化的な損失ですね。

鈴木　よく言われますが、持ってる身になってみろっていうね（笑）。ずっと倉庫に入れていたんですけど、それだって倉庫代だけが出ていくわけでしょう。使うあてもないし、なんかバカバカしいなと思って。

――もともと音楽の知識はどこで学んだのでしょうか？

鈴木　ちゃんとした教育というのは受けていないです。いちおうギターはちょっと習ったんですけどね。まぁ音楽が好きだったんですよ。それで高校を卒業して、大学には行かないで日活の録音部に入って。映画を作るときは必ず映画用の音楽を録るじゃないですか。だから作曲家やプレイヤーが出入りしますよね。そういうことで音楽家と仲良くなって、いちばんお世話になったのは小杉太一郎さんです。それから池田正義さん、伊部晴美さんたちとも仲良くなりました。で、ちょっと疑問があったりすると「これ、どういうこと？」って聞いたりして、いろいろ学ばせていただきました。そのうち日活のテレビ映画で〝選曲〟という新たなパートを立ち上げて、それが音楽監督へと至るキャリアの始まりですね。

鈴木清司［すずき・せいじ］

1942年東京都生まれ。高校卒業後、日活に入社し、録音助手を経て67年の『あいつと私』より選曲として独自の役職を確立させる。独立後は鈴木音楽事務所を立ち上げて数多くのドラマ、アニメ、映画に参加し、やがて音楽監督として活動を開始。主な作品に『ルパン三世』『大江戸捜査網』『大都会』『蘇える金狼』『戦国自衛隊』『探偵物語』『西部警察』『スペースコブラ』『あぶない刑事』『それいけ！アンパンマン』など。

音楽プロデューサー対談

佐久間雅一
浦田東公

当時はバブルだったので
制作費をいくらでも使えた時代

音楽のかげに仕掛あり――『あぶない刑事』スタート当時、ファンハウスに所属して舘ひろしを担当していた佐久間雅一と日本テレビ音楽でサントラを手がけた浦田東公は、それぞれの立場から多彩な楽曲を送り出し、ヒットへと導いた。「冷たい太陽」「RUNNING SHOT」をはじめ歴代シリーズを彩ったメロディを語り合う！

「オープニングも作ったから」

佐久間　ぼくは当時、ファンハウスで舘（ひろし）さんの担当ディレクターだったんですよ。ファンハウスって恵比寿に会社があったんですが、舘さんの自宅もわりとそこから近いところにありまして、「佐久間、ちょっと来い」とまず電話がかかってきたんです。

　今度ドラマをやるに当たってエンディングを拝命したと。しかも、もう曲はできてるんだと（笑）。それで曲を聞かされて、そのときはまだドラマのタイトルも決まってなかった記憶がございます……これをまず思い出しますね。

浦田　舘さんが主題歌というのは、最初から決まっていたと思います。新番組が始まるに当たって、日本テレビのプロデューサーの初川（則夫）さんから、「ちょっと音楽の話をしましょうか」というオファーがあったんですね。そこで初めて舘ひろしさんと柴田恭兵さんの刑事ものという企画をうかがいました。

佐久間　セントラル・アーツの黒澤満さんが、エンディングはこれでいいって話をされてましたね。

――「冷たい太陽」は作詞・作曲が舘ひろしさんで、作詞でもう1名クレジットされています。

佐久間　久邇洋資さんですね。この方は舘さんと一緒に家出をして、名古屋から東京に出てきた同級生なんです。その後は雑誌の記者などをされていました。

――音楽の起点は、「冷たい太陽」だったわけですね。

佐久間　で、舘さんからまた電話がかかってきたんです。「佐久間、オープニングも作ったから」（笑）。ついてはデモテープを録りたいのでスタジオを用意せいと。はい、わかりましたという話で、それでできたのがアタマの音楽なんです。

浦田　最初の意向としては、エンディングの主題歌は舘さんで、オープニングは通常どおり劇伴の予定でしたが、上から「舘さんでいくぞ」と降りてきた。じゃあどうしようかなというのが、当時の率直な感想でしたね（笑）。

佐久間　そこは浦田さんも大変ご苦労されたと思います。でも、やっぱり舘さんも音楽が好きなので、思い入れがあったんですよね。「冷たい太陽」について補足すると、舘さんは今みたいなかたちの『あぶない刑事』というドラマになるとは、まったく思ってなかったんです。「佐久間、これは『七人の刑事』だからな」と言ってましたから（笑）。

　硬派な番組のエンディングをイメージして作られた曲で、だからああいう感じなんですね。で、オープニングに関しては、たしか撮影も始まってたんじゃないですか。デモテープはちゃんと存在していて、CDのボーナストラックで収録したこともあります。でも、あのオープニングテーマが『あぶない刑事』を象徴する曲になるとは思いませんでした。

浦田　今回の映画（『帰ってきた あぶな

い刑事』）でも使われてますけど、やはりもう定着した感じですよね。じつは当初は、ちょっと「えー!?」っていう感じもあったんですけど（笑）。

佐久間　それにしても思い出深いですね。ぼくは舘さんと20代後半からお付き合いがあり、〝奴隷1号〟と呼ばれておりました（笑）。黒澤さんの息子さんも舘さんの担当だったんですよ。彼もファンハウスにいて、黒澤純《まこと》くん。いまは独立して、ボランチというマネージメント会社をやっています。

サントラはEPICソニーから

佐久間　じつは「冷たい太陽」も一波乱ありまして、まず録るのにすごく時間がかったんですね。舘さんはレコーディングにも全部立ち会って、とにかく細かくやる人でしたから。それで大変な思いをして主題歌が完成したんですが、今度は浦田さんの上司から電話がかかってきまして、「この曲じゃダメだ」と。

　そうしたら舘さんが怒っちゃって、そんなことを言うんだったら降りるとなってしまった（笑）。もう大騒ぎですよ。黒澤さんとぼくと舘さんの3人で日本テレビ音楽に行って、黒澤さんが「これで大丈夫だ、ちゃんと当たるから」とかなんとか言って丸く収めてくれたんです。

浦田　当時はAORのバラードのイメージがあったんでしょうね。舘さんの「冷たい太陽」はブライアン・フェリーの影響もあるからブリティッシュ系で、そういう方向性の違いみたいなものが原因でしょうか。

――たしかにオープニングテーマや劇伴と「冷たい太陽」は雰囲気が違います。

浦田　いわゆる今で言うシティポップ系でまとめていこうという流れもありました。

佐久間　番組が方向変換したのは舘さんもわかっていて、もちろん『七人の刑事』のままでいくわけではありません。いろんなアレンジを施して、ああいう曲になったんです。これはテレビのサントラ盤が最初に出たんでしたっけ？

浦田　EPICソニーから出たサントラが最初ですね。でも、いわゆるインストのBGMを集めたものじゃなくて、当時ヒットしていた『ビバリーヒルズ・コップ』や『トップガン』のサントラ盤のような洋楽テイストな英語の歌もののレコードを出そうということで進めていきました。

――「冷たい太陽」はファンハウスからで、サントラがEPICというのは、どのような理由からでしょうか？

浦田　サントラについては、構想としてVARIOUS ARTISTS的なものでやっていこうということがありました。それで考えたときに、EPICソニーは当時アーティスト系を中心としたメーカーのイメージがあり、こちらからお話を持っていったと記憶しています。

　それで先方から出てきたのが小比類巻

かほるさん、鈴木聖美さん、大滝裕子さん、そしてもちろん鈴木雅之さんといった方々で。ゴダイゴのトミー・スナイダーさんはこちらから提案して、そういう布陣でやろうということになりました。

――一般的なドラマの劇伴と違って、ずいぶん大がかりです。

浦田　当時は制作費をいくらでも使えた時代だったので（笑）。のちにレコーディングで海外にも行きましたが、もう好きなだけ使え、それで売れればいいじゃないかということでした。でも、ここまでヒットするとは思わなかったです。とにかく予想以上に当たりました。

佐久間　だから、いい時代でしたよね。映像のほうはわかりませんけど、音楽は制作費が潤沢でバブルでしたから。

いちばん売れた「RUNNING SHOT」

浦田　ぼくは柴田恭兵さんのレコーディングディレクターもやっていたんです。走るシーンでメインにかかる挿入歌ということで、テンポのある楽曲として「RUNNING SHOT」を作りました。恭兵さんはリズム感のある方ですから、テンポよく勢いでいくかたちの曲づくりをしたような覚えがあります。

佐久間　あれはナイスディレクションで、いい曲になりましたね。『あぶない刑事』にすごくハマりましたし、定番になった。

浦田　歌はしばらくブランクがあったんですね。で、レコーディングでも柴田さんは早く終わりたがってしょうがない（笑）。舘さんとは正反対でした。

佐久間　不思議なもので、柴田さんは以前、東芝ＥＭＩの所属だったんですね。ぼくも最初は東芝ＥＭＩで、そのとき隣に座っていたのが現在は小説家の今野敏さん。彼は柴田さんのアシスタントディレクターだったんじゃないかな（笑）。

シングルレコードとしては「RUNNING SHOT」がいちばん売れたんですよ。舘さんのほうもじわじわ売れて、なんだか

佐久間雅一

んだでシングルは両方よく売れましたね。

浦田　80年代ってシングルが売れた時代で、しかも番組とのタイアップという下地もありましたから。

——火曜サスペンス劇場の主題歌となった岩崎宏美さんの「聖母《マドンナ》たちのララバイ」が大ヒットしたり、日本テレビは音楽を重視していた印象があります。

浦田　その後、主題歌は出演者関連のアーティストが歌うなど政治的な流れが出てきますけど、当時はプロデューサーとこちら側である程度は決められる体制がありました。音楽がまったくわからないプロデューサーに「任せるよ」と振られることもあって、それでヒットしたのが小比類巻かほるさんの「Hold On Me」だったり、レベッカの「フレンズ」だったり。また「ブレイクちょっと前のアーティストを探してこい」なんて言われて、売れる寸前のアーティストを探した時期もありました。

佐久間　ぼくは仲村トオルくんのディレクターもやっていて、『新宿純愛物語』も担当だったんです。当時、彼はアイドル的にものすごく人気があって、『あぶデカ』の初動を引っぱったのは、もちろん主役のおふたりの存在やドラマの出来などいろいろありますが、トオルくんの貢献も大きいですね。で、まぁ、そうこうしている間に映画になるわけです。

サントラがオリコンベスト10入り

——１９８７年から映画版の『あぶない刑事』が始まるにあたり、音楽的な展開はどのようなものだったのでしょうか?

佐久間　映画をやるんだったら、今度はＥＰＩＣさんではなくファンハウスから出させてほしいという話をしました。でも映画やテレビのサントラって、当時はそこまで売れるもんじゃないという雰囲気でしたよね。日向敏文くんがフジテレビのドラマなんかをやる前ですから。

浦田　うちだと『ルパン三世』や『太陽

浦田東公

にほえろ！』はサントラもわりと売れていたんですよ。ただ一般的な作品だと、やっぱりそういうわけにはいかなくて。

佐久間　だからファンハウスとしても大きな期待はしていなかったんですけど、蓋を開けてみたらあにはからんや、オリコンのベスト10に入っちゃった。だから「うわー！」って話になって。そういう意味では、サウンドトラック文化が醸成されていった先駆けでもあるんですよ。

——かつて佐久間さんは、「『あぶない刑事』は日本の映画界でのサウンドトラックの概念を変えた」というコメントを寄せていました。

佐久間　少々オーバーに言ってますね。でもこれには前身がありまして、映画の場合、東映音楽出版のプロデューサーの高桑（忠男）さんが大本なんですよ。とにかく飛行機が好きで（笑）、『トップガン』の話を呪文のようにずーっとなさっていたのを覚えています。日本映画にもああいうサウンドトラックがあっていいんだということで、歌ものを多く配したのが1作目のサントラでした。

　ですから初川さんがいて、浦田さんがいて、高桑さんがいて、そういう先駆けみたいな方々が集まって出来上がったということでしょうね。で、そこに「俺の曲をちゃんとエンディングで」とか「オープニングができたぞ」っていう、なんかゴリ押しに近い人がいて（笑）。でも、すべてがいい方向に進んだんじゃないでしょうか。

渋谷の路上で舘さんと

——佐久間さんは『まだまだあぶない刑事』（05年）以降のシリーズに音楽スーパーバイザーとして参加しています。

佐久間　その前のことですが、音楽周りのトップの高桑さんがご病気で倒れられちゃうんですね。あのときは音楽を鷺巣詩郎でやるということで……。

浦田　『あぶない刑事フォーエヴァー』（98年）の話ですね

佐久間　浦田さんも大病をされてしまって、ぼくだけが取り残された。その先はもうひたすらって感じでした。

浦田　それを機に、現場を仕切っていただいて。ぼくは高桑さんと病院間で電話のやりとりをしていました。

佐久間　鷺巣でやろうって決めたのは高桑さんですよ。ぼくは同い年で昔から知っているので、それではお願いしましょうという話になり、ロンドンまで録音に行きました。そして公開後に、ぼくはファンハウスを退社することになります。そして『フォーエヴァー』で『あぶデカ』は最後だと思っていました。公開の際のキャスト舞台挨拶にお邪魔して、黒澤さんに退社の挨拶をしたことをよく覚えています。ここからしばらく『あぶデカ』はブランクがありますね。

　『まだまだ』をやるという話は聞いていましたが、ぼくはもうファンハウスも離れて、あまりタッチしていなかった。

で、ある日クルマを走らせていて渋谷の交差点でふと隣を見たら見慣れたジャガーが停まっている。舘さんの運転手さんが乗っているわけ。

浦田　もはや運命ですね（笑）。

佐久間　それで「あぁ」と思って、けっこう渋滞していたからクルマを降りて後部座席に「ご無沙汰しています」と挨拶をしたら、舘さんが「いま『あぶない刑事』やってるんだけどさぁ」って。「佐久間、間を取り持っていろいろよろしくな」ですよ（笑）。そこからまたかかわるようになりました。

――今日は貴重なお話をありがとうございました。では最後に『あぶない刑事』で思い入れのある曲を教えてください。

浦田　ぼくは都志見隆さんの「Where Do You Go From Here」が中期を代表する曲だと思います。あとは「Cops And Robbers」ですとか、1枚目のアルバムも好きな曲が多いですね。それから恭兵さんの「TRASH」も気に入っていて、あれはAメロが5拍子なんですよ。

佐久間　「翼を拡げて」は舘さん本人が「8時からの時間帯でやるんなら主題歌を別のものにする」ということで作った曲です。あれもすごく時間がかかりましたから、当然ながら思い入れのある曲となっています。じつは今回、本人が歌詞を直しているんですよ。長年気になっていたみたいで、歌い直しています。

浦田　やはりこだわりの人ですね。

佐久間　あと印象に残っているのは「Fool For Love」という曲で、今回ジャズのアルバムを出すので新たに録音させてもらいました。映像と相まったものですと、『フォーエヴァー』のオープニングのSING LIKE TALKINGの「Firecracker」は、タカとユージが歩いてきてドーンという画に見事にハマりました。それから恭兵さんの「GET DOWN」が好きで、あれがかかるとうれしかったですね。

佐久間雅一［さくま・まさかず］
1957年東京都生まれ。慶應義塾大学卒業後、東芝EMIを経てファンハウスの設立に参加し、音楽ディレクターとしてオフコースや舘ひろしを担当。同社の制作部長、取締役を歴任したのち99年にFIVENINE FACOTRYを立ち上げ、代表となる。『まだまだあぶない刑事』以降のシリーズに音楽スーパーバイザーとして参加し、スペシャルフィルムコンサートやサントラのプロデュースも手がける。

浦田東公［うらた・はるひろ］
1959年京都府生まれ。日本大学芸術学部卒業後、81年にバップの創立に参加し、83年に日本テレビ音楽へと移籍。『ルパン三世』『太陽にほえろ！』『あぶない刑事』など日本テレビのアニメやドラマの音楽制作に携わり、柴田恭兵、中村雅俊、杉山清貴、1986オメガトライブやポケットビスケッツ、ブラックビスケッツなど数多くのアーティストのディレクションやプロデュースを務める。

第七章
「復活」

©2024「帰ってきた あぶない刑事」
製作委員会

昭和が終わり平成、さらには令和までタカとユージは何度でもよみがえる。『リターンズ』から最新作まで、映画版に関わってきたスタッフが本書のラストを締めくくる！

プロデューサー

奥田誠治

ちゃんと〝柱〟があるというのが大きいですよね それをスタッフやキャストのみなさんが支えてこられた

日本テレビの映画事業部に所属し、スタジオジブリなどを担当していた奥田誠治は『あぶない刑事リターンズ』のプロデューサーとして、7年ぶりのシリーズ復活の立役者となった。『あぶない刑事フォーエヴァー』『まだまだあぶない刑事』『さらば あぶない刑事』と劇場版の〝大仕掛け〟を語り継ぐ。

ミサイルを出したいと言ったのは、ぼくです（笑）

奥田　当時の日本テレビの映画事業部として実写の収益は厳しかったんです。まだスタジオジブリのアニメもそこまでという状況で悶々としていて、そんなとき劇場版の『あぶない刑事』（87年）が興行収入26億円という大ヒットを記録した。こっちもがんばらなきゃと焦りましたね。ぼくらはお手伝い程度で、テレビ版のプロデューサーの初川（則夫）さんが担当されていましたが、もう雲の上みたいに感じました。そこからの三部作でだんだん数字が下がったとはいえ立派な成績でしたし、『あぶデカ』のヒットがあったおかげで逆にアニメでなんとか当てたいと決意して、『魔女の宅急便』（89年）の公開のとき〝やれることはなんでもやろう〟と思いました。

ぼくは金曜ロードショーを担当していて、映画の1作目を放映したとき、水野晴郎さんと舘（ひろし）さん、柴田（恭兵）さんの対談があったんですよ。渋谷のスタジオで収録したんですが、そのとき初川さんから「舘さんが入るんだけど、代わりに立ち会ってくれ」と頼まれまして。舘さんって大スターじゃないですか。あとから初川さんも来るというのを信じてドキドキしながらスタジオに向かったんですが、到着した舘さんの第一声が「はっちゃん、いないの？　はっちゃん」（笑）。「いないなら俺、帰るよ」って、これで帰られたらえらいことになるなと思ったら初川さんが合流して事なきを得ました。とてもソフトで紳士的な先輩でしたが、やっぱり初川さんが現在まで続く『あぶデカ』の基礎を築かれたんだと思います。

――奥田さんがプロデューサーとして携わったのは1996年公開の映画『あぶない刑事リターンズ』からですが、シリーズ復活のきっかけは日本テレビ、東映、セントラル・アーツのどちらからだったのでしょうか？

奥田　『リターンズ』に関しては、日テレですね。94年に『家なき子』の劇場版でドラマの映画化に成功しまして、もう一度『あぶデカ』も復活させたらおもしろいんじゃないかと思いました。あと、ぼくは日テレの再放送枠を担当していて、一時期は午前中と夕方と深夜……3つの枠で自分の好きな番組をかけてたんですよ（笑）。そのときも夕方の『あぶデカ』がすごく視聴率がよくて、そんな手ごたえもありました。でもどうしたらいいかわからないし、まずは黒澤満さんに相談しようとセントラル・アーツにうかがいました。

――『リターンズ』からは作品のスケールが大きくなり、新たな要素が加わります。

奥田　ミサイルを出したいと言ったのは、ぼくです（笑）。くだらないといえばくだらないし、出してよかったのかどうかわかりませんが、せっかくなら映画ならではのスケールが必要だと思いました。『家なき子』でも松本にサーカス団のでっかいテントを建てて、それを燃やしたりしていたので、『あぶデカ』はハリウッド映画の要素を入れたらおもしろいんじゃないかと。どうせ復活するんなら最新のコンピューターの暴走や外からの侵略にタカとユージが立ち向かう、しかもアナログで立ち向かう……まぁ思いつきだけで言ったら、どんどん具体化していってびっくりしましたね。

――脚本は柏原寛司さんと大川俊道さん、そして村川透監督という組み合わせです。

奥田　もともと『蘇える金狼』（79年）が本当に大好きで、『あぶデカ』を復活させるなら村川さんだと思いました。カメラも仙元（誠三）さんだろうと思ったら、もうずーっと組んでいなかったという（笑）。しかし『リターンズ』でコンビ復活が実現して、黒澤さんに感謝ですね。署内をミサイルが突き抜けて、そのあとの港署の人たちの様子なんて、すごく村川さんらしい演出だったし、いやぁ『あぶデカ』っておもしろいな、やってよかったなと。それから新たな要素としてはCGも当時の最先端で、日テレのCGチームが腕を奮ってくれました。ジブリも『平成狸合戦ぽんぽこ』（94年）の図書館のシーンなどをCGでやってるんですよ。ジブリ自身にCGチームがなかったので日テレのスタッフが出向していて、同じメンバーが『リターンズ』のバーチャルのシーンも技術協力してくれました。

あと、このときは日産のレパードが生産を中止していたので、東映サイドがアルファロメオを借りてきてくれて、最後はいただいちゃったんですよ。それを『ズームイン!!朝！』の視聴者プレゼントにした（笑）。『リターンズ』については「これはどうだろう」って反対する人が誰もいなかったし、みんなやろうやろうって勢いで、お祭りみたいでしたね。現場で多少のトラブルもありましたけど、すごくいい雰囲気でやってるんですよ。みんな楽しんで撮影してて、ぼくも『あぶデカ』そのものが好きだし、村川さんのファンだったし、予想以上の作品になりました。

仕組みを作った段階で『踊る』に絶対勝てる気がした

――あらためてテレビ局の映画プロデューサーの仕事を教えてください。

奥田　まず企画を決めるというのが、いちばん大きいでしょうね。あとはタイトルかな。

――『あぶない刑事リターンズ』というタイトルの由来は？

奥田　それこそ『バットマン』のシリーズですよ。まず『リターンズ』で次も『フォーエヴァー』だし、帰ってくるから違和感なく『リターンズ』に決まりました。オープニングの「俺たちリターンズだもんな」っていうセリフがキマってて、あれは柴田さんのアイデアだったかな。とにかく「いよいよ始まった」と思って、けっこう感動しましたね。プロデューサーとしては中身についても意見は出しますし、たとえばミサイルみたいに「このシーンは絶対入れてほしい」という大きいところですね。ブレーメンという新しい悪の組織、カルト集団の話がどう膨らんでいくのかも楽しみにしていました。あれ、よく考えたらロシアから手に入れたミサイルなので、すごくタイムリーですよね。もっとびっくりしたのは大型トラックに乗っけてミサイルが出てくるところ。最初は「え?」って思ったんだけど、発射台をふくめて「あぁ、これもアリなんだな」って思いました。美術の、ガタイのすごいおじさん……そう、小林(正義)さんなんて本当に大工の棟梁みたいな感じで、最大限の現場のアイデアでアナログのああいうものが出てきたのにも感心したんです。

――セントラル・アーツや黒澤満さんとの協業はいかがでしたか?

奥田　意外と自由というか、いろんな意見を言っても「そんなのダメだよ」って言われたことがない。懐の深い人でした。プロデューサーの服部(紹男)さんなんてどんなに大変なことをお願いしても、絶対にイヤな顔しないで動いてくれるし、そういう方々が黒澤さんの周りにたくさんいましたね。後年の話ですが、ぼくは松竹に出向してなにがうれしかったかって、セントラル・アーツのすぐそばに会社があったこと(笑)。これは本当なんですよ。黒澤さんが「じゃあ、ごはん食べようよ」って、ステーキ屋さんに行ったりして、すごくうれしかったですね。

――続いて1998年の『あぶない刑事フォーエヴァー』はテレビスペシャルと劇場版を連動させたメディアミックスで、ちょうどフジテレビの人気ドラマ『踊る大捜査線』の映画化とぶつかります。『フォーエヴァー』が9月、『踊る』が10月の公開でした。

奥田　あの存在は大きかったですね。『踊る』というのは視聴率はそんなでもなかったけど、根強い人気があった。それが映画化されるという話を聞いて「これだ!」と、テレビと映画をドッキングさせようと思って、すぐ動きました。テレビスペシャルの枠が金曜ロードショーで8月、視聴率がその年の単発トップの25・7%で「やった!」と思いました。で、残りは映画に……ところが、逃亡した犯人が早々に死んじゃうんですね(笑)。「あれっ、そうなんだ」と思って、そういう部分もいくつかありましたけど、まぁ。

――いろいろあったんですね。

奥田　もうね、仕組みを作った段階で『踊る』に絶対勝てる気がしたんですよ。そのときは真剣にそう思ってたし、勝とうとしていたので。ところがそういう結果にはならなかった。これは結果論ですが、ぼくは監督を1人にしたほうが作品としてよかったんじゃないかとは思います。

――たとえば拳銃やパトカーの扱いなど『踊る大捜査線』のコミカルだけどもリアルな描写は、『あぶない刑事』のドンパチや軽いノリを古くさいものにしてしまった感覚を当時すごく受けました。ある種のアンチテーゼとして。

奥田　『踊る』は日本映画のシステムを全部変えた。『踊る』とジブリが変えたんですよね。前売り券システムを使わなくても、いい映画はお客さんが入る……そのシステムを作り上げるきっかけになった。仰るとおりアンチテーゼとして出てきて、かつて『あぶデカ』がブームになったように、今度は『踊る』がブームを作ったと思うんです。それから経済状況……タカとユージってバブルが生んだキャラクターなわけですよ。それが弾けて、日本経済の氷河期が始まる。そこに出てきたのが、まさしく等身大の『踊る』の世界観だったと思うんですね。『踊る』の劇場版が大ヒットしたおかげで、ぼくは当時の社長に怒られましたから。「アニメばっかりで、実写がフジテレビに負けてるじゃないか」と言われて、実写映画に力を入れる3ヶ年計画を2000年に入ってから始めるんです。

――『フォーエヴァー』と銘打って爆死のような結末を迎えますが、プロデューサーとしてタカとユージを殺したつもりは……。

奥田　なかった。お客さんは死んじゃったのかなと思ったかもしれないけど、ぜんぜんそんなつもりはなかった。もう少し興行がよければ、すぐ戻ってきたと思います。タイトルも「タカ&ユージ」というのを勝手に考えていましたし（笑）。『バットマン&ロビン』のイメージで。

――なんと！

奥田　興行も『リターンズ』をやや下回るくらいで、悪くはなかった。製作委員会としてもビデオの収益ですべて回収できましたし。でも「あ、もう時代が変わったんだ。潮目が変わったんだ」と思っちゃったんですね。『踊る』はすぐ次に2作目のレインボーブリッジに進んで、邦画の実写の興行記録を塗り替えてしまうわけで。まさに潮目が変わったんです。

結果はさておき、ぼくのなかでは『フォーエヴァー』もテレビの機能を存分に使ったおもしろい試みができたんじゃないかとは思っています。

「シン・あぶない刑事」というタイトルも提案しました

――7年後、『まだまだあぶない刑事』（05年）でさらなる復活を果たします。

奥田　これは東映サイドからの提案でしたね。黒澤さんが舘さんと柴田さんを口説いてくれて、監督も鳥井（邦男）さんでいく。当時ね、ぼくは映画事業部の部長だったんですけど、ことごとく出す企画をみんなに反対されてて……『ALWAYS　三丁目の夕日』（05年）なんて企画段階で「よいものはできるだろうが絶対当たらない」と社内ではボロクソで、その次の『デスノート』（06年）も簡単にはいかなくて、大変だったんですよ。ほんとに〝当たらなかったら部署替え〟という崖っぷちで、そんな時期に『あぶデカ』の企画が出てきて、ホッとしたという（笑）。作品としては観客の予想を裏切るダークな部分があって、そこで評価が分かれた感じはしますね。伊地智（啓）さんもわれわれ下の世代に欲求不満があったでしょうし、『まだまだ』に関してはご自身の意見が強く入っていたと思います。

――さらに10年あまりを経て『さらば　あぶない刑事』（16年）です。これまでの平成版のシリーズを大いに上回る16億円という興行収入を記録しました。

奥田　『さらば』で思い出すのは、まずタイトルのことですね。最初の台本は「あぶない刑事　ロング・グッドバイ」で、ちょっとかっこよすぎるなぁと思ってて（笑）。それから撮影中の記者会見で、柴田さんが「当たったらすぐ戻ってきちゃいます。『あぶデカ』ですから」みたいなことを仰ったんですよ。それは絶対にマズい、やはりタイトルは強烈なものじゃないと難しいと思ったので、東映の近藤（正岳）さんと協議して『さらばあぶない刑事』にしたんです。やっぱり東映だから、『宇宙戦艦ヤマト』じゃないけど『さらば』がいいって……（笑）。脚本の柏原さんも「ロング・グッドバイ」

というタイトルに愛着があったんですが、打ち上げのときに「奥田さん、やっぱり『さらば』でよかったね」って、そう言われたのは『あぶデカ』をやってきていちばんうれしい出来事でした。しっかり〝最後感〟が出たと思いますし、それがちゃんと伝わったのが作品的にも興行的にもよかったんじゃないかと思います。

――『さらば』は村川透監督の復帰も話題になりました。

奥田　当時78歳かな。村川さんが現場で「OK！」って言った瞬間、もう歩き出すという有名な逸話がありますけど相変わらずそうだった。初号試写が終わったときも自分で手を叩いて「おもしろいねぇ！」（笑）。最高でした。

――それまでの劇場版から一転、『さらば』はミニマムな物語です。

奥田　原点回帰ですよね。もうミサイルは飛んでこない（笑）。やっぱり舘さんと柴田さんのキャラクターが生かされて、みんなが待ち望んでいるものになっていれば、そこがいちばんだと思うし、そうなっていたと思います。

――現在は松竹に出向中の奥田さんですが、最新作の『帰ってきた あぶない刑事』（24年）には関わっていないのでしょうか？

奥田　そうですね。でも、タイトルだけはしつこく言ってたんです、近藤さんに。「やっぱり『帰ってきた』がいいんじゃないの」って。ところが『帰ってきた』といえば『渡り鳥』……日活のタイトルだから東映らしくないんですよね。近藤さんから相談されて「ヒットを狙うならシンプルなほうがいい。『帰ってきた』がいちばんいいと思います」とお答えしたのを覚えています。でも、しっくりきますよ。映画もそういう内容だし、うまくタイトルにつながった。そういえば、あとから近藤さんに電話して「シン・あぶない刑事」というのも提案しましたね。いや、真剣に考えたんですよ。それを聞いて近藤さんは「うん、『帰ってきた』にしよう」と思ったそうです（笑）。

――『あぶない刑事』というシリーズは、なぜ何度も復活して続いてきたのでしょうか？

奥田　舘さんと柴田さんの存在はもちろん、黒澤満イズムのようなものを近藤正岳というプロデューサーがしっかり継承している。ちゃんと〝柱〟があるというのが大きいですよね。それをスタッフやキャストのみなさんが支えてこられたわけで。近藤さんがいなかったら、映画版も続いていなかったと思います。そういう意味でプロデューサーってけっこう大事で……ぼくはプロデューサー協会の会長ですからね（笑）。みんな意外と目を向けないんだけど、プロデューサーがいるといないではぜんぜん違うし、まずは立ち上がりとして〝プロデューサーがなにを作りたいか〟という熱がいちばん大切なんですよ。あえて言いますが、プロデューサーあっての『あぶデカ』ですよ。それはもう黒澤満さんであり、日本テレビでいえば初川さんであったと思います。

奥田誠治 ［おくだ・せいじ］

1956年福島県生まれ。明治大学卒業後、80年に日本テレビに入社。84年より映画事業部に所属し、金曜ロードショーやスタジオジブリのアニメーションに携わる。『魔女の宅急便』『千と千尋の神隠し』『ハウルの動く城』ほかジブリ作品を担当し、『家なき子』『ALWAYS 三丁目の夕日』『デスノート』などをプロデュース。映画事業部長を経て2017年より松竹に出向し、2019年から日本映画テレビプロデューサー協会の会長を務める。

美術

山﨑秀満

『あぶない刑事』というシリーズは遊ばないと損で助手のころからやりたいなとは思っていました

『あぶない刑事リターンズ』から美術デザイナーとして参加した山﨑秀満は、小林正義との共同でミサイルが飛ぶド派手な復帰作を担当。東映東京撮影所を拠点に『さらば あぶない刑事』まで4本の映画の美術を手がけてきた匠が、セットとロケセットの違い、さらには港署の変遷を明らかにする——。

『リターンズ』はとにかく作り物が多かった

——東映東京撮影所をベースに活動されてきた山﨑さんですが、村川透監督の『あぶない刑事リターンズ』(96年)からシリーズに参加。小林正義さんと共同で美術を担当しています。

山﨑　途中から共同になっちゃったんです。最初は美術助手のチーフだったんですが、合成やCG関係が多くて、小林さんがわからない部分があったので、黒澤(満)さんから「山ちゃん、一緒にやってくれよ」とお願いされました。もともとセントラル・アーツで東映Vシネマの美術をやっていたし、カメラマンの仙元(誠三)さんの推薦もありました。

小林さんはずっと『あぶない刑事』をやられてきたベテランなのでしゃしゃり出ることはできませんし、図面もほとんど小林さんが起こしたものです。大先輩と一緒にやらせてもらうので、すごく恐縮しましたね。途中からそうなっちゃいましたから、余計に……。小林さんは現場が好きな昔気質の方で、石原プロやセントラルの仕事をよくやってました。

——『リターンズ』の美術で思い出すことは?

山﨑　とにかく作り物が多かったです。要するにミニチュアを作って爆破というね。それと合成パートで、ぼくもあんまり特撮はやってなかったので、よくわかんないんですけど、やるっきゃないんで。ラストで工場の大爆破があったじゃないですか。

あれは今までの仕事のなかで、いちばん楽しかったです（笑）。

――工場のミニチュアのスケールは？

山﨑　1／40かな。それでも、かなりデカくて5メートル四方くらいありましたね。炎とのバランスとかいろいろあって、サイズを決めるのが非常に難しかったです。いえ、予算がないので1個しか作っていません。爆破した場所は大泉の東映撮影所の駐車場です。

ぼくの担当は作り物関係と、なぜか黒澤さんから「合成シーンの画コンテを描いてくれ」って言われちゃって。村川さんから大雑把なコンテ割りをもらい（笑）、ミサイルが飛ぶシーンとか、みなとみらいを抜けていく一連の画コンテを描きました。CGチームも絡んできますので、そのへんはやっておかないといけないということで。当時はテレビ局のほうがCGに長けていたのか、日本テレビで打ち合わせをしましたね。

――『リターンズ』は7年ぶりの復活となった映画版で、にっかつから東映にセットが変更されました。港署のデザインは小林さんの担当でしょうか？

山﨑　そうです。小林さんはテレビシリーズから担当されてましたから。照明の井上（幸男）さんが色味のことをいろいろと言っていたのは覚えていて、微妙に毎回変わってるんですよ。

――港署の壁がアンバーの暖色系で、それまでのシリーズのブルーグレー系のオフィスとは雰囲気が違います。

山﨑　そこはもう美術ではなく、撮影と照明の意図なんです。ぼくは村川組だと『BEST GUY』（90年）でチーフをやってたんですが、あのときはデザイナーとプロデューサーと監督がすごい揉めちゃって……。美術的には任せてくれる監督ですね。「プロなんだから、ちゃんとやってくれ。そこから考える」「プロなんだから間違いないでしょ？」みたいな。逆にプレッシャーですけどね（笑）。

――舘ひろし、柴田恭兵さんの思い出はありますか？

山﨑　美術って、なかなか現場にいられないんですよ。次の現場に行って、準備をしないといけないので、現場は助手さんに任せます。セットが完成して最初の撮影には立ち会いますけど、ずっと1日いるわけではないし、どんな感じで撮っていくのかを見届けるくらい。だから、舘さんや恭兵さんと直接どうこうってエピソードはないんです。ただ『あぶない刑事』というシリーズは遊ばないと損で、助手のころからやりたいなとは思っていました。

――続いて『あぶない刑事フォーエヴァー』（98年）は、テレビスペシャルと映画版の二部作です。テレビは小林さんの単独で、映画は山﨑さんと小林さんの共同になっています。

山﨑　映画については、ぼくがメインでやりました。テレビと映画が同時並行だったので、基本的には小林さんが全部図面を描いて、それを映画用にぼくがちょっとリメイクして……たとえば港署のセットを飾り変えて、ホテルの廊下にしたりですね。ホテルの爆破がありましたが、あのへんは署の一部を利用して全部作り変えてるんですよ。横浜にあったオリエンタルホテルをイメージしたもので、いい感じになったと思います。

監督が成田（裕介）さんですよね。ぼくは初めてだったんですが……なんか、あんまり上手くいってなかったような（笑）。撮影が中断するようなことはなかったんですけど、ぼくが作ったセットに入ってきて、ちょっとイメージが違ったというのがあった気がしますね。もちろん打ち合わせはしてるんですが、それも爆破シーンでした。爆破されるマンションの室内で、そんなに特徴をつける必要もないかなと思ってやってたんですけど。あそこは監督、不満そうでした。飾りだったのか、ぼくのセット自体なのか……。

——『フォーエヴァー』は港署の壁がふたたびブルーグレーに戻って、それまでのシリーズに比べると、署内全体が暗めのトーンです。

山﨑　やっぱりカメラマンと照明技師の考えだと思いますね。タンカーは全部実物です。現地に行ってないので、わかんないけど（笑）。

——『まだまだあぶない刑事』（05年）は、山﨑さんが単独で美術を担当しています。それまでと一転、港署のセットも『踊る大捜査線』の湾岸署を思わせる新しいオフィスに変更されました。

山﨑　ロケーションの表が、横浜のカリモクという家具屋さんのオフィスビルだったんです。その外観に合うようなデザインにして、じつは署内の配置は過去のシリーズの図面とほとんど変わってないんですよ。セット自体をそのままリニューアルした感じですね。

そのあたりは監督の鳥井（邦男）さんや、あとは仙元さんの意向もあったと思います。とにかく『あぶない刑事』はカメラマンと照明技師が強いですから。でも、言われっぱなしはイヤなんで「この野郎」と思いながら（笑）、倍返しじゃないですけども、入ってみてびっくりするようなセットを渡せたらいいなと思ってやってました。しかし監督もすごく思い入れがある作品なので、あんまり突拍子のないこともできません。

あと思い出すのは、味の素スタジアムの屋上をセットで作ったこと。背景は全部合成ですけど、鉄の柱とかはリアルに実寸で作ってるんですよ。けっこう大変でした。背景はグリーンバックで、そのグリーンが人物と近いので、ちょっと反射してしまう……そこらへんは照明部が苦労したと思います。当時の技術だと合成後、映像全体にモヤッとした質感がありましたね。

『さらば』の港署は全部ロケーション

——『さらば あぶない刑事』（16年）は港署の捜査課長がいる場所が個室になっており、ブラインドを開けると署内が見えるという趣

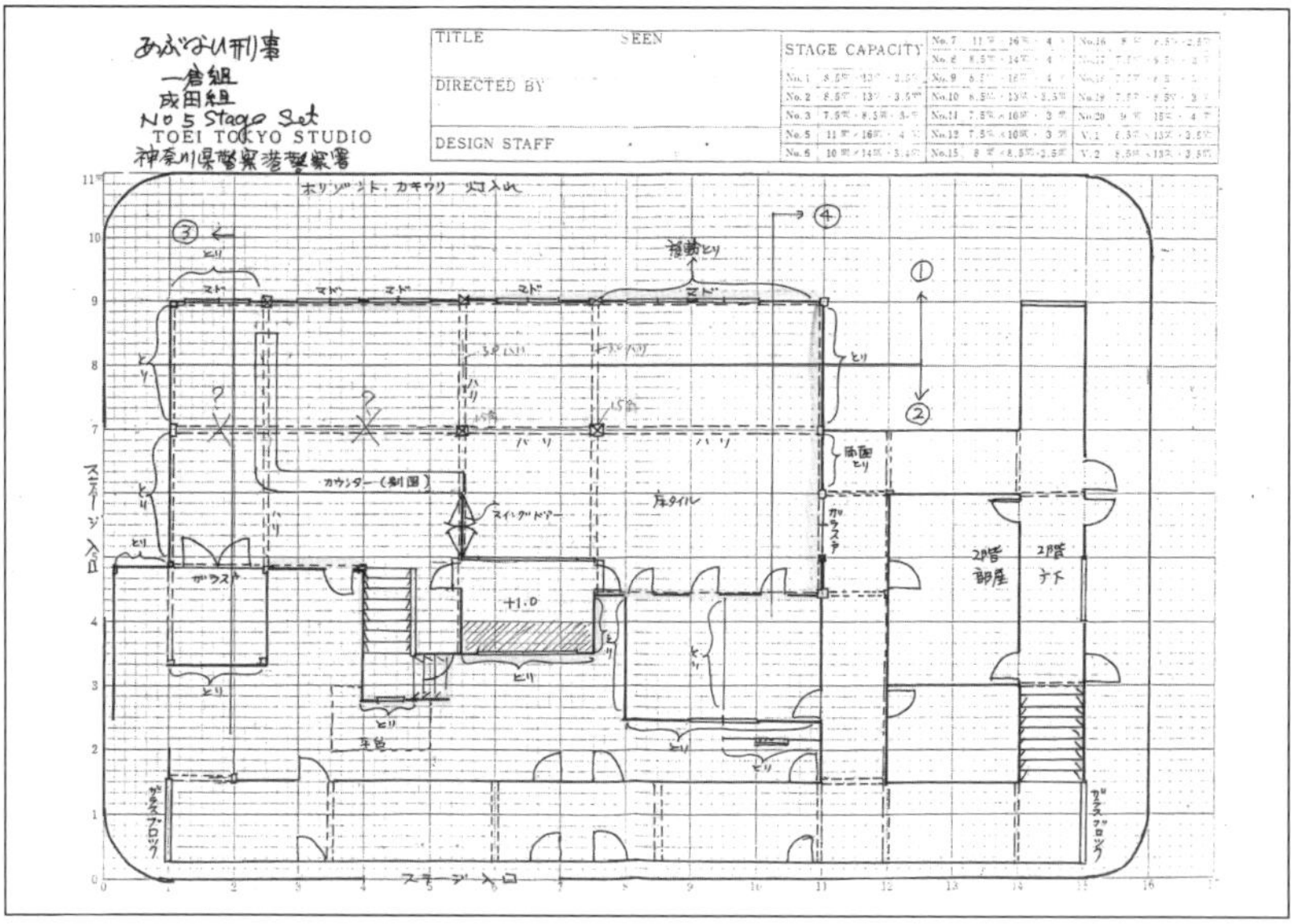

『あぶない刑事フォーエヴァー』の港署セット図面

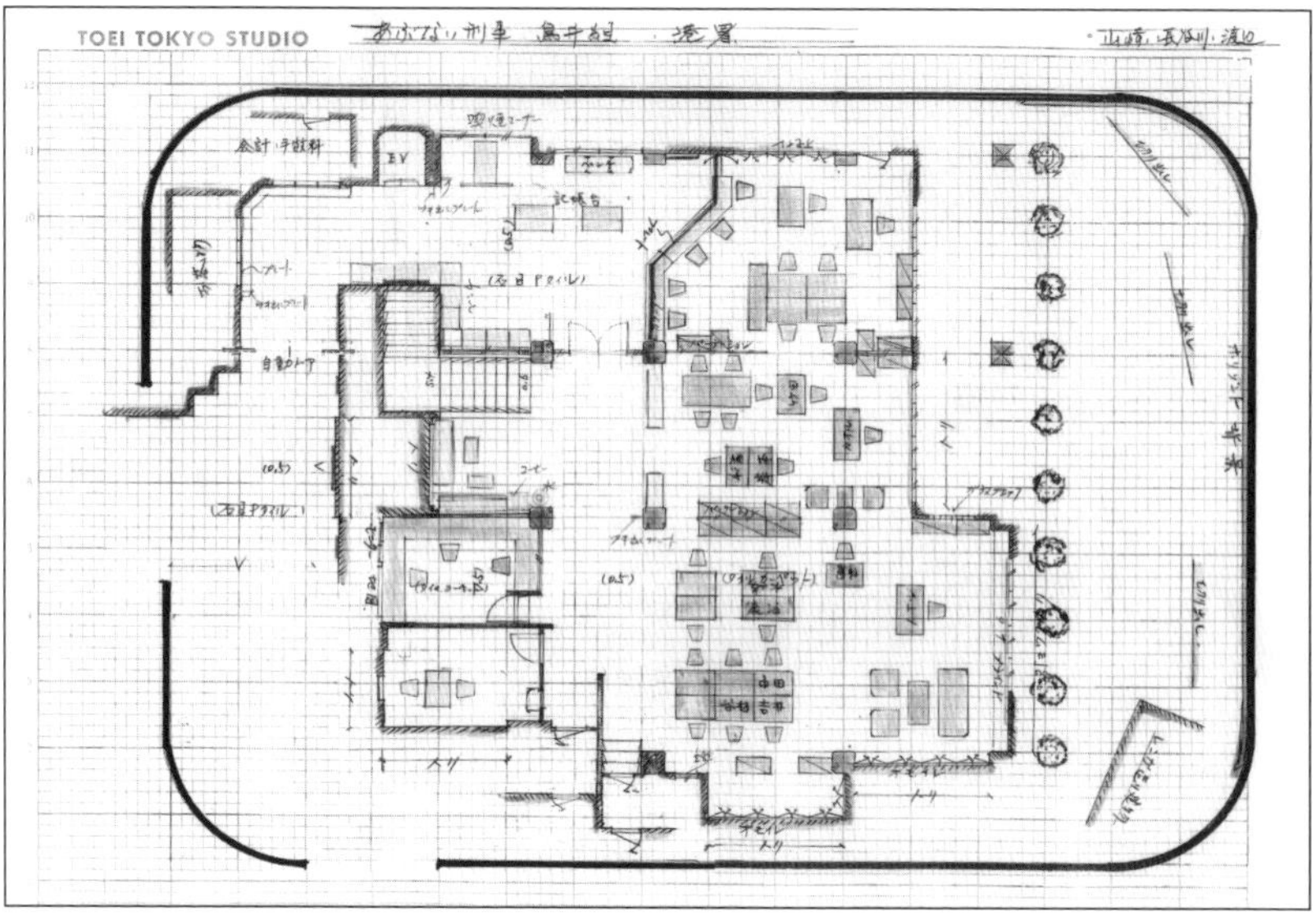

『まだまだあぶない刑事』の港署セット図面

向です。それまでのシリーズは港署に入っていく主観ショットがお約束でしたが、今回は課長室から始まっています。

山﨑　あれは全部ロケーションでやってるんですよ。撮影所のセットではなく実際のオフィスビルのロケセットで……最初の打ち合わせで「今回はオールロケーションでやりましょう」ということを言われたんです。結果すごい大変なことになっちゃったんですけど。要するにロケセットの空間の中にセットを作るようなことになっちゃって、あの課長室もオフィスビルの一角に区切りをつけて部屋を作ったんです。個室というのはシナリオの段階からですかね。昔の外国映画で刑事課長がいる部屋みたいにブラインドを付けようという話でした。

――なるほど。

山﨑　ほかのシーンも、あるがままに撮影できれば楽なんですけど、ドンパチもありますし、爆破もありますし、それでは台本どおりに撮れないんですよ。だから終わってから「セットでやったほうがよかったですよ」って黒澤さんに言ったんですけど、「もっと早く言ってくれよ」と（笑）。

――ブラックマーケットのシーンも印象的でした。

山﨑　東南アジアのゴチャゴチャした市場のイメージですね。カースタントもありますし、だだっ広い空間なので、こりゃあえらいことだなと……あれは諏訪にある東洋バルヴの工場跡地なんです。装飾部さんと打ち合わせして、できる範囲のなかで作り込んでいきました。あとはフェンスでごまかしたりして。せっかくこだわったセットだったんですが、監督が早撮りだから2日の予定が1日で終わっちゃった（笑）。あっという間で、もうガックシですよ。

装飾は東京美工の大庭（信正）と湯沢（幸夫）、だいたいこの両名がやってましたね。それぞれすごく遊び心があって、とくに大庭なんか飾りをやってるときに自分でお芝居をしてるんですよ。もう舘さんや恭兵さんのつもりになって、飾りながら動いたりする。セリフも全部入ってますから、見せてあげたいですよ（笑）。オールロケの『さらば』では使っていませんが、東映の撮影所の場合、大道具は大泉美術か紀和美建です。

――オープニングの鉄格子が出てくる廊下も印象的でした。

山﨑　あれは、味の素スタジアムの廊下です。留置所という設定だし、かなり大きな鉄格子を作りました。けっこう予算かかってるんですよ。あそこも撮るのが早かったですね（笑）。格子を使って、タカとユージの歩きをうまく撮れたらいいなと思ったんですけど、もうあっという間に長い廊下のほうに来ちゃった。

――さかのぼりまして、美術デザイナーを目指したきっかけは？

山﨑　高校時代は建築を勉強してたんですけど、なぜか映画を見るようになって……東映ばっかり見てましたね。それから映画美術に興味を持って、日活の佐谷晃能さんなどデザイナーの名前を覚えるようになりました。建築設計も映画美術も図面を起こすので、そういう部分から入っていったんです。

三船プロなどでテレビ映画の美術助手をやったんですが、テレビの助手って現場の組付みたいな感じなんですよ。本当の意味でデザイナーの助手となったのは東映の『野菊の墓』（81年）です。澤井信一郎監督で美術は桑名忠之さん、いままでの経験はなんだったんだというくらい衝撃でした。それからずっと東映をベースに映画の仕事をするようになりました。

前後しますが、初めてデザイナーをやったのは『走れ！熱血刑事』（80〜81年）という勝プロのドラマで、けっこう早かったんです。建築をやってたので図面を描くのが早くて、デザインも読めたので。でも、誰に言われたのかな。「建築図面と映画の図面は違う」という言葉は、すごく覚えていますね。映画の場合、お芝居を撮るセットなのでメインポジションを決めながら作っていくけど、建築図面にはそれがない。メインポジションを決められるのが、美術という仕事のおもしろみですね。

山﨑秀満 ［やまさき・ひでみつ］

1954年福岡県生まれ。三船プロなどの美術助手を経て、80年に『走れ！熱血刑事』で美術デザイナーとしてデビュー。その後も東映東京撮影所で美術助手を務め、85年に『菩提樹の丘』で映画の美術を手がける。おもな映画に『二十世紀少年読本』『GAMA 月桃の花』『あぶない刑事リターンズ』『半落ち』『わが母の記』などがあり、99年の『黒い家』から『阿修羅のごとく』『間宮兄弟』など森田芳光監督の映画も数多く手がけている。

監督

鳥井邦男

セントラル・アーツは母体であると同時に〝B級映画の王道〟を自負した自慢の存在でした

『あぶない刑事』の第1話からサード助監督として参加した鳥井邦男は、セントラル・アーツたたき上げのスタッフとして、その後のシリーズの大半に参加。チーフ助監督として『リターンズ』『フォーエヴァー』の現場を仕切り、ついに『まだまだあぶない刑事』の監督に抜擢される。およそ30年の軌跡が明らかに！

パッと思い出すのは第1話のトップ

鳥井　いわゆる刑事ものって初めてだったんですよ。２時間ドラマはやってたんですけど、やっぱり1時間の連続シリーズのほうが撮り方がスピーディでした。サードの助監督は小道具の担当なので、拳銃のことや刑事のことだとか、そういう調べものは興味を持ってやりましたね

——第1話「暴走」から『あぶない刑事』に参加しています。助監督は一倉治雄さんがチーフ、伊藤裕彰さんがセカンド、そして鳥井さんがサードという体制です。

鳥井　チーフは全体を仕切る感じですね。メインロケハンを製作部と進めて、スケジュールを組むのもセントラルの場合はチーフの役目。だから途中で抜けることもあって、現場を仕切るのはセカンドなんです。セカンドは衣裳やメイク、俳優さんも担当します。サードは美術や小道具関係の準備で、現場でも忘れないようにチェックして、そしてカチンコですね。

——まず『あぶない刑事』で思い出すことは？

鳥井　パッと思い出すのは第1話のトップ、日の出のカットですね。あれは一倉さんがいろいろ調べて、ロケハンのときに「この方向に太陽が上がります」と指差したんです。そして実際ロケで本当に上がってきたんで、すげえなって感動しました。

——まさにファーストカットですね。海にゆらめく反射からズーム

バックし、太陽を映し出して「暴走」というサブタイトルの二文字が入ります。

鳥井　それから舘（ひろし）さんと（柴田）恭兵さんに初めて会ったとき、もう舘さんなんて黒光りしてましたからね。「すげえなぁ、同じ人間としてこんな黒光りしている人いるのか」と感動しました。恭兵さんはボサボサ頭でまた徹マン（徹夜マージャン）したのかなって感じで、ふわ～と来るんですけど（笑）。でも、メイクが終わるとシャキッとする。舘さんは最初から白いガウンで「おはよう～っし」で登場です。最初のころは恭兵さんや（仲村）トオルのアドリブに対して、「そっちに合わせなきゃいけねえのかよ」みたいな戸惑いがあったと思います。けれど仕舞いには、みずから仕掛けるほうになった（笑）。

　ほかの方も話しているかもしれませんが、ゴルフが流行ってた時期に仙台ロケの回があったんです。中条（静夫）さんがスケジュールNGだったので、中条さんなしのシナリオに変えて……で、撮休の朝、ぼくらはホテルのロビーで次の準備をしていたんですね。そうしたら中条さんが「おはよう！」って現れたんです、ゴルフバッグを持って。「は？　中条さんNGだからシナリオを変えたんだけど」と思っていたら「ゴルフしにきた」（笑）。すごく牧歌的な現場でしたよね。

――とくに印象に残っている監督はどなたでしょうか？

鳥井　やっぱり長谷部安春、村川透という両巨頭ですよ。簡単に説明すると長谷部さんは手堅くて、なんでもありが村川さん。「あぶデカ精神でいこう！」って。あっちゃん（浅野温子）の花魁《おいらん》の衣裳にしても「お、いいねえ！　いいねえ！」って盛り上げていくけど、たぶん長谷部さんだったら「おい、なんだそれ！」で（笑）。『あぶない刑事』のパイロット監督が長谷部さんでしたから、トオルの衣裳がスーツだったのか。『ビー・バップ・ハイスクール』のシリーズが学ランで、そこからリクルートじゃないけど初々しくスーツを着せて、逆に村川さんがラフなジャンパー姿にしたりして変えていった。

　現場でも長谷部監督にはけっこう怒られました（笑）。村川さんは怒る怒らないじゃなく、わが道をバーッと行って「はい、ここ！」という感じ。いいときは「いいねぇ。もっといっちゃおう！」と煽るし、ダメなときは「なんでできないノォ！」と不満をぶちまける（笑）。

――やっぱり助監督のサードは怒られて……。

鳥井　そりゃ怒られますし、怒られてなんぼと思ってましたからね。ぼくの結婚式に恭兵さんが出席してくれてスピーチをいただいたのですが、「ボクは鳥井クンほど監督に怒られた助監督をシラナイ」と言ってくれました。天邪鬼な面が仇となりながら、そういう経験こそが発想面でものすごく勉強になったわけです。ぼくのカチンコは、けっこう評判よかったですよ。最初は下手だったけど。あっちゃんがテレビの仕事から戻ってくると「鳥井ちゃんのカチンコ、やっぱいいわ〜」とか言ってくれて。横浜ロケでも見物人がワーワーしてるんですけど、カチンコ鳴らして声を出すと、やっぱり静まるわけですよ、現場が。それで監督が「よーい、ハイ！」「カチン！」で本番が始まる。カチンコで芝居が変わると思って叩いてましたから、やりがいがありました。

銀星会というのは、ぼくが名づけ親です

——一倉治雄、成田裕介の両監督が初期のチーフ助監督を交互に担当していましたが、それぞれの違いはありましたか？

鳥井　長谷部監督の直系のイメージで、一倉さんは堅実でしたね。やるときは大胆なことをする面もあり魅力がありました。成田さんがいい加減というわけじゃないですよ。まぁ話し方やキャラクターは誤解を招きやすいかもしれない（笑）。ただ成田さんってすごく繊細で……ああ見えて、めちゃくちゃ繊細なんですよ。アフロだったりパンチパーマだったり、見た目はアレですけど細かく決めていく。セカンドの伊藤さんは真面目で、すごく考え込むように見えますがじつは大雑把だったり、でも頭が切れる方ですね。しゃしゃり出るタイプじゃなくて、まぁ酒飲むと豹変するんですけど（笑）。

——港署には少年課と捜査課があって、メイン以外のレギュラーキャストも大勢います。その人たちの動きをつけていく仕事は助監督の役目でしょうか？

鳥井　動きをつけるというより、状況を伝えることですね。そうするとみなさんそれぞれ考えて芝居してくれるから。そういう役割はセカンド、サードですね。基本的にサードはカチンコだから監督のそばにいなくちゃいけないんで、セカンドがエキストラに動きをつけながら全体を見る。大人数のときはぼくもやったりしました。

——にっかつ撮影所のセット撮影で覚えていることは？

鳥井　ものすごいミスしたことがあって。それこそ長谷部組という鬼門なんですけど（笑）、冒頭で不良たちが連行されてゴチャゴチャするシーンがあったんです。そのとき、目黒にあったライブハウスの連中に当たりをつけて……いろんな格好してる人がいるじゃないですか。で、そこの関係者とナシつけて「いついつの何時に、にっかつ撮影所に来て」って約束したのに、当日待っててもだぁれも来ないんですよ。1人も来ない。電話も通じない。チーフの一倉さんに報告して謝り、一倉さんから長谷部監督に伝えていただいたら「あ？　なんとかしろよぉ」（笑）。で、苦肉の策が生まれた。若手のスタッフ総出の内トラ大会になって撮影したんです。ぼくのミスとして、いちばんの思い出ですね。あれは証拠として映像が残っていますから（第6話「誘惑」）。

――チェックしてみますね。

鳥井　やめて～！　画面の外ではいろんな出来事がありました。カーアクションでも大通りだとスタッフ全員で人止め、車止めやってましたから。メイクさんも舘さんや恭兵さんにガーゼだけ渡して、手伝ってくれました。それこそぼくもトランシーバー持って、移動車を押しながらカチンコ打ったりして（笑）。

――いまのところ失敗談ばかりなので、助監督としての成功体験を教えてください。

鳥井　あんまりないですけどね。それこそ長谷部さんは刑事ものをたくさんやられてきたから〝刑事の持ち物はこうだ〟という決まり事があるんですよ。たとえば刑事が聞き込みに行ったとき、警察手帳にメモするとか……でも、あんなのあり得ないわけですよ。実際はメモ帳なんです。だからメモ帳を用意したら「なんだ、これは?」「いやいや、普通これなんですよ」「普通じゃねえんだよ、映画は!」、それでまた怒られる。

事件現場の写真でも当時のドラマはモノクロだったんで、もうカラーの時代だろうと思ってカラーで用意したら、やっぱり「なんだ、これは?」。でも後半はカラーになりました。そうやって反抗しながら、ちょっとずつ採用されるのが楽しかったですね。

――ほかに採用されたものはありますか?

鳥井　いちばんはアレですよ、銀星会。

――えっ!?

鳥井　銀星会というのは、ぼくが名づけ親ですから。たぶん酔っ払って思いついたんでしょうね。だいたい終わったら飲んでましたから。そういうのを考えるのもサードの仕事で、ちゃんと警察に確認するんですよ。実在するかしないか。あとはベンガルさんの扇子も小道具の人と「なんか持たせよう」ってなって、そうやって意見を出したものが採用されました。ネクタイ留めはベンガルさんと衣裳部の案だったけど、扇子はぼくらの案でしたね。装飾部の城本（俊治）くんとかと一緒に考えて楽しんでました。

――助監督出身の若手監督も活躍していきます。

鳥井　ぼくは成田さんに拾ってもらったようなもので、成田さんのアイデアはおもしろかったですね。デビュー作（第20話「奪還」）もメインのレンズが10ミリですから。だからセットに入ると中条さんが豆粒みたいに映る（笑）。「見えないじゃないか。いいのか、それで?」って、あとで黒澤（満）さんあたりに言われたという話ですが、それをやり通したのは立派ですよね。あの回だけ仙元（誠三）さんがカメラだし。

――とくに印象に残っているスタッフはいますか?

鳥井　杵渕（陽子）さんかな、メイクの。傷だとか、すべてが早いし上手い。いろいろなことに対応してくれる優秀な人でした。あとは、スクリプターの桑原みどりさんは細っこい体なのに体力があるし、芝居のつながりなんか本当に的確でよく助けていただきました。そう、もうひとりすごく印象がある方が手銭（弘喜）監督。手銭組の現場なんて早いってもんじゃない！早撮りすぎてキャメラマンの藤澤（順一）さんですらなにを撮ってるかわかってない状況でしたよ。たぶん手銭監督は日本一の早撮りだと思います。そんなときでも、みどりさんだけが理解してましたね。

「セントラル・アーツは出入り禁止だ！」

鳥井　横浜ロケには〝港湾局との戦い〟ってやつがありました。夜8時以降はダメという制限に対抗し、それを破って撮影するとやっぱり怒って（笑）、「もうセントラル・アーツは出入り禁止だ！」とかね。セントラルの名前じゃ借りれないから東映ビデオにしたり、製作部の面々が手を変え品を変えて交渉してくれました。製作部には劇用車という力強い武器があって、レパードも乗り回してましたね。そうそう、TA・KAチームの海藤（幸弘）くんのところでみんなで飲んでたら遅刻して、レパードで現場に急行して、キューッと停まって「すみませんでした！」って、みんなで頭を下げたこともありました（笑）。

カーアクションは毎日のようにありましたから、人さばきや信号さばきは上手くなりました。いまだに後遺症で「この信号、何秒で青になる？　赤になる？」って測りますから（笑）。職業病ですね。あれだけいろいろやって大きな事故が起きなかったのは、やっぱりスタッフ一丸だったからですよ。事故が起きた会社の現場の話を聞くと、起こるべくして起きたという内情もありましたね。

セントラルは一切そういうのないし、仕切りも抜群でした。とはいえ当初から上手くいったわけではなく、危険そうに見えて安全に現場を進行させる……これは成田さん、一倉さんの仕切りの上手さがお手本になりました。助監督と製作部はスタッフワークを潤滑にするために必死になってて、それを感じたスタッフが車止めでも自主的に協力してくれたわけです。

――いい話ですね。

鳥井　シリーズの撮影終盤に入るころ、伊地智（啓）さんがセットに入ってきて「好評につき、また1クール伸びます」なんて言うとみんな拍手してんだけど、ぼくは「え～～？」って思ってたのが本音です（笑）。またかよ、また伸びるのかよ、こっちは朝から晩まで準備して、年がら年中ドンパチやって……。サードや装飾部はロケから帰ってきても残って準備してるパートでしたから「おいおいおい、ちょっと休もうぜ」と。

――チーフは入れ替わりますが、セカンドとサードの助監督は基本的に固定ですよね。休みはあまりない？

鳥井　ないですよ（笑）。本当にないんですよ、これが。笑っ

長谷部組の撮影風景、手前にカチンコを手にした助監督の鳥井

ちゃうほど。最初、この世界に製作進行で現場に入ったときはギャラもなかった。でもお弁当は出るし、撮影が終われば先輩が飲みに連れていってくれたんです。先輩に恵まれてましたよね。成田さんにしろ伊藤さんにしろ、飲んだときに仕事の愚痴や説教を言わないんです。ぼくが現場で失敗しても一切それに触れない。「仕事で負けても、飲み屋で負けるな」が成田さんの指導でしたから（笑）。よく飲み、よく歌いました。だから続けられたんだと思います。

――先ほどから欠かせないキーワードですが、お酒を飲むのが好きなんですね。

鳥井　いちばん下っ端の助監督はロケでもセットでも撮影を終えると次の日の準備と積み込みを撮影所で行うんですが、それが終わってもまっすぐ帰宅せず、夜な夜な地元で飲むか、盛り場に飲みにいくかしてましたね。スタッフが寝静まった時間に飲みながら「俺が最後まで起きているんだ」と優越感に浸りながら、今日の反省や明日の撮影のことを考えて。それでも翌日は誰よりも早く集合場所に行き、集まるスタッフに元気よく挨拶していました。

　しかし毎日よく飲んだものです。舘さんが怒って現場から帰ったことも何度かありましたが、ぼくらは「やった、今日これで終わりだぜ。飲みにいける！」ってよろこんでました。恭兵さんはそういうことなかったですね、遅刻はするけど（笑）。

当時、横浜ロケの集合出発場所は、成城学園前駅の南口にあったミスタードーナツ前。24時間営業だったので、新宿で飲んだあとや帰宅するのが面倒なとき、次の日が早いときはミスドが宿泊先でしたね。

現場の仕切り方で作品が豊かになる

――さかのぼりまして、助監督になったきっかけを教えてください。

鳥井　かいつまんで話すと音楽が好きで歌を歌っていたんです。生ギターをかき鳴らして、ライブやったりしてたんですよ。それが『ブルース・ブラザース』（80年）を見て感動して、音楽あり、涙あり、笑いあり、それからカーアクションといろいろな要素が詰まってる映画に魅入られていったんです。映画学校に入ろうとしたんですが、母の従弟が『㊙色情めす市場』『泥の河』『遠雷』を撮影したキャメラマンの安藤庄平で一言「大学に行け」と言われて、大学に進みました。それでもあきらめられず大学を卒業するとき、庄平おじが製作の青木勝彦さんを紹介してくれたんです。

初現場は工藤栄一監督の『逃がれの街』（83年）。1年3ヶ月くらい製作進行をやって、おもに川崎隆さんの下について製作部のおもしろみを理解してきたんですよ。そんなころ、にっかつのスタッフルームで青木さんと川崎さんから「鳥井、どうするんだ」っていきなり聞かれて「えっ？」と思ったんですが、初心忘るべからずで、やっぱり映画監督を目指したいですと答えて、次から演出部に移りました。

――助監督としての初現場は？

鳥井　崔洋一監督の『いつか誰かが殺される』（84年）です。それこそ成田さんがチーフで伊藤さんがセカンド、サードが増田（天平）さんで、ディディ・ディクソンってカナダの女性がフォース、もうカナダに戻っちゃいましたけどね。そしてぼくが五番目の助監督としてつきました。

――そこから10年以上すっ飛ばしますが、シリーズ復活作となった映画『あぶない刑事リターンズ』（96年）ではチーフ助監督を務めています。

鳥井　ミサイルですよね（笑）。ホンを読んだあと東映の撮影所のスタッフルームで「ミサイル、まさかやらないよな。どう変えるんだろう」と思いながら監督を待ってたら、村川さんが部屋に入ってくるなり「（台本）読んだぁ？　いいよね、ミサイル！　今度はブーンっていっちゃうから！」。あ、村川さん本気だ、やるんだって（笑）。

――チーフ助監督として心がけたことはありますか？

鳥井　それこそ成田さん、一倉さん、伊藤さん、辻井（孝夫）さんのような歴代のチーフを参考に、やっぱり事故がないように進めたい……まずはそれですよ。カーアクションでも村川さんが「いくよ！　いくよ！」とハンカチを振ったとき、カメラの前に立ちはだかって「ダメです！」って止めたことがあるんです。「なんでダメなの？　いくよ！　よ〜い」「ダメです！」「なんで？」って展開に。だってまだ車止めの連中が向こうに向かっているのに「いくよ！　よーい！」なんて……あ、これは『もっともあぶない刑事』（89年）のときだったかな。

——たしかに大事故につながる可能性もあります。

鳥井　チーフのスケジュール次第で作品の色合いが変わると思ってスケジュールを組んでましたし、セカンドのときも現場の仕切り方で作品が豊かになる……そう信じてやってました。だから助監督という仕事がおもしろかった。要は〝やらされてる感〟ではなく〝やってる感〟がありました。

ぼくのキャリアは9割以上セントラル・アーツですから、ここで学んだことさえちゃんとやってれば、もうどこに行ったって通用するし、よその現場のほうが矛盾や理不尽なことが多すぎて、プロデューサーや製作担当とも対立しました。そうやってセントラルに戻ってくると、「やっぱり自分のやり方は間違ってない」と安心できるんです。

自分にとってのセントラル・アーツは母体であると同時に〝B級映画の王道〟を自負した自慢の存在でした。極真会の白帯・茶帯が他の流派なら黒帯の実力と思わせるくらいの感覚で、セントラル・アーツの助監督はセントラルでは白帯でも外に出れば黒帯の実力だったと思います。

バブルのころVシネがたくさん作られた時期は、サードを数本やっただけの素人助監督がチーフになったり、そういう連中がけっこういました。最悪な現場であることは想像できるし、そりゃ事故も起きますよね。そいつらは、ほとんど業界に残ってないでしょう。ぼくはサードからセカンドに上がるのも遅かったけど、他社に行けば段違いの働きをしてたし、だから「セントラル・アーツのスタッフはすごい！」と評判になったのだと思います。

「これ、生きてるふうにできませんかね？」

——『あぶない刑事フォーエヴァー』（98年）は、一倉監督がテレビスペシャル、成田監督が映画を担当しています。

鳥井　テレビのほうは山田（敏久）くんがチーフですね、準備もふくめて重なっていたので。『フォーエヴァー』は本当にタンカーに振り回されました。最初のころは中華街で犯人が事件を起こす話があったようです。それをブラッシュアップする打ち合わせのとき、黒澤さんがポロッと「前にタンカーの話あったよな」ってプロデューサーの服部（紹男）さんに聞くんですね。成田さんも俺も初めての打ち合わせで「なんなんだ、タンカーって？」。ぜんぜん知らなかったんですよ。そこからタンカーのリサーチが始まって、もう振り回されました。結果的には成田さんの力技で完成させたようなもので、それほどスケジュール的には大変でしたね。

で、ぼくも助監督のチーフにまでなって『あぶデカ』の監督をやりたいなと思うわけですが、『フォーエヴァー』で成田さんが監督して、最後はサングラスが海底に落ちていく……だから「あぁ、もうないんだなぁ。『あぶデカ』を撮るチャンスは」なんて意気消沈してたんですよ、あのラストで。

――まさか復活するとは思わず……。その後、セントラル・アーツの東映Vシネマ『ながれもの』（00年）でデビューを果たし、何本かの作品を経て『まだまだあぶない刑事』（05年）の監督に起用されます。

鳥井　最初にオファーをいただいたのは黒澤さんからの電話でした。池袋で監督仲間と集まってて「麻雀やろうか」ってなったときに電話が鳴って、黒澤さんから「ちょっと明日来れるか」という。

――監督のオファーを受けていかがでしたか？

鳥井　もちろんうれしかったですよ、『あぶデカ』ですから。『フォーエヴァー』でガクッとなってましたし。それで台本を読ませてもらったら、よくわかんないホンでしたね、あれ（笑）。ちょっとひねりすぎたんじゃないかと思って……ふたりが死んでる設定も、さらに若手刑事のオチもふくめてダブル苦悩のシチュエーションに驚きました。

それから決定稿の手前段階で、最後の舞台をサッカー場に変える提案をしました。ちょうどJリーグが盛り上がってたので、みんなワーッと歓声をあげるところだと刺激的になるかなと思い、ダメ元でプロデューサーの服部さんに提案したらノッてくれて……それから柏原（寛司）さんと鹿島スタジアムにシナハンに行っていただいて急きょ直してもらったんです。実際の撮影は調布の味の素スタジアムでやりました。

まず村川さんでミサイル、成田さんでタンカーじゃないですか。「そんなデカい組織と対決する必要ある？」って思ってたんです。ぼくはやっぱり銀星会との対立とかのほうが好みで、そうしたらまたよくわかんない組織で、しかも鷹山と大下が死んでるという。だから「これ、生きてるふうにできませんかね？」って言ったら「いや、もうできない」。でも、死んでるふうには撮らないということだけは伝えて、引き受けたんです。生き死には考えないようにしつつ（笑）。

――たしかに本編でそういう伏線は感じませんでした。あのラストは賛否が分かれるところです。

鳥井　なんかすっきりしない部分があって、まぁ引きずっているといえば引きずってますよね。でも、そればっかりは仕方がないなということで。

――舘ひろしさん、柴田恭兵さんを演出されていかがでした？

『まだまだあぶない刑事』を演出中の鳥井（右端）、手前は撮影の仙元誠三

鳥井　こっちはこっちで長年付き合ってきた自分なりの鷹山、大下があるわけですけど、ご本人たちもひさしぶりだし、まずはやってみてもらう……そこをヘンにいじっても仕方がない部分、いじらないほうがいい部分がいっぱいあるので。恭兵さんは「もっと演出しろよ」と思ったそうですが、「いや、演出しても演出どおりにやらないでしょう」という（笑）。舘さんは最初からホンについて「これでいいのかよ」という意見がありました。「でも鷹山がストーリーテラーですから」とかなんとか言って進めましたけど、舘さんも恭兵さんも初号試写を見たあと納得してくれたんでホッとしました。

自分が撮れば違った色合いになるのは当然

——タカとユージが港署に戻ってくるシーンは、テレビシリーズのオープニングをオマージュしたような主観ショットで撮影されています。従来の映像は手持ちでしたが、今回はステディカムを使った滑らかなカメラワークで時代の変遷を感じました。

鳥井　脚本のト書きで指定されてるわけじゃないんですが、撮り方としては「じゃあ、あれをやろう」という感じでした。それから舘さんがバイクに乗って撃つシーン、煙のなかからバーッて出てくるカットは、歴代のシリーズでもイイ線いってるんじゃないですかね。サッカー場を舞台にした流れも現実にありそうだし、ミサイルみたいに過大に誇張してないし、核爆弾が宇宙に飛んでいって花火みたいになるっていうのは、ちょっとご愛嬌です。技術的にもすごくがんばってもらったし、上手くいったかなと思います。かつてのレギュラー陣のその後が撮れたのもうれしかった。逆にやっぱりラストにすっきりしない部分が残ってしまった。そこは伊地智さんの意向が強かったと聞いてますが。

――デビュー作の『ながれもの』から組んでいる仙元誠三さんが撮影を担当しています。

鳥井　助監督のころからお世話になっていますし、方向性がすごく合うところが多く、細かく言わなくてもわかってくれるキャメラマンですね。韓国ロケのパートは、ちょっと赤みを入れてるんです。ほかの色味も仙元さんにお任せです。冒頭の韓国ロケは2日間を予定して、2泊3日だったたんですよ。ところが初日にデイシーンを撮って、大ナイターを準備して3カット撮影したところで雨が降ってきて中止ですよ。

あと何十カットもあるのに、残りは次の日の夜だけ。もう1日残れないかと打診したけどダメで……だから朝までかけて仙元さん、井上パパ（井上幸男／照明技師）にイケイケで強引にお願いして撮ったんです。あれは死ぬかと思いました。知らない土地で、弾着もあるし……韓国のスタッフがすごく優秀だったから撮り切れましたね。

――港の銃撃戦、あれって全部韓国ですか？

鳥井　そうですね。えっ、なんでそんなこと聞くんですか？

――あっ、話を聞いていると一部分は日本ロケで韓国風に見せたのかなと。

鳥井　たしかに行ったとき「あれ、ここ本牧じゃないよね？」って自分でも思いました（笑）。ハングル語が書かれている船がなかったら変わらないなって。もともと上海とかシンガポールとか、いろんな案があったんですよ。でも「中国にはこんな犯罪者はいない」って断られたとかで、それこそ伊地智さんや柏原さんたちが急きょ韓国にシナハンに行って、けっこう強行突破で韓国ロケになったんです。

――クライマックスで犯人一味と対峙するシーンはスタジアムの屋上です。

鳥井　あれはセットで、背景は合成ですね。当初は画コンテを描いたんですけど、なにひとつ予定どおり撮らなくてＶＦＸのマリンポストには迷惑をかけましたね。屋根裏の位置関係が複雑で、現場で説明しても、恭兵さんに場所の変化が伝わらなかったのかな。恭兵さんが「もっとちゃんとやれよ！」って怒って、引き上げちゃったんですよ。それからデザイナーの山﨑（秀満）さんと相談し、大きな電圧器を動かしたりしてセットの印象を変えて、おうかがいを立てた思い出があります。

――元の配置だと恭兵さんが納得しなかった？

鳥井　けっきょく同じなんですけど、でも役者さんの生理として芝居がしやすい環境ってあるんでしょうね。カメラが上昇して、スタジアムを真上から捉える最後のカット……あそこはもうマリンポストががんばってくれて、狙いどおりのスケールの画になりました。

――スタジアムの試合パートは、フィルムではなくハイビジョンの撮影でしょうか？

鳥井　そうです。観客を撮ったのが新しいJリーグシーズンの初日か2日目で、ただヴェルディってそのときあんまり人気がなかったんですよ。しかも小雨が降り、寒かったから来場者が少なくて、かなりスカスカだったんで別日にエキストラの人を募って撮影して、それをはめ込んだりもしてるんです。

――新たな『あぶない刑事』を作るにあたって、意識したことはありますか？

鳥井　あえて新しいものにしようとは思わなかったんですが、やっぱり『あぶデカ』で育ってきたので、自分が撮れば違った色合いになるのは当然だと信じてましたね。公開初日の舞台挨拶のとき、帰りがけに劇場の前で村川さんとばったり会って「おもしろかったよ～！」って言ってくださってうれしかったです。その年の暮れ、セントラル・アーツの忘年会で澤井（信一郎）さんからすれ違いざまに「鳥井、おもしろかったよ」って言われたのも大変うれしい記憶ですね。

鳥井邦男［とりい・くにお］

1961年神奈川県生まれ。東海大学卒業後、83年に映画『逃がれの街』の製作進行として現場入りし、セントラル・アーツをベースに助監督として活動。『あぶない刑事』についてはシリーズの大半で助監督を務める。2000年に東映Vシネマ『ながれもの』で監督デビューし、2005年に『まだまだあぶない刑事』を発表。そのほかの監督作に『あ・キレた刑事』『京浜抗争史外伝　最後の組長』『メールで届いた物語』『らんぼう2』など。

プロデューサー

近藤正岳

ぼくにとって『帰ってきた あぶない刑事』は黒澤さんからの宿題を果たしたようなものでした

最新作『帰ってきた あぶない刑事』のプロデューサーを務めた近藤正岳は、映画版の第1弾から製作宣伝としてシリーズに参加し、やがてセントラル・アーツの黒澤満の意思を引き継ぐ存在となった。タカとユージの勇姿をよみがえらせた男が本書50人目の締めくくりとして『あぶない刑事』の道のりを語る——。

トオルくんの現場マネージャーみたいなこともやってたんですよ

近藤 ぼくは映画の1本目の『あぶない刑事』(87年)から製作宣伝としてシリーズに参加しました。当時、東映に洋画配給部洋画宣伝室という部署があって、そこに所属していたんです。もともと学生時代から映画が好きで中学生のときに田舎の映画館で見た、もちろんリバイバルでしたが『カサブランカ』(42年)なんて忘れられませんね。入社は1983年なんですけど、81年まで10年くらい東映は一切新卒を採用してなかったんです。映画の黄金期にめちゃくちゃ社員を採ったので、斜陽になって採用を控えていて。半年の研修のあとに配属されて、洋画配給部なんですが当時はもう洋画の配給をやってない(笑)。入社前の82年だったか……『人類創生』って映画が大コケして当時の岡田茂社長が「もう二度と洋画なんかやるな!」ということで、ただ洋画系の劇場はあるわけですよ。あのころパラス系って呼ばれてたんですけど、直営館は丸の内東映とか丸の内東映パラスとか、そういうのが全国にあったんです。

——洋画宣伝室なのに当時は邦画専門だったのですね。

近藤　初めて製作宣伝として現場についたのが崔洋一監督の『いつか誰かが殺される』（84年）です。角川映画ですが、東映の配給でセントラル・アーツが現場を担当していて、チーフ助監督は成田（裕介）さん、カチンコが鳥井ちゃん（鳥井邦男）。のちに『あぶデカ』で仕事をする演出部の編成でした。

――製作宣伝というポジションの仕事を教えてください。

近藤　各マスコミの現場取材のコーディネートや、あとはスチールマンからフィルムを預かってラボに出したり、宣伝に関わる撮影現場の業務全般ですね。現場ではハイエナみたいに空き時間を狙って取材を入れるんですよ、お昼ごはんの前後とか。スタッフに「宣伝なんかあとでやれよ。作品ができねえと宣伝もできねえだろう！」と言われたこともありますが、やっぱり現場のおもしろさから伝えていくという角川映画の総合的な宣伝の組み立て方ってすごかったんですね。もう成田チーフにはめちゃくちゃ怒られたこともあって、現場で渡辺典子さんの誕生日祝いをやったんですよ。それこそマスコミ向けの宣伝も兼ねて古尾谷（雅人）さんを呼んだら「俺は聞いてねえぞ。古尾谷のスケジュール、誰が管理してると思ってんだ！」って、もう烈火のごとく怒られて、製作宣伝ごときが……とは言いませんが、そんな感じで。

――宣伝としての苦労がしのばれますね。

近藤　その次にセントラル作品の製作宣伝を担当したのが『ビー・バップ・ハイスクール』（85年）です。ぼくがプロデューサー志望であることが黒澤満さんに伝わっていたので、「じゃあシナリオの打ち合わせも一緒に行くか」ということで、脚本の那須真知子さんと那須博之監督のご夫婦と一緒にホテルに入って、ぼくの意見はまったく採用されませんでしたけど（笑）、いい経験でしたね。『ビー・バップ』はご存じ仲村トオルくんのデビュー作で、そのオーディションも担当しました。芸名をつける打ち合わせにも参加して、トオルくんの本名は〝中村亨〟なんですが、たしか黒澤さんがその場で名前をカタカナの〝トオル〟にして、名字も人偏をつけて〝仲〟にして、「とりあえず、これでどうだ？」みたいな軽いノリで（笑）。

最初の『ビー・バップ』は二本立てのB面で、メインは薬師丸ひろ子さんの『野蛮人のように』（85年）だったんですね。

添え物だし、クランクインからアップまで時間も短くて、にっかつ撮影所でアフレコの作業をしてたんですが、スタジオの外の床にキャストたちが寝てるんですよ、疲労困憊で。「トオル、もう起きろよ～」って言われてアフレコルームに入っていく。それが公開されたらものすごい人気者になって、セントラルでは対応が追いつかない。ぼくはトオルくんの現場マネージャーみたいなこともやってたんですよ。取材やラジオのレギュラー番組のスケジュールを仕切ったりして……セントラルには松田優作さんも所属していましたが、もともと芸能事務所ではないのでトオルくん専属のマネージャーがいなくて（笑）。

洋画宣伝室というのは東映のなかでも特殊な組織

近藤　そのあと『ビー・バップ』のシリーズからは外れたんですが、トオルくんの映画だと那須組としても伝説的にむちゃくちゃな『新宿純愛物語』を担当しまして、これが87年の7月公開、『あぶない刑事』は12月の公開とすごい過密なスケジュールでした。キティ・フィルムの山野伸子さんと一緒に製作宣伝をやって、東映の社員は現場にほとんどぼくひとりでしたね。当時の洋画宣伝室というのは東映のなかでも特殊な組織というか〝遊軍〟みたいなもので、あのあぶない刑事たちが組織内アウトローであったのに似てた。そこで外部の角川やセントラル・アーツとのケミストリーが起きたんです。ぼくらは宣伝業務だけでなく現場と配給、興行との仲をやり取りする編成プロデューサーのような立ち位置で、その経験がのちのちも役に立ちましたね。

――『あぶない刑事』はジャッキー・チェン主演の『七福星』との二本立てで公開され、興行収入26億円、配給収入15億円という大ヒットを記録します。88年度の日本映画の配収の第4位です。

近藤　日本テレビの力もあって当たりましたが、当時の洋画宣伝室では『ビー・バップ』もそのくらいの数字でしたし、そこまで盛り上がるというより「またヒットしたね」という感じでした。『あぶない刑事』の初期三部作については、そ

AIR MAIL

れぞれ87年の12月、88年の夏、89年の春という公開なので3年にまたがってはいるけど、わずか1年半の間なんです。その間にテレビの『もっとあぶない刑事』も入ってる。まさに往年のプログラムピクチャーの作り方で、見事に〝7掛けの法則〟で興行は落ちましたけど、配収で15億、10・5億、7億……当時の東映としては大きな存在でした。

――宣伝で大変だったエピソードはありますか？

近藤　あんまり苦労したような印象はないですね。地方キャンペーンのときも舘（ひろし）さんと（柴田）恭兵さんがゴルフ好きだから、地方キャンペーンにゴルフではなく、ゴルフに地方キャンペーンがついているという感じ（笑）。当時は本当にバブルの時代で、みなさんゴルフをやっていて、取材の人たちもゴルフ目当てなんですね。媒体を集めるのもゴルフ場だし、そうすると土地の繁華街のおきれいな方々もチケットを買って（劇場に）来てくださる。ゴルフをやれるわ、取材ができるわ、チケットも売れるわで、一石三鳥の地方キャンペーンでした。それは1作目だけで、さすがに2作目、3作目はそんなこともなく普通に宣伝展開がされましたけど（笑）。

――1作目のキャッチコピーは「ヨコハマに、火傷しそうな刑事がいる。」、宣伝ビジュアルが全体にスタイリッシュです。

近藤　洋画宣伝室にアド担当のチームがありました。東映の宣伝部だと社内に専属のスタッフがいて、そちらも優秀だし有名な方々でしたが、洋画部の場合は角川映画と同じスタイルで外部の若手デザイナーやコピーライターのチームと組んでいたんです。内容説明よりおしゃれ優先という戦略が成功しました。

初プロデュースは『蘇える優作～「探偵物語」特別篇』

――『あぶない刑事リターンズ』（96年）で7年ぶりにシリーズが復活。近藤さんは宣伝のトップとしてクレジットされています。

近藤　いわゆる宣伝プロデューサーという立場で、95年に洋画配給部が廃部となり、このときは本社の宣伝部にいたんです。ぼくの宣伝としての最後の担当作品でしたね。『リターンズ』は日本テレビの奥田誠治さんが復活の立役者で、奥田さんの上にいらした大井紀子さんがテレビのバラエティでどんどん取り上げるように計らってくれて、ちょっと宣伝枠が空いたらスポットCMもバンバン突っ込む。そんな時代でした。もちろんポスターを作ったり、そういう仕事はやりましたけど、映画の宣伝というよりもテレビ番組の宣伝のお手伝いをした印象が強かったですね。

――そして念願のプロデューサーに。

近藤　企画製作部の所属になりました。それまで東映のプロデューサーって撮影所の現場たたき上げの方がほとんどだったんですよ。本社の雇用が再開されて、本社企画部のプロデューサーになったのは、ぼくが初めてだったと思います。もちろん製作宣伝として現場もやってましたけど、いわゆる製作部として進行から始めた人間じゃなかった。一時期〝ホワイトカラープロデューサー〟という呼び名があったんですが、社内でのハシリでしたね。初プロデュースは『蘇える優作〜「探偵物語」特別篇』（98年）です。

――あっ、デビュー作からセントラル・アーツの作品なんですね。

近藤　これは「2月のプログラムで急に穴が空いた」ということで、新作を作るような時間はないから『最も危険な遊戯』のリバイバル上映を考えてたんです。ちょうどそのころキムタク（木村拓哉）が『探偵物語』のパロディをやったり、それからSchickってカミソリのメーカーも『探偵物語』とコラボしたCMを打ったりしてて、いま優作さんをやるなら『探偵物語』のほうがウケるなと思ったんです。それで1話と5話を使って、冒頭にメイキング風ドキュメンタリーをつけて、タイトルバックの探偵事務所のカットを撮った神田の同和病院でも1日だけどロケをして、カメラは仙元（誠三）さん、照明は渡辺（三雄）さんという豪華な布陣。急造企画で劇場公開したんですよ。

――そして『あぶない刑事フォーエヴァー』（98年）にプロデューサーとして本格参加します。テレビスペシャルは一倉治雄監督、映画版は成田裕介監督です。

近藤　黒澤さんは当初「成田がテレビで、映画は一倉」というふうに考えていたんです。ぼくは一倉さんの『またまたあぶない刑事』（88年）もすごく好きな作品なんですが、あえて「成田さんの映画が見たいです」って提案しました。「テレコのほうがおもしろいと思いますよ」って黒澤さんに話したら「そうか」って。そんな簡単に意見が受け入れられるとは思ってなかったんですが、たぶん黒澤さんとしては「そういえば、成田やってねえな」という特有の気遣いで判断をされたんだと思います。ぼくは初現場で怒られたりもしましたが、テレビシリーズでも成田さんの回は評判がよかったし、スケール感のある大きな画が撮れる人だと思っていたので……やっぱり成田裕介という監督の『あぶない刑事』が見たかったんです。操車場のヘリを交えたスケール感あるアクションからポールスターでの銃撃戦など細部にこだわる成田組らしいスタイリッシュな仕上がりでした。

ただ、基本は田舎のインテリくずれで反体制の監督ですから、あとで日テレの奥田さんは安ホテルのフロント係がエッチなビデオを見てるシーンに激怒されてましたね（笑）。「なんであんなシーンが『あぶない刑事』にあるんだ！」って。『フォーエヴァー』ではとくに伊地智（啓）さんと綿密な打ち合わせをしました。奥田さんも細かいことは言わず「もっとテレビと映画を入れ子状態にしてほしい」という意見が出ましたが、かたや伊地智さんが「いや、作品として別々で独立させたほうがいい」ということで、両者の中間よりも伊地智さん寄りの方向になりました。

——ラストシーンでタカとユージは爆発に巻き込まれ、その後しばらく姿を消します。

近藤　興行は前作を越えられなかったし、なにより当時は『踊る大捜査線　THE MOVIE』（98年）の勢いに飲まれた感じもありました。でも『リターンズ』と『フォーヴァー』、それから『まだまだ』の興行収入ってほとんど同じなんですよ。7掛けの法則になってないし、ＤＶＤも売れていたから、その後もシリーズが続いたということはありますね。

まさに荒野で黒澤・伊地智の両プロデューサーが組んで

——『リターンズ』から7年後、『まだまだあぶない刑事』（05年）が公開されます。

近藤　これはセントラル側からで、黒澤さんの「ぼちぼちやろうよ」という話からでした。当時はセントラル・アーツらしいプログラムピクチャー風の作品が減っていたんですね。作品の評価は別として興行も苦戦していて、やはり『あぶない刑事』は定番作品として機能するんじゃないかということになったんです。恭兵さんは「髪の毛が白くなって、もっとおじいちゃんなってからやったほうがいいんじゃないの?」って言ってましたが、このときは黒澤さんがおふたりを力技で引っぱり出した感じでしたね。

──『まだまだ』には助監督たたき上げの鳥井邦男監督を抜擢します。

近藤　これはね、もう鳥井ちゃんにというのが決まってました。すでにVシネマの監督はしていましたし、『メールで届いた物語』(05年)というオムニバス映画で劇場デビューもしたし、満を持してという感じでしたね。外様というかセントラル育ちじゃない監督の作品が続いてたので、このへんで一緒に苦労してきた鳥井ちゃんに長編をという意図が黒澤さんのなかにありました。ただ……やっぱり、ちょっと不思議な作品だったと思うんですよね。『まだまだ』と表しながらも、やっぱり終わってる感があった。

──オチからの逆算もありますが、なにやら不穏な作品ではありました。

近藤　ぼくの感覚からすると、伊地智さんは「もういいんじゃないの」と思っていた気がするんです。『フォーエヴァー』のラストの爆発につなげて、ふたりが韓国で潜入捜査をしている。それでテレビシリーズの最終話と同様、幽霊が横浜を歩くというオチにして。伊地智さんは『居酒屋ゆうれい』(94年)もやってますし、この世のものではないものに対する意識があったんだと思うんです。あとは『あぶない刑事』が従来の刑事ドラマを壊していったように、なにか型にはまったものをずらしていく……プログラムピクチャーという量産体制を強いられるマンネリズムのなかに新しいものを求めてきたのが伊地智啓というプロデューサーだったと思うんですね。相米慎二という作家を育てたのも伊地智さんだし、本当にアナーキーで、とんがった作品をやってきた。

いっぽう、黒澤満というプロデューサーは〝ひとり撮影所〟と呼ばれていました。日活の製作部門の責任者だったとき、同僚の馘首に異を唱えてご自身も会社を辞めてしまった。そのあと新天地として東映の内部にセントラル・アーツという居場所を構えたとき、そこで伊地智さんとともにスタッフを食わせていく覚悟をした。日活がロマンポルノに移行したときの辛酸のなめ方みたいなことも心中にあったと思うんですよ。『映画の荒野を走れ』という伊地智さんの本がありましたが、まさに荒野で黒澤・伊地智の両プロデューサーが組んで、脚本・監督・俳優など本当に奇跡的な要素のケミストリーが働いて出来上がったのが『あぶない刑事』で、そのシリーズがずっと愛され続けている。ぼくは映画からで途中参加の人間ですが、結果として最新作までお付き合いすることになりました。そういう意味では自分のプロデューサー人生のなかでも欠かせない作品であることは間違いないんです。

――『さらば あぶない刑事』（16年）で11年ぶりの復活。興行も前作の2倍にあたる16億円というヒットを記録します。

近藤　講談社さんから出ていたDVDマガジンが売れていたという実績もありましたが、それこそ恭兵さんが言ってたような定年の話ができるタイミングになった。黒澤さんとしても『あぶない刑事』というシリーズものに決着をつけたほうがいい、『まだまだ』で未消化のところがやっぱりあったと思う。最初は「ロング・グッドバイ」というタイトルで、ぼくはそのころ東映の本社にいなくてＶＩＰＯ（映像産業振興機構）に派遣されていたんですが「また『あぶデカ』をやるから」と呼び戻されたんです。まずは舘さんへのご挨拶で『なるようになるさ。』というＴＢＳのドラマの現場に行ったら、「もうすぐ温子《オンコ》も来るよ」ということで浅野温子さんにもご挨拶して、グッドタイミングでしたね。

――『さらば』は原点回帰のようなミニマムな作品でした。

近藤　ミサイルが飛んできたり、なんでもありのシリーズですが『さらば』については初期に近いテイストを目指しました。銀星会残党の話も出して、監督も黒澤さんが村川（透）さんを指名した。あとは「事件が小さくなったぶん、キャスティングは大物を連れてこなくちゃ」ということで吉川晃司さんのキャスティングがハマったのも大きかったですね。それまでのゲストは伊原剛志さんがキティ・フィルム、佐藤隆太くんもケイファクトリーで伊地智さんつながり、加藤雅也さんは東映Ｖアメリカに出ていてセントラル寄りだったり、わりと手近なところでの配役だったんですよ。

予算的にはそれまでの映画に比べると絞りました。黒澤さんのなかで、もちろん決着をつけるんだけども興行を考えるともう10年経ってるし、大丈夫かなという不安があったと思います。だからセットを建てずにオールロケで「この予算でやれるよ」という提示を東映にして……その金額は、ぼくが思ってたより低かったので少し乗っけて（笑）、それでもオーバーしたんですけどね。大方の予想に反して2倍の興行成績だったので、もう大団円の終わり方でした。しかし〝ヒットしたら続編〟というのはプロデューサーの常で、すぐに黒澤さんは「次を作ろう」と仰っていて、ぼくも「いいタイミングでやりましょう」という話をして、しかしそれが実現する前に黒澤さんが亡くなられてしまった。セントラル・アーツもいったんは活動停止で版権管理の会社になってしまった。ですから、ぼくにとって『帰ってきたあぶない刑事』は、黒澤さんからの宿題を果たしたようなものでしたね。

最初は「あぶない探偵」というタイトルだったんです

――2024年の『帰ってきた あぶない刑事』、このインタビューの時点ではまだ公開前ですが、いつごろから企画が動いていたのでしょうか?

近藤　2020年1月にぼくは東映を定年退職しまして、パーティーを開いてもらったんです。嘱託として会社に残る道もあったんですが、フリーのほうが自由にプロデューサーとして動けるので。しかし2月から例のコロナ禍です。さぁ、柏原（寛司）さん、大川（俊道）さんと一緒に動こうと思った矢先、なにもできなくなってしまった。

――ああっ……。

近藤　それでもなんとか動き出して、もう刑事の話じゃないから最初は「あぶない探偵」というタイトルだったんです。舘さんはOKでしたが、恭兵さんは「『さらば』できれいに終わったものを、蒸し返す必要はあるの?」という考えで慎重でしたね。戻ってくるなら新しいアイデアはあるのという感じでしたが、〝娘〟というキーワードにはノッてくれるんじゃないかという確信がありました。まさに優作さんの『探偵物語』のコンセプト、ハードボイルドに人情味を盛り込んだ〝ハートボイルド〟の世界を目指そうと思いました。

――タカとユージの間に土屋太鳳さん演じる彩夏という〝娘〟が登場。たしかに横浜を舞台にした人情劇の味わいもありますね。

近藤　パトリス・ルコントの『ハーフ・ア・チャンス』（98年）というフランス映画が発想のもとで、ルコントにしてはプログラムピクチャー的なんです。ジャン＝ポール・ベルモンドとアラン・ドロンが主役で、娘が出てきて「どっちがわたしのお父さんなの」という。最初の柏原さんのホンだと不良性びんびんの娘が出てくるストーリーで（笑）、やっぱりセントラル・アーツの原点として『探偵物語』がありますし、「あぶない刑事　横浜探偵物語」というタイトルもアリかなと思ったり。ホンは最終的に大川さんと岡（芳郎）さんの共同になりましたが、やはり今やハードボイルドが書けてかつシュールな展開をさらりとやってのける数少ない〝特殊ライター〟大川俊道の大手柄……クライマックスで探偵から刑事に戻るアイデアには唸りましたね。そして、岡さんがさまざまな方面からのリクエストを咀嚼してまとめて、最後まで粘り強く付き合ってくれたこともありがたかったです。

――あの刑事に戻る瞬間が、『帰ってきた あぶない刑事』という映画の「核心」だと感じました。

近藤　今回の企画が始動する前、ぼちぼちかなというタイミングで柏原さんに誘われて鹿児島の伊地智さんのもとを訪ねたんですよ。大川さん、岡さんをふくめて今回のシナリオに関わった4人で。「お前ら、いい加減にしろよ。よくやるよ……」という伊地智流のリアクションでしたが、それが２０１９年の10月。会社としては当時、多田（憲之）さんから引き継いだ手塚（治）社長の「東映はもの作りの会社である。東西の撮影所も活性化させ、かつセントラル・アーツは休眠状態だが、せっかくレガシーがあるんだから、それを動かさない手はないだろう」という意向があったんですね。手塚はぼくの同期でテレビのプロデューサーとしてのキャリアが長かった。昨年（２０２３年）の2月に亡くなりましたが、準備過程で困難な局面が多々あっても中止しろとは言われなかった。プロデューサーという仕事がどういうものか理解してくれてましたし、〝しょうがないやつだ〟っていうのもあったと思います。本当に感謝しています。

まだ30代の原廣利監督を中心に、スタッフもほぼ一新しました。カメラマンはベテランと組んだほうがいいんじゃないかと提案しましたが、劇場デビューにあたって一緒にやってきた仲間とやりたいということで佐藤（匡）くんになりました。コロナでの撮影中断もありましたけど、彼らなりの新しい世界を作ってくれたと思います。ぼくがプロデューサーとして先輩たちから受け取ったバトンを上手く次に渡せているか？　それはお客さんが判断してくれるでしょう。この本を作るにあたって懐かしい人にもたくさん会うことができました。あらためて多くの人に支えられてきたんだなと……その誰かがひとり欠けてもここまで続かなかった。それが『あぶない刑事』がなぜスペシャルであり続けているかという「核心」だと思います。

近藤正岳［こんどう・まさたけ］

1960年新潟県生まれ。中央大学卒業後、83年に東映入社。洋画配給部の洋画宣伝室で『ビー・バップ・ハイスクール』『あぶない刑事』などの製作宣伝を担当。96年に企画製作部に異動しプロデューサーとなる。2016年からはセントラル・アーツの取締役企画製作部長を務め、2020年よりフリーに。主な作品に『あぶない刑事フォーエヴァー』『スペーストラベラーズ』『69　sixty-nine』『さらば あぶない刑事』『終わった人』など。

©2024「帰ってきた あぶない刑事」製作委員会

おわりに

高鳥都

暴走しつつ、一気に駆け抜ける本になりました。立東舎の担当編集・山口一光氏と「必殺シリーズ聞き書き三部作」完結編の作業を進めるなか、テレビから『あぶない刑事』新作のニュースが飛び込んできたのが2023年の11月2日。〝『必殺』みたいに『あぶデカ』のインタビュー集が出ればおもしろいのになぁ〞と思いましたが、まさか自分がやることになるなんて……人生わからないものです。しかし、誰もやらないならやるっきゃない。「やるなら徹底的にやれ！」という工藤栄一イズムで、2月から3月にかけて憑かれたように取材の連続でした。予定人数をどんどんオーバーし、危険信号が点滅しながら「無茶しないと、滅びるぜ」というタカとユージからのメッセージのおかげで「ここまできたら50人にしよう！」と覚悟を決めたのが発売2ヶ月前のこと。

セントラル・アーツの代表を務めた黒澤満プロデューサーの生前、四度も取材をさせていただく機会に恵まれ、その経験が本書を出す最大の動機になりました。さらに『あぶデカ』復活の立役者である近藤正岳プロデューサーは、二度目の打ち合わせで片っ端から関係者にアポを取って日程を決めていく剛腕ぶりを発揮、大半のインタビューにお立ち会いいただきました。ヨコハマ取材のあと中華街でのディープな夕食も忘れられません。

市来満、廣田正興の両氏にもさまざまな資料提供やアドバイスをいただき、お世話になりました。また『セントラル・アーツ読本』の編集者を務めた松崎憲晃氏には、故・高瀬将嗣氏の原稿再録につきご尽力いただきました。そのほか東映宣伝部のみなさんをはじめ、多くの方々の協力で完成した448ページです。

インタビューに応じてくださった関係者のみなさんに感謝の気持ちを込めつつ、最後は『あぶデカ』らしく軽めに締めくくりたいと思います。あの取材の日々、思い出すだけで最高だったぜ、ベイビー。

To the Memory of
黒澤満

『あぶない刑事』シリーズ一覧

原則として当時の表記に準じる

連続テレビドラマ

あぶない刑事

1986年10月5日～1987年9月27日放送（日本テレビ系列）／毎週日曜日21時～21時54分／全51話／製作著作：セントラル・アーツ

キャスト■舘ひろし（鷹山敏樹）、柴田恭兵（大下勇次）、浅野温子（真山薫）、仲村トオル（町田透）、木の実ナナ（松村優子）、中条静夫（近藤卓造）、ベンガル（田中文男）、山西道広（吉井浩一）、御木裕（鈴江秀夫）、秋山武史（吉田春彦）、堀内孝人（武田竜）、飯島大介（愛川史郎）、海一生（武田敬三）、伊藤洋三郎（井沢鉄男）、加藤大樹（若原友行）、賀川幸史朗（土橋徹）、衣笠健二（谷村進）、長谷部香苗（山路瞳）、監物房子（河野良美）

スタッフ■企画：岡田晋吉、黒澤満／プロデューサー：初川則夫、伊地智啓、福田慶治／撮影：松村文雄、藤沢順一、浜田毅、内田清美、杉村博章、仙元誠三、宗田喜久松、柳島克己、緒方博／照明：井上幸男／録音：酒匂芳郎、佐藤泰博／整音：小峰信雄／美術：望月正照、木村光之／編集：山田真司、川島章正、冨田功／助監督：一倉治雄、成田裕介、原隆仁、中村洋二郎、伊藤裕彰、鹿島勤、祭主恭嗣、辻井孝夫、上山勝／キャスティング：飯塚滋／記録：内田絢子、桑原みどり、今村治子、安藤豊子／製作担当者：服部紹男／音楽：志熊研三／音楽監督：鈴木清司／エンディングテーマ：舘ひろし「冷たい太陽」／挿入歌：柴田恭兵「RUNNING SHOT」「WAR」「FUGITIVE」

第1話「暴走」脚本：丸山昇一／監督：長谷部安春
第2話「救出」脚本：那須真知子／監督：手銭弘喜
第3話「挑発」脚本：柏原寛司／監督：長谷部安春
第4話「逆転」脚本：大川俊道／監督：手銭弘喜
第5話「襲撃」脚本：田部俊行／監督：長谷部安春
第6話「誘惑」脚本：柏原寛司／監督：長谷部安春
第7話「標的」脚本：峯尾基三／監督：村川透
第8話「偽装」脚本：新井光／監督：村川透
第9話「迎撃」脚本：丸山昇一／監督：西村潔
第10話「激突」脚本：柏原寛司／監督：長谷部安春
第11話「奇襲」脚本：大川俊道／監督：西村潔
第12話「衝動」脚本：新井光／監督：村川透
第13話「追跡」脚本：田部俊行／監督：長谷部安春
第14話「死闘」脚本：峯尾基三／監督：村川透
第15話「説得」脚本：大川俊道／監督：長谷部安春
第16話「誤算」脚本：柏原寛司／監督：長谷部安春
第17話「不信」脚本：峯尾基三／監督：村川透
第18話「興奮」脚本：岡芳郎／監督：村川透
第19話「潜入」脚本：柏原寛司／監督：一倉治雄
第20話「奪還」脚本：大川俊道／監督：成田裕介
第21話「決着」脚本：田部俊行／監督：西村潔
第22話「動揺」脚本：新井光／監督：西村潔
第23話「策略」脚本：新井光／監督：手銭弘喜
第24話「感傷」脚本：大川俊道／監督：手銭弘喜
第25話「受難」脚本：永原秀一／監督：一倉治雄
第26話「予感」脚本：柏原寛司／監督：一倉治雄
第27話「魔性」脚本：田部俊行／監督：村川透
第28話「決断」脚本：峯尾基三／監督：村川透
第29話「追撃」脚本：日暮裕一／監督：長谷部安春

「あぶない刑事 Blu-ray BOX」VOL.1
30,800 円（税込）第 1 話～第 26 話収録
発売元：東映ビデオ

「あぶない刑事 Blu-ray BOX」VOL.2< 完 >
30,800 円（税込）第 27 話～第 51 話収録
発売元：東映ビデオ

第30話「黙認」脚本：永原秀一／監督：長谷部安春
第31話「不覚」脚本：柏原寛司／監督：原隆仁
第32話「迷路」脚本：岡芳郎／監督：成田裕介
第33話「生還」脚本：原隆仁、柏原寛司／監督：原隆仁
第34話「変身」脚本：新井光／監督：成田裕介
第35話「錯覚」脚本：佐野日出夫、田部俊行／監督：西村潔
第36話「疑惑」脚本：大川俊道／監督：西村潔
第37話「暴発」脚本：柏原寛司／監督：手銭弘喜
第38話「独断」脚本：田部俊行／監督：手銭弘喜
第39話「迷走」脚本：峯尾基三／監督：村川透
第40話「温情」脚本：新井光／監督：村川透
第41話「仰天」脚本：柏原寛司／監督：一倉治雄
第42話「恐怖」脚本：大川俊道／監督：一倉治雄
第43話「脱線」脚本：岡芳郎／監督：長谷部安春
第44話「苦杯」脚本：永原秀一／監督：長谷部安春
第45話「謹慎」脚本：田部俊行／監督：成田裕介
第46話「脱出」脚本：日暮裕一／監督：成田裕介
第47話「報復」脚本：峯尾基三／監督：西村潔
第48話「無謀」脚本：いとう斗士八／監督：一倉治雄
第49話「乱調」脚本：新井光／監督：西村潔
第50話「狙撃」脚本：田部俊行／監督：原隆仁
第51話「悪夢」脚本：大川俊道／監督：原隆仁

もっとあぶない刑事

1988年10月7日～1989年3月31日放送（日本テレビ系列）／毎週金曜日20時～20時54分／全25話／製作著作：セントラル・アーツ

キャスト■舘ひろし（鷹山敏樹）、柴田恭兵（大下勇次）、浅野温子（真山薫）、仲村トオル（町田透）、木の実ナナ（松村優子）、中条静夫（近藤卓造）、ベンガル（田中文男）、山西道広（吉井浩一）、御木裕（鈴江秀夫）、秋山武史（吉田春彦）、堀内孝人（武田竜）、飯島大介（愛川史郎）、海一生（武田敬三）、伊藤洋三郎（井沢鉄男）、加藤大樹（若原友行）、賀川幸史朗（土橋徹）、衣笠健二（谷村進）、長谷部香苗（山路瞳）、監物房子（河野良美）

スタッフ■企画：清水欣也、黒澤満／プロデューサー：初川則夫、伊地智啓、服部紹男／撮影：内田清美、宗田喜久松、柳島克己／照明：井上幸男／録音：佐藤泰博、木村瑛二／整音：小峰信雄／美術：小林正義／編集：山田真司、島村泰司／助監督：鹿島勤、辻井孝夫／キャスティング：飯塚滋／記録：桑原みどり、今村治子、竹田宏子／製作担当者：市川幸嗣、大塚泰之／音楽：志熊研三／音楽監督：鈴木清司／エンディングテーマ：舘ひろし「翼を拡げて」／挿入歌：柴田恭兵「TRASH」

第1話「多難」脚本：柏原寛司／監督：長谷部安春
第2話「攻防」脚本：岡芳郎／監督：長谷部安春
第3話「閉口」脚本：峯尾基三／監督：手銭弘喜
第4話「奇策」脚本：新井光／監督：手銭弘喜
第5話「争奪」脚本：田部俊行／監督：成田裕介
第6話「波乱」脚本：柏原寛司／監督：成田裕介
第7話「減俸」脚本：峯尾基三／監督：手銭弘喜
第8話「秘密」脚本：新井光／監督：手銭弘喜
第9話「乱脈」脚本：岡芳郎／監督：長谷部安春
第10話「悪戯」脚本：永原秀一、平野靖士／監督：長谷部安春
第11話「結婚」脚本：柏原寛司／監督：成田裕介
第12話「突破」脚本：いとう斗士八／監督：原隆仁

「もっとあぶない刑事 Blu-ray BOX」
30,800円（税込）第1話～第25話収録
発売元：東映ビデオ

第13話「代償」脚本：田部俊行／監督：原隆仁
第14話「切札」脚本：小野蘭子／監督：成田裕介
第15話「不惑」脚本：岡芳郎／監督：一倉治雄
第16話「異変」脚本：峯尾基三／監督：長谷部安春
第17話「乱心」脚本：永原秀一／監督：長谷部安春
第18話「魅惑」脚本：峯尾基三／監督：手銭弘喜
第19話「役得」脚本：平野靖士／監督：手銭弘喜
第20話「迷惑」脚本：田部俊行／監督：長谷部安春
第21話「傷口」脚本：新井光／監督：手銭弘喜
第22話「暴露」脚本：児玉宜久／監督：長谷部安春
第23話「心痛」脚本：新井光／監督：一倉治雄
第24話「急転」脚本：岡芳郎／監督：長谷部安春
第25話「一気」脚本：大川俊道／監督：長谷部安春

単発テレビドラマ

あぶない刑事フォーエヴァー　TVスペシャル'98

１９９８年8月28日放送（日本テレビ系列「金曜ロードショー」）／企画制作：日本テレビ／製作：セントラル・アーツ
出演：舘ひろし、柴田恭兵、浅野温子、仲村トオル、木の実ナナ、竹内結子、永澤俊矢、小林稔侍
制作：伊藤和明／企画：黒澤満、伊地智啓、奥田誠治／脚本：大川俊道、柏原寛司／撮影：浜田毅／音楽：Fuji-Yama、鷺巣詩郎／監督：一倉治雄

劇場用映画

あぶない刑事

１９８７年12月12日公開／99分／製作：東映＝日本テレビ放送網／製作協力：セントラル・アーツ／配給：東映
出演：舘ひろし、柴田恭兵、浅野温子、仲村トオル、木の実ナナ、小野みゆき、菅田俊、中条静夫
企画：岡田晋吉、清水欣也、黒澤満／プロデューサー：初川則夫、伊地智啓／脚本：柏原寛司、大川俊道／撮影：姫田真佐久／音楽：志熊研三／監督：長谷部安春

またまたあぶない刑事

１９８８年7月2日公開／95分／製作：東映＝日本テレビ放送網＝セントラル・アーツ＝キティ・フィルム／配給：東映
出演：舘ひろし、柴田恭兵、浅野温子、仲村トオル、木の実ナナ、伊武雅刀、宮崎美子、中条静夫
企画：岡田晋吉、清水欣也、黒澤満／プロデューサー：初川則夫、伊地智啓／脚本：柏原寛司、大川俊道／撮影：藤沢順一／音楽：志熊研三／監督：一倉治雄

もっともあぶない刑事

１９８９年4月22日公開／１０４分／製作：東映

＝日本テレビ放送網＝セントラル・アーツ＝キティ・フィルム／配給：東映
出演：舘ひろし、柴田恭兵、浅野温子、仲村トオル、木の実ナナ、柄本明、真梨邑ケイ、中条静夫
企画：岡田晋吉、清水欣也、黒澤満／プロデューサー：初川則夫、伊地智啓、服部紹男／脚本：柏原寛司／撮影：柳島克己／音楽：都志見隆／監督：村川透

あぶない刑事リターンズ
1996年9月14日公開／109分／製作：「あぶない刑事」製作委員会／制作協力：セントラル・アーツ／配給：東映
出演：舘ひろし、柴田恭兵、浅野温子、仲村トオル、木の実ナナ、伊原剛志、大竹一重、小林稔侍
企画：武井英彦、大井紀子、黒澤満／プロデューサー：奥田誠治、伊地智啓、服部紹男／脚本：柏原寛司、大川俊道／撮影：仙元誠三／音楽：Fuji-Yama／監督：村川透

あぶない刑事フォーエヴァー　THE MOVIE
1998年9月12日公開／106分／製作：「あぶない刑事」製作委員会／制作協力：セントラル・アーツ／配給：東映
出演：舘ひろし、柴田恭兵、浅野温子、仲村トオル、木の実ナナ、永澤俊矢、本上まなみ、小林稔侍
企画：清水豊次、黒澤満、伊地智啓／プロデューサー：奥田誠治、近藤正岳、服部紹男／脚本：柏原寛司、大川俊道／撮影：仙元誠三／音楽：Fuji-Yama、鷺巣詩郎／監督：成田裕介

まだまだあぶない刑事
2005年10月22日公開／108分／製作：「まだまだあぶない刑事」製作委員会／製作プロダクション：セントラル・アーツ／配給：東映
出演：舘ひろし、柴田恭兵、浅野温子、仲村トオル、佐藤隆太、窪塚俊介、木の実ナナ、小林稔侍
製作：高田真治、黒澤満／企画：奥田誠治、遠藤茂行、伊地智啓／プロデューサー：近藤正岳、服部紹男、飯沼伸之／脚本：柏原寛司、大川俊道／撮影：仙元誠三／音楽：遠藤浩二／監督：鳥井邦男

さらば あぶない刑事
2016年1月30日公開／118分／製作：「さらば あぶない刑事」製作委員会／製作プロダクション：セントラル・アーツ／配給：東映
出演：舘ひろし、柴田恭兵、浅野温子、仲村トオル、菜々緒、木の実ナナ、小林稔侍、吉川晃司
製作総指揮：黒澤満／企画：奥田誠治／プロデュース：近藤正岳／撮影：仙元誠三／音楽：安部潤／監督：村川透

帰ってきた あぶない刑事
2024年5月24日公開／120分／製作：「帰ってきた あぶない刑事」製作委員会／製作プロダクション：セントラル・アーツ／配給：東映
出演：舘ひろし、柴田恭兵、浅野温子、仲村トオル、土屋太鳳、西野七瀬、岸谷五朗、吉瀬美智子
企画・プロデュース：近藤正岳／脚本：大川俊道、岡芳郎／撮影：佐藤匡／音楽：岩本裕司／監督：原廣利

企画監修　近藤正岳

企画協力　市来満、廣田正興

協力　株式会社セントラル・アーツ、東映株式会社、日活スタジオセンター、合同会社オフィス秘宝、松崎憲晃、會川昇、星光一、横尾公幸

写真提供　株式会社セントラル・アーツ
（P007、P028、P029、P050、P051、P057、P067、P075、P087、P093、P097、P103、P119、P123、P133、P139、P151、P153、P175、P183、P185、P213、P265、P271、P277、P289、P319、P337、P343、P381、P431、カバー）

カバーデザイン　木村由紀（MdN Design）
本文デザイン・DTP　田中聖子（MdN Design）

編集長　切刀匠
担当編集　山口一光

あぶない刑事インタビューズ
「核心」

2024年5月15日　第1版1刷発行
2024年6月25日　第1版3刷発行

著者　高鳥都

発行人　松本大輔
編集人　橋本修一

発行　立東舎

発売　株式会社リットーミュージック
〒101-0051
東京都千代田区神田神保町
一丁目105番地

印刷・製本　株式会社シナノ

【本書の内容に関するお問い合わせ先】
info@rittor-music.co.jp
本書の内容に関するご質問は、Eメールのみでお受けしております。お送りいただくメールの件名に「あぶない刑事インタビューズ「核心」」と記載してお送りください。ご質問の内容によりましては、しばらく時間をいただくことがございます。なお、電話やFAX、郵便でのご質問、本書記載内容の範囲を超えるご質問につきましてはお答えできませんので、あらかじめご了承ください。

【乱丁・落丁などのお問い合わせ】
service@rittor-music.co.jp

©2024 セントラル・アーツ
©2024 Miyako Takatori
©2024 Rittor Music, Inc.

Printed in Japan　ISBN978-4-8456-4064-5
定価3,300円（本体3,000円+税10%）
落丁・乱丁本はお取り替えいたします。
本書記事の無断転載・複製は固くお断りいたします。